经济法原理与实务教程

主　编　项贤国
副主编　尹维达　董　爽　王　聪

哈尔滨工程大学出版社
Harbin Engineering University Press

内容简介

本书是一本全面阐释经济法学基本原理、制度与实务的兼有应用性和新颖性的教材，力求关注知识的整体性和实务性，使读者深刻领会经济法学的基本原理。本书结合最新的法律制度，引用最新的法条，融合了主编主持的2023年宿迁学院第十批教学改革研究重点项目暨2023年江苏省高等教育教改研究课题立项支持项目“校地联合、协同创新：地方性应用型本科高校产教融合型人才培养模式创新与实践研究”；2022年度宿迁学院高等教育研究课题“新文科背景下应用型高校法学类专业人才培养质量提升研究”（课题编号：2022GJYB05）；河北省教育厅2019—2020年度河北省高等教育教学改革研究与实践项目（项目编号：2019GJJG545）的全部研究成果，具有较强的实务性。

本书体系合理，文字通俗易懂，解读法律详细，可以供高等院校法学类、经济类、管理类等专业学生使用。

图书在版编目(CIP)数据

经济法原理与实务教程 / 项贤国主编. — 哈尔滨 ：哈尔滨工程大学出版社，2023.7
ISBN 978-7-5661-4055-5

Ⅰ. ①经… Ⅱ. ①项… Ⅲ. ①经济法-中国-高等学校-教材 Ⅳ. ①D922.29

中国国家版本馆CIP数据核字(2023)第131246号

经济法原理与实务教程
JINGJIFA YUANLI YU SHIWU JIAOCHENG

选题策划 刘凯元
责任编辑 李 暖
封面设计 李海波

出版发行 哈尔滨工程大学出版社
社　　址 哈尔滨市南岗区南通大街145号
邮政编码 150001
发行电话 0451-82519328
传　　真 0451-82519699
经　　销 新华书店
印　　刷 哈尔滨午阳印刷有限公司
开　　本 787 mm×1 092 mm 1/16
印　　张 18.25
字　　数 476千字
版　　次 2023年7月第1版
印　　次 2023年7月第1次印刷
定　　价 65.00元
http://www.hrbeupress.com
E-mail:heupress@hrbeu.edu.cn

前　言

经济法属于法学本科专业核心课程之一，内容较为庞杂，法条较多，不容易学习。根据高等学校法学本科专业课程分类与安排，经济法课程属于“X”中的“其他专业必修课程”，在开设经济法课程之前，一般要开设法理学、宪法学、中国法律史、刑法、民法等专业必修课程。这就要求在经济法课程教学中，要科学界定经济法与其他学科之间的关系，避免课程之间遗漏或重复教学内容。

经济法课程教学应始终围绕经济法调整国家在干预本国市场经济活动中产生的特定经济关系这一核心对象，妥善处理经济法学与其他部门法学之间的关系，重点讲授与该调整对象有关的重要内容；而与民商法、行政法、刑法有关的内容应简要介绍，放到其他学科中重点讲授。具体来说，应该做到：其他学科讲授过的内容不再重复讲授；考虑其他学科未讲授的内容是否符合经济法的调整对象，若符合可以讲授，若不符合则不予讲授；不再讲授从经济法课程中剥离的社会法、环境与资源保护法，重点讲授凸显经济法属性的核心内容。

《经济法原理与实务教程》是一本应用性非常强的教材，它是在充分吸纳国内众多经济法教材优点的基础上编写而成的，充分结合了相关法条、裁判规则、诊所式案例分析、练习题和参考资料。本书基于合理界定经济法课程体系与教学体系的基本内容，探索灵活采用诊所式教学法、案例教学法等不同教学方法，并尝试探索在微课背景下翻转课堂在经济法课程教学中的应用路径，改变以往传统讲授教学模式，充分结合法律实践，将经济法的基本理论知识与实践案例融会贯通，凸显经济法在新时代中国特色社会主义市场经济建设中的重要保障作用。

本书由宿迁学院法律系项贤国担任主编；由宿迁学院法律系尹维达、王聪，宿迁学院后勤处董爽担任副主编。具体分工如下：项贤国编写第一章至第八章，第十二章至第十四章，尹维达编写第九章至第十一章，王聪编写第十五章至第十六章，董爽编写第十七章至第十八章。全书由项贤国统稿。

本书难免存在不足之处，恳请广大读者批评指正。

编　者

2023 年 6 月

目　　录

第一编　经济法总论

第二编 市场监管法

第三编 宏观调控法

第一编　经济法总论

第一章　经济法的概念

【教学目标】

通过学习本章了解经济法概念的渊源；理解经济法概念的内涵和外延；掌握经济法的定义和调整对象。

【教学要点和教学进程】

一、经济法概念的语源

通过对摩莱里、德萨米、蒲鲁东关于经济法概念的观点的阐述，揭示法国学者关于经济法概念的学说。通过对赫德曼关于经济法概念的观点的阐述，分析德国学者关于经济法概念的学说。最后讲解我国经济法概念的使用，1979年胡乔木在其一篇文章中首先提出了经济法的概念。学生应了解经济法概念的语源，理解各种观点的具体内涵。

二、经济法的调整对象

通过对经济法调整对象的阐述，帮助学生了解法律调整、法律调整对象和法律调整方法的含义，认识国内关于经济法调整对象的观点，理解需要国家干预说、协调经济关系说、国家调节说、管理经营说、行政管理说的具体含义，其中重点阐述杨紫烜持有的协调经济关系说，领会经济法的具体调整方法。

三、经济法的定义

在阐述关于经济法定义的学术观点的基础上，帮助学生理解经济法的内涵和外延，学会分析部门法定义的方法。准确的经济法定义对于正确揭示经济法的本质属性、明确经济法的地位、阐释经济法的作用有着十分重要的意义。

【教学重点和难点】

教学重点：经济法概念的语源；经济法的调整对象；经济法的定义。

教学难点：经济法的调整对象；经济法的定义。

【教学手段和方法】

讲授法、案例分析法。在讲授过程中注意理论联系实际，通过设问与提问，引导学生思考，从而帮助学生加深理解学习内容，提高理论思维能力。

第一节　经济法概念的语源

一、摩莱里关于经济法概念的使用

1755 年(也有学者认为是 1775 年[①]),法国著名的空想社会主义者摩莱里在他的《自然法典》一书中首先使用了“经济法”这个词语。摩莱里是 18 世纪法国启蒙运动中的空想社会主义者之一,恩格斯曾经对摩莱里的空想社会主义理论给予了很高的评价,认为它是 18 世纪的“直接共产主义理论”。摩莱里的经济法思想可以归纳为四点:(1)建立以公有制为主体的所有权制度;(2)保证每个公民都有的劳动的权利和承担劳动的义务;(3)按人口数量实行需求平等的分配;(4)强调国家对社会经济生活实行统一的管理。

二、德萨米关于经济法概念的使用

1842 年,德萨米在他的《公有法典》一书中再一次使用了“经济法”这个词语。德萨米是法国无产阶级革命的领导人之一,也是著名的空想社会主义者之一,马克思称他为“比较有科学根据的法国共产主义者”。德萨米的经济法主张归纳起来主要有四点:(1)主张实行公有制,认为公有制的最好形式是公社;(2)认为最好的分配方式是按比例的平等分配;(3)主张建立没有贸易的社会制度;(4)重视对劳动关系的法律调整。

三、蒲鲁东关于经济法概念的使用

法国小资产阶级激进派人物蒲鲁东在他的《工人阶级的政治能力》(1865 年)一文中又一次使用了“经济法”这个词语。蒲鲁东是法国小资产阶级思想家、社会主义者、无政府主义创始人之一。蒲鲁东认为,“经济法是政治法和民法的补充和必然产物”,他看到了经济法是政治法和民法的补充,看到了有些经济关系是政治法和民法所不能调整的,而需要由一个既体现国家政治权力,又体现经济自主的法律来对它进行调整,这一思想比空想共产主义更契合实际。但是,蒲鲁东受法国小资产阶级思想和客观条件的影响,未能看到客观经济关系对经济法的要求。

四、赫德曼关于经济法概念的使用

1916 年,德国著名法学家赫德曼在《经济学字典》中使用了“经济法”这个词语。他认为,经济法是经济规律在法律上的反映,并提出经济法是指有关经济法制和保护、监督卡特尔的法律,进而较早地揭示了经济法产生的客观必然性。赫德曼的定义揭示了经济法的本质特征。虽然从现代意义上讲,赫德曼的经济法概念并不具有现代经济法的内涵,但在当时,他已经在很大程度上丰富和发展了经济法的含义。本书认为,现代意义上的经济法概念在当时已经形成。

---

① 李昌麒主编《经济法学(第五版)》,中国政法大学出版社,2017,第 17-18 页。

五、以经济法命名的法律和著作面世

第一次世界大战以后，魏玛共和国(1918—1933 年，又称德意志国)为适应战争需要，加强对重要物资的控制，颁布了大量的战争经济法规，如《煤炭经济法》(1919 年)、《钾盐经济法》(1919 年)和《防止滥用经济权力法令》(1923 年)等。其中，《煤炭经济法》和《钾盐经济法》是世界上第一批以经济法命名的法律。1922 年以后，先后出版了大量以“经济法”命名的专著和教材。如鲁姆夫的《经济法概念》、赫德曼的《经济法基础》、哥特史密斯的《帝国经济法》和阿努斯鲍姆的《德国新经济法》等。1924 年以后，这些研究成果陆续被流传至苏联、日本及其他国家，经济法概念逐渐得到发展和传承。

第二节　经济法的调整对象

一、法律调整概述

从法理学来看，法律上的调整是指法律对社会关系的整顿和调控。这里的整顿和调控，既包括对已经成熟且稳定发展的社会关系的整顿和调控，又包括尚处萌芽状态、还未充分发展的社会关系的整顿和调控，其目的是对社会关系进行梳理，以使得社会关系上升为法律关系，进而受到法律的规范。在法律调整的研究中，应解决两个方面的问题，一是调整的性质与范围(即调整对象)的问题，二是调整的措施与手段(即调整方法)的问题。

进一步而言，法律调整对象指的是受法律整顿和调控的社会关系的性质与范围。它具有以下几个显著特征：首先是客观性，即调整对象是一种客观存在，是人类社会生活与生俱来的社会存在；其次是区别性，作为法律调整对象的社会关系，依据其性质可以划分为不同的有区别的关系领域；最后是层次性，作为调整对象的社会关系和被法律调整后形成的法律关系有着鲜明的层次性。

法律调整方法是指法律对社会关系进行整顿和调控的具体方式。它具有两个显著特征：一是法定性，即对社会关系进行整顿和调控的具体手段必须是由法律规定的；二是多样性，即整顿和调控社会关系的手段是多种多样的。

二、经济法的调整对象

(一)学术界主要学说

关于经济法的调整对象，无论是国外还是国内都未形成共识，观点众多，争论激烈。学者中比较权威的观点主要有：国家调制关系说、国家干预关系说、经济管理关系说、国家调节关系说、管理经营关系说、行政管理关系说、协调经济关系说等。

综合学术界的观点，关于经济法的具体调整对象，目前较为流行的学说有以下七种：一

是国家规制说[1]，认为经济法的调整对象包括经济法总论、市场规制法和宏观调控法；二是经济协调关系说[2]，该学说将经济法的具体调整对象分为企业组织管理关系、市场管理关系、宏观调控关系和社会保障关系；三是国家干预关系说[3]，具体包括微观经济调控关系、市场调控关系、宏观经济调控关系和社会分配关系；四是经济管理关系说[4]，具体包括国家经济管理关系、市场运行关系、组织内部经济关系和涉外经济关系；五是社会公共性说[5]，具体包括市场管理关系、宏观经济管理关系和对外经济管理关系；六是国家调节关系说[6]，具体包括市场规制关系、国家投资经营关系和宏观调控关系；七是行政管理关系说[7]，具体包括经济管理关系、维护公平竞争关系和组织管理性的流转与协作关系。

还有很多不同的观点，由于大同小异，此处不再逐一枚举。从内部体系构建的角度来看，以上诸观点均较为成熟和稳定，在一定程度上反映了现实生活的需要。当然个别观点存在一定的不足之处，在此择要评述之。比如有的学说认为，企业组织管理关系应纳入经济法调整范围，理由是"民法只调整平等主体的公民之间、法人之间以及公民与法人之间的关系，不调整经济管理关系（其中包括企业内部管理过程中发生的经济关系），如果硬要民法调整，就会造成民法的调整对象的混乱"。

实际上这是对民法定义作出过于直观式与字面式的理解，只抓住民法"平等"的外壳。其实企业（包括公司、个人独资企业、合伙企业等）是与自然人并列的市场主体，民法中对自然人的主体资格有具体规定（比如准治产人、禁治产人等），对法人等组织也有一般条款规定，这些都属主体构造法，只不过公司等企业组织是人为拟制的产物，远较自然人复杂，因此，自然人只需几个条文即可规定，而企业却需要整部甚至多部法律进行专门规范，但这仍难逃主体构造法的范畴，应为民法之特别法。民法的上述定义主要说明主体之间的关系，至于如何构造主体，则在定义中略去，由此引发误解。其实民法中多有条文规范各种内部关系，既无"平等"，又无"之间"，若逐条套用定义，是根本行不通的。再如有观点将劳动关系、社会保障关系、环境与资源保护关系一并纳入经济法的调整对象范围。

（二）本书观点

1. 经济法调整对象的概念

经济法调整对象是国家在干预本国经济运行的过程中所产生的特定经济关系。简言之，也就是国家利用经济法的形式干预社会关系的范围，或者说，经济法律规范效力所及的范围。

2. 经济法调整对象

本章具体包括以下两个方面：

---

① 张守文主编《经济法（第二版）》，高等教育出版社，2018，第 3 页。
② 杨紫烜、徐杰主编《经济法（第七版）》，北京大学出版社，2015，第 28-32 页。
③ 李昌麒：《经济法——国家干预经济的法律形式》，四川人民出版社，1995，第 5-6 页。
④ 刘文华主编《新编经济法学》，高等教育出版社，1993，第 7-8 页。
⑤ 王保树主编《经济法原理》，社会科学文献出版社，1999，第 36-42 页。
⑥ 漆多俊：《经济法基础理论（修订版）》，武汉大学出版社，2000，第 109 页。
⑦ 史际春主编《经济法总论教学参考书》，法律出版社，2000，第 48-50 页。

(1)市场监管关系是指国家在市场经济活动中,为了维护经营者、消费者和投资者等市场主体的合法权益,而对市场主体的市场行为进行必要干预而产生的特定经济关系。

经济法对市场监管关系进行调整的客观必然性:首先,按照法律法规所调整的社会关系的主导方面,确立法律法规的部门法归属;其次,世界许多国家都是把反垄断等法律纳入国家干预经济的法律体系之内的,反垄断法素有"经济宪法"之称;最后,单靠民法、行政法的力量难以形成良好的市场秩序,适应市场经济体制需要的市场体系必须是统一、开放、竞争和有序的市场体系。

具体而言,市场监管关系包括市场竞争关系、消费关系、产品质量关系、广告关系、房地产市场监管关系等要素市场监管关系。

(2)宏观调控关系是指国家在宏观经济运行活动中,基于维护社会公共利益,对关系国计民生的重大经济因素进行的宏观的调控过程中与其他市场主体所产生的特定经济关系。

经济法对宏观调控关系进行调整的客观必然性:第一是由宏观经济调控和可持续发展战略的目标要求所决定的;第二是由宏观经济调控和可持续发展的国际化趋势以及各国的经验教训所决定的;第三是由市场自身的弱点和消极方面所决定的;第四是由国家机构的职能所决定的,国家机构从本质上讲是为广大人民群众的利益服务的,为了实现这个宗旨,国家机构担负着领导和组织经济建设的基本职能。

具体而言,宏观调控关系主要包括产业调节、计划、投资、国有资产管理、财政、金融、税收、价格、对外贸易等方面的特定经济关系。

(三)经济法调整对象的本质

1. 从经济关系的法律性质看

经济法调整不平等主体之间产生的特定经济关系。经济法调整的是在国家协调本国经济运行过程中发生的特定经济关系,即国家与被调控主体之间的关系,它们之间的关系是不平等的。

2. 从政府这一价值主体法律角色看

经济法调整政府以行政管理主体身份与作为管理受体的市场主体之间发生的特定经济关系。这种类型的关系可以简单地概括为行政隶属性经济关系。

进一步来看,经济法调整的行政隶属性经济关系可以分为两类。第一类是发生在经济行政机关之间的隶属关系,又包括两个分类:一是不同行政层次的隶属关系,即上级行政机关与下级行政机关之间的关系;二是业务内容的隶属关系,即由于法律的规定或上级主管行政机关的决定,使得同一层次的某个部门在业务上领导其他部门而发生的隶属关系。第二类是发生在政府与市场主体之间的隶属关系,它也包括两个分类:一是特定管理主体与特定管理受体之间确立的具体的隶属关系,表现为特定经济行政机关向某个市场主体实施的具体行政行为而形成的隶属关系;二是特定管理主体与不特定管理受体之间确立的抽象的隶属关系,表现为特定经济行政机关向某个市场主体实施的抽象行政行为而形成的隶属关系。

第三节　经济法的定义

一、经济法定义的法理依据

定义是对于一种事物的本质特征，抑或一个概念的内涵和外延的具体而简要的阐释。给一个概念下定义是非常必要的，它是认知一个事物的前提和对它进行研究的起点。不同国家、不同时间阶段的经济法学者们在开展研究过程中，都无一例外地依据自己对经济法的认识，给经济法作出过不同的定义。

通过考查马克思关于法的定义的理论，我们知道法是由国家制定或认可的，以权利、义务为主要内容，由国家强制力保证实施的社会行为规范及其相应的规范性文件的总称。它的特征可以集中概括为正式性、阶级性和物质制约性。

进一步来看，法是调整人（社会主体）的行为的社会规范，是由公共权力机构制定或认可的具有特定形式的社会规范，是具有普遍性的社会规范，是以权利、义务为（主要）内容的社会规范，是以国家强制力为后盾，通过法律程序保证实现的社会规范。

二、经济法定义的基本方法

准确地界定经济法的定义，对于正确理解经济法的本质属性和价值理念，明确经济法的地位和功能，阐释经济法的基本原则与责任有着十分重要的意义。

目前，学者们对经济法定义的方法各不相同，但有一点却是相同的，即大家基本一致地认为，在经济法的定义中应揭示经济法的本质，把经济法同其他法律部门，尤其是同相近法律部门区别开来，而经济法的调整对象是经济法区别于其他法律部门的最根本的要素。基于此，我们认为，揭示经济法的调整对象是定义经济法的最有效的办法。

三、经济法定义的具体路径

经济法是调整国家在干预经济活动中产生的特定经济关系的法律规范的总称。这一定义揭示了两个方面的内容：

（一）经济法的调整对象是国家干预经济关系

法作为国家制定或认可的一种人们的行为规范，是通过调整一定社会关系，来维护一定的社会秩序。这是法的本质属性。因此，作为具体的法律部门，在界定其含义时，必须揭示该部门法所调整的是哪种（类）社会关系，维护什么样的社会秩序。各个部门法正是因为有了不同的调整对象，才有了相互间的区别。

有些学者在揭示经济法的调整对象的同时，在经济法的定义中还以不同方式，不同程度地嵌入了“功能”“作用”“方法”“目标”等内容。我们认为，这是不需要的。因为，经济法的“功能”“作用”“方法”“目标”等都是由经济法的调整对象所决定的，调整对象是第一性的，“功能”“作用”“方法”“目标”等是第二性的，将二者置于同一定义之中极易引起认识上的混乱。因此，本书认为经济法的调整对象是国家干预经济关系。

(二)经济法是由众多经济法律规范组成的

不同的法律传统要求不同的法律表现形式,法典或单行法律规范都可以成为法律部门的构成内容。我国经济法是由众多经济法律规范构成的,既包括经济法律,也包括经济法规、经济规章、经济政策等规范性文件。由于诸多原因,截至目前我国尚未制定一部完整的经济法典。自 1978 年以来,我国颁布了大量的单行性经济法律、经济法规、经济规章和经济政策,它们是现阶段我国经济法的基本表现形式。

【练习题】

一、单项选择题

1. 认为经济法是调整在国家调节社会经济过程中发生的各种社会关系,以保障国家调节,促进社会经济协调、稳定和发展的法律规范总称的观点属于(　　)。

A. 经济管理关系说　　B. 国家干预关系说

C. 国家调节关系说　　D. 经济协调关系说

2. 法国空想社会主义者德萨米的著作是(　　)。

A.《公有法典》　　B.《论法的精神》　　C.《自然法典》　　D.《法学阶梯》

3. 经济法学的发祥地是(　　)。

A. 日本　　B. 德国　　C. 法国　　D. 英国

4. 下列有关经济法调整对象的表述正确的是(　　)。

A. 调整全部经济关系　　B. 只调整经济管理关系

C. 只调整经营协调关系　　D. 调整一定范围的经济关系

5. 法国空想社会主义者摩莱里和德萨米,分别在其著作《自然法典》(1755 年)和《公有法典》(1842 年)中提及"经济法"的概念,他们都认为经济法是(　　)。

A. 市场法　　B. 分配法　　C. 行政法　　D. 民商法

6. 经济法学基本框架的二元结构是(　　)。

A. 总则和分则　　B. 市场规制和宏观调控

C. 总论和分论　　D. 经济立法和经济司法

7. 经济法是调整现代国家在(　　)过程中发生的社会关系的法律规范的总称。

A. 宏观调控和市场规制　　B. 宏观调控和微观调控

C. 宏观调控和微观规制　　D. 政府调控和市场调节

8. 经济法与宪法的关系是(　　)。

A. 实体法与程序法　　B. 部门法与基本法

C. 普通法与特别法　　D. 普通法与根本法

二、论述题

1. 某年召开的中央经济工作会议指出,打好防范化解重大风险攻坚战,重点是防控金融风险,要服务于供给侧结构性改革这条主线,促进形成金融和实体经济、金融和房地产、金融体系内部的良性循环，做好重点领域风险防范和处置，坚决打击违法违规金融活动，加强薄弱环节监管制度建设。可以看出，防范化解重大风险攻坚战是今后三年的三大攻坚战之首，同时会议强调防风险攻坚战的重点是防控金融风险。

问题：请结合所学经济法调整对象原理谈谈你对上述事件的看法。

答题要求：

(1)在分析、比较、评价的基础上，提出观点并运用所学经济法知识阐述理由；

(2)观点明确，论证充分，逻辑严谨，文字通顺。

2. 某市人民政府办公室就加强市中心区(路南区、路北区、高新区)商品房销售管理有关事项发出通知，对房地产开发企业销售商品房行为、房地产中介服务机构代理销售商品房行为等进行了规范。通知明确提出，购房人购买新建商品住房，自网签之日起 42 个月内不得上市交易。根据通知，某市为坚决贯彻“房子是用来住的，不是用来炒的”定位，将着力抓好房地产市场稳控，遏制投机炒房，进一步维护房地产市场秩序，促进房地产市场平稳健康发展。特别是在房屋交易时间方面，通知规定房地产开发企业销售商品房，应当自收到全部购房款或首付款当日，在房地产主管部门网上交易平台签订商品房买卖合同，并在售楼处显著位置公示所有房源成交情况。

请结合所学经济法调整对象原理谈谈你对上述事件的看法。

答题要求：

(1)在分析、比较、评价的基础上，提出观点并运用所学经济法知识阐述理由；

(2)观点明确，论证充分，逻辑严谨，文字通顺。

【参考资料】

[1] 杨紫烜，徐杰. 经济法[M]. 5 版. 北京：北京大学出版社，2014.
[2] 刘大洪. 经济法学[M]. 3 版. 北京：中国人民大学出版社，2021.
[3] 李昌麒. 经济法学[M]. 5 版. 北京：中国政法大学出版社，2022.
[4] 张守文. 经济法原理[M]. 2 版. 北京：北京大学出版社，2020.
[5] 李曙光. 经济法案例研究指导[M]. 北京：中国政法大学出版社，2019.

第二章　经济法的产生与发展

【教学目标】

通过学习本章了解经济法在各国兴起的原因与客观实际、经济法产生和发展的经过；认识经济法产生的历史必然性；掌握经济法的产生原因和基础条件。

【教学要点和教学进程】

一、经济法的产生

通过对经济法产生学说观点的分析，帮助学生了解世界各国经济法产生的背景，理解经济法产生的时间，学会分析学者主张各种观点的理由。

通过对经济法产生的历史和时间背景的分析，揭示经济法产生的原因，帮助学生了解中国经济法产生的背景，理解经济法产生的经济原因、政治原因、法律文化原因、部门法原因和理论原因。

二、经济法的发展

通过对前资本主义国家、资本主义国家、社会主义国家经济法的内容分析，阐述前资本主义国家经济法的特征、资本主义国家经济法的特征和社会主义国家经济法的特征，帮助学生了解各个时期经济法发展的内容和特征。

通过对中国经济法发展的历史分析，阐述对中国社会主义经济法发展的展望，帮助学生了解中国经济法的发展历程，认识经济法发展的未来走向。

【教学重点和难点】

教学重点：经济法的产生原因；经济法产生的时间；前资本主义时期经济法的发展及特征；资本主义时期经济法的发展及特征；社会主义时期经济法的发展及特征；中国经济法的产生和发展。

教学难点：经济法的产生原因；经济法产生的时间；中国经济法的产生和发展。

【教学手段和方法】

讲授法。在讲授过程中注意理论联系实际，通过设问与提问，引导学生思考，从而帮助学生加深理解学习内容，提高理论思维能力。

第一节　经济法的产生

一、在经济法产生问题上的不同观点

关于经济法的产生，在学术界有不同观点，其中主流观点主要包括以下四种：第一，认为经济法是在资本主义进入垄断阶段以后才产生的；第二，认为近代经济法产生于 19 世纪末，但并不否认“市民革命以前的经济法”的存在；第三，认为随着国家与法律的产生，经济法也就产生了，到了垄断资本主义阶段，经济法形成了一个新的法的部门；第四，认为经济法作为一个独立法的部门，真正产生于古代社会。

二、经济法的产生背景

学者们认为，总体上，经济法的产生有两个渊源，即以美国为代表的暂称之为和平主义的自然演进型经济法与以德、日等国为代表的战争经济法（包括苏联），前者常被称为经济法产生的“常态”，后者则被称为“非常态”。

事实上，前者经济法的产生与战争并不直接关联，而是资本主义从自由竞争向垄断时期过渡的必然产物，是在和平的环境中，国家顺应经济发展的历史阶段，调整经济管理职能，有目的立法的结果，并与第二次世界大战后“和平与发展”的时代主题一脉相承。学术界通常将竞争法比作经济宪法和经济法诞生的标志，如最早在美国产生的《谢尔曼反托拉斯法》（1890 年）便是这个论断的体现。而该法既与经济危机对策无关，也与战争无涉。而后者经济法的产生却往往直接与战争的蓄意发动、战时保障以及战后重建等战争诸要素相关，体现出浓重的战争法色彩，但与战后和平发展时期作为一种国家适度干预手段的经济法不同。

但是这样的表述并不否认两个经济法产生渊源存在的共性。实际上，只要我们承认，经济法产生于 19 世纪末 20 世纪初，是国家干预经济的一种新型部门法，而暂不考虑具体国家基于何种目的进行干预，我们就应得出二者之间存在共性的必然结论，即经济法产生背景源于两个基本的前提：市场经济的环境和社会公共利益的价值追求。

首先，不论是美国还是德、日等国，在经济法产生之时都是以市场经济体制为前提的。不同的是美国素有所谓自由的传统，其市场经济在没有外界力量介入的情况下自然生长，充分发展，至垄断产生，负面影响凸显，国家以“看得见的手”主动进行干预市场失灵。德、日等国的资本主义则是在外界力量介入下（自上而下的政治改革）产生的，并因为其发展时间较短，又具有较多的封建色彩，因而也成为战后经济民主化、自由化的重要原因。前者可称为市场主导型，后者可称为政府主导型。其次，经济法本质在于国家针对市场的天然缺陷进行必要干预，将个体正当利益的追逐限制在社会公益的前提下，追求二者的协调统一。表面上看，美国经济法看似体现社会公共利益，即维护自由竞争秩序，从而维护美国的自由传统，而德、日经济法由于战争法的味道浓厚，其体现的不过是被军阀、财阀控制的政府或国家的利益，而与社会公共利益有天壤之别。但从本质上看各国的经济法立法，却都是统治阶级谋求自身利益和社会利益协调的反映。

三、经济法的产生原因

经济法作为一个独立的法律部门，是以国家干预经济为特征的，只能产生于相当发展的社会化大生产和商品经济的基础之上。现代经济法作为一个法律部门产生于较发达的垄断资本主义阶段，其原因包括以下五个方面：

（一）经济法兴起的经济原因

从经济角度去考查，可以认为，社会大生产的发展推动了经济法的产生。

这是因为，商品经济向着社会化生产方向或者市场经济方向发展，就必然推动现代科学技术的进步、社会生产力的高度发展、社会分工地不断深化以及国民经济部门地不断增多。这必然要求国家从社会总体利益出发，采取切实有效的措施，一方面顺应商品经济的发展，另一方面克服商品经济在自身发展过程中所出现的消极因素，以解决商品生产经营者自身难以解决的商品经济的内在矛盾。这就在客观上促进了以国家干预为己任的经济法的兴起。

（二）经济法兴起的政治原因

从政治角度去考查，国家出面干预经济的客观必然性，导致了经济法兴起的客观必然性。国家对经济的干预是伴随着国家的存在而存在的。所不同的只是在社会发展的不同时期，国家干预经济的方式、范围、目标和价值不同而已。

如何认识国家对经济的干预，笔者认为必须走出两个误区：一个误区是把国家干预与市场经济对立起来，认为市场经济是排斥国家干预的；另一个误区是只看到干预的消极面，看不到现代的经济干预在价值取向上的积极变化。

（三）经济法兴起的法律文化原因

从法律文化角度去考查，人们渴望以法治化国家为其创造生存空间的心理，促进了经济法的兴起。就经营者而言，他们是以平等作为生存条件的，因此，他们很关心自己如何能在平等的社会条件下从事商品经营活动，而这种平等条件仅仅依靠商品经营者的力量是难以办到的，因而他们必然要求国家运用国家权力的最高表现形式——法律来保障平等条件的实现和经营活动的顺利进行，而这样的法律实际上就是经济法。

（四）经济法兴起的部门法原因

从部门法角度去考查，行政法和民法难以解决现实经济中存在的所有问题，这为经济法的兴起提供了可能。每一个独立法律部门都有自己的质的规定性。民法作为私法，不能解决经济发展中的无序状态，因为私法不足以防止私权的滥用，更无法彻底地遏制公权的滥用；行政法作为公法，其依法行政的价值取向可以在某种程度上防范公权对私权无端侵扰，但行政法调整的社会关系极为广泛，其所负担的重要任务使得它无力对公权与私权的界限作出全面而又合理的界定。而经济发展的本身，又必须要求私权和公权在一个恰当的法律形式中互相作用，具有公、私兼容性质的经济法即是这样一种法律形式。

（五）经济法兴起的理论原因

从理论角度去考查，在经济学和法学中，国家干预主义的产生并占主导地位加速了经济法的兴起。现在许多资本主义国家通过对自身经济发展道路的反省都已认识到发展本国经济，既不能实行完全自由放任的市场经济体制，也不能实行完全由国家干预的高度集中的经济体制，从而总是交替采用“看不见的手”和“看得见的手”来调节资本主义商品经济的运行。至于这两只手伸多长，各国又有所不同。但是，总的趋势是，几乎没有哪一个国家完全放弃了对社会经济的干预以及与此相适应的经济法。

第二节　经济法的发展

一、西方国家经济法的发展

西方国家经济法起源于市场经济发展与国家实现其公共管理职能、经济职能的要求。资本主义自由竞争时期，社会经济关系的运行主要取决于社会主体的意思自治。资本主义进入垄断时期后，为了缓和因垄断引发的社会矛盾，以及现代国家经济职能实现的要求，国家便以经济法规范社会整体的经济关系。目前学术界普遍认为西方国家的经济法起源于19世纪末20世纪初的德国。

西方国家经济法发展经历的四个阶段：

（一）战时经济法：一些国家为了应对战争而采取经济法措施的时期；

（二）危机对策法：一些国家为了摆脱经济危机而采取经济法措施的时期；

（三）战后经济法：一些国家在战后为恢复国民经济而采取的经济法措施的时期；

（四）现代经济法：一些国家在和平时期为了发展国民经济而采取经济法措施的时期。

二、我国现代经济法的发展

我国现代经济法，实质上是十一届三中全会以后产生的。经济法之所以能在我国20世纪70年代末80年代初这一特定历史时期兴起，是多种原因交互作用的结果，具有特殊的历史背景和经济背景。

（一）经济法概念的提出

学术界比较一致的观点是，最早提出经济法概念的是胡乔木同志。其标志是胡乔木于1978年在《按照经济规律办事，加速实现四个现代化》一文中提出了经济立法和经济司法两个专门性经济法律用语。

（二）我国的经济立法阶段

1. 1979—1992年的经济立法。1979—1992年是我国经济法的初创时期。在这一时期，我国经济体制改革取得了很大的成就，经济发展迫切需要经济立法，经济法也呈现出空前发展的态势。

2. 1993—2000年的经济立法。自1993年起，我国经济立法步伐明显加快，大量的市场经济发展急需的经济法律规范在这一时期颁布,奠定了我国社会主义市场经济立法的重要基础。

3. 2001—2011 年的经济立法。自进入 21 世纪,我国经济立法得到进一步发展,随着中国特色社会主义市场经济的加快发展,对经济立法的需求不断增加,在这一时期产生了大量的经济法律规范,并修改了相关经济法律规范。

4. 2012 年至今的经济立法。2012 年党的十八大以后,我国市场经济发展进入了新时代,这一时期,修改了与市场经济发展不相适应的经济法律规范,制定了新时代中国特色社会主义市场经济发展迫切需要的经济法律规范。

(三)我国经济法的发展前景展望

经过多年的理论探讨和立法实践,经济法作为一个独立法律部门的地位,不仅为我国法学界,同时也为各国法学界所广泛认同。如果说,我国经济法以党的十一届三中全会为契机,出现了第一次勃兴的话,那么,随着中国特色社会主义市场经济的进一步推进和知识经济、共享经济乃至数字经济的到来,经济立法必将得到进一步发展。

随着我国社会主义市场经济的发展,经济法律规范的制定、修改和废除将步入常态化,经济立法必须适应市场经济发展需求,且必须符合中国特色,将逐步由分散的经济立法迈入法典化阶段。经济法的法典化可以整合分散的经济法规范,推动经济法治建设,贯彻新发展理念,促进中国特色社会主义市场经济的健康有序发展。经济法的法典化可以分三步走,首先,制定经济法总则,以明确现有经济法律规范的基本理念、原则等;其次,完善各类经济法律规范,协调经济法总则与单行经济法的关系;最后,在时机成熟时,制定一部结构严密、体系完备的经济法典。

【练习题】

一、单项选择题

1. 美国是世界上较早制定反垄断法的国家之一,美国的反垄断法也称反托拉斯法。请问美国第一部反托拉斯法是(　　)。

A.《谢尔曼反托拉斯法》　　B.《克莱顿法》

C.《公平交易法》　　D.《联邦贸易委员会法》

2. 关于经济法的产生和发展,下列选项中说法错误的是(　　)。

A. 美国于 1890 年通过的《谢尔曼反托拉斯法》是联邦第一部反托拉斯法

B. 资本主义国家经济法协调本国经济运行以间接手段为主

C. 世界上第一部也是唯一一部经济法典是在捷克斯洛伐克制定的

D. 社会主义国家经济法协调本国经济运行以直接手段为主

3. 一般认为,现代意义上的经济法产生于市场经济的(　　)。

A. 自由竞争阶段　　B. 垄断阶段　　C. 计划经济阶段　　D. 管制经济阶段

二、多项选择题

1. 下列选项中属于经济法的产生原因的有(　　)。

A. 社会化大生产的发展

B. 行政法和民法难以解决现实经济中存在的所有问题

C. 人们渴望以法治化国家为其生存空间的心理

D. 国家出面协调经济的必然性

2. 关于经济法的产生,在学者中存在争议。下列选项中有关经济法产生时间的说法属于学者通说的有(　　)。

A. 认为经济法是在资本主义进入垄断阶段以后才产生的

B. 认为近代经济法产生于19世纪末,但并不否认"市民革命以前的经济法"的存在

C. 认为随着国家与法律的产生,经济法也就产生了;到了垄断资本主义阶段经济法形成了一个新的法的部门

D. 认为作为一个独立的法的部门的经济法产生于古代社会

三、简述题

1. 简述经济法的产生时间。

2. 简述经济法的产生原因。

【参考资料】

[1] 周黎明. 经济法理论与实务[M]. 2版. 杭州:浙江大学出版社,2020.

[2] 倪振峰,杨玉枢. 经济法学[M]. 2版. 上海:复旦大学出版社,2020.

[3] 张守文. 经济法[M]. 4版. 北京:中国人民大学出版社,2018.

第三章　经济法的地位

【教学目标】

通过学习本章了解经济法的地位，经济法与社会法、公法、私法的关系；理解经济行政法论的实质；掌握经济法地位的表现，经济法与民法、商法、行政法、国际经济法和社会法的联系和区别。

【教学要点和教学进程】

一、经济法地位的含义及表现

通过分析经济法地位的含义，阐述经济法地位的具体表现，帮助学生了解经济法在法律体系中的地位，理解经济法的独立性，掌握经济法的重要作用。

二、经济法与相关法的关系

阐述经济法与民法、商法、行政法、国际经济法和社会法的关系，从渊源、独立地位、作用方面分析经济法与民法、商法、行政法、国际经济法和社会法的联系，从调整对象、主体、作用和调整方法方面分析经济法与民法、商法、行政法、国际经济法和社会法的区别。

帮助学生了解经济法与商法、国际经济法和社会法的关系，理解经济法与民法、行政法的关系，认识经济行政法论的背景、理由及其实质，引导学生从更深层次去思考经济法与行政法的关系。向学生介绍几篇经典学术论文，让学生更好地理解这一问题。

【教学重点和难点】

教学重点：经济法地位的表现；经济法与民法的关系；经济法与行政法的关系。

教学难点：经济法地位的表现；经济法与行政法的关系。

【教学手段和方法】

讲授法。在讲授过程中注意理论联系实际，通过设问与提问，引导学生思考，从而帮助学生加深理解学习内容，提高理论思维能力。

第一节 经济法地位的含义及表现

一、经济法地位的含义

经济法的地位,即经济法在法律体系中的地位,它主要是指经济法是否为一个独立法律部门、它的重要性及其与宪法和其他部门法的关系。

经济法是否为法律体系中的一个独立部门法,在国内外法学界长期存在分歧。经济法成为独立部门法的根据:首先是经济法固有的本质特征,是它区别于其他部门法的特殊质的规定性;其次还需要具备一定的客观条件。

经济法独立的标志有两个:一是该国制定调节社会经济的法律数量较多,门类较齐全;二是该国制定的各种调节社会经济的法律之间互相联系、协调,并形成了共通的总的指导原则和基本法律制度。

二、经济法地位的表现

(一)经济法的独立性

经济法有自己特定的调整对象:

1. 它的调整对象有一定的范围。这个范围就是经济法只调整在国家干预国民经济运行过程中发生的经济关系,不调整其他经济关系,更不调整非经济关系。

2. 经济法的调整对象是有具体内容的。它们分别是市场主体调控关系、市场秩序调控关系、宏观经济调控、可持续发展社会关系和社会分配关系等。

3. 经济法的调整对象同其他法律部门的调整对象是明确而又相互区别的。也就是说,经济法调整的国家干预经济关系,同其他法律部门的调整对象既不是交叉的,也不是重叠的。

因此,我们有充分的理由认为,经济法是一个独立的法律部门。它与民法、商法、行政法、刑法、国际法等法律部门一样同属国家的二级大法,在我国社会主义法律体系中具有极其重要的地位。

经济法为什么是一个独立的部门法?本书详细地分析了理由,第一,经济法所调整的这一部分经济关系,既不是个别的经济行为,也不单是具体经济过程的现象,而是属于一定范围的经济关系,即经济领域中的一种社会关系;第二,经济法有统一的调整原则和方法;第三,经济法作为一个独立的法律部门的出现,是适应客观经济条件发展变化的要求,解决了相邻近的一些法律部门曾想解决而又解决不了的那部分经济关系的调整。

经济法在国家法律体系地位中的确立,是时代的需要,是中国特色和经济法自身的优势所决定的。

(二)经济法的重要性

我国经济法之所以说是一个重要的法的部门,从根本上来说,是因为它在保障和促进以经济建设为中心的社会主义现代化建设中发挥着巨大的作用。经济法的巨大作用决定了经济法的重要地位,这种作用主要表现在以下几个方面。

1. 坚持以公有制为主体,多种所有制经济共同发展。国有经济在整个国民经济中居于主导地位,集体所有制经济是公有制经济的重要组成部分,个体经济对于发展社会生产、方便人民生活、扩大劳动就业具有不可替代的作用,私营经济和外资经济都是促进我国以公有制为主体的多种所有制经济发展的重要组成部分。

2. 引导、推进和保障社会主义市场经济体制的建立和完善。经济法对于建立和完善社会主义市场经济体制发挥着巨大作用,表现在:第一,有助于引导社会主义市场经济体制的建立和完善。经济法律法规对经济体制改革的正确方向作出明确规定,就是把反映客观经济规律要求的经济体制改革方向规范化、法律化。第二,有助于推进社会主义市场经济体制的建立和完善。为了保障经济体制改革朝着正确的方向发展,在经济法律法规中对经济体制改革的措施作出规定,使这些措施规范化、法律化,有助于国家机关、企业和其他社会组织以及公民个人严格地遵守和执行这些措施。第三,有助于保障社会主义市场经济体制的建立和完善。以法律手段保护经济体制改革的成果,有助于改革不断深化和稳步发展。

3. 扩大对外经济技术交流和合作。对外开放是我国长期的基本国策,是加快社会主义现代化建设的战略措施,因此必须积极扩大对外经济技术交流和合作。

4. 保证国民经济持续、快速、健康发展。改革开放以来,我国在加强市场管理,反垄断和反不正当竞争方面,以及在计划、投资、财政、税收、金融、价格等方面,制定了不少法律法规。这些法律法规的实施,对于充分发挥市场调节和宏观调控各自的作用,充分发挥计划和市场两种手段的长处,提高资源配置的效益,从而保证国民经济持续、快速、健康发展,具有重要作用。

第二节　经济法与相关法的关系

一、经济法与公、私法的关系

1. 公、私法的概念

公法是调整服从关系的法律规范的总称,私法是调整平等关系的法律规范的总称。关于划分公法和私法的标准,主要有三种理论:一是利益论(目的论),即以维护国家利益、社会公共利益为目的的法为公法,以维护私人利益的法为私法;二是主体论,即规定法律关系的主体一方或双方代表公共权力的法为公法,规定法律关系的主体双方均为私人的法为私法;三是服从论(权力论),即规定国家与公民、法人之间权力服从关系的法为公法,规定公民、法人之间平等关系的法为私法。

2. 经济法与公、私法的关系

关于划分经济法与公、私法的关系有三种观点:一是认为经济法属于公法;二是认为经济法是跨于公、私法两个领域的法;三是认为经济法是相对于公、私法两大法域而言的第三法域。杨紫烜教授认为,经济法律规范是以在国家协调本国经济运行过程中发生的经济关系为调整对象的,这种经济关系属于公法所调整的服从关系的范围,因此,作为经济法律规范总称的经济法属于公法的范围,不属于私法的范围,也不是部分公、私法规范的结合或融合,更不是什么第三法域。

二、经济法与民法的关系

1. 联系

(1)经济法与民法在调整对象方面各自都有一定的调整对象,但调整的都是一定范围内的经济关系。

(2)在渊源方面,经济法与民法的渊源都包括宪法、法律、法规、规章等规范性文件和习惯法、判例法。

(3)在独立地位方面,经济法与民法在整个法律体系中,都属于国内法体系,都是独立的法的部门,而不是综合部门,更不是法学学科。

(4)在作用方面,经济法与民法对于保护当事人的合法权益,维护经济秩序,推动改革开放和国民经济的发展,都发挥着巨大作用,都是重要的法的部门。

2. 区别

(1)调整对象不同。经济法的调整对象是在国家协调本国经济运行过程中发生的经济关系,它不调整人身关系,属于公法的范围。民法调整作为平等主体的自然人、法人参加的财产关系和人身关系,属于私法的范围。

(2)主体不同。经济法的主体包括国家机关、企事业单位和社会团体、企业的内部组织和公民。民法的主体是自然人和法人。

(3)作用不同。经济法作为国家协调本国经济运行之法,以维护国家利益和社会公共利益为主。民法作为体现市场调节机制之法,以维护自然人和法人的利益为主。

(4)调整方法不同。经济法采取了奖励与惩罚相结合的调整方法。就惩罚而言,经济法采取了追究经济责任、行政责任、刑事责任相结合制裁的形式。民法对于应当承担民事责任的自然人和法人,采取了民事制裁的形式。

三、经济法与商法的关系

1. 在中国,有没有必要形成一个商法部门?商法在我国并未形成一个独立的部门,我国多数学者主张民商合一的观点。

2. 经济法与商法的关系主要是调整对象方面的区别。商法的调整对象包括:在商事主体设立、变更、终止过程中发生的经济管理关系;在商事主体设立、变更、终止过程中发生的市场交易关系;在商事主体内部管理过程中发生的经济关系。经济法的调整对象包括市场监管关系和宏观调控关系(具体内涵前面已经阐述,此处不再赘述)。

四、经济法与行政法的关系

1. 联系

(1)在调整对象方面,经济法与行政法虽然各自都有特定的调整对象,但它们都调整一定范围的管理关系。它们调整的都是以服从为特征的社会关系,因而都属于公法的范围。

(2)在渊源方面,经济法与行政法都包括宪法、法律、法规、规章等规范性文件,以及习惯法、判例法。

(3)在独立地位方面,经济法与行政法在整个法的体系中,都属于国内法体系,都是独立的法的部门,而不是综合部门,更不是法学学科。

(4)在作用方面,经济法与行政法对于维护国家利益和社会公共利益,对于国家的改革和发展,都发挥着巨大的作用,都是重要的法的部门。

2. 区别

(1)调整对象不同。经济法调整的是在国家协调本国经济运行过程中发生的经济关系,而行政法调整的是行政管理关系。

(2)主体不同。经济法的主体包括企业的内部组织,而行政法的主体不包括企业的内部组织。

(3)作用不同。经济法对于引导、推进和保障经济体制改革的发展起着重要的作用,行政法对于引导、推进和保障政治体制改革的发展起着重要的作用。

(4)调整方法不同。经济法除了实行奖励外,采取了追究经济责任、行政责任和刑事责任相结合的制裁形式;而行政法除了实行奖励外,还采取了行政制裁的形式。

驳斥经济行政法论:既然具备"共性"的法律规范可以构成一个部门法,那么具备"行政管理"这一共性的法律规范不也可以构成行政法吗?而经济法作为其中一部分即"经济行政法",又有什么不可以呢?

五、经济法与国际经济法的关系

1. 联系

(1)在调整对象方面,二者都在国家协调经济运行过程中调整发生的经济关系,不调整其他经济关系,更不调整非经济关系。

(2)在渊源方面,规范性文件是二者共同的渊源。

(3)在主体方面,二者的主体都包括公民、企业和非企业实体。

(4)在独立地位方面,二者都是整个法律体系中的一个独立的法的部门。

(5)在作用方面,二者对于维护经济秩序、推动经济发展,都发挥着巨大的作用,都是重要的法的部门。

2. 区别

(1)调整对象不同。国际经济法的调整对象是在两个以上国家共同协调国际经济运行过程中发生的经济关系。经济法是调整在国家协调本国经济运行过程中发生的经济关系。

(2)渊源不同。经济法的渊源包括宪法、法律、法规、规章等规范性文件,以及习惯法、判例法。国际经济法的渊源包括条约、国际组织制定的规范性文件和国际习惯法。

(3)主体不同。企业的内部组织和有关人员是经济法主体,不是国际经济法的主体。国家、非国家特别行政区、国际组织是国际经济法的主体,一般不是经济法的主体。

(4)创制和所属体系不同。组成经济法的法律规范,即国内经济法律规范,是由一个国家制定或认可的,因此,经济法属于国内法体系。国际经济法属于国际法体系,它是由两个以上国家制定或认可的。

(5)作用不同。经济法主要是在维护本国的经济秩序、推动本国经济发展方面发挥作用。国际经济法主要是在建立国际经济新秩序、推动世界经济发展方面发挥作用。

六、经济法与社会法的关系

社会法是指与社会政策有关的、具有社会性的一类法律及其运行中所产生的现象。社会法包括全体社会和部分社会,其中侧重全体社会的社会法包括教育法、环境资源法、反垄断法等;侧重部分社会的社会法包括劳动法、社会保障法、消费者权益保护法、中小企业促进法等。

经济法与社会法都是在社会经济发展到特定阶段时产生的,它们都以社会公共利益为价值追求,体现着对特定法律关系的调整。但二者存在着调整对象不同、立法目的不同、发挥作用不同、调整的方法不同等区别。经济法侧重于从经济方面对社会公共利益的维护,社会法侧重于从社会福利方面对社会整体经济利益的维护,二者各有侧重点,各有不同的立法目的。因此,只有将二者紧密结合,融会贯通,才能共同推动我国经济社会高质量发展。

【练习题】

一、单项选择题

1. 下列关于经济法的法域属性的表述中,属于杨紫烜持有的观点的是(　　)。

A. 经济法是公法　　B. 经济法是私法

C. 经济法是第三法域　　D. 经济法是公法兼私法

2. 经济法与行政法的密切联系表现在(　　)。

A. 调整对象　　B. 执法主体　　C. 手段　　D. 宗旨

二、简答题

1. 简述经济法与社会法的区别。
2. 简述经济法与行政法的区别。
3. 简述经济法在法律体系中的地位。

三、论述题

1. 论述市场经济是法制经济的原因及经济法在市场经济法律体系中的地位。
2. 论述经济法与行政法的关系。

【参考资料】

[1] 周黎明. 经济法理论与实务[M]. 2 版. 杭州:浙江大学出版社,2022.

[2] 李昌麒. 经济法学[M]. 5 版. 北京:中国政法大学出版社,2022.

[3] 李昌麒. 经济法:国家干预经济的基本法律形式[M]. 成都:四川人民出版社,1995.

第四章　经济法的理念和基本原则

【教学目标】

通过学习本章了解经济法基本原则的含义及在学者中关于经济法基本原则的观点;理解经济法的理念及科学发展观与经济法理念的关系;掌握确立经济法基本原则的依据及其构成。

【教学要点和教学进程】

一、经济法的理念

首先阐述经济法的理念含义,然后介绍学者提出的经济法的自由、公平、发展和安全理念,帮助学生理解经济法理念的具体表现,认识经济法的理念具有重要意义,把握科学发展观与中国经济法的理念的关系。

二、经济法的基本原则

通过对经济法基本原则的阐述,帮助学生了解经济法基本原则的含义,认识研究经济法基本原则的重要意义,理解确立经济法的基本原则必须依据的特定的法制环境和社会背景,分析关于经济法基本原则的学术观点,掌握本书提出的经济法的两个原则——经济法主体利益协调原则和经济运行法定原则。

【教学重点和难点】

教学重点:经济法的理念的内容;中国经济法的理念;关于经济法基本原则的观点;确立经济法基本原则的依据;经济法的基本原则表现。

教学难点:经济法的理念的内容;确立经济法基本原则的依据;经济法的基本原则表现。

【教学手段和方法】

讲授法、案例分析法。在讲授过程中注意结合案例,通过设问与提问,引导学生思考,从而帮助学生加深理解学习内容,提高理论思维能力。

第一节 经济法的理念

一、经济法理念的概念

就目前来看,大多数学者所认定的经济法理念是:对经济法现象进行宏观把握和整体性认识所得到的最高精神或最终理想,对与人们的需要、欲求相洽互适,且得到人们珍视、重视的经济法的应然规定性的理性的、基本的认识或追求,是经济法及其适用的最高原理。具体理解如下:

第一种观点认为经济法理念是对经济法的现象内在本质和规律的抽象概括和归纳。这说明了经济法理念内涵的来源。在认识和研究经济法理念时,一定要对经济法的现象进行升华与抽象,找准经济法的内在本质和客观规律,得到经济法理念的科学认识。

第二种观点认为经济法理念是对经济法现象进行宏观把握和整体性认识所得到的最高精神或最终理想。这强调了经济法理念是注重宏观和整体而并非以局部为研究对象,以确保经济法理念的准确性,确保经济法理念对整个经济法现象统帅作用的发挥,确保经济法的研究、立法和实施沿着正确的道路进行。

第三种观点认为经济法理念是得到人们珍视、重视的经济法的应然规定性的理性的、基本的认识或追求,这一表述说明了经济法理念是应然的而非实然的,是理想的而非现实的。不过,经济法理念仍然具有存在的必要性,因为它完全具有转化为现实的可能性,并通过经济法律规范的遵守和执行等方式得以实现,这样,经济法理念也就具有了实际存在的价值。从经济法主体的角度来看,经济法理念也是经济法最高层面的某种东西的信仰和追求,这种信仰和追求具有民族性、遗传性、稳定性和积极性等特征。经济法主体对经济法的某种信仰和追求对一国经济法律的实施具有极为重要的价值意义。

经济法理念是经济法的内在精神,是经济法适用的最高原理,是对经济法应然规定性的理性的基本的认识和追求,是制定经济法的根本,主导着一个国家的经济法律调整,决定其倾向性以及实际作用。全面理解经济法理念的含义是十分重要的,正是鉴于此原因,经济法理念置于司法过程中,赋予司法以利益平衡为基础的适当裁量权,发挥司法在和谐社会中应有的作用,具有非常重要的法治基础与现实意义。

二、经济法理念的内容

经济法的理念,是指经济法的指导思想、基本精神和立法宗旨,是对经济法起长效作用的文化内涵。经济法理念的重要性决定了经济法学者必然要通过种种方式,直接或间接地回答这一问题。近年来我国经济法学者加大了对经济法理念的探索,取得了一批研究成果。具有代表性的观点有"经济法的自由理念""经济法的公平理念""经济法的发展理念""经济法的安全理念"等①;"经济法的理念是经济社会化条件下的实质公平正义,其核心内容是社会整体经济利益的实现"②。我们认为,我国经济法的理念包含以消费者为本、协调

---

① 单飞跃:《经济法理念与范畴的解析》,中国检察出版社,2002 ,第 4-22 页。

② 杨紫烜、徐杰:《经济法(第七版)》,北京大学出版社,2015,第 20-21 页。

发展两个方面的基本要素。我国经济法之所以能够存在和迅速发展，就在于其凝聚了以消费者为本、平衡协调的人文理念，顺应了当代社会发展的潮流。

首先，以消费者为本是经济法理念的核心要素。以人为本是现代法治社会的一个普遍理念，在各个法律部门都有所体现；并且，以人为本既是指导我国改革的重要理念，又是改革的基本目标。在经济法领域以人为本表现为以消费者为本。以消费者为本属于经济法的内在价值，这是经济法理念的核心要义。

其次，以消费者为本要求经济社会与人的协调发展。协调发展是指各项发展目标要配合适当，各种发展手段要配合适当，发展时机、发展顺序要配合适当。一方面，在新的发展理念下，特别是平衡协调观念的视野下，经济增长只是发展目标之一，单纯追求经济增长可能导致经济发展与社会进步的失调、人与自然发展的不和谐。因为单纯的经济增长并不等于，也不能带来社会的全面进步与发展。除经济增长以外，发展还包括社会福利的增加、生态环境的改善、人的素质及生活水平的提高等。因此，只有在经济与社会、人与环境、物质与精神、当代人与未来人之间实现平衡，才能算是实现了以人为本的目标，否则，很可能陷入有增长无发展，特别是没有进步的恶性怪圈。另一方面，只有大力推进协调发展才能实现平衡。因此，经济法平衡协调的调整方法，能够贯穿到经济法的各项制度与各个环节之中，能够提供促进协调发展的强制动力，实现以消费者为本所要求的协调发展。

同时，大数据、人工智能、数字经济时代的到来，使得国家治理面临着市场自由与法律规制、国家治理与社会风险、协调发展与社会公平、多元治理与社会责任等多重挑战，进一步推动了经济法理念的传承与创新，并形成了新型的市场赋权理念、共治共享理念、风险控制理念和平衡发展理念[①]。这就需要创新新时代的经济法新理念，遵循新发展理念，积极探索新发展阶段推动市场自由和科技创新的新模式，在构建新发展格局下共建共治共享的经济法治新秩序。

第二节 经济法的基本原则

一、经济法基本原则的含义与特征

经济法基本原则是指规定于或者寓意于经济法律、法规之中，对经济立法、经济执法、经济司法和经济守法具有指导意义和适用价值的根本指导思想或准则。它具有如下属性：经济法的基本原则必须反映经济法的本质属性；经济法的基本原则必须具备明确的准则性或者导向性；经济法的基本原则必须大体体现和适应经济法体系中所有法律、法规的本质要求；经济法的基本原则所表明的是一种精神或者法律价值。

二、经济法基本原则的学说

关于经济法基本原则的构成，学术界还有不同的认识。主要包括一原则说、二原则说、三原则说、六原则说和七原则说。学者对经济法基本原则的揭示，大都存在程度不一的缺失，这主要反映在如下方面。

---

① 马平川：《大数据时代的经济法理念变革与规制创新》，《法学杂志》2018 年第 7 期。

1. 将非法律的原则表述为一种法律原则，如资源优化配置原则。

2. 将法律的一般性原则表述为经济法所特有的原则，如责权利相统一原则。依史际春、邓峰先生的观点，“责权利相统一原则主要是指在经济法律关系中各管理主体和公有制主导之经济活动主体所附的权利(力)、利益、义务和职责必须相一致，不应当有脱节、错位、不平衡等现象存在”[①]。责权利相统一原则固然是经济法应当确立的一项准则，但其并未反映或体现经济法之特质，将其纳入其他部门法之界域，如行政法，同样也言之有据。

3. 将经济法部门法的原则错位为经济法的基本原则。如邱本先生主张的“计划原则”或“反垄断原则”[②]。虽然经济法基本原则取决于对经济法调整对象的认知，但即使就邱本先生所主张的经济法体系包括计划法和反垄断法两部分的观点来看，计划原则与反垄断原则也仅仅是经济法部门法之原则，而无法涵盖经济法之全部和整体。

4. 将经济法价值作为经济法原则。正如前述，经济法价值与经济法基本原则是迥然有别的，但在李昌麒先生主张的诸原则中，如经济民主、经济公平、经济效益等[③]，将其纳入经济法价值范畴颇为恰切，但如果作为经济法基本原则，则难以契合作为原则本身的内质和要求。

5. 将经济法的调整方法作为经济法原则，如史际春、邓峰先生所主张的“平衡协调原则”[④]。在他们看来，平衡协调原则是指经济法的立法和执法要从整个国民经济的协调发展和社会整体利益出发，来调整具体经济关系，协调经济利益关系，以促进引导或强制实现社会整体目标与个体利益目标的统一。从其表述中，不难看出平衡协调原则主要强调的是国家对社会经济生活进行干预所使用的方法或手段，史先生等将其纳入经济法基本原则有所不妥。其一，在法的一般意义上，法律原本就是利益之调节器，正如博登海默所指出的那样，“法律的主要作用之一乃是调整和调和种种相互冲突的利益，无论是个人利益还是社会利益”。耶林也同样指出，法律的目标是在个人原则与社会原则之间形成一种平衡。因而，平衡协调各种关系和利益，不仅经济法使然，其他部门法亦同样如此。民法对民事主体相互利益关系之平衡，行政法对行政主体与行政相对人利益之调整概莫能外；其二，平衡协调就其本质而言，作为一种调整方法更为恰切，纳入经济法基本原则的范畴未免有大相径庭之嫌。

三、经济法的基本原则

参照我国已经颁布的经济法律、法规，同时考虑到经济法应具有的价值取向，归纳经济法的基本原则有以下三个：

1. 国家适度干预原则，这是体现经济法本质特征的原则，适度干预是指国家在经济自主和国家统一制定的边界条件或者临界点上所处的一种介入状态。它要求国家依法正当地干预经济，发挥对市场的辅助性作用；平衡成本收益，遵循经济法的价值目标，谨慎地干预经济。

适度干预原则遵循两点要求：正当干预和谨慎干预。

---

① 史际春、邓峰：《经济法总论(第二版)》，法律出版社，2008，第15-18页。

② 邱本：《经济法研究(上卷)》，中国人民大学出版社，2008，第31页。

③ 李昌麒主编《经济法理念研究》，法律出版社，2009，第52-55页。

④ 史际春、邓峰：《经济法总论(第二版)》，法律出版社，2008，第20页。

(1)正当干预

正当干预是适度干预原则对国家干预的最基本的要求。它要求国家对经济活动的干预必须根据法律之规定,不得与法律相抵触,也不得在法律并无授权的情形下擅自干预,具体要求表现在干预的范围、程序以及方式上。在干预的范围方面,国家只能在经济法明文规定的范围之内进行干预,不得随意扩张或变更,这样才能限定国家在干预过程中不滥用职权、不私自进行干预;在干预的程序方面,国家干预必须像其他的公务行为一样依据法律规定的程序进行,这也符合我国在建设法治国家的进程中所追求的程序方面的法制化建设,强调国家干预之程序化运作,因为只有在程序上保证了公平和正义,最终在实体上的公平和正义才有可能得以实现,只有按照严格的程序来限制国家干预,才能克服个体的机会主义倾向和理性缺陷可能造成的损害,真正实现决策的科学化、民主化,从而规避国家干预的负面影响,充分发挥其积极作用;在干预的方式上,适度干预原则要求国家只能以法律规定的方式进行干预,即仅限于经济手段、行政手段和法律手段这三种,而不能采取其他的法律未明文规定的手段进行调控。

(2)谨慎干预

谨慎干预是对国家干预更高层次的要求。它要求国家在干预经济时应谨慎从事,要符合市场自身运行的客观规律,不可因干预而影响市场主体必要的经济自由,不能影响经济主体创造性的发挥和阻碍经济持续、稳定和高效发展。具体来讲有两点:第一,国家干预只是辅助力量,不可取代市场的自发调节而成为资源配置的主导型力量。而市场才是人类迄今为止最具效率和活力的经济运行机制和资源配置手段,国家干预只是在“市场失灵”和“市场无能”时起校正和补充作用,具有辅助性特点。第二,国家应谨慎从事,在进行干预时还应兼顾经济法中的其他基本原则,不可与之相冲突,不然就是违反经济法本身,也就失去了干预的真正意义。

2. 公平与效率兼顾原则

(1)公平原则

经济法的公平包括三个方面的内容:

第一,主体地位平等。主体地位平等是经济公平的前提条件,无主体地位的平等就无公平可言。主体地位平等要求任何主体都不得对其他主体进行歧视,更不得以大欺小、以强凌弱、以富压贫。欲使经济法律关系的主体地位平等,必须反对特权、反对歧视。

第二,交易机会均等。交易机会均等是经济公平的基本内容。它一方面要求经济法所提供的交易机会必须向所有经济法主体开放,除了这种经济活动本质所必需的条件外,不得以任何理由或附加任何条件阻止某些主体的享有。不论是公有制企业还是非公有制企业,大企业还是小企业,中资企业还是外资企业,都拥有相同的机会,经济法主体可以放弃这种机会,但经济法必须提供均等的机会并保障这种均等机会的顺利实现;另一方面要求经济法不得为某一或某些主体提供独占市场的机会。保障经济法主体均等的交易机会,必须完善我国的市场准入制度,健全一般市场准入制度、特殊市场准入制度和涉外市场准入制度,使各经济法主体拥有一个均等的交易平台。

第三,权利与义务对等。权利与义务对等是经济公平的核心内容。经济公平要求主体的权利与义务对等是权利和义务在数量上等值性的必然要求。保障经济法主体权利与义务的对等是实现经济公平的关键。贯彻和落实“权利与义务相一致”的原则,反对特权,矫正权利与义务的失衡,完善权利与义务体系是保障经济法主体权利义务对等的必要措施。

值得强调的是,主体地位平等、交易机会均等、权利与义务对等不是一个静止的状态,而是一个动态的过程,即经济公平是全过程的,贯穿于经济活动的始终。也就是说,在经济活动的起点,进行过程中和结果上都必须做到主体地位平等、交易机会均等和权利与义务对等,只有这样,才能实现真正的、实质的公平,否则,这种公平只能停留在形式上。

(2)效率原则

同公平原则一样,效率原则也是经济法的重要原则。这是因为任何一个公平、自由、正义、有序的社会也必然是一个高效的社会。没有效率的社会无论如何也算不上一个理想的社会。

经济法的效率是指以最少的消耗取得最大的效果。经济法所要体现的效率,一方面是要使各单个经济主体能够充分发挥其能力,不必付出无谓的生产交易成本,另一方面则要保证由各主体组成的整个社会经济肌体协调运行,减少摩擦,实现整体的最佳效益。作为经济法基本原则的公平效率,既有相互促进的一面,又有相互矛盾的一面。只要效率而不要公平,最终会降低效率;只要公平而不要效率,这种公平也很难维持长久。因此,经济法在调整一定范围内的经济关系时,必须同时兼顾公平与效率。

3. 可持续发展原则

可持续发展是在人类面临文明加速进化与生态环境不断恶化、富裕与贫穷的差距不断拉大这两大失衡的背景下产生的一种新的发展模式和发展观。可持续发展的核心,在于正确处理人与自然和人与人之间的关系,要求人类以最高的智力水平和泛爱的责任感去规范自己的行为,创造和谐的世界。可持续发展与经济法的法益目标追求的一致性,政府干预与经济法调整对象、范围、方法的一致性决定了保障和实现可持续发展战略的重任只能由经济法来承担,同时,这也是经济法现代性的当然体现。

经济法的最终目的是保障和促进国民经济的发展,它直接受到特定时期的发展观的影响。传统的发展观强调经济增长和追求国民经济的快速、协调和稳定的发展,其特点是"高投入、高消耗、高污染、低效益"。这一发展模式靠拼资源来带动和促进经济增长,不仅使经济增长缺乏后劲,而且还带来了严重的负面影响——资源短缺、生态破坏、环境污染严重等问题,制约了经济的发展,成为发展的极大障碍。历史上的多次经验教训使人类开始重视环境与自然资源的保护,协调人与自然的关系,"可持续发展"的发展观也随即被提出,并开始主导经济的运行和发展。可持续发展反映了当代人对人类社会经济活动、生存环境和发展的反思,表达了当代人的一种发展观,也反映了当代人的超前意识和忧患意识,以及当代人的社会责任感。

以社会为本位的可持续发展思想涵盖了经济、人口、环境、科技、社会保障的各个方面,这一思想反映于上层建筑之时就必然有相应的法律制度予以保障,而以社会为本位的经济法所要保障的就是可持续发展中的一部分——社会总体经济可持续发展的实现。经济法无论是保证市场主体有一个平衡和谐的经济环境(反垄断、反不正当竞争的市场规制法),还是保证经济资源的合理分配(有计划、有组织、有理性的宏观调控法),最终都是为了实现社会经济整体的可持续发展。因此,作为社会本位法,保障社会经济的可持续发展是经济法的最根本的目的性原则,也是经济法作为现代法的最前卫的、最现代化的基本原则。

【练习题】

一、单项选择题

1. 下列选项中不是经济法的理念的是(　　)。

A. 平等　　B. 自由　　C. 公平　　D. 安全

2. 经济法的内在价值也可称为(　　)。

A. 主观价值　　B. 客观价值　　C. 评判价值　　D. 实用价值

3. 在学者中有很多关于经济法的基本原则的观点,其中杨紫烜认为经济法的基本原则包括(　　)。

A. 资源优化配置原则　　B. 可持续发展原则

C. 国家适度干预原则　　D. 国家协调经济运行法定原则

二、简答题

简述经济法基本原则的核心要义。

三、案例分析题

案例:面对亚洲金融危机,香港特别行政区政府为了应对投资大鳄的市场炒作,在 1998 年 8 月动用了近千亿港元入市操作;1998 年 9 月 5 日,为了进一步巩固香港的货币发行制度,降低投机者操纵市场使银行同业市场和利率出现动荡的机会,香港金融管理局推出 7 项技术性措施,该措施集中在港元对美元的兑换保证和有关银行港元流动资金贴现的新措施方面。1998 年 9 月 7 日,为了严格治市纪律,强化金融监管,香港特别行政区财政司公布了严格香港证券及期货市场纪律的 30 项措施。这些措施涉及联合交易所、期货交易所、香港中央结算有限公司、证券及期货事务监察委员会和财经事务局 5 个机构。时任香港特别行政区财政司司长曾荫权表示特区政府将继续坚守自由经济的政策,并且不会在香港实施外汇管制,他还表示香港财政司的 30 项措施与香港金融管理局的 7 项措施相互配合,以增强货币及金融系统抵御国际投机者跨市场操控的能力。

结合案例分析经济法的基本原则。

答题要求:

(1)在分析、比较、评价的基础上,提出观点并运用所学经济法知识阐述理由;

(2)观点明确,论证充分,逻辑严谨,文字通顺。

【参考资料】

[1] 李昌麒. 经济法理念研究[M]. 北京:法律出版社,2009.

[2] 王保树. 经济法原理[M]. 北京:社会科学文献出版社,1999.

[3] 单飞跃. 经济法理念与范畴的解析[M]. 北京:中国检察出版社,2002.

[4] 哈耶克. 自由秩序原理:上[M]. 邓正来,译. 北京:生活·读书·新知三联书店,1997.

[5] 博登海默. 法理学:法律哲学与法律方法[M]. 邓正来,译. 北京:中国政法大学出版社,1999.

第五章　经济法的体系和渊源

【教学目标】

通过学习本章了解经济法体系的概念、经济法渊源的含义;理解经济法体系的结构及构筑经济法体系所遵循的规则;掌握经济法的渊源。

【教学要点和教学进程】

一、经济法的体系

首先解释经济法体系的含义及经济法体系的结构,在阐述构筑经济法体系应遵循的规则的基础上,分析经济法体系的特征,使学生了解经济法体系的含义及结构,理解经济法体系确立的规则,领会经济法体系的特征。

二、经济法的渊源

通过对经济法渊源的阐述,帮助学生了解经济法的形式渊源和实质渊源的含义,把握我国经济法的制定法和非制定法两个方面的法律渊源。

【教学重点和难点】

教学重点:经济法体系的结构;构筑经济法体系所遵循的规则;经济法体系形成的特征和现实指导;经济法的渊源。

教学难点:构筑经济法体系所遵循的规则;经济法体系形成的特征和现实指导。

【教学手段和方法】

讲授法。在讲授过程中注意理论联系实际,通过设问与提问,引导学生思考,从而帮助学生加深理解学习内容,提高理论思维能力。

第一节　经济法的体系

一、经济法体系的概念

经济法体系是由多层次的、门类齐全的经济法部门组成的有机联系的统一整体。组成经济法体系的经济法部门应当是多层次的,并且是门类齐全的。经济法体系不同于调整经济关系的规范性文件体系。后者是指由多层次、门类齐全的调整经济关系的规范性文件组成的有机联系的统一整体。两者的区别主要表现在:(1)经济法体系的构成要素是经济法部门,调整经济关系的规范性文件的构成要素是经济法律、法规等规范性文件。(2)组成经济法部门的法律规范都是经济法律规范,而在调整经济关系的规范性文件中的法律规范不一定是经济法律规范。当然,两者有一定的联系,一方面,作为经济法体系构成要素的经济法部门中的经济法律规范,一般通过调整经济关系的规范性文件表现出来;另一方面,建立经济法体系必然要求建立调整经济关系的规范性文件体系。

经济法体系与调整经济关系的规范性文件体系、经济法学体系、经济立法体系之间存在显著的区别。调整规范性文件体系是指由多层次的、门类齐全的调整经济关系的规范性文件组成的有机联系的统一整体,它同经济法学体系的区别主要表现在两个方面:一是经济法体系的构成要素是经济法部门,而规范性文件体系的构成要素是经济法律、经济法规、经济规章等规范性文件;二是组成经济法部门的法律规范都是经济法律规范,而组成调整经济关系的规范性文件中的法律规范不一定是经济法律规范。

经济法学体系是指由多层次的、门类齐全的经济法学分支学科组成的有机联系的统一整体。它同经济法体系的区别表现在两个方面:一是经济法体系的构成要素是经济法部门,而经济法学体系的构成要素则是经济法学分支学科,经济法学分支学科除了与各个经济法部门相对应的经济法学分支学科外,还包括经济法学基本理论、经济法制史学等;二是组成经济法规范的法律规范是国家创制的,具有法律约束力,而经济法学分支学科的观点和内容不是国家创制的,没有法律约束力。

经济立法体系和经济法体系的区别表现在三个方面:一是经济法体系的构成要素是经济法部门,而经济立法体系的构成要素是调整经济关系的规范性文件;二是组成经济法规范的法律规范都是经济法律规范,而作为经济立法体系构成要素的规范性文件中的法律规范不一定是经济法律规范;三是组成经济法规范的法律规范是现行的,而作为经济立法体系构成要素的规范性文件中的法律规范是由计划制定的。

二、国内经济法体系的学说

由于国内学者对经济法的调整对象、性质等的不同认识,经济法体系的内容也众说纷纭。有人认为,经济法体系应包括两个子部门,分别是市场规制法和宏观调控法(二分法)。市场规制法主要包括反不正当竞争法、反垄断法、消费者权益保护法。宏观调控法主要包括产业结构调控法、财政法、税法、金融法和对外贸易管理法。

有人认为,我国应建立一个全面调整市场经济关系的市场经济法律部门,市场经济法律体系应由以下三个模块组成:市场主体法、市场行为法、市场宏观调控法(三分法)。

有人认为,经济法所调整的经济关系是发展变化的,因此经济法体系的内容也是不断发展变化的。我们要建立适应社会主义市场经济需要的多层次的、门类齐全的经济法体系。经济法体系应由以下四个部分组成:企业组织管理法(调整在企业设立、变更、终止和企业内部管理过程中发生的经济关系的法律规范的总称)、市场管理法(调整在市场管理过程中发生的经济关系的法律规范的总称)、宏观调控法(调整在宏观经济调控中发生的经济关系的法律规范的总称)以及社会保障法(调整在社会经济保障过程中发生的经济关系的法律规范的总称)(四分法)。

还有人认为,在传统经济法体系存在缺陷的情况下,建立的新经济法体系应当是多样性与统一性的统一、稳定性与变通性的统一、现行性与超前性的统一、国内性与国际性的统一,认为经济法体系的内容应由计划法和反垄断法构成。

从以上观点可以看出,学界对于经济法体系的内容,主要是从两点入手,首先将不属于经济法的法律规范从经济法体系中排除,其次是解决经济法与相关法律部门(如民法、行政法)的关系。

三、经济法体系的构成

经济法体系不应像从前那样庞杂无章,越大越好,无所不包,而应是一个紧凑、严密、有逻辑的体系。经济法体系具有层级结构,从上述介绍的学界观点可以看出,无论是二分法(市场规制法和宏观调控法)、三分法(市场主体法、市场行为法和市场宏观调控法),还是四分法(企业组织管理法、市场管理法、宏观调控法和社会保障法),都将市场规制法和宏观调控法作为经济法体系的内容,有争议的是市场主体法和社会保障法的归属。下面笔者对市场主体法和社会保障法是否应当包括在经济法体系中进行分析。

首先分析经济法体系是否包括市场主体法。我们从经济法主体说起,经济法主体指的是在国家协调本国经济运行过程中,依法享受权利和承担义务的社会主体。通常将经济法主体分为两类:一类是指在经济管理、维护公平竞争、组织管理性的流转与协作等法律关系中享有一定的权利和承担义务的人;另一类是指相应的参与经济活动的组织,如企业等。前一类属于行政法管理,后一类属于一般意义上的市场主体,具体就是指在市场上从事生产和交换活动的组织和个人,包括自然人和法人。在所有参与经济活动的主体中,企业是最重要的市场主体。

市场主体的资格实际上是由民商法来确定的。《中华人民共和国民法通则》(以下简称《民法通则》)第 36 到 53 条,确立了企业、机关、事业单位、社会团体法人等市场主体的资格就是一个强力的证明。由此,市场规制法和宏观调控法中的主体,并不需要市场主体法来再度确立。至于如何规制市场主体的行为,则在市场规制法和宏观调控法中得到了充分体现。因此,如若将市场主体法定位于规制市场主体行为的法律,也是多余的了。如上所述,笔者认为不需要在市场规制法和宏观调控法之外再设置一个单独的市场主体法。

其次分析经济法体系中是否包括社会保障法。正如前面讨论过的,经济法体系是指由一国现行的经济法律规范按照不同的分类组成的系统化的有机联系的统一整体,也就是说,经济法是着重解决在经济运行过程中产生的经济问题的。社会保障法律制度是建立和发展市场经济的必然要求,它的确与经济法密切相关,但是社会保障法律制度与经济法的宗旨和调整对象都不同,它是社会公平的调节器。

社会公平是人类社会发展中客观产生的一种需要。社会公平体现在经济利益方面,主要是社会成员之间没有过分悬殊的贫富差别,即所谓“不患寡而患不均”。在市场经济条件下,收入分配机制与竞争机制相联系,必然形成社会成员之间在收入分配方面的不均等,甚至收入悬殊,强者成为富翁,弱者陷于窘境。为了解决这一社会问题,就需要运用社会保障法律制度对社会经济生活进行干预,通过提供社会保障措施,以及对社会成员的收入进行必要的再分配,将高收入者的一部分收入适当转移给另一部分低收入的社会成员,从而在一定程度上缩小社会成员之间的贫富差距,弥补市场经济的缺陷,缓和社会矛盾,以促进社会公平目标的实现。2001 年我国在官方文件中提出了建立社会法,这是用来维护社会弱势群体的生存和福利而形成的法律规范的总和。通过上述对社会保障法的分析,社会保障法应当属于社会法的体系,而不是经济法体系的内容。

综上所述,经济法体系的划分宜采用二分法,即市场主体法和社会保障法不属于经济法体系的内容。

第二节 经济法的渊源

一、经济法渊源的概念

经济法的渊源是指经济法律规范借以存在和表现的形式。

二、经济法渊源的种类

(一)制定法

1. 宪法。宪法是国家的根本大法,由全国人民代表大会制定,具有最高的法律效力。

2. 法律。法律是由全国人民代表大会及其常务委员会制定的规范性文件,其地位和效力仅次于宪法,是经济法的主要渊源,它规定的多是基本经济关系。

3. 法规。包括行政法规和地方性法规。

(1)行政法规的效力次于宪法和法律。行政法规是国务院为执行法律规定及履行宪法规定的行政管理职权的需要而制定的规范性文件。

(2)地方性法规是省、自治区、直辖市等的人民代表大会及其常务委员会根据本行政区域的具体情况和实际需要,在不同宪法、法律、行政法规相抵触的前提下制定的规范性文件。

4. 规章。包括部门规章和地方政府规章。

5. 民族自治地方的自治条例和单行条例,以及特别行政区的法。

(二)非制定法

1. 习惯法

习惯法是独立于国家制定法之外,依据某种社会权威和社会组织,具有一定强制性的行为规范的总和。在现代法律体系中,习惯法的作用大大减弱了,除了在非洲一些国家习惯法仍然在实际上起着比较大的作用外,在其他国家的主要法律体系中,习惯法已经不是主要渊源。但是,习惯法仍然在一个国家的法律体系中扮演着不可或缺的角色。

我国现行立法对习惯法的态度。自中华人民共和国成立以后,长期以来,习惯法作为主要渊源的作用是比较有限的,但亦并未禁绝。例如,1949 年的《中国人民政治协商会议共同纲领》第五十三条规定:“各少数民族均有发展其语言文字、保持或改革其风俗习惯及宗教信仰的自由。”《中华人民共和国宪法》第一章第四条规定:“各民族都有使用和发展自己的语言文字的自由,都有保持或者改革自己的风俗习惯的自由。”《中华人民共和国民族区域自治法》第一章第十条规定:“民族自治地方的自治机关保障本地方各民族都有使用和发展自己的语言文字的自由,都有保持或者改革自己的风俗习惯的自由。”上述规定为确立习惯法在我国法律体系中的地位奠定了宪政基础。在民事立法和司法方面,习惯法也受到了尊重。例如,作为中华人民共和国成立后的第一部法律——1950 年《中华人民共和国婚姻法》在列举禁止结婚诸情形的同时,规定“其他五代以内的旁系血亲间禁止结婚的问题,从习惯”。

1951 年 7 月 18 日,《最高人民法院西南分院关于赘婿要求继承岳父母财产问题的批复》中指出,“如当地有习惯,而不违反政策精神者,则可酌情处理”。1953 年 6 月 15 日,《中央人民政府司法部关于不同民族男女结婚后所生子女应属何族问题的复函》中认为,不同民族结婚后所生子女应属何族,“应根据群众一般习惯决定”。

我国现行法律体系中,很多法律、法规涉及习惯法方面的内容。例如,《中华人民共和国人民警察法》第二十条要求警察“尊重人民群众的风俗习惯”。《中华人民共和国监狱法》第五十二条规定“对少数民族罪犯的特殊生活习惯,应当予以照顾”。《中华人民共和国戒严法》第二十九条规定戒严执勤人员“尊重当地民族风俗习惯”。《中华人民共和国民法典》中也有关于习惯的规定。因此,习惯法补充民法法源的地位不可或缺,习惯法作为法源实际上已被我国民事立法所确立。

2. 判例法

判例法泛指可作为先例据以决案的法院判决,通常与制定法(statute law)相对而言,是英美法系国家的一个重要渊源。根据判例法制度,某一判决中的法律规则不仅适用于该案,而且往往作为一种先例而适用于以后该法院或下级法院所管辖的案件。只要案件的基本事实相同或相似,就必须以判例所定规则处理。这就是所谓“遵循先例”(stare decisis)原则。

判例法是英美法系国家的主要法律渊源,它是相对于大陆法系国家的成文法或制定法而言的。判例法的来源不是专门的立法机构,而是法官对案件的审理结果,它不是立法者创造的,而是司法者创造的,因此,判例法又称为法官法或普通法。

判例法的基本思想是承认法律本身是不可能完备的,立法者只可能注重于一部法律的原则性条款,法官在遇到具体案情时,应根据具体情况和法律条款的实质作出具体的解释和判定。其基本原则是“遵循先例”,即法院审理案件时,必须将先前法院的判例作为审理和裁决的法律依据;对于本院和上级法院已经生效的判决所处理过的问题,如果再遇到与其相同或相似的案件,在没有新情况和提不出更充分的理由时,就不得作出与过去的判决相反或不一致的判决,直到将来某一天最高法院在另外一个同类案件中作出不同的判决为止。

判例法制度最早产生于中世纪的英国,美国是最典型的实行判例法的国家。美国法院对判例的态度非常灵活,即如果先例适合眼下的案例,则遵循;如果先例不适合眼下的案例,法院可以拒绝适用先例,或者另行确立一个新的法律原则而推翻原来的判例。那么,美国判例法的约束力何在呢?可以概括为:在同一法律系统,下级服从上级;如果涉及另一系统的问题,则要互相尊重。

判例法不是我国经济法的渊源,但在我国法院、检察院中施行案例指导制度。自中华人民共和国成立以来,最高人民法院、最高人民检察院在总结审判、检察经验的基础上,通过出版案例选编、发布案例等方式统一全国裁判标准,创办《中华人民共和国最高人民法院公报》《中华人民共和国最高人民检察院公报》,制定《中华人民共和国关于案例指导工作的规定》,逐步在法检系统中建立了案例指导制度。法院按照“让审理者裁判”的要求,依托现代信息技术,建立类案及关联案件强制检索机制,确保指导性案例和其他案例发挥实质性作用。案例指导制度的建立对司法裁判、法学教育及国家立法具有基础性意义，有力促进了司法公平、公正。

【练习题】

一、选择题

1. 经济法的形式渊源是指经济法律规范来源于何种法的形式，下列选项中属于经济法的形式渊源的有（　　）。

A. 自治条例和单行条例

B. 特别行政区基本法和有关规范性文件

C. 习惯法

D. 法律解释

2. 经济法渊源包括实质渊源和形式渊源，下列选项中不是经济法形式渊源的有（　　）。

A. 制定法　　B. 习惯法　　C. 判例　　D. 法定的法律解释

3. 某期刊社的名称设计新颖，具有独特的含义，并且产生了广泛而良好的社会声誉，特咨询某律师其名称可以获得哪些法律保护。就该问题，该律师的下列回答既符合法律规定又能最大限度地保护当事人的利益的是（　　）。

A. 著作权法、商标法、反不正当竞争法　　B. 著作权法、商标法

C. 著作权法、反不正当竞争法　　D. 商标法、反不正当竞争法

二、论述题

最高人民法院于 2010 年 11 月 26 日发布了《最高人民法院关于案例指导工作的规定》（法发〔2010〕51 号），2015 年 6 月 2 日发布了《最高人民法院〈关于案例指导工作的规定〉实施细则》，明确了指导性案例的标准以及推荐主体和程序，就如何参照适用指导性案例作出了规定，明确了“类似案件”的判定标准，要求具体参照指导性案例的裁判要点，并在裁判文书说理部分予以援引。

请结合上述规定论述我国的案例指导制度。

【参考资料】

［1］潘静成，刘文华. 经济法［M］. 北京：中国人民大学出版社，1999.

［2］漆多俊. 经济法学［M］. 武汉：武汉大学出版社，2000.

［3］苏惠祥，邱本. 经济法原理［M］. 长春：吉林大学出版社，2003.

［4］王保树. 经济法原理［M］. 北京：社会科学文献出版社，2001.

第六章　经济法律关系

【教学目标】

通过学习本章了解经济法律关系的含义、经济法律保护方法；理解经济法律关系的主体和客体；掌握经济法律关系的构成、产生、变更和终止，经济权利、经济义务的基本内容，经济法责任的概念、构成、类型缺陷和完善。

【教学要点和教学进程】

一、经济法律关系概述

在阐述经济法律关系的概念和特征的基础上，分析经济法律关系的主体、客体和内容，介绍经济法律关系的产生、变更和终止的含义，帮助学生理解经济法律关系、经济法律事实和经济法律行为的含义，领会经济法律关系的主体、客体和内容，把握经济法律关系的产生、变更和终止。

二、经济法律关系的主体和客体

通过对经济法律关系的主体和客体的分析，帮助学生了解经济法律关系主体和客体的含义，理解经济法律关系主体和客体的具体内容。

三、经济权利和经济义务

通过对经济权利和经济义务的阐述，帮助使学生理解经济权利和经济义务的含义，掌握具体的经济权利和经济义务。

四、经济法律关系的保护

通过对经济法律关系保护的分析，帮助学生了解经济法律关系保护的方法，理解经济法责任的含义、特征和构成要件，领会经济法责任的形式和分类。

【教学重点和难点】

教学重点：经济法律关系的概念、特征和构成；经济法律关系主体；经济法律关系客体；经济权利和经济义务；经济法律关系保护方法；经济法责任。

教学难点：经济法律关系的概念、特征；经济权利和经济义务；经济法责任。

【教学手段和方法】

讲授法、案例分析法。在讲授过程中注意理论联系实际，通过设问与提问，引导学生思考，从而帮助学生加深理解学习内容，提高理论思维能力。

第一节　经济法律关系概述

一、经济法律关系的含义与特征

经济法律关系是一种具体而特殊的法律关系。关于经济法律关系的定义，学术界还有不同的认识。我们认为，经济法律关系是指法律主体依据经济法律规范的规定，在特定经济活动中所形成的权利义务关系。

经济法律关系具有以下几个特点：

1. 经济法律关系的参加者是法律主体。任何社会关系都是主体与主体之间的关系，任何法律关系都是法律主体与法律主体之间的关系。经济法律关系的参加者必须是法律主体，凡是非法律确认和保护的主体，非依法律规定的条件和程序设立的主体均不能参加经济法律活动，其间也不能形成经济法律关系。一般而言，经济法律关系的参加者数量众多，范围广泛。经济法律关系对众多的法律主体开放，是经济法律关系区别于其他类型法律关系的一个显著特点。

2. 经济法律关系由经济法律规范所确认，并受经济法律规范的保护。一切法律关系都是由法律规范所确认的，经济法律关系也不例外。没有经济法律规范的客观存在，就不会有经济法律关系的产生。从这种意义上来讲，经济法律规范是第一位和决定性的因素，经济法律关系是第二位和被决定的因素。换句话来讲，经济法律规范是经济法律关系产生的必要条件，具体来讲，经济法所调整的特定的经济关系经过经济法律规范的调整，则上升为经济法律规范所保护的权利义务关系，即经济法律关系。当然，这种上升必须有经济法律事实的介入和帮助。可以说，经济法律关系的产生是国家运用经济法手段干预经济活动的必然反映，是国家干预经济关系为经济法律规范所确认的产物。

3. 经济法律关系产生于特定经济活动中。经济法律关系产生于特定的经济活动之中，是特定的经济活动在法律上的反映。在非法律活动和非经济法律活动中不可能产生经济法律关系。经济法律关系产生的特定经济活动包括市场管理活动、宏观经济调控和可持续发展活动以及社会保障活动。经济法律关系就是经济法主体依据经济法律规范的规定，参加上述经济活动，又依经济法律规范的规定形成的权利义务关系。

二、经济法律关系的构成

一般认为，法律关系由主体、客体和内容三个要素构成。

1. 经济法律关系的主体，是指依法参加经济活动，享有经济权利并承担经济义务的当事人。

2. 经济法律关系的客体，是指经济法主体所享有的经济权利和所应承担的经济义务共同指向的对象或事物。

3. 经济法律关系的内容，是指经济权利和经济义务。

三、经济法律关系的产生、变更和终止

（一）经济法律关系的产生、变更和终止的含义

1. 经济法律关系的产生，是指经济法律关系的最初形成，也是经济法律关系变更和终止的前提和基础。具体来讲，是指法律主体依据经济法律规范的条件和程序，形成受法律保护的经济权利和经济义务关系。经济法律关系一经形成，对双方主体也就有了法律的约束力。

2. 经济法律关系的变更，是指经济法律关系主体、客体、内容的变化。经济法律关系的变更既可以是经济法律要素部分的变更，也可以是全部变更。无论是部分变更，还是全部变更，都会形成一种新的经济法律关系。

3. 经济法律关系的终止，是指经济法律关系主体之间的经济权利和义务关系的消灭。经济法律关系可以依当事人的协议或者履行义务而终止，也可以依不可抗力、意外事件或一方当事人依法实施的单方宣告行为而终止。经济法律关系终止后，双方的权利义务关系也随之消灭。

（二）经济法律事实

所谓经济法律事实，是指一切能够引起经济法律关系产生、变更和终止的客观现象。对于经济法律事实可分为经济法律事件和经济法律行为两大类：

1. 经济法律事件。是指不以人们的主观意志为转移，能够引起经济法律关系产生、变更和终止的客观现象。对于经济法律事件，人们无法或难以预见和预测，也无法或难以克服和防止。水灾、火灾、虫灾、旱灾、地震等自然灾害，战争、政府更迭、国家解体、游行、示威、罢工等人为灾难均属法律事件。这些事件的出现和发生，既可以引起经济法律关系的产生，又可以引起经济法律关系的变更和消灭。

2. 经济法律行为，是指能够引起经济法律关系产生、变更和消灭的人们有意识的活动。经济法律行为可分为经济合法行为和经济违法行为两大类。经济合法行为即符合法律规定条件和程序的行为，即主体具有完全行为能力，意思表示真实，内容符合法律规定，形式完备的行为。经济违法行为即没有履行法律、法规规定的义务的行为，或者实施了经济法律法规禁止的行为。在法律事实中，经济法律行为最为普遍。

第二节　经济法律关系的主体和客体

一、经济法律关系的主体

经济法律关系的主体是指依法参加经济活动，享有经济权利并承担经济义务的当事人。经济法律关系产生于国家干预经济关系的活动中，而且必须经过经济法律规范的设定，既享有法律保障的经济权利，又承担着必须履行的经济义务。依据法律主体的共用性理论，下列自然主体可以成为经济法律关系的主体。

(一)国家机关

国家机关是行使国家职能的各种机关的通称。在经济法律关系的主体范畴中,国家机关主要是指经济管理机关。具有经济管理职能的国家机关,具体来讲可分为两大类:一类是按不同的经济部门来划分的部门性经济管理机关,如铁道部、矿产资源部、农业部、信息产业部等;另一类是职能性经济管理机关,如财政部、国家工商管理总局、税务总局、物价局、海关总署等,它们体现国家计划、组织、指挥、管理和调节的职能。

(二)社会组织

社会组织是指经法定程序设立,实行独立核算或预算,拥有独立的财产权或经营管理权的企业、事业单位和社会团体等。

1. 实行独立核算的社会组织,一般是指拥有财产,从事生产经营等经济活动,以创造物质财富为目的的组织和其他经济实体。企业、公司是主体。

2. 实行独立预算的社会组织,一般是指其财产来源主要依靠国家财政拨款的事业单位或社会团体。它们不专门从事生产经营管理活动,不直接创造物质财富。它们在履行职责的过程中,与经济组织发生经济关系时,成为经济法律关系的主体。

(三)经济组织内部的职能机构或下属单位

经济组织内部一般都有职能部门和下属的分支机构或基层单位,表现为一定的隶属层次,如企业内部的职能科室,工厂中的车间、班组等。一个企业经济效益的多少在一定程度上取决于内部经济关系调整的好坏,在于内部各种机构以及所属成员的能力是否得到了充分发挥。因此,对内部机构实行法律保护,确认其地位和权限是非常重要的。当社会组织内部机构的关系用经济法律规范来调整时,主体就成为经济法律关系的主体。

(四)个体工商户与承包户

1. 城乡居民从事个体经营活动,一般要在经济法律规范允许的范围内进行,他们依法申请营业执照后,从事市场经营活动的为个体工商户。

2. 城乡居民与其他经济组织签订承包合同,进行承包经营活动的为承包户。

个体工商户与承包户的不同表现在:(1)个体工商户是私有制经济在法律上的反映,而承包户则不尽然;(2)个体工商户进行经济活动的依据是营业执照,而承包户则依据承包经营合同进行经济活动;(3)个体工商户承担绝对无限连带责任,而承包户则承担相对无限连带责任;(4)个体工商户经营方式灵活,承包户的经营方式则受到诸多的限制。

(五)自然人

自然人在特定情况和条件下,也可以成为经济法律关系的主体。如在税收法律关系中的自然人纳税人、消费者权益保护法中的消费者等。

二、经济法律关系的客体

(一)经济法律关系客体的含义

经济法律关系的客体是指经济法主体所享有的经济权利和所应承担的经济义务共同指向的对象或事物。经济法律关系的客体是经济法律关系中不可缺少的要素。在经济法律关系中,如果缺少客体,则经济法律关系的权利和义务就无所指,就会虚空,从而导致经济法律关系无任何法律意义。

(二)经济法律关系客体的研究思路

1.“事物是什么”的研究。对于经济法律关系客体的研究,我们认为第一层次的问题应该是对“事物是什么”的研究,即揭示经济法律关系客体的质的规定性。

经过实例的分析,可以看出,经济法律关系的客体在多数情况下表现为综合体,在少数情况下表现为单一体。综合体在不同的具体的经济法律关系中有不同的表现,或者表现为物与物的总和,或者表现为物与行为的总和,或者表现为行为与行为的总和;单一体在不同的具体的经济法律关系中或者表现为物,或者表现为行为。

2.“事物分(表现)为什么”的研究。“事物分(表现)为什么”的研究,就是对经济法律关系的客体种类的研究。

根据我们对“事物是什么”的剖析和研究,我们认为,经济法律关系的客体可分为三大类:有形物;无形物,即非物质财富;经济行为。

(三)经济法律关系客体的种类

1. 有形物。有形物是指由人类所控制和支配的生产、使用、占有、交易的财富,其中包括天然存在和人类劳动的产品,以及固定充当一般等价物的货币和有价证券。

2. 非物质财富。非物质财富是指人们运用脑力劳动所取得的智力成果,包括专利权、商标权、专有技术、经济信息等。

3. 经济行为。经济行为是经济法律关系的重要客体之一,它是指经济法主体为达到一定的经济目的所进行的活动,包括完成一定的工作和提供一定的劳务以及职权行为。

(四)客体、标的、标的物的区别

客体、标的、标的物从实质意义上来讲是相同的,它们均是指经济法律关系主体双方的经济权利和经济义务所共同指向的事物。但是,三者又有着明显的不同:

1. 客体主要运用于对经济法律关系的整体研究之中,对应的是抽象的经济法律关系。它主要是对经济法律关系客体的权利和义务所共同指向的事物进行抽象性、概括性、理论性的研究,较多地出现在经济法学的基础理论研究之中。

2. 标的主要运用于对经济法律关系的具体研究之中,对应的是具体的经济法律关系。它是对经济法律关系主体的权利和义务所共同指向的事物进行具体的、实践性的研究,较多地出现在经济法律关系的具体研究之中。

3. 标的物是标的的具体化,或者说是标的的一部分,当标的表现为物(或者表现为物与物的总和,或者表现为单一的物)时,我们把该标的称作标的物。

第三节 经济权利和经济义务

一、经济权利和经济义务概述

经济权利是指经济法律关系主体在法定范围内,根据需要进行经济活动时所享有的维护、获取某种经济利益的一种手段。经济义务是指经济法律关系主体在经济活动中必须为一定行为或不为一定行为的责任。

经济法律关系中的经济权利和经济义务是不可分割的。经济法律关系的主体不得只享有权利而不履行义务,反之也不可。例如,不能只享有计划的权利而不承担计划的义务。所以,由于上级计划编制不当、计划变动或指挥调度上的原因影响计划执行所造成的经济损失,应由上级责任单位负责解决或赔偿;各计划单位相互之间,因一方不执行上级计划或不服从指挥调度,给另一方造成损失时,应由造成损失的一方负责赔偿。

二、经济权利的基本内容

(一)经济职权

经济职权是指国家机关依法行使经济管理的职能对社会生产总过程进行计划、组织、指挥、监督和调节时所享有的权利。

经济职权主要包括:

1. 国民经济决策权,是指国家机关对未来经济发展的目标和行为方案等有选择和决定的权利。它是国家最高层次的经济决策,亦称国家经济决策权。

2. 协调权,是指国家机关对国民经济各部门、各单位、上下、左右、内外之间的比例关系、协作关系、衔接关系等进行调节的权利。通过协调,中央与地方之间、部门与部门之间、地区与地区之间建立起相对平衡、同步发展、协调完好的经济秩序,国民经济能够持续、健康地发展。

3. 命令权,是指国家机关要求下属单位和社会经济组织为特定行为或不为特定行为的权利。这是国家机关单方面的意思表示。被命令方有服从、遵守的义务,带有明显的强制性。

4. 监督权,是指国家机关对经济活动的监督和督导的权利,包括行政监督权、财政监督权、审计监督权、统计监督权等。

此外,国家机关的经济职权还包括批准权、确认权、禁止权、免除权、审核权和许可权等。

(二)财产所有权

财产所有权是指经济法主体对物质财富的占有、使用、收益和处分的权利,它包括四项基本的财产权能:占有权、使用权、收益权、处分权。

(三)企业经营管理权

企业经营管理权,是指企业内部为组织和协调劳动者与生产资料相结合,以及处理本企业和外部关系的权利。

企业经营管理权的主要内容包括经营方式选择权、生产计划权、物资采购权、产品销售权、劳动管理权、物资管理权、人事管理权、科技成果转让权、横向联合权、专利权、商标权等。

(四)请求权

请求权是经济法主体当自身的经济权益受到侵害时,或发生经济纠纷时,要求侵权人停止侵权行为或要求有关机关运用行政的、经济的或司法的手段维护其合法权益的权利。

请求权主要包括要求赔偿权、请求调解权、申请仲裁权、经济诉讼权、申请破产权等。

三、经济义务的基本内容

经济法主体在经济活动中依法必须为一定行为和不为一定行为的责任,即为经济义务,它受法律的监督和约束。

在我国,经济法主体应履行的义务主要有贯彻党的路线、方针、政策;遵守国家法律和计划的要求;不得违背国家利益和社会公共利益;履行经济管理的职责;完成国家指令性计划,缴纳税金;全面履行法律规定的义务或约定的义务;不得侵犯其他经济法主体的合法权益。

第四节　经济法律关系的保护

一、经济法律关系保护的意义

经济法律关系的保护,就是严格监督经济法律关系主体正确地行使经济权利和切实履行经济义务。一方面,经济法律对市场主体合法的权益予以确认,如有违法行为,经济法律要予以禁止并加以制裁;另一方面,经济法律严格监督市场主体切实履行义务,对不履行义务者实施各种强制措施。

二、经济法律关系的保护模式

我们认为,对经济法律关系的保护应采取奖励与惩罚并举的双轨制保护模式。

(一)惩罚与奖励并举是"惩恶扬善"法治模式的当然要求

经济基础决定上层建筑,同时,上层建筑对经济基础又有反作用,作为上层建筑重要组成部分的法律对经济基础的反作用更直接、更巨大。法律如何作用于经济基础,我国法制传统历来主张"惩恶"与"扬善"并举,即认为在保护主体合法权益,维护社会秩序稳定发展,促进人与自然共同进步方面,"惩恶"与"扬善"同等重要,忽视和偏废任何一方都不利于经济的发展、社会的进步和生产力的提高。"善恶相随""善恶相去",恶不惩,善难扬;善不扬,恶也除之不尽。法律保障作为法律作用于经济基础的重要手段,更应是"惩恶"与"扬善"的有机统一。具体到经济法律保障制度中,就是"经济法律责任制度"(主要目的在于惩恶)与"经济法律奖励制度"(主要目的在于扬善)的结合。

(二)惩罚与奖励并举是"标本兼治"法治原则的当然要求

惩罚的作用在于制止违反法律规定义务的行为,在于恢复被破坏的法律关系,重在治标;奖励的目的则在于继承和发扬中华民族的传统美德和优良传统,弘扬社会正气,营造"人人知法、守法"的社会环境,重在治本。扬汤止沸,不如釜底抽薪,治标不如治本,这个道理人人都懂,但"标本兼治"才是法律精神和法律原则的实质所在,才是经济基础对法律的实质要求。所以,作为法律作用于经济基础重要手段的法律保障,在构建时,一定要贯彻"标本兼治"的原则,坚持"惩罚"与"奖励"并举,用两条腿走路的方法来保护法律关系的健康发展。"标本兼治""惩罚与奖励"并举的原则和模式在我国经济法中已得到了广泛的运用。如《中华人民共和国反不正当竞争法》第一条规定:"为了促进社会主义市场经济健康发展,鼓励和保护公平竞争,制止不正当竞争行为,保护经营者和消费者的合法权益,制定本法。"立法者强调,只有既治标(制止不正当竞争行为),又治本(鼓励和保护公平竞争),才能真正地保护经营者和消费者的合法权益,促进社会主义市场经济的健康发展。像《中华人民共和国反不正当竞争法》这样的立法模式,在我国经济立法中还有很多。

三、经济法律责任制度

(一)法律责任的含义及其特征

法律责任制度是任何一个法律部门都不可或缺的法律制度。法律责任即指法律主体因违反法律规定的义务而必须承担的带有否定性的法律后果。法律责任作为社会责任的最高形态,与其他责任形态相比,具有以下几个特征。

1. 法律的规定性。法律责任存在于法律的规定之中,或者说法律责任就是法律规范规定的责任。法律责任的法律规定性在于表明无法律规定就无法律责任;法律责任必须是法律规定的责任。值得强调的是,这里所说的法律是广义的,包括一切法律规范:宪法、法律、行政法规和部门规章、军事法规和军事规章、地方性法规和政府规章、民族自治地方的自治条例和单行条例、特别行政区基本法和特别行政区法律、经济特区的单行法规和规章、国际条约和国际惯例。

2. 国家的强制性。法律存在于法律的规定之中,当然就要求由国家强制力保障实施或潜在保证实施,这是由法律的国家性和强制性所决定的。

3. 义务的违反性。法律责任究其实质来讲是一种因违反法律上的义务而形成的责任关系。这种责任关系派生于法律规定的义务,它是因为违反法律上的义务才导致责任关系的产生。这包含两方面的含义:(1)法律责任是以法律义务的存在为前提的,无法律义务就无法律责任;(2)法律责任是以行为人对法律义务违反为必要条件的,无对法律义务的违反就不可能形成现实性的法律责任。

4. 因果关系性。因果关系即行为与损害之间的因果关系,它是存在于自然界和人类社会中的各种因果关系的特殊形式。当一损害结果发生后,必须仔细分析和研究行为与损害结果之间有无一定的因果关系,只有在存在因果关系的前提下,才能要求行为人承担法律责任。这种因果关系无论是必然的,还是偶然的;是直接的,还是间接的;是内在的,还是外在的,只要有因果关系,就应承担法律责任。

(二)经济法责任的含义及其特征

经济法责任是指经济法律关系的主体因违反经济法义务而必须承担的带有应当性的不利后果。它是一项重要而基本的经济法律制度。

经济法责任作为一个特定的法律责任范畴,是国家用以维护经济法关系的重要手段,直接体现国家强制力。要正确理解经济法责任的概念,应明确以下几层含义:经济法责任是经济法主体承担的一种法律责任形式;经济法责任因经济法主体违反经济法义务或不当行使经济法权利而产生;经济法责任是经济法关系的构成要素;经济法责任的认定和归结由专门国家机关进行;经济法责任是使违反经济法的主体承担否定性法律后果。

与其他部门法律责任,尤其是与民事法律责任和行政法律责任相比,经济法律责任具有以下几个明显特征:

1. 从责任目的来看,经济法律责任侧重于保护社会公共利益不受侵犯,或者说保护社会公共利益不受侵犯是经济法律责任的第一目的,这便使它与民事法律责任和行政法律责任有了实质上的区别。民事法律责任侧重于保护个体权利主体的权益不受侵犯,行政法律责任侧重于保护国家的利益不受侵犯。

2. 从归责原则来看,经济法律责任侧重于公平归责,而民事法律责任和行政法律责任则侧重于过错归责和无过错归责。所谓公平责任是指,“加害人和受害人都没有过错,在损害事实已经发生的情况下,以公共考虑作为价值判断标准,根据实际情况和可能,由双方当事人公平地分担损失的归责原则。”公平责任在经济法中广为使用,尤其是在社会保障、可持续发展和宏观调控中更是如此。现代经济法律责任以公平归责为主要的归责原则是因为经济公平是经济法的基本原则之一,它要求经济法主体在主体地位、权利享有和义务承担、交易机会、利益成果享有和责任承担等方面都应该是公平的。

3. 从责任形式来看,限制或剥夺经营性资格和经济补偿是经济法律责任的主要形式。(1)限制或剥夺经营资格。法律责任的形式必须与法律活动的特征和结果相适应、相吻合。经济活动与民事活动相比,其显著特点在于它的资格性;与行政活动相比,其显著特征在于它的营利性。与此相适应,限制或剥夺经营性资格便成了经济法律责任的主要形式。(2)经济补偿。在经济活动中,主体的合法行为也往往会给其他主体造成损害,如在土地征用活动中土地征用者给集体所有制成员造成的损害;在自然资源使用中,使用者给资源所在地的机关、团体、企事业单位和个人造成的损害;在企业改制过程中,因企业关、停、转、迁、股份制改造给职工造成的损害;因经济政策变化或产业政策调整而给相关地区、单位和个人造成的损害等。在这些损害中,行为人无过错,无法适用过错责任或无过错责任中的赔偿责任,因而由行为人对受害人进行经济补偿便成了一种切实可行的解决纠纷、弥补损失、进行司法救济的较好方法。经济补偿在我国经济法律中有着十分广泛的应用。

(三)经济法责任的构成要件

经济法责任的构成要件是指行为人承担经济法责任所应具备的必要条件,只有具备了这些条件,行为人才应承担经济法责任;反之,则不应承担经济法责任。每一个法律部门都有自己的相对稳定的责任条件,这也决定了各法律部门责任的不同。但是,各法律部门责任构成的共性特征也不少。一般来讲,各部门法均是从责任主体、行为人的心理状态、行为的违法性、损害事实以及因果关系等方面去把握法律责任的构成要件。

1. 责任主体。责任主体是指依法应当承担法律责任的当事人。

2. 行为人的心理状态。行为人的心理状态是指行为人对自身行为的认知和过错程度。在法理学上，对自身行为不能认知（如无行为能力对自身行为的认知就属于这种情况），则不承担责任；对自身行为能够认知、应当认知，而不认知或认知不当、认知不完整即表明主观上有过错，这时就要承担法律责任。行为人的心理状态一般可以从两个方面去把握，一个是故意，一个是过失。在民事法律中一般较少区别故意和过失，但在刑事法律中却正好相反，故意犯罪和过失犯罪在定罪量刑上有很大的不同。

3. 行为的违法性。违法行为与法律责任存在着两种情况：一种情况是，违法行为是法律责任产生的前提，没有违法行为就没有法律责任，这是两者关系的一般情形或多数情形；另一种情况是，法律责任的承担不以违法的构成为条件，而是以法律规定为构成要件。这是两者关系的特殊情况。

4. 损害事实。损害事实即法律主体受到的损失和伤害的事实，包括对人身、财产、精神（或者三方面兼有的）的损失和伤害。

5. 因果关系。因果关系即行为与损害之间的因果关系，它是存在于自然界和人类社会的各种因果关系的特殊形式。也就是说，若一现象的出现，是由另一现象的存在所引起的，则两现象之间就具有因果关系。法律归责原则上要求证明损害行为与损害结果之间的因果关系。

（四）经济法律责任的形式和分类

1. 经济法责任的形式

由于经济法调整对象的范围仍没有取得共识，因此，哪些法律规范属于经济法尚存在争议，由此导致在关于经济法责任的形式问题上也存在分歧，总结学者们的观点，经济法责任的形式主要有赔偿损失、警告、罚款、没收非法所得、取消评优资格、取消银行账户、停业整顿、吊销许可证或者营业执照、竞业禁止等。原则上，一切法律责任的形式，经济法都可以采用，当然，这些法律责任一般需要适合于经济法这一部门法的特点，有助于实现经济法的宗旨与目标，有助于保障经济法的贯彻和实施。另外，根据我国法律制度的特点和部门法划分的理论，刑罚一般统一由刑法来规定，因此，经济法中一般不能采用刑罚的责任形式。至于某些经济法的规范性文件中规定刑罚的规范，它们在性质上属于刑法规范，而不属于经济法规范，因此，不能认为经济法中也可以采取刑罚的责任形式。

2. 经济法责任的分类

（1）经济法律责任分为追究经济责任、追究行政责任和追究刑事责任三类。

追究经济责任，是指国家行政机关、审判机关或国家授权的有关单位对违反经济法的单位或个人依法采取的经济制裁措施。追究行政责任，是指国家授权的有关单位对违反经济法的单位或个人依法采取的行政制裁措施。追究刑事责任，是指国家审判机关对严重违反经济法并触犯刑法的单位或个人依法采取的刑事制裁措施。在我国，追究经济责任、行政责任和刑事责任，既可以单独适用，也可以同时适用。

（2）经济法责任分为过错责任、无过错责任和公平责任。

过错责任是指以行为人存在故意或过失的心理状态为必要条件的一种责任。其发端于罗马法的“无过错而无责任”的理念，它的确定对于保护财产所有权、契约自由以及权利平等有着重要意义。

无过错责任是指不以行为人的主观过错的存在为追究责任的必要条件，即行为人无过错也要对自己给他人造成的损害承担法律责任。无过错责任的普遍采用，有助于更充分地保护人的权利，但是其范围受到法律的严格限制，不能随意扩大。无过错责任主要适用于对政府机关特殊的经济责任的认定和归结。当政府机关不当行使经济法权力给经济主体造成损害时，即可依法构成无过错责任。

公平责任是指双方当事人对造成损害都没有过错，根据实际情况，由当事人分担责任的一种责任形态，这种责任原则，既适用于民法，也适用于经济法。

有学者提出天平归责原则，即以社会整体利益为宗旨，以经济法“法权结构”的概念为核心，以从经济法主体中分离出的经济法责任主体（经营者和政府）为依托，再用定责分析和定量分析相结合的方法将经济法责任主体与其应承担的经济法责任联结起来，构建出以定责归责原则为主、量化归责原则为辅的一整套归责原则，由此构建出“天平归责原则”作为经济法责任归责原则[①]。

天平归责原则认为，新型的归责原则如同一架以社会整体利益为中轴的天平，天平的一边是社会整体利益的代表人和维护者，另一边是社会整体利益的侵害人。即一边是天然的强势群体，另一边是弱势群体。如果放任这种状态，则会使社会整体利益受损，而我们最终的目的是给弱势一方增加“砝码”，从而使得这架天平达到并保持平衡，这些砝码就是权利和权力。具体而言，为了使这架天平重新归于平衡，我们就必须在左边撤掉一些砝码的同时，在右面增加一些砝码，撤掉和增加的砝码总数是平衡的。砝码就代表了权利和权力，撤掉了权利和权力就等于增加了义务。从总量上看，两者的总量是相等的。

“天平原则”将定责和定量分析方法融入其中，从而针对经营者和政府构建出一套比较完整的经济法责任归责原则体系。由此，我们可以对“天平原则”下个定义：它是为了维护社会整体利益，通过对社会强势群体的规制和对弱势群体的保护，达到社会整体高效率和体现社会整体公平的法律制度。

（五）经济法律责任存在的缺陷及其完善

1. 缺陷

我国现行经济法立法对经济法责任的规定还不够全面，存在明显缺陷，主要表现在：(1)对经济法责任的规定不全面，只规定经济主体的经济法责任，很少或没有规定政府机关的经济法责任。(2)仅就经济法立法规定的经济主体的经济法的责任而言，也是不完善的。首先，责任条款内容与义务条款内容不对应，往往出现责任条款内容少于义务内容条款的现象。其次，对经济主体规定的经济法责任条文过于简单、概括、抽象，弹性大，内容含糊不清，在实践中不具有可操作性和可执行性。最后，对经济主体规定的经济法责任及其承担方式采用单一而庞杂的罗马法，即经济法立法只是列举几种或十几种责任形式，而不作出任何区分。(3)经济法立法中规定的经济法责任与其他法律责任之间难以协调和衔接。

2. 完善

经济法立法对经济法律责任规定的不完善和不全面，直接表现为经济法规范中欠缺主

---

① 陈婉玲、曹书：《论经济法责任“天平归责原则”的构建——对传统归责原则的理性反思》，《经济法论丛》2007 年第 0 期。

体行为的否定性后果的规定,为此,应从以下几个方面加以完善:

一是全面规定经济法责任,进一步充实经济法责任的内容。

二是鉴于经济法责任形式适用范围、对象的特定性及其目的因主体不同而具有差异性,区分经济主体和政府机关的经济法责任的不同性质和特征,分别予以规定,区别对待,确定他们各自特定的适用范围和对象。

三是注重经济法责任与其他法律责任的衔接和协调。在立法中应使法律责任的规定具体化、细致化,确保各种法律责任之间的相互衔接、相互配合,推动经济法对社会经济关系的干预、管理。

【练习题】

一、单项选择题

1. 经济法律关系发生、变更和消灭的法律依据是(　　)。

A. 经济法律规范　　B. 经济法主体　　C. 经济法律行为　　D. 经济法律事件

2. 经济法律关系的第一要素是(　　)。

A. 经济法律关系的主体　　B. 经济法律关系的客体

C. 经济法律关系的内容　　D. 经济法律事实

3. 经济法的主体中最广泛、最基本的一类是(　　)。

A. 国家机关　　B. 社会组织　　C. 内部组织　　D. 国家

4. 经济法律关系有三个基本组成要素:主体、客体和(　　)。

A. 权利　　B. 义务　　C. 内容　　D. 责任

5. 依据对调整对象的二元划分,可以将经济法主体分为(　　)。

A. 调控主体和受控主体　　B. 调制主体和调制受体

C. 宏观调控主体和市场规制主体　　D. 宏观调控法主体和市场规制法主体

6. 经济法上的调制受体依法享有法律赋予市场主体的一切基本权利,这些权利可以统称为(　　)。

A. 经济自由权　　B. 经营自主权　　C. 财产权　　D. 消费者权利

7. 在下列关于经济法主体理论的说法中,正确的是(　　)。

A. 经济法主体不是由调整对象决定的

B. 第三部门能够成为经济法最重要的主体

C. 调控主体与受控主体的联系主要通过调制行为来实现,其地位是非平等的

D. 只有具有独立的民事主体资格的主体才能成为经济法主体

二、论述题

1. 论述经济法责任制度。

2. 论述经济法立法和实施的创新。

【参考资料】

[1] 石金平. 经济法责任研究[M]. 北京:法律出版社,2013.

[2] 蔡曙涛. 经济法:企业的权利、义务与法律责任[M]. 5 版. 北京:中国人民大学出版社,2020.

[3] 赵大华. 经济法中权力主体法律责任研究[M]. 北京:中国政法大学出版社,2016.

[4] 阳建勋. 风险社会中的法律责任制度改变:以经济法为中心[M]. 厦门:厦门大学出版社,2014.

第七章　企业法律制度

【教学目标】

通过学习本章了解企业的概念和种类，外商投资企业的立法现状；理解企业法的基本原理；掌握个人独资企业法、合伙企业法和全民所有制工业企业法的基本法律规定。

【教学要点和教学进程】

一、企业和企业法

首先从法律角度阐述企业的含义：企业是依法设立的，从事经营性活动并具有独立或相对独立的法律人格的组织。然后运用比较的方法按照不同的标准划分为不同的种类：个人独资企业、合伙企业和公司企业；内资企业、外商投资企业和港澳台投资企业；国有企业、集体企业和私营企业；法人企业和非法人企业。分别解释它们的含义及划分的具体标准，在此基础上分析企业法的概念和特征。

二、个人独资企业法

通过对个人独资企业法的阐述，帮助学生了解个人独资企业法的立法现状；理解个人独资企业的含义及个人独资企业与个体工商户、一人公司、全资国有企业、外商独资企业具有重要的区别，领会个人独资企业的法律地位及个人独资企业的设立条件、设立程序；掌握个人独资企业的解散情形和清算。

三、合伙企业法

在阐述合伙企业的含义及特征的基础上，帮助学生了解合伙企业法的立法现状，掌握合伙企业法的基本规定。

四、全民所有制工业企业法

通过对全民所有制工业企业法的阐述，帮助学生了解全民所有制工业企业法的立法现状及背景；理解全民所有制工业企业法的含义及特征；掌握全民所有制工业企业法的主要内容。

给学生布置一个企业法的案例，让学生讨论，加深其对企业法基本原理的理解，提高其运用所学法律解决实际问题的能力。

【教学重点和难点】

教学重点：企业的概念和种类；企业法的概念和特征；个人独资企业的概念和特征；个人独资企业的设立和变更；个人独资企业的投资人和事务管理；个人独资企业的解散和清算；合伙企业的含义；合伙企业的设立、变更和终止；合伙企业的权利和义务；普通合伙企业、有限合伙企业、全民所有制工业企业的含义;全民所有制工业企业的治理结构。

教学难点:企业法的概念和特征;个人独资企业的投资人和事务管理;合伙企业的权利和义务;普通合伙企业;有限合伙企业;全民所有制工业企业的治理结构。

【教学手段和方法】

讲授法、案例分析法。在讲授过程中注意结合案例,通过设问与提问,引导学生思考,从而帮助学生加深理解学习内容,提高理论思维能力。

第一节　企业和企业法

一、企业的概念和种类

企业是依法设立的,从事经营性活动并具有独立或相对独立的法律人格的组织。

企业的种类包括个人独资企业、合伙企业和公司企业;内资企业、外商投资企业和港澳台投资企业;国有企业、集体企业和私营企业;法人企业和非法人企业。

二、企业法的概念和特征

企业法是调整企业在设立、组织、活动、终止过程中发生的社会关系的法律规范的总称。

企业法的特征:企业法主要是组织法兼具行为法;企业法主要是强制性规范兼具任意性规范;企业法是具有一定国际性的国内法。

第二节　个人独资企业法

一、个人独资企业法概述

(一)个人独资企业的立法状况

第九届全国人民代表大会常务委员会第十一次会议于1999年8月30日通过了《中华人民共和国个人独资企业法》(以下简称《个人独资企业法》),自2000年1月1日起施行。该法的颁布,标志着我国现代企业法律制度已初步形成。该法共六章四十八条。

(二)个人独资企业的概念和特征

1. 概念

个人独资企业是指依法在中国境内设立,由一个自然人投资,财产为投资人个人所有,投资人以其个人财产对企业债务承担无限责任的经营实体。

2. 特征

个人独资企业由一个自然人投资；个人独资企业的财产归投资者个人所有；个人独资企业的投资人以其个人财产对企业的债务承担无限责任；个人独资企业须依照《个人独资企业法》在中国境内设立。

(三) 个人独资企业与相关经济组织的区别

1. 个人独资企业与个体工商户

个人独资企业与个体工商户都是由自然人出资的，这是它们的共同点。两者的区别是：

(1) 个人独资企业仅能由个人出资设立；个体工商户则可以由一个自然人设立，也可以由家庭出资设立。

(2) 个人独资企业的投资人以其个人财产对企业债务承担无限责任，只有在企业设立登记时明确以其家庭共有财产作为个人出资的，才依法以家庭共有财产对企业债务承担无限责任。而根据《中华人民共和国民法典》(以下简称《民法典》)第五十六条的规定："个体工商户的债务，个人经营的，以个人财产承担；家庭经营的，以家庭财产承担；无法区分的，以家庭财产承担。"

(3) 依据的法律不同。个人独资企业依照《个人独资企业法》设立，个体工商户依照《中华人民共和国民法典》等相关法律及其实施细则的规定设立。

(4) 个人独资企业是经营实体，是一种企业组织形态，性质上属于非法人组织，具有团体人格的组织体属性。个体工商户则不采用企业形式。不具有组织体的属性。《个人独资企业法》颁布之前，我国曾以雇工人数对个人独资企业与个体工商户加以区别，雇工 8 人以上者为个人独资企业，雇工不足 8 人者为个体工商户。显然，这种区分标准缺乏科学性。《个人独资企业法》颁布后不再采用这一标准，即雇工少于 8 人的也可设立独资企业。是否为个人独资企业关键看是否进行了独资企业登记，是否领取了独资企业营业执照。

2. 个人独资企业与一人公司

一人公司是指只有一个股东的有限责任形式的公司，即公司的投资人为一人，由投资人独资经营，但投资人对公司债务仅负有限责任。我国新修订的《中华人民共和国公司法》(以下简称《公司法》)规定了自然人和法人都可以出资设立一人有限责任公司。除了自然人和法人出资设立的一人公司外，我国《公司法》中所述的国有独资公司也属于一人有限责任公司，只是其股东地位特殊而已。个人独资企业和一人公司都是由一个主体出资建立的企业，但两者性质是完全不同的，体现在以下几个方面：

(1) 投资人不同。个人独资企业只能由自然人出资设立；而一人公司既可以由自然人出资设立，也可以由法人出资设立，还可以由国家出资设立。

(2) 主体资格不同。个人独资企业属于非法人组织，不具有法人资格；而一人公司作为公司的一种，是企业法人，在公司成立时取得法人资格。

(3) 责任承担不同。个人独资企业的投资人对企业的债务承担无限责任；而一人公司的投资人(股东)仅以出资额为限对公司负责，即负有限责任。

(4) 注册资本要求不同。对个人独资企业，法律并无最低注册资本的要求；而一人公司法律有最低注册资本的要求，依据《公司法》的规定，其最低注册资本为 10 万元，且需在公司成立时一次足额缴纳。

(5)设立的法律依据不同。个人独资企业依照《个人独资企业法》设立;一人公司则需依照《公司法》设立。

3. 个人独资企业与全资国有企业

传统的国有企业即全资国有企业,也是一种独资企业。两者的共同之处是独资形式,但两者的不同之处是明显的。

(1)个人独资企业不具有企业法人资格;全资国有企业则是依法成立的企业法人。

(2)个人独资企业的投资人是自然人;全资国有企业的投资人是国有投资人。

(3)个人独资企业的投资人对企业的债务承担无限责任;国有投资人仅以出资额为限对国有企业负责。

(4)个人独资企业依照《个人独资企业法》设立;全资国有工业企业则依照《中华人民共和国全民所有制工业企业法》(以下简称《全民所有制工业企业法》)设立,其他的全资国有企业也需依照《全民所有制工业企业法》规定的原则设立。

4. 个人独资企业与合伙企业

个人独资企业和合伙企业的投资人均为自然人,对企业债务都承担无限责任,都属于法律主体中的非法人组织,这是两者的相同之处。两者的不同体现在以下几个方面:

(1)投资人人数不同。个人独资企业的投资人仅为1人,合伙企业为2人以上。

(2)财产归属不同。个人独资企业的财产归投资人一人所有,合伙企业的财产由全体合伙人共有。

(3)责任承担有所不同。个人独资企业仅由投资人一人承担无限责任,合伙企业则由全体合伙人承担连带无限责任。

(四)个人独资企业的地位与能力

个人独资企业不具备法人资格,但是法律承认它有一定的独立的能力。主要体现在:个人独资企业有自己的名称和住所;个人独资企业有相对独立的财产;个人独资企业享有一定的权利;个人独资企业可以以自己的名义承担与履行义务。

二、个人独资企业的设立与变更

(一)个人独资企业的设立条件

投资人为一个自然人;有合法的名称;有投资人申报的出资,但是法律不要求个人独资企业有最低注册资本金;有固定的生产经营场所和必要的生产经营条件;有必要的从业人员。

(二)个人独资企业的设立程序

1. 个人独资企业设立申请:

(1)申请人是个人独资企业的投资人;

(2)申请人应向登记机关提交相关证明文件。

2. 登记机关核准登记:登记机关审核时间为收到申请书之日起15日内。

3. 个人独资企业的成立:个人独资企业营业执照签发日期为企业成立之日。

（三）个人独资企业分支机构的设立

1. 个人独资企业分支机构的设立

（1）个人独资企业分支机构的设立者是个人独资企业。

（2）个人独资企业分支机构的设立登记。设立登记的申请人是该企业的投资人或其代理人。投资人或者其委托的代理人应当向分支机构所在地的登记机关申请登记，领取营业执照。

（3）个人独资企业分支机构的登记备案。

2. 个人独资企业分支机构民事责任的承担

《个人独资企业法》第十四条规定："分支机构的民事责任由设立该分支机构的个人独资企业承担。"但是，投资人以其个人财产对企业的债务承担无限责任。所以，个人独资企业分支机构的民事责任实际上是由投资人承担的。

（四）个人独资企业的变更

个人独资企业的变更仅指个人独资企业存续期间登记事项发生变更。该变更发生，应当在作出决定之日起 15 日内依法向登记机关申请办理变更登记。

三、个人独资企业的投资人及事务管理

（一）个人独资企业投资人的权利和义务

个人独资企业的投资人对本企业的财产依法享有所有权，其有关权利可以依法进行转让或继承。投资人以其个人财产对企业债务承担无限责任。

（二）个人独资企业的事务管理

1. 个人独资企业事务管理的模式

（1）自行管理：个人独资企业投资人自行管理。

（2）委托管理：投资人委托其他具有民事行为能力的人负责企业的事务管理。

（3）聘用管理：聘用他人管理个人独资企业。

投资人对受托人或者被聘用的人员职权的限制，不得对抗善意第三人。

2. 受托人或者被聘用人在管理个人独资企业中的义务

受托人或者被聘用人应当履行诚信、勤勉义务，按照与投资人的合同负责个人独资企业的事务管理。

四、个人独资企业的解散和清算

（一）个人独资企业的解散

1. 任意解散

即由投资人自行决定解散。

2. 强制解散

即个人独资企业被依法吊销营业执照而解散。

3. 法定解散

(1)个人独资企业的投资人死亡或被宣告死亡,无继承人或者继承人放弃继承。

(2)法律或行政法规规定的其他情形。

(二)个人独资企业的清算

1. 清算人的产生

个人独资企业解散,由投资人自行清算或者由债权人申请人民法院指定清算人进行清算。

2. 通知或公告债权人申报债权

投资人自行清算的,应当在清算前 15 日内书面通知债权人,无法通知的,应当予以公告。债权人应当在接到通知之日起 30 日内,未接到通知的,应当在公告之日起 60 日内,向投资人申报其债权。

3. 清理财产,清偿债务

个人独资企业解散的,财产应当按照下列顺序清偿:(1)所欠职工工资和社会劳动保险费用;(2)所欠税款;(3)其他债务。

4. 清算终结

个人独资企业清算结束后,投资人或者人民法院指定的清算人应当编制清算报告,并于 15 日内到登记机关办理注销登记。

第三节　合伙企业法

一、合伙企业的概念和特征

(一)合伙企业的概念

合伙企业是指自然人、法人和其他组织依照《中华人民共和国合伙企业法》(以下简称《合伙企业法》)在中国境内设立的普通合伙企业和有限合伙企业。

第一,《合伙企业法》中的合伙企业,有别于不具备企业形态的契约型合伙。两者的主要区别在于:(1)合伙企业必须具有营利目的,而契约型合伙不一定具有营利目的(如以居住为目的合伙购房);(2)合伙企业具有较为长期稳定的营业,而契约型合伙的营业往往是临时性的(如一次性的合伙贩运);(3)合伙企业必须有自己的名称(即商号),而契约型合伙则不以具备名称为必要;(4)设立合伙企业必须向企业登记机关申请登记,领取营业执照,而契约型合伙只要订立合伙合同即为成立;(5)合伙企业适用《合伙企业法》的有关规定,而契约型合伙则适用《民法通则》的有关规定。

第二,《合伙企业法》中的合伙企业,以按照现有行政管理划分规定应由工商行政管理机关登记管理的企业为限。也就是说,采用合伙制的律师事务所、会计师事务所、医生诊所、建筑设计师事务所等组织,由于归其他行政主管部门登记管理,尽管它们也具有营利性质,却不属于《合伙企业法》的调整范围。

第三,《合伙企业法》中的合伙企业,仅限于以自然人为合伙人的企业,不包括国内企业法人之间的合伙型联营(适用《民法通则》),也不包括外商与国内企业、国内经济组织之间的合伙型中外合作经营企业(适用《中外合作经营企业法》)。也就是说,《合伙企业法》不允许法人成为合伙企业的合伙人。

(二)合伙企业的特征

首先,普通合伙人承担无限连带责任,有限合伙人以认缴资本承担有限责任,无限是指投资人对企业的责任是无限的,连带是指所有投资人对债务的不足的数额承担连带清偿责任。其次,合伙企业是人合性质的企业,合伙人个人的变动会影响合伙的存续,而公司的存续不受个别股东变动的影响。最后,合伙企业属于契约式企业,合伙人以契约为核心纽带。

二、普通合伙企业

(一)设立条件

普通合伙企业的设立条件包括:有两个以上合伙人;有书面合伙协议;有合伙人认缴或者实际缴付的出资;有合伙企业的名称和生产经营场所,名称中应标明“普通合伙”字样;法律、行政法规规定的其他条件。

普通合伙企业的投资人有很多限制,其可以是自然人,也可以是法人和非法人组织,需要是完全行为能力人。国有独资公司、国有企业、上市公司,以及公益性的事业单位、社会团体不得成为普通合伙人,必须要有两人以上。

普通合伙企业的出资时间比较自由,可以认缴(可以约定的缴付方式:具体日期、一定时间段或分期),也可以实际缴付。

普通合伙企业的出资方式多样,合伙人可以用货币、实物、知识产权、土地使用权或者其他财产权利出资,也可用劳务出资。劳务出资需要注意的是,评估或全体合伙人协商确定作价金额,在协议当中载明。财产性权利需要办理过户手续。

(二)设立程序

普通合伙企业的设立由申请人提出申请,市场监管部门予以核准登记。注意:可以当场登记,除此之外,企业登记机关应当自受理申请之日起 20 日内,作出是否登记的决定。

(三)合伙企业的财产

1. 合伙企业财产的构成:合伙人的出资+以合伙企业名义取得的收益和其他财产。

2. 合伙人在合伙企业清算前,不得请求分割合伙企业的财产;但是,法律另有规定的除外。

3. 合伙人财产份额的转让,内部转让需要通知,外部转让应当经过全体合伙人一致同意,同等条件下合伙人享有优先购买权;但合伙协议另有约定的除外。

(四)合伙企业事务执行

1. 形式:基本形式是共同执行,即由全体合伙人共同执行合伙企业事务,也可以采用委托或聘用的形式。

2. 合伙人在事务执行时享有的权利包括事务执行权、对外代表权、监督权、查阅账簿权、提出异议权、撤销委托执行事务权。

3. 表决办法。按合伙协议约定的表决办法办理。合伙协议未约定或约定不明确的，实行合伙人一人一票并经全体合伙人过半数通过的表决办法。

4. 需经全体合伙人一致同意的重要事项：改变合伙企业的名称；改变合伙企业的经营范围、主要经营场所的地点；处分合伙企业的不动产；转让或者处分合伙企业的知识产权和其他财产权利；以合伙企业名义为他人提供担保；聘任合伙人以外的人担任合伙企业的经营管理人员。

（五）合伙企业的损益、分配

1. 原则

既要分配利润，又要分配亏损。不得约定将全部利润分配给部分合伙人，由部分合伙人承担全部责任。

2. 形式

既可以定期分配，也可以按年度分配，具体方案应由全体合伙人共同决定。

（六）合伙企业和合伙人的债务清偿

1. 合伙企业的债务清偿

合伙人之间的债务分担比例对债权人没有约束力。债权人可以根据自己的清偿利益，请求全体合伙人中的一人或数人承担全部清偿责任，也可以按照自己确定的比例向各合伙人分别追索。某个合伙人清偿债务的数额超过规定的亏损分担比例的，有权就其超过的部分向其他合伙人追偿。

2. 合伙人（个人）的债务清偿

合伙人（个人）的债务清偿可以集中概括为“三能三不能”。三能：能够从合伙企业中分得收益清偿、能够请求法院强制执行合伙人在合伙企业中的财产份额、能够用受让人支付的价金清偿。三不能：不能抵销、不能代位行使、不能自行接管。

注意：若其他合伙人未购买，又不同意将该财产份额转让给他人的，分为两种情形：①强制执行合伙人的全部财产份额时，办理退伙结算；②强制执行合伙人的部分财产份额时，办理削减该合伙人相应财产份额的结算。

关于合伙人个人债务清偿的顺序问题，《合伙企业法》规定，合伙人的自有财产不足清偿其与合伙企业无关的债务的，该合伙人可以以其从合伙企业中分取的收益用于清偿；债权人也可以依法请求人民法院强制执行该合伙人在合伙企业中的财产份额用于清偿。人民法院强制执行合伙人的财产份额时，应当通知全体合伙人，其他合伙人有优先购买权；其他合伙人未购买，又不同意将该财产份额转让给他人的，依照《合伙企业法》第五十一条的规定为该合伙人办理退伙结算。

合伙人的无限责任是指当合伙企业的全部财产不足以偿付到期债务时，各个合伙人承担合伙企业的债务不是以其出资额为限，而是以其自有财产来清偿合伙企业的债务。合伙人的连带责任是指当合伙企业的全部财产不足以偿付到期债务时，合伙企业的债权人对合伙企业所负债务，可以向任何一个合伙人主张，该合伙人不得以其出资的份额大小、合伙协议有特别约定、合伙企业债务另有担保人或者自己已经偿付所承担的份额的债务等理由来拒绝。

（七）入伙、退伙

1. 入伙

（1）入伙的方式：有人死亡，继承其位置；通过受让；纯新人加入。

（2）入伙的条件：全体合伙人一致同意；订立书面入伙协议；原合伙人应就原经营状况和财务状况履行告知义务。

（3）入伙的程序：签订协议；原合伙人有告知经营状况和财务状况的义务；内部的约定条件对外没有约束力。

（4）入伙后的责任：入伙后的合伙人对合伙企业债务承担无限连带责任。

2. 退伙的种类

（1）协议退伙

协议退伙的前提是合伙协议约定合伙企业的经营期限的，具体的情形（协议有约定或违反协议约定）包括合伙协议约定的退伙事由出现；经全体合伙人同意退伙；发生合伙人难以继续参加合伙企业的事由；其他合伙人严重违反合伙协议约定的义务。违反上述规定擅自退伙的，应当赔偿由此给其他合伙人造成的损失。

（2）通知退伙

通知退伙的条件包括：合伙协议未约定合伙企业的经营期限；该合伙人的退伙不致给合伙企业事务执行造成不利影响；提前 30 日通知其他合伙人。这三个条件必须同时具备，缺一不可。违反上述规定擅自退伙的，应当赔偿由此给其他合伙人造成的损失。

（3）当然退伙

当然退伙的情形包括：作为合伙人的自然人死亡或者被依法宣告死亡；个人丧失偿债能力；作为合伙人的法人或者其他组织依法被吊销营业执照、责令关闭、撤销，或者被宣告破产；法律规定或者合伙协议约定合伙人必须具有相关资格而丧失该资格；合伙人在合伙企业中的全部财产份额被法院强制执行。当然退伙以法定事由实际发生之日为退伙生效日。

（4）除名

合伙人有下列情形之一的，经其他合伙人一致同意，可以决议将其除名（损害合伙企业的利益）：未履行出资义务；因故意或者重大过失给合伙企业造成损失；执行合伙企业事务时有不正当行为；合伙协议约定的其他事由。

（八）特殊的普通合伙企业

1. 概念

以专业知识和专门技能为客户提供有偿服务的专业服务机构，可以设立为特殊的普通合伙企业。

2. 名称

应标明“特殊普通合伙”。

3. 责任承担

它是普通合伙的一种特殊形式。合伙人承担债务责任的特殊规定：一个合伙人或数个合伙人在执业活动中因故意或重大过失造成合伙企业债务的，应承担无限责任或无限连带责任，其他合伙人以其在合伙企业中的财产份额为限承担责任。

4. 执业风险基金、办理职业保险

特殊的普通合伙企业应建立执业风险基金制度,合伙人应办理职业保险,执业风险基金用于偿付合伙人执业活动造成的债务。

三、有限合伙企业

(一)有限合伙企业的设立

1. 2个以上50个以下合伙人(法律另有规定的除外)。

2. 至少应有1个普通合伙人。

国有独资公司、国有企业、上市公司,以及公益性的事业单位、社会团体不得成为有限合伙企业的普通合伙人。合伙人由有限合伙人(以其认缴的出资额为限)和普通合伙人(无限连带责任)组成,且至少应有1个普通合伙人和1个有限合伙人。有限合伙企业仅剩有限合伙人的,应当解散;有限合伙企业仅剩普通合伙人的,转为普通合伙企业。

3. 名称。

标明"有限合伙"。

4. 合伙协议除符合普通合伙企业的规定外,还应载明下列事项:(1)普通合伙人和有限合伙人的姓名或者名称、住所;(2)执行事务合伙人应具备的条件和选择程序;(3)执行事务合伙人权限与违约处理办法;(4)执行事务合伙人的除名条件和更换程序;(5)有限合伙人入伙、退伙的条件、程序以及相关责任;(6)有限合伙人和普通合伙人相互转变程序。

5. 有限合伙人不得以劳务出资;有限合伙人出资的义务:按时交付和足额缴付出资。

(二)有限合伙企业的事务执行

1. 由普通合伙人执行合伙事务,有限合伙人不执行合伙事务,不得对外代表有限合伙企业。

2. 有限合伙人的下列行为,不视为执行合伙事务:(1)参与决定普通合伙人入伙、退伙;(2)对企业的经营管理提出建议;(3)参与选择承办有限合伙企业审计业务的会计师事务所;(4)获取经审计的有限合伙企业财务会计报告;(5)对涉及自身利益的情况,查阅有限合伙企业财务会计账簿等财务资料;(6)在有限合伙企业中的利益受到侵害时,向有责任的合伙人主张权利或者提起诉讼;(7)执行事务合伙人怠于行使权利时,督促其行使权利或者为了本企业的利益以自己的名义提起诉讼;(8)依法为本企业提供担保。

3. 第三人有理由相信有限合伙人为普通合伙人并与其交易的,该有限合伙人对该笔交易承担与普通合伙人同样的责任。有限合伙人未经授权以有限合伙企业名义与他人进行交易,给有限合伙企业或者其他合伙人造成损失的,该有限合伙人应当承担赔偿责任。

4. 有限合伙企业不得将全部利润分配给部分合伙人;但合伙协议另有约定的除外。注意:普通合伙企业也不得约定将全部利润分配给部分合伙人,而且不允许合伙协议另有约定。

5. 有限合伙人可同本有限合伙企业进行交易,也可自营或者同他人合作经营与本有限合伙企业相竞争的业务;但合伙协议另有约定的除外。

(三)有限合伙人财产出质与转让

可将其财产份额出质;合伙协议另有约定的除外。有限合伙人可按合伙协议约定向合伙人以外的人转让其财产份额,但应提前30日通知其他合伙人。

(四)有限合伙人的债务清偿

自有财产不足清偿其与合伙企业无关的债务的,该合伙人可以以其从有限合伙企业中分取的收益用于清偿;债权人也可依法请求人民法院强制执行该合伙人在有限合伙企业中的财产份额用于清偿。法院强制执行有限合伙人的财产份额时,应通知全体合伙人。在同等条件下,其他合伙人有优先购买权。

(五)有限合伙企业的入伙与退伙

1. 入伙

新入伙的有限合伙人对入伙前的债务,以其认缴的出资额为限承担责任。注意:新入伙的普通合伙人对入伙前合伙企业的债务仍然承担连带责任。

2. 退伙

(1)有限合伙人有下列情形之一的,当然退伙:①作为合伙人的自然人死亡或者被依法宣告死亡;②作为合伙人的法人或者其他组织依法被吊销营业执照、责令关闭、撤销,或者被宣告破产;③法律规定或者合伙协议约定合伙人必须具有相关资格而丧失该资格;④合伙人在合伙企业中的全部财产份额被法院强制执行。

注意:有限合伙人当然退伙的情形比普通合伙人少一项,即合伙人丧失偿债能力。因为有限合伙人只承担有限责任,不存在丧失偿债能力的问题。

(2)自然人有限合伙人在有限合伙企业存续期间丧失民事行为能力的,其他合伙人不得因此要求其退伙。

(3)作为有限合伙人的自然人死亡、被依法宣告死亡或作为有限合伙人的法人及其他组织终止时,其继承人或权利承受人可以依法取得该有限合伙人在有限合伙企业中的资格。

(4)有限合伙人退伙后,对基于其退伙前的原因发生的有限合伙企业债务,以其退伙时从有限合伙企业中取回的财产承担责任。注意:退伙时从有限合伙企业中取回的财产,不包括以前经营中分得的财产。

(六)合伙人性质转变的特殊规定

1. 合伙协议另有约定的除外,合伙人性质转变应经全体合伙人一致同意。

2. 有限合伙人转变为普通合伙人的,对其作为有限合伙人期间有限合伙企业发生的债务承担无限连带责任。

3. 普通合伙人转变为有限合伙人的,对其作为普通合伙人期间合伙企业发生的债务承担无限连带责任。

四、合伙企业的解散和清算

1. 合伙企业的解散

合伙企业解散的情形包括:(1)合伙期限届满,合伙人决定不再经营;(2)合伙协议约定的解散事由出现;(3)全体合伙人决定解散;(4)合伙人已不具备法定人数满30天;(5)合伙协议约定的合伙目的已经实现或无法实现;(6)依法被吊销营业执照、责令关闭或者撤销;(7)法律、行政法规规定的其他原因。

2. 合伙企业的清算

(1)确定清算人

由全体合伙人担任;合伙人指定或委托(全体合伙人过半数同意,自解散事由出现后15日内指定1个或者数个合伙人,或者委托第三人,担任清算人)法院指定(15日内未确定清算人的合伙人或者其他利害关系人可以申请法院指定)。

(2)通知和公告债权人

清算人自被确定之日起10日内通知债权人,并于60日内在报纸上公告,债权人(30日/45日内)申报债权。

(3)财产清偿顺序

财产清偿顺序为清算费用;职工工资、社会保险费用、法定补偿金;缴纳所欠税款;清偿债务;剩余财产依《合伙企业法》规定分配。

(4)合伙企业不能清偿到期债务的处理

债权人可依法向法院提出破产清算申请,可要求普通合伙人清偿。合伙企业依法被宣告破产的,普通合伙人仍应承担无限连带责任。

五、法律责任

1. 名称违法,未标明“普通合伙”“特殊普通合伙”或者“有限合伙”,责令限期改正,2 000~10 000元罚款。

2. 设立违法,责令改正,5 000~50 000元罚款;情节严重的,撤销企业登记,并处50 000~200 000元罚款。

3. 未领取营业执照,而以合伙企业或合伙企业分支机构名义从事合伙业务,责令停止,处以5 000~50 000元罚款。

4. 未依照规定办理变更登记的,责令限期登记,逾期不登记的处2 000~20 000元罚款。

第四节　全民所有制工业企业法

一、全民所有制工业企业法概述

(一)全民所有制工业企业的概念

全民所有制工业企业又称国有企业,是指以生产资料全民所有制为基础的,依法自主经营、自负盈亏、独立核算的生产和经营单位。全民所有制工业企业具有以下法律特征:第一,全民所有制企业的财产属于全民所有。第二,全民所有制工业企业的经营管理实行所有权与经营权分离的原则。企业财产的所有权属于国家,企业对国家授予其经营管理的财产享有占有、使用和依法处分的权利。第三,全民所有制工业企业依法取得法人资格,以国家授予其经营管理的财产承担民事责任。

(二)全民所有制工业企业法

从狭义上讲,在我国,全民所有制工业企业法是指第七届全国人民代表大会第一次会议通过的《中华人民共和国全民所有制工业企业法》。该法于 1988 年 8 月 1 日起施行,它除了适用于全民所有制工业企业以外,其原则也适用于全民所有制交通运输、邮电、地质勘探、建筑安装、商业、外贸、物资、农林、水利企业。

二、全民所有制工业企业的设立、变更和终止

(一)全民所有制工业企业的设立

1. 全民所有制工业企业的设立条件

全民所有制工业企业的设立条件包括:(1)产品为社会所需要;(2)有能源、原材料、交通运输的必要条件;(3)有自己的名称和生产经营场所;(4)有符合国家规定的资金;(5)有自己的组织机构;(6)有明确的经营范围;(7)法律、法规规定的其他条件。

2. 全民所有制工业企业的设立程序

(1)依法报请政府或者政府主管部门审核批准。全民所有制工业企业不同于私营企业,它的资本来自国家,所以它采用的设立方式为审核制,设立时需要由政府或政府主管部门审核批准。

(2)办理登记。企业登记主管机关是国家市场监督管理局和地方各级市场监督管理局。企业办理开业登记,应当在审批机关批准后 30 日内,向登记主管机关提出申请。登记主管机关应当在受理申请后 30 日内,作出核准登记或不予登记的决定。经登记主管机关审核决定予以登记注册的,领取企业法人营业执照,企业即告成立。

(二)全民所有制工业企业的变更

1. 全民所有制工业企业变更的形式

(1)合并。合并是指两个以上的企业依照法律法规的规定程序,变为一个企业的行为。其形式有吸收合并和新设合并两种。

(2)分立。分立是指一个企业依法分为两个以上的企业。分立也有两种情况:一是企业以一部分财产和业务另设一个新的企业,原企业存续;二是企业全部财产和业务分别归入两个以上的新设企业,原企业解散。

(3)其他事项的变更,包括厂长、注册地址等发生变化而需要办理变更登记。

2. 企业变更的程序

企业变更的程序一般包括:(1)报经有关部门批准;(2)办理变更登记手续;(3)公告。

(三)全民所有制工业企业的终止

1. 终止的原因

企业终止的原因有:(1)违反法律、法规被撤销。(2)政府主管部门依照法律、法规的规定决定解散。其解散的原因一般有五种:一是企业存续届满;二是企业设立的宗旨已经实现或者企业经营的业务已经完成;三是企业章程规定的其他解散事由已出现;四是企业因合并或分立需要解散;五是企业的所有者决议解散。全民所有制企业的解散由政府主管部门依照法律法规的规定来决定。(3)依法被宣告破产。

2. 企业终止的程序

企业终止的程序包括:(1)作出企业终止的正式决定或裁定。(2)成立清算组,对企业

财产进行清算。(3)办理注销登记。

三、全民所有制工业企业的权利和义务

(一)企业经营权及其主要内容

1. 全民所有制工业企业经营权的概念

全民所有制工业企业经营权是指企业对国家授予其经营管理的财产享有占有、使用和依法处分的权利。

2. 全民所有制工业企业经营权的内容

全民所有制工业企业经营权的权利内容包括:(1)生产经营决策权;(2)产品劳务定价权;(3)产品销售权;(4)物资采购权;(5)进出口权;(6)投资决策权;(7)留用资金支配权;(8)资产处置权;(9)联营、兼并权;(10)劳动用工权;(11)人事管理权;(12)工资、奖金分配权;(13)内部机构设置权;(14)拒绝摊派权。

(二)全民所有制工业企业的义务

全民所有制工业企业的义务包括企业对国家的义务、企业对社会的义务和企业对职工的义务。

四、全民所有制工业企业的领导制度

(一)厂长(经理)负责制

1. 厂长的法律地位

厂长在全民所有制工业企业中,对内是生产经营管理系统的中心。厂长是全民所有制工业企业的法定代表人。

2. 厂长的产生

厂长的产生方式包括由政府主管部门委任或招聘和全民所有制工业企业职工代表大会选举两种。

3. 厂长的职权

(1)决策方面:有权决定或者报请审查批准全民所有制工业企业的各项计划,有权决定全民所有制工业企业行政机构的设置。

(2)干部任免方面:有权提请政府主管部门任免或者聘任、解聘副厂级行政领导干部。有权任免或者聘任、解聘全民所有制工业企业中层行政领导干部。

(3)奖惩方面:依法奖惩职工;提请政府主管部门奖惩副厂长级行政领导干部。

(二)职工代表大会制

1. 职工代表大会的性质

职工代表大会是全民所有制工业企业实行民主管理的基本形式,它是职工依法行使民主管理权的机构。

2. 职工代表大会的职权

(1)听取和审议厂长关于全民所有制工业企业的经营方针、长远规划、年度计划、基本建设方案、重大技术改造方案、职工培训计划、留用资金分配和使用方案、承包和租赁经营责任制方案的报告,提出意见和建议。

(2)审查同意或者否决全民所有制工业企业的工资调整方案、奖金分配方案、劳动保护措施、奖惩办法以及其他重要的规章制度。

(3)审议决定职工福利基金使用方案、职工住宅分配方案和其他有关职工生活福利的重大事项。

(4)评议、监督全民所有制工业企业各级行政领导干部,提出奖惩和任免的建议。

(5)根据政府主管部门的决定选举厂长,报政府主管部门批准。

3. 职工代表大会组织制度

(1)组织机构。职工代表大会的组织机构包括开会期间选出的主席团以及工会委员会、专门小组(或专门委员会)。

(2)职工代表大会的会议制度。职工代表大会至少每半年召开一次。每次会议必须有2/3以上的职工代表出席。遇有重大事项,经厂长、工会委员会或1/3以上职工代表提议,可以召开临时会议。

(三)全民所有制工业企业党委的保证监督制度

略。

(四)政府对全民所有制工业企业的协调、监管制度

政府按照政企分开的原则,依法对全民所有制工业企业进行协调、监督和管理,为企业服务。

【相关法条】

1. 个人独资企业法。《中华人民共和国个人独资企业法》已由中华人民共和国第九届全国人民代表大会常务委员会第十一次会议于1999年8月30日通过,自2000年1月1日起施行。

2. 合伙企业法。《中华人民共和国合伙企业法》已由中华人民共和国第十届全国人民代表大会常务委员会第二十三次会议于2006年8月27日修订通过,自2007年6月1日起施行。

3. 全民所有制工业企业法。《中华人民共和国全民所有制工业企业法》已由1988年4月13日第七届全国人民代表大会第一次会议通过,根据2009年8月27日第十一届全国人民代表大会常务委员会第十次会议《关于修改部分法律的决定》修正。

【裁判规则】

1. 个人独资企业转让后原投资人仍可成为被执行人。

【基本案情】刘某驾驶长江汽车运输队所有的重型半挂牵引车和某汽运中心所有的平

板半挂车,在重庆市巴南区发生交通事故,造成两人死亡。受害人秦某渝、周某安、陈某强等起诉要求赔偿,重庆市巴南区人民法院作出第1922号、1948号、1949号、3101号四份民事判决书,判决李某吉、某汽运中心连带赔偿前述受害人共计1 510 723.42元。因李某吉、某汽运中心拒绝履行生效判决确定的义务,秦某渝等向重庆市巴南区人民法院申请强制执行,该院将四案合并执行。某汽运中心是刘某领(又名刘某峰)投资设立的个人独资企业。刘某领将该汽运中心全部转让给金某芬(刘某领与金某芬原为夫妻关系),金某芬又将该汽运中心转让给刘某峰;该汽运中心再次转让给张某强。这三次转让均办理了工商变更登记。由于某汽运中心无财产可供执行,巴南区人民法院作出裁定追加金某芬为被执行人,冻结其银行存款195万余元。金某芬不服,提出执行异议。重庆市巴南区人民法院作出驳回其执行异议。金某芬仍不服,以其不是某汽运中心实际经营人或实际投资人,肇事车辆的实际车主是刘某,且已经某汽运中心所在地市人民法院民事判决书确认,以原执行裁定书适用法律错误、程序违法为由向重庆市第五中级人民法院申请复议。

【裁判规则】投资人在交通事故发生后不主动承担责任,不履行清偿义务,而是将其名下的企业转让给他人。因该转让行为属于逃避债务的行为,投资人将个人独资企业转让后,对转让前的债务仍应承担连带清偿责任。故在交通事故纠纷裁判生效后,个人独资企业无可供执行财产的,人民法院可将个人独资企业原投资人追加为被执行人。

2. 夫妻一方未经配偶同意转让独资企业构成表见代理的,转让有效。

【基本案情】某采矿厂系个人独资企业,投资人为陈某。袁某与陈某系夫妻,因陈某移居国外,袁某一直实际控制和经营管理该采矿厂。2003年8月2日,王某与袁某签订了"采矿厂转让协议",约定将该采矿厂的露天采矿厂、四个采矿洞和有磁选厂转让给王某,但未办理相应的变更手续。2003年8月,王某、赵某与郭某三人在"采矿厂转让协议"基础上共同签订了"合伙协议",后王某、赵某与郭某因合伙发生了诸多纠纷。2006年9月15日,王某未经赵某和郭某同意,单独与陈某签订了不支付对价的"某采矿厂整体转让协议",次日办理了该采矿厂的营业执照及投资人等变更手续。赵某以王某侵犯投资人权益纠纷向山西省高院提起诉讼,山西省高院一审认定"采矿厂转让协议"有效,王某的行为侵犯了赵某和郭某在该采矿厂作为企业投资人享有的合法权益。王某不服从判决,向最高法院提起上诉,最高法院判决驳回上诉,维持原判。

【裁判要旨】登记在夫妻一方名下的个人独资企业,配偶方未经其同意转让该独资企业的,当第三人有理由相信配偶方有代理权时可以构成表见代理,转让行为有效。

【裁判规则】根据《中华人民共和国民法总则》第一百七十二条关于"行为人没有代理权、超越代理权或者代理权终止后,仍然实施代理行为,相对人有理由相信行为人有代理权的,代理行为有效"的规定,认定"采矿厂转让协议"有效。本案中,虽某矿场的工商部门初始登记的投资人为陈某,但1999年陈某就办理了国外移民的手续,袁某实际一直控制管理着该采矿厂,当地村民也只知道该矿矿主为袁八则(即袁某),因此将该矿称为"袁八则矿",并不知道陈某其人,且袁某与陈某为夫妻关系,故王某有理由相信袁某有权处分该采矿厂,袁某的转让行为构成表见代理。

最高法院认为,根据《中华人民共和国个人独资企业法》第十五条规定:"个人独资企业存续期间登记事项发生变更的,应当在作出变更决定之日起的十五日内依法向登记机关申请办理变更登记。"但以上规定仅为管理性规范而非强制性规范。虽然王某与袁某签订"采矿厂转让协议"后未对该采矿厂变更投资人向工商登记机关申请办理变更登记,但变更登记不属于转让行为有效的前提条件，并不影响转让的效力。故最高法院最终认定王某已经取得了采矿厂投资人地位，进而以此为基础认定王某侵犯了其投资权益。

3. 个人独资企业解散后原投资人需对企业债务承担偿还责任，以不是真实投资人、是公务员为由抗辩均不能免责。

【基本案情】某合营煤矿原系个人独资企业，其登记的唯一股东为高某，系公务员。实际上，高某仅为名义投资人，实际投资人是某集团（国有企业）。某合营煤矿在被兼并前与某机械公司签订“机械设备买卖合同”。合同签订后，某机械公司依约履行了供货义务，但对某合营煤矿并未能如约支付货款 168 万元。合同签订后，某合营煤矿被某公司兼并，成为某公司的分公司（某公司合营煤矿），独立的法人资格丧失；但对某合营煤矿被兼并前的债务如何处理未作约定。因公司未能付款，某机械公司起诉某公司、某公司合营煤矿以及高某，要求三者承担连带赔偿责任；高某以其系公务员，仅为名义投资人并不是实际投资人为由拒绝还款。贵州省高院判决：高某对某合营煤矿的债务 168 万元承担偿还责任，某公司承担连带赔偿责任。高某不服，向最高人民法院提起再审。最高人民法院裁定驳回再审，高某应偿还上述 168 万元债务。

【裁判要旨】个人独资企业解散后，原投资人对个人独资企业存续期间的债务仍应承担偿还责任；原投资人不能以其公务员身份、不具有投资主体资格为由，主张免除对外承担责任。

【裁判规则】法律规定，个人独资企业解散后，原投资人对企业存续期间的债务仍应承担偿还责任。企业在经营活动中，应遵循公示公信原则，对外部人而言，其对真实投资人无法知悉，只能信赖工商部门出具的且核准登记的出资信息，并对该信息产生信赖利益。因此，为保护外部债权人的信赖利益，当个人独资企业发生对外债务时，应当以其注册登记信息为准来确定责任主体。本案中，既然买卖合同签订时，该矿登记的是高某为投资人的个人独资企业，则企业解散后，高某应依《中华人民共和国个人独资企业法》第二十八条的规定对向机械公司承担清偿责任。

高某以其系公务员身份不能作为投资人进而不能承担责任的理由不能成立。虽然《中华人民共和国公务员法》第五十三条第十四款有“规定公务员不得从事或者参与营利性活动，在企业或者其他营利性组织中兼任职务”的规定，但该规定属于管理性强制规定，而非效力性强制性规定。故高某虽然身份是公务员，固然违反了上述管理性强制规定，但该“违法行为”并不能作为其免除对外责任的事实和法律依据。

另外，高某实际承担清偿责任后，可以依据其与某合营煤矿实际投资人之间的内部真实权利义务关系，主张追偿，赋予了高某救济渠道。

4. 因合伙协议解除，资金占用方需按照中国人民银行同期同类贷款利率向投资人支付法定孳息。

【案件】冯某强合伙协议纠纷二审民事判决书

【裁判规则】本案二审争议焦点为一审判决按照中国人民银行同期同类贷款利率计付某公司应向王某琪、王某奇返还的 4 450 万元的资金占用费是否正确。根据本案已查明事实，2009 年 1 月 14 日，王某琪、王某奇分别出资 1 150 万元，同年 6 月 25 日王某琪出资 1 100 万元、王某奇出资 1 050 万元。上述出资共计 4 450 万元，均打入了某公司账户，某公司向王某琪、王某奇出具了收据，该 4 450 万元一直由某公司占有使用。某公司在一审时撤回了要求解除其与冯某强、李某辉、王某琪、王某奇四人签订的“合同”及要求四人赔偿损失的诉求,一审法院予以准许。并非只有在借贷合同关系中才存在资金占用问题,故某公司上诉主张本案因不属于借贷合同关系即无须支付资金占用费,其在合同解除前应无偿占有和使用王某琪、王某奇交付的4 450万元资金,若判令承担资金占用费实际上剥夺了其因解除合同而要求赔偿损失的诉权,缺乏事实和法律依据,本院不予支持。一审判决根据《中华人民共和国合同法》第九十七条“合同解除后,尚未履行的,终止履行;已经履行的,根据履行情况和合同性质,当事人可以要求恢复原状、采取其他补救措施,并有权要求赔偿损失”的规定,并基于本案的基本事实,在判令某公司返还王某琪、王某奇4 450万元的同时,以某公司实际占有使用该4 450万元资金的时间和中国人民银行同期同类贷款利率为标准计算本案金钱债权的法定孳息,判令某公司一并返还给王某琪、王某奇,并无不当。

【案号①】〔2017〕最高法民终141号。

5. 合伙人未实际参与合伙事务管理并非合伙关系解除的法定条件,当事人主张合伙人未实际参与合伙事务的时间为清算时间的,人民法院不予支持。

【案件】蒲某友、杨某祥合伙协议纠纷再审审查与审判监督民事裁定书

【裁判规则】关于本案合伙关系解除的时间认定。合伙人未实际参与合伙事务管理并非合伙关系解除的法定条件。从合同约定看,2010年8月1日的“蒲某友、田某碧、张某文三人合资修建某段公路路面工程协议书”和2010年8月4日的“蒲某友、杨某祥、张某文三人合资修建某段公路路面工程协议书”均未将是否实际参与合伙事务作为清算合伙盈余的时间节点。蒲某友以田某碧、杨某祥自2011年3月起未实际参与合伙事务为由主张双方清算时间应截止到该时间,依据不足。

【案号】〔2018〕最高法民申1843号。

【诊所式案例分析】

【基本案情】刘某是某高校的在职研究生,经济上独立于其家庭。2020年8月在工商行政管理机关注册成立了一家主营信息咨询的个人独资企业,取名为“远大信息咨询有限公司”,注册资本为1元人民币。营业形势看好,收益甚丰。于是后来黄某与刘某协议参加该个人独资企业的投资经营,并注入资金5万元人民币。在经营过程中先后共聘用工作人员10名,对此刘某认为自己开办的是私人企业,并不需要为职工办理社会保险,因此没有给职工缴纳社会保险费,也没有与职工签订劳动合同。后来该独资企业经营不善导致负债10万元。刘某决定于2021年10月自行解散企业,但因为企业财产不足清偿而被债权人、企业职工诉诸人民法院。法院审理后认为刘某与黄某形成事实上的合伙关系,判决责令刘、黄二人补充办理职工的社会保险并缴纳保险费,由刘某与黄某对该企业的债务承担无限连带责任。

【分析要点】

(1)该企业的设立是否合法。根据《中华人民共和国个人独资企业法》第二条、第十条的规定,自然人可以单独投资设立个人独资企业,设立时法律仅要求投资人申报出资额和出资方式,但并不要求缴纳最低注册资本金。因此刘某单独以1元人民币经法定工商登记

① 本书中凡是写到具体案号的案例不再阐述案情,基本案情可在中国裁判文书网上查询,下同,不再赘述。

程序投资设立个人独资企业的作法符合法律规定。但根据《中华人民共和国个人独资企业法》第十一条的规定，“个人独资企业的名称应当与其责任形式相符合”，而个人独资企业为投资人个人负无限责任，因此刘某将其取名为“远大信息咨询有限公司”违反法律规定，应予以纠正。

(2)刘某允许另一公司参与投资，共同经营的行为是否合法。根据《中华人民共和国个人独资企业法》第二条、第八条、第十五条的规定，个人独资企业须为一个自然人单独投资设立，企业存续期间登记事项发生变更时应当在作出变更决定之日起十五日内申请办理变更登记。因此，刘某如允许他人参与投资经营，必须依法办理变更登记，并改变为其他性质的企业，因为此时已经不符合个人独资企业的法定条件了。

(3)该企业是否应当与职工签订劳动合同并为其办理社会保险。根据我国的社会保障方面的立法规定、《中华人民共和国劳动法》的相关规定，该企业不与职工签订劳动合同、不为职工办理社会保险的作法违反法律的强制性规定。《中华人民共和国个人独资企业法》第二十二条、第二十三条也对此作出了规定：“个人独资企业招用职工的，应当依法与职工签订劳动合同”，并“按照国家规定参加社会保险，为职工缴纳社会保险费”。因此刘某的理由不成立。

(4)该企业的债权人在刘某不能清偿债务时能否向刘某的家庭求偿。根据《中华人民共和国个人独资企业法》第二条、第十八条的规定，刘某经济上独立于其家庭，且法律规定只有投资人在申请设立个人独资企业进行登记时明确以其家庭共有财产作为个人出资的，才可以依法由家庭共有财产对企业债务承担无限责任，因此债权人不能向刘某的家庭求偿，而应当由刘某个人负无限责任。

(5)刘某决定自行解散企业的作法是否合法。根据《中华人民共和国个人独资企业法》第二十六条第(一)款的规定，刘某作为该企业的投资人，有权决定自行解散个人独资企业，因此刘某的作法并不违法。

(6)就本案而言，由于黄某后来参与投资经营，因此该个人独资企业事实上已转变为公民之间的合伙关系，由此，法律责任也应当由合伙人刘某、黄某承担。人民法院的判决是正确的。

【练习题】

一、单选题

1. 下列关于公司的分类，哪一种是以公司的信用基础为标准的分类？(　　)

A. 总公司与分公司　　B. 母公司与子公司

C. 人合公司与合资公司　　D. 封闭式公司与开放式公司

2. 甲、乙、丙合伙经营汽车运输业务。因生意好，甲想让其弟丁参加合伙，乙同意，但丙反对。甲以多数人同意为由安排丁参与经营。后合伙经营的汽车发生交通事故，造成5万元损失。四人为该5万元损失分担问题诉至法院。本案应如何处理？(　　)

A. 由甲、乙、丁分担5万元　　B. 由甲、乙、丙、丁分担5万元

C. 由甲、乙、丙分担5万元　　D. 由甲、乙、丙承担大部分，丁承担小部分

3. 张某打算自己投资设立一企业从事商贸业务。下列哪一选项是错误的？(　　)

A. 张某可以设立一个一人有限责任公司从事商贸业务

B. 张某可以设立一个个人独资企业从事商贸业务

C. 如果张某设立个人独资企业,则该企业不能再入伙普通合伙企业

D. 如果张某设立一人有限责任公司,则该公司可以再入伙普通合伙企业

4. 甲以夫妻共有的写字楼作为投资设立个人独资企业。企业设立后,其妻乙购体育彩票中奖 100 万元,后提出与甲离婚。离婚诉讼期间,甲的独资企业宣告解散,尚欠银行债务 120 万元。该项债务的清偿责任应如何确定?(　　)

A. 甲以其在家庭共有财产中应占的份额对银行承担无限责任

B. 甲以家庭共有财产承担无限责任,但乙中奖的 100 万元除外

C. 甲以全部家庭共有财产承担无限责任,包括乙中奖的 100 万元在内

D. 甲仅以写字楼对银行承担责任

5. 万某因出国留学将自己的独资企业委托陈某管理,并授权陈某在 5 万元以内的开支和 50 万元以内的交易可自行决定。如若第三人对此授权不知情,则陈某受托期间实施的下列哪一行为为我国法律所禁止或无效?(　　)

A. 未经万某同意与某公司签订交易额为 100 万元的合同

B. 未经万某同意将自己的房屋以 1 万元出售给本企业

C. 未经万某同意向某电视台支付广告费 8 万元

D. 未经万某同意聘用其妻为企业销售主管

6. 甲投资设立乙个人独资企业,委托丙管理企业事务,授权丙可以决定 10 万元以下的交易。丙以乙企业的名义向丁购买 15 万元的商品。丁不知甲对丙的授权限制,以约供货。乙企业未按期付款,由此发生争议。下列表述中,符合法律规定的是(　　)。

A. 乙企业向丁购买商品的行为有效

B. 丙仅对 10 万元以下的交易有决定权,乙企业向丁购买商品的行为无效

C. 甲向丁出示给丙的授权委托书后,可不履行付款义务

D. 甲向丁出示给丙的授权委托书后,付款 10 万元,其余款项丁只能要求丙支付

7. 根据公司法律制度的规定,下列有关公司变更登记的表述中,正确的是(　　)。

A. 公司的董事、监事、经理发生变动的,应当到原公司登记机关办理变更登记

B. 公司变更名称的,应当在作出变更决议或者决定之日起 45 日内申请变更登记

C. 公司减少注册资本的,应当自减少注册资本决议或者决定作出之日起 60 日后申请变更登记

D. 公司分立的,应当自分立决议或者决定作出之日起 90 日后申请变更登记

8. 根据公司法律制度的规定,下列有关有限责任公司股东出资的表述中,正确的是(　　)。

A. 经全体股东同意,股东可以用劳务出资

B. 不按规定缴纳所认缴出资的股东,应对已足额出资的股东承担违约责任

C. 股东在认缴出资并经法定验资机构验资后,不得抽回出资

D. 股东向股东以外的人转让出资,须经全体股东 2/3 以上同意

9. 根据外商投资企业法律制度的规定,外资企业应当从税后利润中提取相应的储备基金。下列有关外资企业提取储备基金的表述中,正确的是(　　)。

A. 按不低于税后利润的 5%提取,当累计提取金额达到注册资本的 50%时可不提取

B. 按不低于税后利润的10%提取，当累计提取金额达到注册资本的50%时可不提取
C. 按不低于税后利润的5%提取，当累计提取金额达到投资总额的50%时可不提取
D. 按不低于税后利润的10%提取，当累计提取金额达到投资总额的50%时可不提取

10. 个人独资企业存续期间，其登记事项若发生变更，应当在下列什么时间内依法向登记机关申请办理变更登记？（　　）
A. 在作出变更决定之日起15日内　　B. 在作出变更决定之日起10日内
C. 在作出变更决定之日起20日内　　D. 在作出变更决定之日起30日内

11. 以下关于设立个人独资企业条件的说法，哪个是错误的？（　　）
A. 投资者为一个自然人或多个自然人　　B. 有投资人申报的出资
C. 有合法的企业名称　　D. 有必要的从业人员

二、多选题

1. 下列选项中，属于一人有限责任公司与其他有限责任公司不同之处的有（　　）。
A. 关于注册资本最低限额的规定
B. 关于股东出资可否分期缴付的规定
C. 关于年终财务报告是否须经会计师事务所审计的规定
D. 关于股东是否承担有限责任的规定

2. 下列情形中，普通合伙企业的合伙人属于当然退伙的是（　　）。
A. 个人丧失清偿能力
B. 因故意或者重大过失给合伙企业造成损失
C. 被人民法院强制执行在合伙企业中的全部财产份额
D. 未履行出资义务

3. 张某于2000年3月成立了一家个人独资企业。同年5月，该企业与甲公司签订一份买卖合同，根据合同，该企业应于同年8月支付给甲公司货款15万元，后该企业一直未支付该款项。2001年1月该企业解散。2003年5月，甲公司起诉张某，要求张某偿还上述15万元债务。下列有关该案的表述哪些是错误的？（　　）
A. 因该企业已经解散，甲公司的债权已经消失
B. 甲公司可以要求张某以其个人财产承担15万元的债务
C. 甲公司请求张某偿还债务已超过诉讼时效，其请求不能得到支持
D. 甲公司请求张某偿还债务的期限应于2003年1月届满

4. 奔马电子有限公司为一家中美合资企业，外资方所罗门公司欲转让其一部分股权给另一美国公司。关于所罗门公司的部分股权转让行为，下列哪些选项是正确的？（　　）
A. 须中方同意　　B. 无须经中方同意
C. 须报审批机关批准　　D. 无须报审批机关批准

三、简答题

1. 简述企业法及其特征。
2. 简述企业设立的一般条件。

四、案例分析题

2022 年 3 月，刘某、李某、韩某三人约定每人出资 3 万元合伙买一辆解放牌汽车跑运输，并在合伙协议中约定按出资比例进行盈余分配和债务的分担。合伙企业成立后，以后的几年内均有可观的盈利，三个合伙人也按照合伙协议进行了分配。2022 年 5 月，因在承运过程中出现了车祸，刘某也受了轻伤，所运的水果也腐烂了，加上修车的费用，一共损失了 8 万元。三个合伙人分担完债务后，刘某提出退伙，李某和韩某均表示同意，并将其入伙时出资的 3 万元退给了刘某。此后不久，李某和韩某联合跑长途运输，赚了不少钱。刘某的妻子见状，于是便找到李某和韩某，说刘某并不愿意退伙，还要和李某、韩某一起合伙，李某当场表示拒绝。但刘某的妻子强行将 3 万元留下就走了。因为当时刘某外出，李某和韩某合计等刘某回来再商量。但在此后的第十天，李某和韩某在运输过程中又遭遇车祸，共计损失 10 万元。刘某回来得知此事后，找到李某和韩某说他妻子做此事时根本没有和他商量，他本人根本就不想入伙，并要求将其妻子所留的 3 万元退还给他。李某表示不同意，并要求刘某分担此次车祸的经济损失。三人之间发生纠纷诉至法院。

问题：

(1)刘某在 2022 年 5 月车祸后提出退伙，他是否是有效退出？

(2)刘某妻子表示刘某不愿意退伙，并强行将 3 万元留下的行为产生何种法律效力？

(3)对于第二次车祸的损失，刘某是否应承担责任？

(4)如果合伙后来盈利了，刘某是否有权主张分配利润？

【参考资料】

[1] 张士元. 企业法[M]. 北京：法律出版社，2015.
[2] 卞传山. 企业法务与合规管理实务[M]. 上海：上海交通大学出版社，2021.
[3] 吴启才. 中小企业法律实务[M]. 武汉：华中科技大学出版社，2022.
[4] 王咏静. 企业法律保障与风险防范[M]. 北京：清华大学出版社，2021.

第二编　市场监管法

第八章　市场监管法的一般原理

【教学目标】

通过学习本章了解市场监管法的概念和理论基础；理解市场监管法的地位、体系结构；掌握市场监管行为的含义及基本原则。

【教学要点和教学进程】

一、市场监管法概述

在阐述市场监管法地位的基础上，解释市场监管法的理论基础，分析市场监管法在现代市场经济发展中的重要作用和市场监管法的调整方法，使学生理解市场监管法在整个法的体系中的地位，领会市场监管法的理论基础，把握市场监管法的作用和调整方法。

二、市场监管法的地位和体系结构

通过对市场监管法地位和体系结构的分析，帮助学生了解市场监管法与相关法的关系，理解市场监管法的调整对象，掌握市场监管法具体包括的内容。

三、市场监管行为及其法律原则

在阐述市场监管行为的基础上，使学生理解市场监管行为的含义及特征。结合实例分析市场监管法的法律原则，分别是合法原则、中立原则、社会利益原则、安全与效率原则、授权与限权并举原则，学生应理解这些原则的具体内涵。

【教学重点和难点】

教学重点：市场监管法的概念和理论基础；市场监管法的功能和调整方法；市场监管法的地位和体系结构；市场监管行为的含义、特征和法律原则。

教学难点：市场监管法的概念和理论基础；市场监管法的功能；市场监管行为的含义、特征和法律原则。

【教学手段和方法】

讲授法。在讲授过程中注意理论联系实际，通过设问与提问，引导学生思考，从而帮助学生加深理解学习内容，提高理论思维能力。

第一节　市场监管法概述

一、市场监管法的概念

市场监管法是经济法的重要组成部分，它是调整市场监管关系的法律规范的总称，是建立和维护市场秩序的规则。

可以从以下三个方面来理解这个概念：(1)其本质是国家权力对市场交易活动的依法适度干预；(2)其调整对象是在国家管理市场过程中形成的经济关系，即市场管理关系；(3)其是由众多经济法律规范组成的。

二、市场监管法的理论基础

市场监管法应以国家对市场的直接干预理论为理论基础，并以此确定市场监管法的调整对象、原则和侧重点。由于市场失灵，国家依法干预市场活动能够在一定程度上提高交易的效率。

三、市场监管法的产生

制定和颁布市场监管法，是我国经济体制改革的成果。在经济体制改革前，我国实行的是计划经济制度，企业不是独立的生产者或经营者，而是国家机关的组成部分或者基本的生产单位，它们的任务只是为了完成上级机关指定的任务。在这种体制下，我国没有真正的市场，从而不需要制定管理市场的法律。

随着我国实施经济体制改革的政策，企业逐步有了自主权，市场的调节作用开始得到发挥，企业间的竞争也逐步展开了。国务院 1980 年发布了《关于开展和保护社会主义竞争的暂行规定》，这是我国关于保护市场竞争的最早的行政性法规。1992 年党的十四大报告提出建立社会主义市场经济体制，充分肯定了市场机制、价格机制和竞争机制对于建立我国社会主义市场经济体制的决定性意义。随着经济的发展，相继出台了多部有关市场管理的法规，如《中华人民共和国反不正当竞争法》(以下简称《反不正当竞争法》)、《中华人民共和国产品质量法》(以下简称《质量法》)、《中华人民共和国消费者权益保护法》(以下简称《消费者权益保护法》)、《中华人民共和国广告法》(以下简称《广告法》)等。

四、市场监管法的功能

市场监管法具有以下几个方面的功能：

1. 维护自由的竞争秩序。社会主义市场经济既然是市场经济，它就必须与竞争相联系，即要运用竞争的优胜劣汰机制，淘汰低效率的企业，剔除不合理的生产程序和劣质产品，促进社会资源的合理分配。要通过价格机制由企业确定生产计划和经营计划，以改善供求关系，满足市场的需要，并且还要运用竞争这个强大的激励机制推动企业进行技术改造和产品更新，改善经营管理，努力降低生产成本和价格，以最少的投入，实现最大的产出。也就是说，我国社会主义市场经济也应当坚持自由竞争的原则，即应当根据市场经济客观规律的要求，尽可能地和最大限度地保证经营者的生产和经营自由，使他们在法律规定的范围内有机会自由和公平地参与市场竞争，自由确定产品价格，尽可能地减少政府的行政干预。

2. 维护公平的竞争秩序。竞争是市场活力的源泉，没有竞争，就不可能优先配置社会资源。这里所说的竞争是正当的竞争，即市场主体间以经济效益为基础的竞争，要维护市场秩序，保证市场健康有序地发展，必须维护市场的公平竞争秩序，反对不正当竞争的行为。

3. 保护消费者的合法利益。只要市场上有竞争，就不可避免地存在不正当竞争行为和不公正交易行为，这些行为破坏了市场秩序，同时也损害了消费者的合法权益，国家有必要制定保护消费者的法律。从这个意义上讲，《消费者权益保护法》是一部市场力量平衡法，其目的是建立公平的市场秩序，满足社会的消费需求，合理分配社会收入。此外，《产品质量法》《食品安全法》《药品管理法》等都是这方面的重要法律。

五、市场监管法的调整方法

市场监管法的调整方法是指国家在维护市场秩序和调整市场关系中所使用的手段和方式。就市场监管法对违法行为的处理而言，其主要包括下列内容：

1. 行政制裁。市场管理法的职能是维护国家的市场秩序和经济秩序，是国家干预市场的表现，所以，市场管理法在我国基本是由国家行政机关实施的。市场管理法最重要的调整方法就是国家工商行政机关依法行政所实施的行政制裁。在实践中，行政罚款和责令停止违法行为是其中最重要的两种处罚。

(1)行政罚款，是行政执法机关对违法者依法征收罚金的行为，是一种惩罚性制裁。行政罚款不仅具有护法的功能，即行政机关可以依照法律对违法者征收行政罚款，以发挥法律惩前毖后的作用，而且还具有维护行政执法机关的执法权威，以保证他们所做的行政处罚能够顺利得以实施的功能。

(2)责令停止违法行为，是由市场监督管理机关发布的指令。这种指令包括两种情况：第一种是禁止违法行为，如禁止订立限制竞争的卡特尔，禁止严重影响竞争的企业合并等；第二种是强制要求违法者进行一定的行为，如在拒绝交易的情况下，强制要求订立合同。

2. 民事制裁。市场秩序的有效性在很大程度上取决于受市场不法行为侵害的第三人的利益能否得到法律的保护。市场管理法对第三人合法权益的保护是通过民事制裁的手段，特别是通过民事损害赔偿实现的。关于民事损害赔偿的责任，我国的产品质量法和消费者权益保护法均有明确规定。但是在实践中，涉及市场竞争的案件在计算或调查损失的时候存在着很大的困难。由于经济的不可预测性，人们往往很难精确地计算出不存在限制竞争行为或不正当竞争行为时被侵权人可预期获得的利润，因此，也就难以计算违法行为对善意经营者的损害。

3. 刑事制裁。对于严重违反市场管理法，其行为已经构成犯罪的违法者，必须追究其刑事责任。我国《刑法》第三十条和三十一条规定了单位犯罪的刑事责任。此外，1997 年修订的《刑法》与修订前的《刑法》相比，一个重要的特征就是加大了对破坏市场经济秩序行为的打击力度。以不正当竞争行为为例，1993 年颁布的《反不正当竞争法》不仅规定可以对假冒行为和商业贿赂行为实施刑事制裁，修订后的刑法还将刑事责任扩大适用到假冒专利、侵犯著作权、侵犯商业秘密、诋毁竞争对手、虚假广告、串通投标等行为。

4. 法律救济途径。市场管理法是国家管理和监督市场秩序的法律制度,但是这并不意味着国家可以无限制地对市场活动进行干预。市场经济秩序的一个根本原则是,公民在其权益受到国家的侵犯的时候,他们有权向法院提起诉讼,以维护自己的合法权益。因此,在执行市场管理法和查处市场违法行为的过程中,无论是行政执法机关还是司法机关,都应当做到事实清楚、证据确凿、定性准确、处理适当、程序合法。为此,国家工商行政管理局根据《中华人民共和国国家赔偿法》(以下简称《国家赔偿法》)于 1995 年发布了《工商行政管理机关行政赔偿实施办法》。该法的第五条规定:“工商行政管理机关及其工作人员行使行政职权,侵犯公民、法人和其他组织的合法权益造成损害的,作出该具体行为的工商行政管理机关为赔偿义务机关。”

第二节　市场监管法的地位和体系结构

一、市场监管法的地位

市场监管法有其特定的调整对象,即市场管理关系,它具有直接性、微观性、政府性、公法性。市场监管法的基本作用就是建立公平竞争的交易规则和维护交易秩序。市场监管法对市场经济的作用,首先表现在它本身秩序的维护功能上,其次表现在它对市场主体的筛选淘汰的无形制约上。

二、市场监管法的体系结构

市场监管法是一个有机的统一体。市场监管法主要由以下几部分组成。

(一)市场竞争法

市场竞争法主要包括拍卖法、招标投标法、反不正当竞争法和反垄断法。反垄断法的基本内容一般包括:(1)规制对象,即需要禁止、限制的垄断,限制竞争行为的种类及确定标准;(2)适用除外规定;(3)国家主管机关及其职权;(4)法律实施程序;(5)制裁方式。

(二)产品质量法

产品质量法主要包括产品质量法、农产品质量安全法、食品安全法、药品管理法等。

(三)要素市场管理法

要素市场管理法主要包括对各类生产和生活资料市场进行管理和监督的法律规范,如广告法、房地产法等。

(四)消费者权益保护法

消费者权益保护法主要是指维护消费者合法权益的法律规范。

总体上来看,以上四个方面的市场监管法紧密相连,互为补充,各自在新时代中国特色社会主义市场经济发展中发挥不可替代的作用,构成一个完整的维护市场经济秩序的法律体系。

第三节　市场监管行为及其法律原则

一、市场监管行为

市场监管行为是指政府部门在其职权范围内依市场管理法实施具有法律效力的行为。它依据市场监管法而产生,具有以下几个方面的特征:

(1)行为的合法性

这是市场监管行为最基本的特点,也是市场管理行为有效成立,特别是对市场活动产生有效作用的前提条件。市场管理行为的合法性包括主体合法、内容合法、程序合法和形式合法四个方面。

(2)行为的单方性

典型表现是依职权主动对违反市场管理法的行为人的查处和制裁。

(3)行为的强制性

市场监管行为的强制性首先表现在以国家强制力作为保障,其次表现在行为规范多为强制性规范,即行为人不能通过约定来排除市场管理法的适用。

二、市场监管行为的法律原则

市场监管行为的法律原则是指市场监管行为的根本准则。主要有以下几个原则:

(一)合法原则

合法原则要求市场监管必须依靠法制,作为管理者的政府必须依法管理市场。首先,管理主体的资格合法。其次,在依法确定管理主体后,应依法授予该管理主体强有力的管理权力,并明确规定实施这种权利的具体措施,以确保成效。再次,要重视管理程序的合法性。最后,应将违法行为法定原则作为合法原则的核心内容。

(二)中立原则

中立原则要求市场监管者在市场中必须保持中立,不能直接或间接以经营者的身份参与具体的市场交易活动。

(三)社会利益原则

社会利益原则要求明确政府依法对市场秩序进行监督管理,必须要从社会整体利益出发来考虑。

(四)安全与效率原则

安全与效率原则是将市场交易的效率标准与市场交易的安全标准依法密切结合的原则。

(五)授权与限权并举原则

授权与限权并举原则要想维护市场秩序,首先必须强化市场监督管理,应该授予政府必要的监督管理市场的权力；其次，也要依法限制政府对市场监督管理权的运用，防止其滥用市场监督管理权及因滥用权力而导致的腐败。

【练习题】

一、简述题

1. 简述市场体系规制法的作用机理。
2. 如何理解市场监管与经济主体自主经营的关系？
3. 市场监管与市场竞争的关系是怎样的？
4. 如何理解市场监管法的法律原则？

二、论述题

材料：太原市人民政府 2018 年 5 月 14 日印发了《关于加强房地产市场调控工作的实施意见》（以下简称《意见》）。《意见》明确，要实施住房限购政策，对拥有 2 套以上（含 2 套）城六区住房的本市城镇居民家庭、拥有 1 套以上（含 1 套）城六区住房的非本市城镇居民家庭、无法提供本市 1 年以上（或逐月连续缴满 6 个月）的纳税证明的非本市城镇居民家庭，暂停在本市城六区内购买住房。《意见》还明确，将加强土地供应管理，建立房价与地价联动机制。严格土地市场准入条件，加强商品住宅用地成交价格的控制，按地块确定土地出让条件和建设要求，明确地块公建配套，合理设置商品住宅用地的挂牌起始价、指导价、最高限价，控溢价、防地王、降过热，对商品房价格进行调节，稳定市场预期。除此之外，《意见》还提出加强差别化住房信贷和税收政策、控制现房短期交易转让、加强商品房预售审批管理、加大市场供应、强化房地产市场监管、强化舆论引导和预期管理等措施。

请结合所学市场监管法总论部分原理谈谈你对上述事件的看法。

答题要求：

（1）在分析、比较、评价的基础上，提出观点并运用所学经济法知识阐述理由；

（2）观点明确，论证充分，逻辑严谨，文字通顺。

【参考资料】

[1] 顾功耘. 市场监管法律制度的改革与完善[M]. 北京：北京大学出版社，2014.
[2] 单新国. 市场监管权法律规制研究[M]. 北京：中国政法大学出版社，2021.
[3] 孙晋，李胜利. 竞争法原论[M]. 2 版. 北京：法律出版社，2020.
[4] 吕明瑜. 竞争法教程[M]. 3 版. 北京：中国人民大学出版社，2021.

第九章　竞　争　法

【教学目标】

通过学习本章了解垄断和反垄断法的含义；理解竞争法的概念、作用、立法模式和体系；掌握反不正当竞争法的立法目的和调整对象，反不正当竞争法的作用，不正当竞争行为的表现形式，反垄断法的基本内容、适用除外、作用和立法模式，学会运用反不正当竞争法分析案例。

【教学要点和教学进程】

一、竞争与竞争法概述

通过对竞争与竞争法的分析，帮助学生了解竞争的含义，理解市场交易的基本原则，结合我国立法现状介绍竞争法的概念和作用，竞争法的立法模式和体系，竞争法的执法机构。

二、反垄断法

首先运用经济学原理分析垄断的含义，接下来阐述反垄断法的概念和适用除外，帮助学生了解反垄断法的概念，理解反垄断法的基本内容，领会反垄断法适用除外的含义，掌握反垄断法适用除外的具体内容，认识反垄断法的作用及立法模式。

三、反不正当竞争法

在阐述反不正当竞争法的立法现状及立法目的的基础上，解释反不正当竞争法的调整对象，帮助学生理解反不正当竞争法在市场经济发展中起到的重要作用，掌握反不正当竞争法规定的 11 种不正当竞争行为的含义、形式和法律规制，结合案例帮助学生分析违反反不正当竞争法的法律责任，提出案例让学生讨论。

【教学重点和难点】

教学重点：竞争法的概念和作用；竞争法的立法模式和体系；反不正当竞争法的立法目的和调整对象；反不正当竞争法的作用；不正当竞争行为的表现形式；违反反不正当竞争法的法律责任；垄断和反垄断法的含义；反垄断法的基本内容和适用除外；反垄断法的作用和立法模式。

教学难点：竞争法的立法模式和体系；不正当竞争行为的表现形式；反垄断法的基本内容和适用除外；反垄断法的作用和立法模式。

【教学手段和方法】

讲授法、案例分析法。在讲授过程中注意结合案例，通过设问与提问，引导学生思考，从而帮助学生加深理解学习内容,提高理论思维能力。

第一节 竞争和竞争法概述

一、竞争的含义与功能

市场竞争也称为商业竞争,是指两个或两个以上的经营者在市场上以较有利的价格、数量、质量或其他条件争取交易机会的行为。

在市场经济条件下,竞争具有多方面的功能。其一是适应与协调功能,即在市场价格与竞争机制的作用下,使独立的市场主体在生产和消费上的分散的经济决策能够相互协调为一体,以调节社会生产或实现资源的优化配置;其二是激励与创新功能,即每一个竞争者都试图获得竞争的优先利润,在优先利润刺激下,促进竞争者的科技创新;其三是分配与监督功能,即竞争能够实现按照竞争效率进行分配的原则,在按照竞争效率分配的过程中实现对这种分配的监督。

二、竞争的基本原则

根据现行竞争法的规定,市场主体在市场竞争中应遵循的基本原则包括自愿原则、平等原则、公平原则、诚实信用原则、遵守公认的商业道德原则。

三、不正当竞争的规范模式与特征

现代的不正当竞争概念已较为具体,但各国在表述上存在明显的差异,可以分为三种:(1)概括式,是指对不正当竞争直接作出简洁明了的解释,即所谓的下定义;(2)列举式,是指对不正当竞争未作出释义,而仅依次列出数种单项的不正当竞争行为;(3)概括与列举结合式,是指对不正当竞争作出释义的同时,着重列举有关不正当竞争行为。

《反不正当竞争法》采用第三种模式,其第二条为“不正当竞争”所下的定义为:经营者在生产经营活动中,违反本法规定,扰乱市场竞争秩序,损害其他经营者或者消费者的合法权益的行为。同时,它还一一列举了不正当竞争行为的种类。

从有关国际条约及各国反不正当竞争立法对不正当竞争概念的界定,可以看出不正当竞争行为具有如下特征:第一,主体的特定性,即不正当竞争主体是经营者;第二,主观上的竞争目的性,即经营者实施不正当竞争行为仍然是以竞争为目的,只是其所采用的手段是不正当的;第三,手段上的非商业道德性,即经营者为了竞争采用了违反或者背离公认的商业道德的手段,它是认定不正当竞争行为的关键;第四,行为的危害性,即不正当竞争行为损害了其他经营者和消费者的合法权益,扰乱了社会经济秩序。

四、竞争法的立法模式与体系

世界各国的竞争法对不正当竞争及垄断和限制竞争这两类行为大体采取了两种立法模式:一种是分别调整,即将反不正当竞争与反垄断分别立法,前者由竞争法中的反不正当竞争法调整,而后者则为竞争法中的反垄断法;另一种是统一调整,即将不正当竞争行为以及垄断和限制竞争行为作为同一部立法的调整对象，制定统一的立法。美国及我国台湾地区即采取这一模式立法。

竞争法的体系由以下几个部分组成：(1)反垄断法；(2)反不正当竞争法；(3)竞争管理体制法。

五、竞争法的执法机构

我国竞争法的执法机构主要是各级市场监督管理行政机关，《反不正当竞争法》规定的执法机构是县级以上人民政府的监督检查部门，《中华人民共和国反垄断法》(以下简称《反垄断法》)规定的协调机构和执法机构分别是国务院反垄断委员会与反垄断执法机构。

第二节 反不正当竞争法

一、反不正当竞争法的含义、立法目的和原则

1. 反不正当竞争法的含义和立法现状

反不正当竞争法是指调整国家在制止不正当竞争行为过程中所发生的社会关系的法律规范的总称。我国的《反不正当竞争法》于 1993 年 9 月 2 日第八届全国人民代表大会常务委员会第三次会议通过；2017 年 11 月 4 日第十二届全国人民代表大会常务委员会第三十次会议修订；根据 2019 年 4 月 23 日第十三届全国人民代表大会常务委员会第十次会议《关于修改〈中华人民共和国建筑法〉等八部法律的决定》修正。《反不正当竞争法》共五章三十三条，分别是总则、不正当竞争行为、对涉嫌不正当竞争行为的调查、法律责任和附则。

2. 反不正当竞争法的立法目的

《反不正当竞争法》第一条明确规定："为了促进社会主义市场经济健康发展，鼓励和保护公平竞争，制止不正当竞争行为，保护经营者和消费者的合法权益，制定本法。"可见其最直接的目的就是制止不正当竞争行为。

3. 反不正当竞争法的基本原则

经营者在生产经营活动中，应当遵循自愿、平等、公平、诚信的原则，遵守法律和商业道德。

二、不正当竞争行为

(一)不正当竞争行为的概念及特征

不正当竞争行为是指经营者在生产经营活动中，违反《反不正当竞争法》的规定，扰乱市场竞争秩序，损害其他经营者或者消费者的合法权益的行为。需要注意根据司法解释[①]的规定，经营者扰乱市场竞争秩序，损害其他经营者或者消费者合法权益，且属于违反《反不正当竞争法》第二章及《中华人民共和国专利法》《中华人民共和国商标法》《中华人

---

① 这里的司法解释是指《最高人民法院关于适用〈中华人民共和国反不正当竞争法〉若干问题的解释》，2022 年 1 月 29 日由最高人民法院审判委员会第 1862 次会议通过，自 2022 年 3 月 20 日起施行。

民共和国著作权法》等规定之外情形的,人民法院可以适用《反不正当竞争法》第二条予以认定。经营者是指从事商品生产、经营或者提供服务(以下所称商品包括服务)的自然人、法人和非法人组织。它具有以下法律特征:

1. 不正当竞争行为的主体是经营者,即《反不正当竞争法》第二条对经营者的定义;
2. 不正当竞争行为是违法行为,即违反《反不正当竞争法》的规定;
3. 不正当竞争行为侵害的客体是其他经营者的合法权益和正常的社会经济秩序。

(二)不正当竞争与垄断的关系

垄断是指少数企业凭借其雄厚的经济实力,对生产和市场进行控制,并在一定的市场领域内从实质上限制竞争的一种市场状态。

1. 联系

垄断与不正当竞争在本质上都是对市场规律和市场机制的破坏,都是反竞争的行为。在结果上,都要损害其他竞争者(或其他经营者)以及消费者的合法权益,并且这两种行为是互相交叉或重叠的。

2. 区别

(1)实施主体的条件不同。一般来说,不正当竞争行为的实施主体不一定具有经济优势,因此,任何企业或个体经营者都可以实施。但垄断行为的实施主体一般需要具有经济上的地位或优势地位。

(2)行为的目的和后果不尽相同。垄断的目的是消除、排斥竞争,不承认竞争。而不正当竞争以承认竞争为前提,其主要通过不正当的手段获得竞争利益。在结果上,不正当竞争是对竞争秩序的破坏,而垄断是对市场竞争格局的破坏,是对竞争度的限制和削弱。

(3)实施的手段不同。垄断一般是经营者凭借自己在市场中的经济地位来实施的,从表面上看手段可能符合平等自愿的市场交易规则,如企业合并、格式合同、商业合作等。而不正当竞争行为则是采用非正常的手段,如通过欺骗、仿冒、贿赂等来打击竞争对手,从而谋取竞争利益。

(4)法律的规制有所不同。法律对不正当竞争的规制侧重于竞争秩序的维护,而对垄断的规制则侧重于竞争度的维护。

(三)具体的不正当竞争行为

1. 采用假冒或仿冒等混淆手段从事市场交易行为(又称混淆行为)

《反不正当竞争法》第六条规定,经营者不得实施下列混淆行为,引人误认为是他人商品或者与他人存在特定联系:(一)擅自使用与他人有一定影响的商品名称、包装、装潢等相同或者近似的标识;(二)擅自使用他人有一定影响的企业名称(包括简称、字号等)、社会组织名称(包括简称等)、姓名(包括笔名、艺名、译名等);(三)擅自使用他人有一定影响的域名主体部分、网站名称、网页等;(四)其他足以引人误认为是他人商品或者与他人存在特定联系的混淆行为。

(1)混淆行为的特征

①主体一般是商品或服务的经营者,包括生产者、销售者和服务的提供者。

②客观上采用了欺骗手段,即擅自使用他人的商品名称、企业名称、域名主体部分、网站名称等。

③主观上存在使人误信的故意,也就是使他人误认为是他人商品或者与他人存在特定联系。

④损害后果的双重性,即欺骗性交易行为既损害交易相对人的利益,又损害相关经营者的利益。

(2)混淆行为的表现形式

①擅自使用与他人有一定影响的商品名称、包装、装潢等相同或者近似的标识。

具有一定的市场知名度并具有区别商品来源的显著特征的标识,可以认定为《反不正当竞争法》第六条规定的"有一定影响的"标识。是否认定为《反不正当竞争法》第六条规定的标识要看是否具有一定的市场知名度,应当综合考虑中国境内相关公众的知悉程度,商品销售的时间、区域、数额和对象,宣传的持续时间、程度和地域范围,标识受保护的情况等因素。

标识有下列情形之一的,应当认定其不具有区别商品来源的显著特征:商品的通用名称、图形、型号;仅直接表示商品的质量、主要原料、功能、用途、重量、数量及其他特点的标识;仅由商品自身的性质产生的形状,为获得技术效果而需有的商品形状以及使商品具有实质性价值的形状;其他缺乏显著特征的标识。这里的标识经过使用获得显著特征,并具有一定的市场知名度,也可以认定为有一定影响的标识。

因客观描述、说明商品而正当使用下列标识,当事人主张属于《反不正当竞争法》第六条规定的情形的,人民法院不予支持:含有本商品的通用名称、图形、型号;直接表示商品的质量、主要原料、功能、用途、重量、数量以及其他特点;含有地名。

由经营者营业场所的装饰、营业用具的式样、营业人员的服饰等构成的具有独特风格的整体营业形象,可以认定为"装潢"。

②擅自使用他人的企业名称或姓名,引人误认为是他人的商品。

企业名称或姓名包括各种所有制形式企业的名称、各种组织形式的企业的名称、个体工商户、从事生产经营活动的事业单位的名称及无名称字号的个体工商户、个人合伙的投资者在市场交易中使用的自己的姓名。

市场主体登记管理部门依法登记的企业名称,以及在中国境内进行商业使用的境外企业名称,可以认定为他人的企业名称。有一定影响的个体工商户、农民专业合作社(联合社)以及法律、行政法规规定的其他市场主体的名称(包括简称、字号等),也可以认定为他人的企业名称。

在中国境内将有一定影响的标识用于商品、商品包装或者容器以及商品交易文书上,或者广告宣传、展览以及其他商业活动中,用于识别商品来源的行为,可以认定为这里的"使用"。

③擅自使用他人有一定影响的域名主体部分、网站名称、网页等。

经营者擅自使用与他人有一定影响的企业名称(包括简称、字号等)、社会组织名称(包括简称等)、姓名(包括笔名、艺名、译名等)、域名主体部分、网站名称、网页等相同或近似的标识,引人误认为是他人商品或者与他人存在特定联系,当事人主张属于《反不正当竞争法》第六条第二项、第三项规定的情形的,应该予以认定。

④其他足以引人误认为是他人商品或者与他人存在特定联系的混淆行为。

在认定与《反不正当竞争法》第六条规定的"有一定影响的"标识相同或者近似时,可以参照商标相同或者近似的判断原则和方法。这里的"引人误认为是他人商品或者与他人存在特定联系”,包括误认为与他人具有商业联合、许可使用、商业冠名、广告代言等特定联系。在相同商品上使用相同或者视觉上基本无差别的商品名称、包装、装潢等标识,应当视为足以造成与他人有一定影响的标识相混淆。

经营者实施下列混淆行为之一,足以引人误认为是他人商品或者与他人存在特定联系的,可以依照本项规定予以认定:擅自使用《反不正当竞争法》第六条第一项、第二项、第三项规定以外“有一定影响的”标识;将他人注册商标、未注册的驰名商标作为企业名称中的字号使用,误导公众。

经营者销售带有违反《反不正当竞争法》第六条规定的标识的商品,引人误认为是他人商品或者与他人存在特定联系,当事人主张构成《反不正当竞争法》第六条规定的情形的,应予支持。销售不知道是前款规定的侵权商品,能证明该商品是自己合法取得并说明提供者,经营者主张不承担赔偿责任的,应予支持。

(3)混淆行为的法律责任

《反不正当竞争法》第十八条规定:“经营者违反本法第六条规定实施混淆行为的,由监督检查部门责令停止违法行为,没收违法商品。违法经营额五万元以上的,可以并处违法经营额五倍以下的罚款;没有违法经营额或者违法经营额不足五万元的,可以并处二十五万元以下的罚款。情节严重的,吊销营业执照。经营者登记的企业名称违反本法第六条规定的,应当及时办理名称变更登记;名称变更前,由原企业登记机关以统一社会信用代码代替其名称。”

2. 商业贿赂行为

商业贿赂是指经营者以一定的金钱、实物或其他利益,收买交易的相对人或其有关人员,以获得交易机会的行为。

(1)商业贿赂行为的法律特征

①主体的范围广泛,从实践上看任何经营者都可能成为商业贿赂的主体。

②主观上存在故意,其直接目的是获得交易机会,而其最终效果则排挤了竞争对手。其实质是私下买通对方或对方有关人员从而获得交易机会。

③客观上存在主交易之外的利益交易行为,商业贿赂是在所达成的交易之外进行的一种利益交易行为。

④贿赂行为是秘密进行的(方式),有两层含义:一是行为不公开,私下进行;二是财务上不开票据,不入账或制作假票据、假账。

(2)商业贿赂与回扣、折扣

回扣是在交易活动中,一方为争取交易机会,在合同成立后,按主交易额的一定比例暗中从账外向对方或对方有关人员支付钱财或其他利益的行为。

回扣的表现形式:现金回扣、实物回扣、提供其他报酬或服务的回扣。

回扣的特征:①回扣发生在市场交易的双方之间,是一方当事人向另一方或其有关人员提供金钱、有价证券或其他财物等利益的行为;②回扣是秘密进行的;③回扣违反了财经制度,因为回扣总是在账外暗中进行的,给予回扣不记账,收受回扣也不入账或作假账。

折扣,也称打折,价格减让或让利,是指在市场交易中,卖方以明示方式给予对方一定比例价格优惠的行为。

折扣是一种合法的竞争行为,其与商业贿赂的本质区别体现在:

①折扣是分开的和明示的。在折扣的场合,经营者要向所有的客户事先声明打折的范

围、方法和时间等。

②折扣是直接给予对方当事人的。商业贿赂可能是给予对方的有关人员的(绝大多数)。

③折扣必须符合财经制度,即折扣的双方均应对折扣如实入账。

④折扣的比例、方式符合商业习惯,但商业贿赂中的利益交易是不受商业习惯制约的。

(3)商业贿赂行为的表现形式

①商业行贿

商业行贿是指经营者为了获得交易机会而以一定的金钱、实物和其他利益收买对方或其相关人员的行为。

分为三种情形:为实际获得交易机会而行贿;为实现合法利益而行贿;为获得非法利益而行贿。

②商业受贿

商业受贿是指经营者或代其履行一定职能的内部人员以及有关国家工作人员,索取或接受经营者的财物或其他利益,并为支付财物或其他利益的经营者谋取交易机会或经济利益的行为。

《反不正当竞争法》第七条同时规定将商业行贿和商业受贿列入禁止之列。

(4)商业贿赂行为的法律责任

《反不正当竞争法》第十九条规定,经营者违反本法第七条规定贿赂他人的,由监督检查部门没收违法所得,处十万元以上三百万元以下的罚款。情节严重的,吊销营业执照。《中华人民共和国刑法》第一百六十三条、一百六十四条对商业贿赂行为进行了相应的规制。

3. 虚假商业宣传行为

(1)虚假商业宣传行为的含义

虚假商业宣传行为是指经营者利用广告或者其他方法,对商品的性能、功能、质量、销售状况、用户评价、曾获荣誉等作虚假的或引人误解的商业宣传。同时,经营者不得通过组织虚假交易等方式,帮助其他经营者进行虚假的或者引人误解的商业宣传。

(2)虚假商业宣传行为的种类

虚假商业宣传行为既包括虚假商业宣传,也包括引人误解的商业宣传。

①虚假的商业宣传,是指商品宣传的内容与商品的实际情况不相符合,如将国产商品宣传为进口商品等。

②引人误解的商业宣传,是指就一般的社会公众的合理判断而言,宣传的内容会使接受宣传的人或受宣传影响的人对被宣传的商品产生错误的认识,从而影响其购买决策的宣传。

经营者具有下列行为之一,欺骗、误导相关公众的,人民法院可以认定为《反不正当竞争法》第八条第一款规定的“引人误解的商业宣传”:对商品作片面的宣传或者对比;将科学上未定论的观点、现象等当作定论的事实用于商品宣传;使用歧义性语言进行商业宣传;其他足以引人误解的商业宣传行为。

同时,还应当根据日常生活经验、相关公众一般注意力、发生误解的事实和被宣传对象的实际情况等因素,对引人误解的商业宣传行为进行认定。

(3)商业贿赂行为的法律责任

《反不正当竞争法》第二十条规定,经营者违反本法第八条规定对其商品作虚假或者引人误解的商业宣传,或者通过组织虚假交易等方式帮助其他经营者进行虚假或者引人误解的商业宣传的,由监督检查部门责令停止违法行为,处二十万元以上一百万元以下的罚款;情节严重的,处一百万元以上二百万元以下的罚款,可以吊销营业执照。经营者违反本法第八条规定,属于发布虚假广告的,依照《中华人民共和国广告法》的规定处罚。

4. 侵犯商业秘密的行为

(1)商业秘密的含义及其特征

商业秘密是指不为公众所知悉、具有商业价值并经权利人采取相应保密措施的技术信息、经营信息等商业信息。

商业秘密具有以下四个法律特征:①秘密性。即技术信息和经营信息不为公众所知悉,这是商业秘密的本质特征。②实用性。即技术信息和经营信息能给权利人带来实际的或潜在的经济利益及竞争优势。实用性是商业秘密的价值所在。③保密性。即权利人对技术信息和经营信息采取了保密措施。权利人是否采取了保密措施不仅是技术信息或经营信息能否成为商业秘密的条件,也是寻求法律保护的前提。④信息性。商业秘密的范围只包括具有信息性质的技术信息和经营信息。

(2)侵犯商业秘密的行为

《反不正当竞争法》第九条规定,侵犯商业秘密的不正当竞争行为有以下四种情形:(1)以盗窃、贿赂、欺诈、胁迫、电子侵入或者其他不正当手段获取权利人的商业秘密;(2)披露、使用或者允许他人使用以前项手段获取的权利人的商业秘密;(3)违反保密义务或者违反权利人有关保守商业秘密的要求,披露、使用或者允许他人使用其所掌握的商业秘密;(4)教唆、引诱、帮助他人违反保密义务或者违反权利人有关保守商业秘密的要求,获取、披露、使用或者允许他人使用权利人的商业秘密。

同时,侵犯商业秘密行为还包括两种视同行为,分别是:经营者以外的其他自然人、法人和非法人组织实施前款所列违法行为的,视为侵犯商业秘密;第三人明知或者应知商业秘密权利人的员工、前员工或者其他单位、个人实施本条第一款所列违法行为,仍获取、披露、使用或者允许他人使用该商业秘密的,视为侵犯商业秘密。

(3)侵犯商业秘密行为的法律责任

《反不正当竞争法》第二十一条规定,经营者以及其他自然人、法人和非法人组织违反本法第九条规定侵犯商业秘密的,由监督检查部门责令停止违法行为,没收违法所得,处十万元以上一百万元以下的罚款;情节严重的,处五十万元以上五百万元以下的罚款。

5. 违反法律规定的有奖销售行为

(1)有奖销售的含义

有奖销售是指经营者以提供奖品或奖金的手段进行推销的行为,主要包括附赠式有奖销售和抽奖式有奖销售两种形式。

(2)违反法律规定的有奖销售行为

《反不正当竞争法》第十条规定,以下三种情形属于违法的有奖销售行为,应予以禁止:

①所设奖的种类、兑奖条件、奖金金额或者奖品等有奖销售信息不明确,影响兑奖;

②采用谎称有奖或者故意让内定人员中奖的欺骗方式进行有奖销售;

③抽奖式的有奖销售,最高奖的金额超过五万元。

(3)违反法律规定的有奖销售行为的法律责任

《反不正当竞争法》第二十二条规定,经营者违反本法第十条规定进行有奖销售的,由监督检查部门责令停止违法行为,处五万元以上五十万元以下的罚款。

6. 商业诋毁行为

(1)商业诋毁行为的概念及特征

商业诋毁行为也称诋毁竞争对手的行为,是指经营者自己或利用他人,通过捏造、散布虚伪事实等手段,对竞争对手的商业信誉进行恶意的诋毁、贬低,以削弱其市场竞争能力,并为自己谋取不正当利益的行为。

经营者传播他人编造的虚假信息或者误导性信息,损害竞争对手的商业信誉、商品声誉的,也应当认定为商业诋毁行为。

商业诋毁行为的特征如下。

①商业诋毁行为的实施主体是经营者。经营者实施侵犯商誉行为,有两种途径:一是经营者自己亲自实施侵害他人商誉权的行为;二是经营者通过他人或利用他人实施侵犯商誉权的行为。

②行为人主观上是出于故意。一般认为,过失侵害他人商誉并不构成不正当竞争行为,换言之,竞争法上的侵害他人商誉的行为,必须是出于故意,而且应当以削弱对手的竞争能力为目的。

③侵害的客体是特定经营者的商誉权。这包括两层含义:一是侵犯了他人的商誉权,二是这种商誉权应当为特定的某一个具体的市场主体所拥有。

④客观上表现为捏造、散布损害他人商誉权的虚假事实。这一行为包括两种具体的行为:一是捏造虚假事实的行为;二是散布虚假事实的行为。

(2)商业诋毁行为的具体表现

在现实经济生活中,商业诋毁行为的表现形式是多种多样的。大体上,按照商业诋毁的具体手段的不同,可以将商业诋毁行为归纳为以下几类:①产品附属资料中的商业诋毁;②产品交易中的商业诋毁;③新闻、广告中的商业诋毁;④直接在公众中散布谣言;⑤组织、唆使、利用他人进行商业诋毁。

(3)商业诋毁行为的法律责任

《反不正当竞争法》第二十三条规定,经营者违反本法第十一条规定损害竞争对手商业信誉、商品声誉的,由监督检查部门责令停止违法行为、消除影响,处十万元以上五十万元以下的罚款;情节严重的,处五十万元以上三百万元以下的罚款。

7. 互联网不正当竞争行为

(1)互联网不正当竞争行为的含义

互联网不正当竞争行为是指经营者利用网络、技术手段,通过影响用户选择或者其他方式,实施妨碍、破坏其他经营者合法提供的网络产品或者服务正常运行的行为。

(2)互联网不正当竞争行为的表现

①未经其他经营者同意,在其合法提供的网络产品或者服务中,插入链接,强制进行目标跳转。

未经其他经营者和用户同意而直接发生的目标跳转,应当认定为《反不正当竞争法》第十二条规定的"强制进行目标跳转"。对于仅插入链接,目标跳转由用户触发的,人民法院应当综合考虑插入链接的具体方式、是否具有合理理由以及对用户利益和其他经营者利益的影响等因素,认定该行为是否违法。

②误导、欺骗、强迫用户修改、关闭、卸载其他经营者合法提供的网络产品或者服务。

经营者事前未明确提示并经用户同意,以误导、欺骗、强迫用户修改、关闭、卸载等方式,恶意干扰或者破坏其他经营者合法提供的网络产品或者服务,应当认定符合本项表现。

③恶意对其他经营者合法提供的网络产品或者服务不兼容。

④其他妨碍、破坏其他经营者合法提供的网络产品或者服务正常运行的行为。

(3)互联网不正当竞争行为的法律责任

《反不正当竞争法》第二十四条规定,经营者违反本法第十二条规定妨碍、破坏其他经营者合法提供的网络产品或者服务正常运行的,由监督检查部门责令停止违法行为,处十万元以上五十万元以下的罚款;情节严重的,处五十万元以上三百万元以下的罚款。

三、对涉嫌不正当竞争行为的调查

(一)监督检查的含义和形式

1. 相关机关的监督检查

根据《反不正当竞争法》的规定,对不正当竞争行为行使监督检查权的机关主要有:(1)县级以上人民政府履行工商行政管理职责的部门;(2)法律规定的其他部门。

2. 举报

对涉嫌不正当竞争的行为,任何单位和个人有权向监督检查部门举报,监督检查部门接到举报后应当依法及时处理。

监督检查部门应当向社会公开受理举报的电话、信箱或者电子邮件地址,并为举报人保密。对实名举报并提供相关事实和证据的,监督检查部门应当将处理结果告知举报人。

(二)监督检查部门的措施

监督检查部门调查涉嫌不正当竞争行为,可以采取下列措施:(1)进入涉嫌不正当竞争行为的经营场所进行检查;(2)询问被调查的经营者、利害关系人及其他有关单位、个人,要求其说明有关情况或者提供与被调查行为有关的其他资料;(3)查询、复制与涉嫌不正当竞争行为有关的协议、账簿、单据、文件、记录、业务函电和其他资料;(4)查封、扣押与涉嫌不正当竞争行为有关的财物;(5)查询涉嫌不正当竞争行为的经营者的银行账户。

采取前款规定的措施,应当向监督检查部门主要负责人出具书面报告,并经批准。采取前款第四项、第五项规定的措施,应当向设区的市级以上人民政府监督检查部门主要负责人出具书面报告,并经批准。

监督检查部门调查涉嫌不正当竞争行为,应当遵守《中华人民共和国行政强制法》和其他有关法律、行政法规的规定,并应当将查处结果及时向社会公开。

四、不正当竞争行为的法律责任

不正当竞争行为的法律责任是指不正当竞争行为的主体违反《反不正当竞争法》的规定,实施了不正当竞争行为所要承担的法律后果。它包括民事责任、行政责任和刑事责任三种形式。

1. 民事责任

经营者违反《反不正当竞争法》的规定,实施了不正当竞争行为,给被侵害的经营者造成损害的,应当承担其行为引起的民事责任,即侵权的民事责任。侵权的民事责任形式主要有停止侵权、赔礼道歉、恢复原状、赔偿损失等。

2. 行政责任

不正当竞争行为的行政责任是指违反《反不正当竞争法》规定的行为人承担的行政法律后果。行政责任的责任形式主要有责令停止违法行为、罚款、没收违法所得、取消经营者资格等。

3. 刑事责任

不正当竞争行为的刑事责任是指依照刑事法律规定,行为人实施刑事法律禁止的行为所必须承担的后果。《反不正当竞争法》对刑事责任的规定,主要分为两类:(1)不正当竞争行为的刑事责任;(2)与不正当竞争行为有关的违法行为的刑事责任。

第三节 反垄断法

一、反垄断法概述

1. 立法现状

2007 年 8 月 30 日第十届全国人民代表大会常务委员会第二十九次会议通过《中华人民共和国反垄断法》(以下简称《反垄断法》),该法共八章五十七条,分别是总则,垄断协议,滥用市场支配地位,经营者集中,滥用行政权力排除、限制竞争,对涉嫌垄断行为的调查,法律责任,附则。

2. 立法目的

反垄断法的立法目的包括:(1)预防和制止垄断行为;(2)保护市场公平竞争;(3)提高经济运行效率;(4)维护消费者利益和社会公共利益;(5)促进社会主义市场经济健康发展。

3. 适用范围

(1)中华人民共和国境内经济活动中的垄断行为,适用本法;

(2)中华人民共和国境外的垄断行为,对境内市场竞争产生排除、限制影响的,适用本法。

4. 反垄断法的适用除外

(1)经营者依照有关知识产权的法律、行政法规规定行使知识产权的行为,不适用本法;但是,经营者滥用知识产权,排除、限制竞争的行为,适用本法。

(2)农业生产者及农村经济组织在农产品生产、加工、销售、运输、储存等经营活动中实施的联合或者协同行为,不适用本法。

(3)国有经济占控制地位的关系国民经济命脉和国家安全的行业以及依法实行专营专卖的行业(国家垄断),国家对其经营者的合法经营活动予以保护。

二、垄断行为

1. 垄断协议

(1)含义

垄断协议是指排除、限制竞争的协议、决定或者其他协同行为。

(2)内容

禁止具有竞争关系的经营者之间达成下列垄断协议:固定或者变更商品价格;限制商品的生产数量或者销售数量;分割销售市场或者原材料采购市场;限制购买新技术、新设备或者限制开发新技术、新产品;联合抵制交易;国务院反垄断执法机构认定的其他垄断协议。

禁止经营者与交易相对人达成下列垄断协议:固定向第三人转售商品的价格;限定向第三人转售商品的最低价格;国务院反垄断执法机构认定的其他垄断协议。

行业协会不得组织本行业的经营者从事本章禁止的垄断行为。

(3)除外

经营者能够证明所达成的协议属于下列情形之一的,不适用《反垄断法》第十三条、第十四条的规定:为改进技术、研究开发新产品的;为提高产品质量,降低成本,增进效率,统一产品规格、标准或者实行专业化分工的;为提高中小经营者经营效率,增强中小经营者竞争力的;为实现节约能源、保护环境、救灾救助等社会公共利益的;因经济不景气,为缓解销售量严重下降或者生产明显过剩的;为保障对外贸易和对外经济合作中的正当利益的;法律和国务院规定的其他情形。

2. 滥用市场支配地位

(1)市场支配地位的含义及认定

《反垄断法》所称市场支配地位,是指经营者在相关市场内具有能够控制商品价格、数量或者其他交易条件,或者能够阻碍、影响其他经营者进入相关市场能力的市场地位。

认定经营者具有市场支配地位,应当依据下列因素:该经营者在相关市场的市场份额,以及相关市场的竞争状况;该经营者控制销售市场或者原材料采购市场的能力;该经营者的财力和技术条件;其他经营者对该经营者在交易上的依赖程度;其他经营者进入相关市场的难易程度;与认定该经营者市场支配地位有关的其他因素。

有下列情形之一的,可以推定经营者具有市场支配地位:一个经营者在相关市场的市场份额达到二分之一的;两个经营者在相关市场的市场份额合计达到三分之二的;三个经营者在相关市场的市场份额合计达到四分之三的。有前款第二项、第三项规定的情形,其中有的经营者市场份额不足十分之一的,不应当推定该经营者具有市场支配地位。被推定具有市场支配地位的经营者,有证据证明不具有市场支配地位的,不应当认定其具有市场支配地位。

被诉垄断行为属于公用企业或者其他依法具有独占地位的经营者滥用市场支配地位的,可以根据市场结构和竞争状况的具体情况,认定被告在相关市场内具有支配地位,但有相反证据足以推翻的除外。

原告可以以被告对外发布的信息作为证明其具有市场支配地位的证据。被告对外发布的信息能够证明其在相关市场内具有支配地位的,人民法院可以据此作出认定,但有相反证据足以推翻的除外。

(2)滥用市场支配地位的表现

滥用市场支配地位主要表现在:以不公平的高价销售商品或者以不公平的低价购买商品;没有正当理由,以低于成本的价格销售商品;没有正当理由,拒绝与交易相对人进行交易;没有正当理由,限定交易相对人只能与其进行交易或者只能与其指定的经营者进行交易;没有正当理由搭售商品,或者在交易时附加其他不合理的交易条件;没有正当理由,对条件相同的交易相对人在交易价格等交易条件上实行差别待遇;国务院反垄断执法机构认定的其他滥用市场支配地位的行为。

3. 经营者集中

(1)含义

经营者集中是指下列情形:经营者合并;经营者通过取得股权或者资产的方式取得对其他经营者的控制权;经营者通过合同等方式取得对其他经营者的控制权或者能够对其他经营者施加决定性影响。

经营者集中有下列情形之一的,可以不向国务院反垄断执法机构申报:参与集中的一个经营者拥有其他每个经营者百分之五十以上有表决权的股份或者资产的;参与集中的每个经营者百分之五十以上有表决权的股份或者资产被同一个未参与集中的经营者拥有的。

(2)申报

经营者集中达到国务院规定的申报标准的,经营者应当事先向国务院反垄断执法机构申报,未申报的不得实施集中。

经营者向国务院反垄断执法机构申报集中,应当提交下列文件、资料:申报书;集中对相关市场竞争状况影响的说明;集中协议;参与集中的经营者经会计师事务所审计的上一会计年度财务会计报告;国务院反垄断执法机构规定的其他文件、资料。

申报书应当载明参与集中的经营者的名称、住所、经营范围、预定实施集中的日期和国务院反垄断执法机构规定的其他事项。

(3)审查

国务院反垄断执法机构应当自收到经营者提交的符合《反垄断法》第二十三条规定的文件、资料之日起三十日内,对申报的经营者集中进行初步审查,作出是否实施进一步审查的决定,并书面通知经营者。国务院反垄断执法机构作出决定前,经营者不得实施集中。

审查经营者集中,应当考虑下列因素:参与集中的经营者在相关市场的市场份额及其对市场的控制力;相关市场的市场集中度;经营者集中对市场进入、技术进步的影响;经营者集中对消费者和其他有关经营者的影响;经营者集中对国民经济发展的影响;国务院反垄断执法机构认为应当考虑的影响市场竞争的其他因素。

(4)禁止

经营者集中具有或者可能具有排除、限制竞争效果的,国务院反垄断执法机构应当作出禁止经营者集中的决定。但是,经营者能够证明该集中对竞争产生的有利影响明显大于不利影响,或者符合社会公共利益的,国务院反垄断执法机构可以作出对经营者集中不予禁止的决定。

4. 滥用行政权力排除、限制竞争(行政垄断)

(1)含义

行政机关和法律、法规授权的具有管理公共事务职能的组织实施限定或者变相限定单位或者个人经营、购买、使用其指定的经营者提供的商品的行为。

(2)禁止

行政机关和法律、法规授权的具有管理公共事务职能的组织不得滥用行政权力,以设定歧视性资质要求、评审标准或者不依法发布信息等方式,排斥或者限制外地经营者参加本地的招标投标活动;采取与本地经营者不平等待遇等方式,排斥或者限制外地经营者在本地投资或者设立分支机构;强制经营者从事《反垄断法》规定的垄断行为。

行政机关不得滥用行政权力,制定含有排除、限制竞争内容的规定。

三、对涉嫌垄断行为的调查

1. 调查机构

国务院设立反垄断委员会,负责组织、协调、指导反垄断工作,国务院规定的承担反垄断执法职责的机构依照本法规定,负责反垄断执法工作。反垄断执法机构依法对涉嫌垄断行为进行调查。

2. 调查措施

调查措施主要包括:进入被调查的经营者的营业场所或者其他有关场所进行检查;询问被调查的经营者、利害关系人或者其他有关单位或者个人,要求其说明有关情况;查阅、复制被调查的经营者、利害关系人或者其他有关单位或者个人的有关单证、协议、会计账簿、业务函电、电子数据等文件、资料;查封、扣押相关证据;查询经营者的银行账户。采取前款规定的措施,应当向反垄断执法机构主要负责人书面报告,并经批准。

3. 调查机构的义务

(1)执法人员不得少于两人,并应当出示执法证件。执法人员进行询问和调查,应当制作笔录,并由被询问人或者被调查人签字。

(2)保密义务。

(3)核实相关事实、理由和证据。

(4)公布调查和处理结果。

4. 调查中止、终止和恢复

(1)调查中止

对反垄断执法机构调查的涉嫌垄断行为,被调查的经营者承诺在反垄断执法机构认可的期限内采取具体措施消除该行为后果的,反垄断执法机构可以决定终止调查。中止调查的决定应当载明被调查的经营者承诺的具体内容。

(2)调查终止

反垄断执法机构决定终止调查的,应当对经营者履行承诺的情况进行监督。经营者履行承诺的,反垄断执法机构可以决定终止调查。

(3)调查恢复

有下列情形之一的,反垄断执法机构应当恢复调查:经营者未履行承诺的;作出中止调查决定所依据的事实发生重大变化的;中止调查的决定是基于经营者提供的不完整或者不真实的信息作出的。

四、违反反垄断法的法律责任

1. 经营者的法律责任

经营者的法律责任主要体现在《反垄断法》第四十六条至第四十八条。

经营者违反《反垄断法》规定，达成并实施垄断协议的，由反垄断执法机构责令停止违法行为，没收违法所得，并处上一年度销售额百分之一以上百分之十以下的罚款；尚未实施所达成的垄断协议的，可以处五十万元以下的罚款。经营者主动向反垄断执法机构报告达成垄断协议的有关情况并提供重要证据的，反垄断执法机构可以酌情减轻或者免除对该经营者的处罚。

经营者违反《反垄断法》规定，滥用市场支配地位的，由反垄断执法机构责令停止违法行为，没收违法所得，并处上一年度销售额百分之一以上百分之十以下的罚款。

经营者违反《反垄断法》规定实施集中的，由国务院反垄断执法机构责令停止实施集中、限期处分股份或者资产、限期转让营业以及采取其他必要措施恢复到集中前的状态，可以处五十万元以下的罚款。

2. 行政机关的法律责任

行政机关和法律、法规授权的具有管理公共事务职能的组织滥用行政权力，实施排除、限制竞争行为的，由上级机关责令改正；对直接负责的主管人员和其他直接责任人员依法给予处分。反垄断执法机构可以向有关上级机关提出依法处理的建议。法律、行政法规对行政机关和法律、法规授权的具有管理公共事务职能的组织滥用行政权力实施排除、限制竞争行为的处理另有规定的，依照其规定。

3. 反垄断执法机构的法律责任

反垄断执法机构工作人员滥用职权、玩忽职守、徇私舞弊或者泄露执法过程中知悉的商业秘密，构成犯罪的，依法追究刑事责任；尚不构成犯罪的，依法给予处分。

4. 救济途径

对反垄断执法机构依据《反垄断法》第二十八条、第二十九条作出的决定不服的，可以先依法申请行政复议；对行政复议决定不服的，可以依法提起行政诉讼。

对反垄断执法机构作出的前款规定以外的决定不服的，可以依法申请行政复议或者提起行政诉讼。

【相关法条】

1.《中华人民共和国反不正当竞争法》。1993 年 9 月 2 日第八届全国人民代表大会常务委员会第三次会议通过，2017 年 11 月 4 日第十二届全国人民代表大会常务委员会第三十次会议修订，根据 2019 年 4 月 23 日第十三届全国人民代表大会常务委员会第十次会议《关于修改〈中华人民共和国建筑法〉等八部法律的决定》修正。

2.《最高人民法院关于适用〈中华人民共和国反不正当竞争法〉若干问题的解释》。2022 年 1 月 29 日最高人民法院审判委员会第 1862 次会议通过，自 2022 年 3 月 20 日起施行。

3.《最高人民法院关于审理侵犯商业秘密民事案件适用法律若干问题的规定》。2020 年 8 月 24 日最高人民法院审判委员会第 1810 次会议通过，自 2020 年 9 月 12 日起施行。

4.《中华人民共和国反垄断法》。2007 年 8 月 30 日第十届全国人民代表大会常务委员会第二十九次会议通过,自 2008 年 8 月 1 日起施行。

5.《最高人民法院关于审理因垄断行为引发的民事纠纷案件应用法律若干问题的规定》。2012 年 1 月 30 日最高人民法院审判委员会第 1539 次会议通过,自 2012 年 6 月 1 日起施行。

【不正当竞争纠纷裁判规则】

1. 某市中国青年旅行社诉某市国青国际旅行社擅自使用他人企业名称纠纷案

【裁判规则】

(1)对于企业长期、广泛对外使用,具有一定市场知名度、为相关公众所知悉,已实际具有商号作用的企业名称简称,可以视为企业名称予以保护。

(2)擅自将他人已实际具有商号作用的企业名称简称作为商业活动中互联网竞价排名关键词,使相关公众产生混淆误认的,属于不正当竞争行为。

2. 兰某军、杭州某汽车维修科技股份有限公司诉天津市某汽车维修服务有限公司(与杭州某汽车维修科技股份公司同名)等侵害商标权及不正当竞争纠纷案

【裁判规则】

(1)经营者是否具有超越法定经营范围而违反行政许可法律法规的行为,不影响其依法行使制止商标侵权和不正当竞争的民事权利。

(2)《反不正当竞争法》并未限制经营者之间必须具有直接的竞争关系,也没有要求其从事相同行业。经营者之间具有间接竞争关系,行为人违背《反不正当竞争法》的规定,损害其他经营者合法权益的,也应当认定为不正当竞争行为。

3. 北京某网讯科技有限公司诉青岛某网络技术有限公司等不正当竞争纠纷案

【裁判规则】

从事互联网服务的经营者,在其他经营者网站的搜索结果页面强行弹出广告的行为,违反诚实信用原则和公认商业道德,妨碍其他经营者正当经营并损害其合法权益,可以依照《反不正当竞争法》第二条的原则性规定认定为不正当竞争。

4. 山东某实业有限公司诉鄄城县某工艺品有限责任公司(与山东某实业有限公司同名)、济宁某家纺有限公司侵害商标权及不正当竞争纠纷案

【裁判规则】

判断具有地域性特点的商品通用名称,应当注意从以下方面综合分析:(1)该名称在某一地区或领域约定俗成,长期普遍使用并为相关公众认可;(2)该名称所指代的商品生产工艺经某一地区或领域群众长期共同劳动实践而形成;(3)该名称所指代的商品生产原料在某一地区或领域普遍生产。

5. 意大利某公司诉某(张家港)食品有限公司、天津经济技术开发区某行销有限公司不正当竞争纠纷案

【裁判规则】

(1)《反不正当竞争法》所称的知名商品,是指在中国境内具有一定的市场知名度,为相关公众所知悉的商品。在国际上已知名的商品,我国对其特有的名称、包装、装潢的保护,仍应以其在中国境内为相关公众所知悉为必要。故认定该知名商品,应当结合该商品在中

国境内的销售时间、销售区域、销售额和销售对象，进行宣传的持续时间、程度和地域范围，作为知名商品受保护的情况等因素，并适当考虑该商品在国外已知名的情况，进行综合判断。

(2)《反不正当竞争法》所保护的知名商品特有的包装、装潢，是指能够区别商品来源的盛装或者保护商品的容器等包装，以及在商品或者其包装上附加的文字、图案、色彩及其排列组合所构成的装潢。

(3)对他人能够区别商品来源的知名商品特有的包装、装潢，进行足以引起市场混淆、误认的全面模仿，属于不正当竞争行为。

【垄断纠纷裁判规则】

1. 北京某科技有限公司诉某科技(深圳)有限公司、深圳市某计算机系统有限公司滥用市场支配地位纠纷案

【裁判规则】

(1)在反垄断案件的审理中，界定相关市场通常是重要的分析步骤。但是，明确界定相关市场取决于案件具体情况。在滥用市场支配地位的案件中，界定相关市场是评估经营者的市场力量及被诉垄断行为对竞争影响的工具，其本身并非目的。如果通过排除或者妨碍竞争的直接证据，能够对经营者的市场地位及被诉垄断行为的市场影响进行评估，则不需要在每一个滥用市场支配地位的案件中都明确而清楚地界定相关市场。

(2)假定垄断者测试(HMT)是普遍适用的界定相关市场的分析思路。在实际运用时，假定垄断者测试可以通过价格上涨(SSNIP)或质量下降(SSNDQ)等方法进行。互联网即时通信服务的免费特征使用户具有较高的价格敏感度，采用价格上涨的测试方法将导致相关市场界定过宽，应当采用质量下降的假定垄断者测试进行定性分析。

(3)基于互联网即时通信服务低成本、高覆盖的特点，在界定其相关地域市场时，应当根据多数需求者选择商品的实际区域、法律法规的规定、境外竞争者的现状及进入相关地域市场的及时性等因素，进行综合评估。

(4)在互联网领域中，市场份额只是判断市场支配地位的一项比较粗糙且可能具有误导性的指标，其在认定市场支配力方面的地位和作用必须根据案件具体情况确定。

【案号】〔2013〕最高法民三终字第4号。

2. 吴某秦诉陕西某网络传媒(集团)股份有限公司捆绑交易纠纷案

【裁判规则】

(1)作为特定区域内唯一合法经营有线电视传输业务的经营者及电视节目集中播控者，在市场准入、市场份额、经营地位、经营规模等各要素上均具有优势，可以认定该经营者占有市场支配地位。

(2)经营者利用市场支配地位，将数字电视基本收视维护费和数字电视付费节目费捆绑在一起向消费者收取费用，侵害了消费者的消费选择权，不利于其他服务提供者进入数字电视服务市场。经营者即使存在两项服务分别收费的例外情形，也不足以否认其构成《反垄断法》所禁止的搭售。

【案号】〔2016〕最高法民再98号。

【诊所式案例分析】

甲公司诉乙公司滥用市场支配地位垄断纠纷案

【基本案情】

2011 年 12 月 6 日,甲公司向深圳市中级人民法院提起诉讼。甲公司是全球主要电信设备提供商。诉讼称,乙公司在相关市场中处于垄断地位,且无视其加入标准组织时公平、合理、无歧视(FRAND)原则的承诺,对其专利许可设定不公平的过高价格,对条件相似的交易相对人设定歧视性的交易条件,在许可条件中附加不合理的条件,在许可过程中涉嫌搭售,通过在美国国际贸易委员会和美国联邦法院同时起诉甲公司及其美国子公司拒绝与甲公司进行交易,滥用其市场支配地位。

甲公司因此请求法院判令乙公司立即停止垄断民事侵权行为,包括停止过高定价、差别定价、搭售、附加不合理交易条件以及拒绝交易行为;乙公司连带赔偿甲公司经济损失人民币两千万元,甲公司保留根据进一步获知的证据以及乙公司侵权延续造成的损失对赔偿数额予以增加的权利;乙公司共同承担甲公司为维权支付的合理支出,包括调查费、公证费、律师费等。

此外,本案发生的背景情况是,在美国启动对甲公司调查前,乙公司曾要求甲公司从 2009 年到 2016 年按照销售量确定支付许可费率为 2%。甲公司认为这一费率过高,此后与乙公司就涉案专利许可在中国进行了多次谈判,但双方仍未达成一致。2011 年 7 月 26 日,乙公司曾以甲公司产品涉嫌侵犯其在美国享有的七项专利为由,在美国对甲公司提起诉讼。于是,甲公司在中国法院对乙公司提起了反垄断诉讼,诉请法院按照 FRAND 原则确定标准必要专利许可使用费率。

【裁判结果】

2013 年 2 月 4 日,深圳市中级人民法院一审判决乙公司及下属 3 家子公司立即停止针对甲公司实施的过高定价和搭售的垄断民事侵权行为;连带赔偿甲公司经济损失人民币两千万元,并驳回甲公司的其他诉讼请求。乙公司不服一审判决,向广东省高级人民法院提起上诉。2013 年 10 月 21 日,广东高院经二审审理后驳回上诉,维持原判。根据终审判决,乙公司及下属 3 家子公司应立即停止针对甲公司实施的过高定价和搭售的垄断民事侵权行为,并赔偿甲公司经济损失人民币两千万元。

【裁判规则】

本案是自《反垄断法》实施以来,我国法院审理的第一个标准必要专利反垄断民事诉讼。本案审判长、广东高院知识产权审判庭副庭长欧修平称,"法院在审理中面临三大难题:甲公司和乙公司并没有签署合约,法院能不能直接确定许可费率? FRAND 原则是电信标准化协会的知识产权政策与承诺,中国法院能否直接用它来作为判决依据? 甲公司没有明确说要求判多少费率的情况下,该怎么下判?" 加之,本案所涉及的两家公司(甲公司与乙公司)均为全球无线通信领域的巨头。乙公司掌握了无线通信领域从 2G 时代一直到 3G/4G 的许多核心专利,其中部分专利已经成为该领域的国际标准;而甲公司则是世界通信设备的生产巨头。这些因素使得本案的关注度在全球迅速蔓延,得以作为最高人民法院评选的"反垄断民事诉讼十大典型案例"之一亦是当之无愧。

2014 年 4 月 17 日,广东高院首次在其官网发布了本案的判决书(涉密信息已进行保密处理)。在终审判决文书中,可以清晰地看到一审法院和二审法院认定事实、适用法律的审判过程及思路,尤其是对相关市场界定、市场支配地位以及滥用行为认定时循序渐进的剖析与分析。

一审法院认为:第一,基于 3G 标准(包括 WCDMA、CDMA2000、TD-SCDMA)每一个必要专利的唯一性和不可替代性,每一个标准必要专利构成一个独立的相关市场。第二,乙公司在 3G 标准中的每一个必要专利许可市场均拥有 100%的市场份额,因此其在相关市场内具有阻碍或影响其他经营者进入相关市场的能力。此外,由于乙公司不进行任何实质性生产,仅以专利许可作为其经营模式,甲公司无法通过交叉许可来制约乙公司。因此,一审法院认定乙公司在与华为公司进行 3G 标准必要专利许可谈判时,具备控制 3G 标准必要专利的价格、数量及其他交易条件的能力,从而具有市场支配地位。

二审法院在审判时,对于相关市场的界定进行了进一步的解释,其依照《反垄断法》和《国务院反垄断委员会关于相关市场界定的指南》的规定,基于必要专利的基本属性与特征,从需求和供给替代分析的不同角度分析了界定本案相关市场的理由,并对一审法院对相关市场和市场支配地位的认定予以支持。最后,二审法院认为,乙公司在每个标准专利许可市场上均具有市场支配地位。标准必要专利权利人违背 FRAND 原则的许可承诺,无视实施者在许可谈判过程中的诚意和善意,以诉讼手段威胁强迫实施者接受过高的专利许可条件,逼迫实施者就必要专利之外因素支付相应对价,构成滥用市场支配地位。

在这一场旷日瞩目的诉讼纠纷暂时“停战”之后,中国竞争执法机构对乙公司的关注并未停止。2016 年 2 月 19 日,国家发展改革委员会对乙公司发起了反垄断行政调查,乙公司承诺将对中国企业的专利许可遵循 FRAND 原则,不再收取歧视性的高价许可费。

【练习题】

一、单选题

1. 某国有公交公司是甲市公交车运营的唯一公司,某日,该公司 16 路车无正当理由多次拒绝载运乘客,遭多次投诉。下列说法不正确的是(　　)。

A. 公交公司和乘客之间属于运输合同关系,公交公司有权拒绝缔结合同

B. 公交公司的行为违反强制缔约责任,不应该拒绝载运乘客

C. 公交公司滥用了市场支配地位,扰乱了正常的社会经济秩序

D. 反垄断执法机构可以进入该公交公司进行调查,并就有关事实询问利害关系人

2. 下列哪一选项属于《反不正当竞争法》和《反垄断法》均明文禁止的行为?(　　)

A. 甲省政府规定,凡外省生产的汽车,必须经过本省交管部门的技术安全认证,领取省内销售许可证以后,方可在本省市场销售

B. 乙省政府决定,在进出本省的交通要道设置关卡,阻止本省生产的猪肉运往外省

C. 丙省政府规定,省内各机关和事业单位在公务接待等活动时需要消费香烟的,只能选用本省生产的“金丝雀”牌香烟,否则财政不予报销

D. 丁省政府规定,外省生产的化肥和农药在本省销售的,一律按销售额加收 15%的环保附加费

3. 王某是一家小饭馆的老板,由于王某的小饭馆经常营业到深夜,影响了楼上吴某的

休息。吴某为此与王某经过多次交涉、争吵均没有结果，于是雇了一些人到处散布“王某的饭馆由于食物不干净，很多人吃了以后都食物中毒进了医院”的谣言。由此，王某的饭馆生意非常冷清。相反，与王某隔一条街的赵某的饭馆客流量大增，从此生意红火起来。关于本案有以下几种说法，其中哪一项是正确的？（　　）

A. 吴某的行为构成诋毁商誉，是不正当竞争行为

B. 吴某的行为构成限制竞争，是不正当竞争行为

C. 吴某的行为构成限制竞争，是不正当竞争行为

D. 王某有权要求吴某消除影响，赔偿损失

4. 为排挤竞争对手，某商店在销售中向购买某品牌电冰箱的顾客赠送一套餐具。对此，下列说法正确的是（　　）。

A. 如果电冰箱的价格减去餐具的价值小于电冰箱的成本价，则商店构成不正当竞争

B. 商店的行为构成违法搭售的不正当竞争

C. 如果赠送餐具违背顾客意愿则构成不正当竞争，否则不构成

D. 如果餐具质量不合格则构成不正当竞争，否则不构成

5. 甲期货交易所章程规定，对日交易量超过一百手的客户，可以将手续费的2%作为折加费退还给他们，并经过完整的财务流程。其他交易所对此规定提出异议。下列说法正确的是（　　）。

A. 甲交易所的行为构成不正当竞争

B. 甲交易所的行为构成行贿

C. 甲交易所的行为既构成行贿又构成不正当竞争

D. 甲交易所的行为不构成不正当竞争

6. 某市技术监督局在抽查本市市场上的饮料时发现，除三种名牌饮料以外，其余饮料均不合格，该局对此结果在当地新闻媒体上作了详细介绍，导致一些生产厂家的饮料销量急剧下降。下列说法中正确的是（　　）。

A. 市技术监督局的抽查行为是履行职责的正常管理行为，但在新闻媒体上公布检查结果是限制其他经营者的不正当竞争行为

B. 市技术监督局抽查行为的背后是以排挤其他经营者为动机，故抽查行为与公布行为均构成不正当竞争

C. 市技术监督局的行为不构成不正当竞争

D. 市技术监督局的行为虽有排挤其他经营者的意图，但并未指定消费者购买某种饮料，尚不构成不正当竞争

7. 甲市某酒厂酿造的“蓝星”系列白酒深受当地人喜爱。甲市政府办公室发文指定该酒为“接待用酒”，要求各机关、企事业单位、社会团体在业务用餐时，饮酒应以“蓝星”系列为主。同时，酒厂公开承诺：用餐者凭市内各酒楼出具的证明，可以获取消费100元返还10元的奖励。下列关于此事的说法哪一项是不正确的？（　　）

A. 甲市政府办公室的行为属于限制竞争行为

B. 酒厂的作法尚未构成商业贿赂行为

C. 上级机关可以责令甲市政府改正错误

D. 监督检查部门可以没收酒厂的违法所得，并处以罚款

8. 根据《反不正当竞争法》的规定，属于不正当竞争行为中的混淆行为的是（　　）。

A. 甲厂在其产品说明书中作夸大其词的不实说明

B. 乙厂的矿泉水使用“清凉”商标，而“清凉矿泉水厂”是本地一知名矿泉水厂的企业名称

C. 丙商场在有奖销售中，把所有的奖券刮奖区都印上“未中奖”字样

D. 丁酒厂将其在当地评奖会上的获奖证书复印在其所有产品的包装上

9. 某省 L 市旅游协会为防止零团费等恶性竞争，召集当地旅行社商定对游客统一报价，并根据各旅行社所占市场份额，统一分配景点返佣、古城维护费返佣等收入。此计划实施前，甲旅行社主动向国家反垄断执法机构报告了这一情况并提供了相关证据。关于本案，下列判断正确的是(　　)。

A. 旅游协会的行为属于正当的行业自律行为

B. 由于尚未实施，旅游协会的行为不构成垄断行为

C. 如构成垄断行为，L 市发改委可对其处以 50 万元以下的罚款

D. 如构成垄断行为，对甲旅行社可酌情减轻或免除处罚

10. 甲公司、乙公司、丙公司都是从事奶粉生产的厂家，其主要市场均在某市，三家公司在该行业协会 2022 年 10 月 1 日的会议中签订了关于维持现有价格的协议，不允许相互之间采用降低价格的方式进行竞争。根据《反垄断法》的规定，关于该协议的说法正确的是(　　)。

A. 该协议属于《反垄断法》禁止的纵向垄断协议

B. 该协议属于行业间的合法协议，受法律保护

C. 该协议属于固定商品价格的协议，是《反垄断法》禁止的横向垄断协议

D. 该协议属于联合抵制交易的横向垄断协议

二、多选题

1. 甲公司拥有光谱治疗仪的专利技术，其生产的治疗仪疗效显著，深受消费者喜爱。乙公司欲取得该治疗仪的特许经营权，于是和甲公司签订了特许经营合同。合同约定乙公司必须以 8 300 元/台的价格销售，否则双方终止合同。下列说法中正确的是(　　)。

A. 合同约定了商品的销售价格，是双方当事人意思自治的体现，不违反法律规定

B. 如果乙公司不按规定的价格销售治疗仪，甲公司有权终止合同

C. 甲公司签订的合同涉嫌垄断

D. 反垄断执法机构有权对该涉嫌垄断行为进行调查

2. 甲旅行社的欧洲部副经理李某，在劳动合同未到期时提出辞职，未办移交手续即入职乙旅行社，并将甲旅行社的欧洲合作伙伴情况、旅游路线设计、报价方案和客户资料等信息带到乙旅行社。乙旅行社原无欧洲业务，自李某加入后欧洲业务猛增，成为甲旅行社的有力竞争对手。现甲旅行社向人民法院起诉乙旅行社和李某侵犯商业秘密。请回答以下问题。

(1) 法院如认定乙旅行社和李某侵犯甲旅行社的商业秘密，须审查什么事实？(　　)

A. 甲旅行社所称的“商业秘密”是否属于从公开渠道不能获得的

B. 乙旅行社的欧洲客户资料是否有合法来源

C. 甲旅行社所称的“商业秘密”是否向有关部门申报过“密级”

D. 乙旅行社在聘用李某时是否明知或应知其掌握甲旅行社的上述业务信息

(2)如法院判定乙旅行社和李某侵权成立,确定其赔偿责任可以采用下列何种办法?(　　)

A. 按照甲旅行社在侵权期间的利润损失进行赔偿,乙旅行社和李某承担连带赔偿责任

B. 甲旅行社在侵权期间的利润损失无法计算时,按照乙旅行社所获利润进行赔偿,李某承担连带赔偿责任

C. 对李某按照其在甲旅行社时的工资标准乘以侵权持续时间确定赔偿额,对乙旅行社按其实际所得利润确定赔偿额

D. 按甲旅行社请求的数额确定赔偿额

3. 某市政府所属有关部门的下列哪一行为违反了《反不正当竞争法》的规定?(　　)

A. 市卫生局成立的儿童保健专家组受某生产厂家委托,对其婴儿保健产品提供质量认证标志并收取赞助费

B. 市工商局和市电视台联合举办消费者"信得过产品"评选活动,评选中违反公平程序,使当选的前八名全部为本市产品

C. 市交管管理局规定,全市货运车辆必须在指定的两种品牌中选择安装一款车辆运行记录器,否则不予年检;其指定品牌为本地的"波浪"牌和法国的 NJK 牌

D. 市政府决定对市酒厂减免地方税以提供财政支持

4. 下列行为中,哪些属于法律规定的不正当竞争行为?(　　)

A. 某市政府发文规定,由于最近本市连续发生多起煤气中毒事件,因此各单位必须统一使用本市煤气公司生产的煤气安全阀

B. 某商场为促销宣传张贴海报,宣传在 8 月举办"浓情七日"系列有奖销售,抽奖共分 3 次,参加者抽奖次数不限,每次最高奖品为价值 4 900 元的彩电、空调、电脑各一台

C. 某市果品公司由于货源信息不畅,重复购进了一大批水果,于是决定降价销售,致使本市水果价格大幅度下降

D. 甲公司为打开市场,经常在各地举行座谈会,并高薪聘请演员在会上表演小品,以调侃的方式演示说明,可能使其他公司的同类产品出现不良后果

5. 某县甲企业生产代步车,相关市场份额达到 70%,现与下游经销商签署特许经销协议,约定某一畅销型号的代步车售价不得低于 2 000 元。下列说法正确的是(　　)。

A. 甲企业与经销商签署的特许经销协议构成了纵向协议行为

B. 该协议意思表达真实,合法有效

C. 没有购买代步车的张某有权向反垄断执法机构举报

D. 当该协议付诸实施后,反垄断执法机构才可视情节对其处罚

6. 某县会计师行业自律委员会成立之初,达成统筹分配当地全行业整体收入的协议,要求当年市场份额提高的会员应分出自己的部分收入,补贴给市场份额下降的会员。事后,有会员向省级工商行政管理部门书面投诉。关于此事,下列哪些说法是正确的?(　　)

A. 该协议限制了当地会计师行业的竞争,具有违法性

B. 抑强扶弱有利于培育当地会计服务市场,法律不予禁止

C. 此事不能由省级工商行政管理部门受理,应由该委员会成员自行协商解决

D. 即使该协议尚未实施,如构成违法,也可予以查处

7. 某燃气公司在办理燃气入户前,要求用户缴纳一笔"预付气费款",否则不予供气。

待不再用气时,用户可申请返还该款项。经查,该款项在用户日常购气中不能冲抵燃气费。根据《反垄断法》的规定,下列说法错误的有(　　)。

A. 反垄断机构执法时应界定该公司所涉相关市场

B. 只要该公司在当地独家经营,就能认定其具有市场支配地位

C. 如该公司的上游气源企业向其收取预付款,该公司就可向客户收取"预付气费款"

D. 县政府规定了"一个地域只能有一家燃气供应企业",故该公司行为不构成垄断

8. 某市甲、乙、丙三大零售企业达成一致,拒绝接受产品供应商丁的供货。丙向反垄断执法机构举报并提供重要证据,经查,三企业构成垄断协议行为。关于三企业应承担的法律责任,下列哪些选项是正确的?(　　)

A. 该执法机构应责令三企业停止违法行为,没收违法所得,并处以相应罚款

B. 丙企业举报有功,可酌情减轻或免除处罚

C. 如供应商丁因垄断行为遭受损失,三企业应依法承担民事责任

D. 如三企业行为后果极为严重,应追究其刑事责任

三、简答题

1. 简述商业贿赂的法律规制。
2. 简述行政性垄断的法律规制。
3. 简述不正当竞争与垄断的关系。
4. 简述反垄断法的适用除外。

四、案例分析题

某省建筑材料装潢公司(以下简称装饰公司)生产的地板砖品种单调、质量参差不齐。该公司投产两年来,亏损了几十万元,仓库中积压了大量的滞销地板砖。该公司总经理王某忧心忡忡,想让装饰公司脱离濒临破产的危险。在一次贸易交流洽谈会上,王某结识了该省某百货商场的经理孙某,提出了希望孙经理帮助其销售地板砖。王某表示可以给孙经理5%的"回扣"作为答谢,要求接受其积压的地板砖。孙经理被"丰厚"的回扣引诱,答应了王某的要求。于是,装饰公司积压的近10万块地板砖运到了该百货商场,孙经理拿到了数额较大的回扣装入了自己的腰包,而近10万块劣质地板砖不仅影响了百货商场的销售,还使孙经理不得不下令免进另两个厂家的优质地板砖,使这两个厂家受到一定损失。此外,由于销售劣质地板砖,消费者意见很大。工商行政管理部门获悉后对此案件作出了处理,责令百货商场缴纳罚款12 000元,将违法所得全部没收,上缴国库;责令装饰公司缴纳罚款10 000元。

问题:

(1)装饰公司行为的性质是什么?

(2)回扣的含义是什么?其特征是什么?

(3)回扣与折扣、佣金的基本区别是什么?

【参考资料】

[1] 徐孟洲,孟雁北. 竞争法学[M]. 3 版. 北京:中国人民大学出版社,2018.
[2] 刘继峰. 竞争法学[M]. 3 版. 北京:北京大学出版社,2018.
[3] 赵万一. 中国竞争保护法律制度研究[M]. 重庆:重庆大学出版社,1996.
[4] 孟雁北. 反垄断法[M]. 北京:北京大学出版社,2017.
[5] 万江. 中国反垄断法:理论、实践与国际比较[M]. 2 版. 北京:法律出版社,2021.

第十章　消费者权益保护法

【教学目标】

通过学习本章了解消费者权益保护方法；理解消费者的概念、消费者的权利和经营者的义务；掌握消费者权益保护法的立法目的、适用范围、消费者权益争议的解决及损害消费者权益的法律责任；学会运用消费者权益保护法分析社会实际问题。

【教学要点和教学进程】

1. 消费者权益保护法概述

在阐述消费者权益保护法的含义的基础上，分析消费者权益保护法的调整对象、立法宗旨和适用范围，结合案例解释消费者的含义，帮助学生了解我国消费者权益保护的立法现状，理解消费者权益保护法所调整的消费者的含义，掌握消费者权益保护法的立法目的，领会消费者权益保护法的基本原则。

2. 消费者的权利与经营者的义务

通过消费者权利和经营者义务的阐述，帮助学生了解消费者权利和经营者义务的含义，理解消费者的九项权利和经营者的十项义务，学会结合案例分析消费者权利和经营者义务的具体内容。

3. 消费者权益的保护

通过阐述我国消费者权益保护的现状，帮助学生了解我国保护消费者合法权益的主要社会组织，理解消费者协会的具体职能。

4. 消费者权益争议的解决和法律责任的确定

通过阐述消费者权益争议中赔偿主体的确定，帮助学生理解在消费者权益争议中的赔偿主体的确定，结合实际分析消费者权益争议的解决途径和损害消费者权益的法律责任，使学生掌握消费者权益争议的解决途径和损害消费者权益所承担的法律责任。

【教学重点和难点】

教学重点：消费者权益保护法的概念和调整对象；消费者权益保护法的立法宗旨和适用范围；消费者的权利；经营者的义务；消费者权益保护法；消费者权益争议解决途径；损害赔偿主体的确定；违反《中华人民共和国消费者权益保护法》的法律责任。

教学难点：消费者权益保护法的立法宗旨和适用范围；消费者的权利；经营者的义务；损害赔偿主体的确定；违反《中华人民共和国消费者权益保护法》的法律责任。

【教学手段和方法】

讲授法、案例分析法。在讲授过程中注意结合案例，通过设问与提问，引导学生思考，从而帮助学生加深理解学习内容，提高理论思维能力。

第一节　消费者权益保护法概述

一、消费者权益保护法的含义及调整对象

1. 消费者权益保护法的定义

消费者权益保护法，从狭义上讲，是指立法机关通过的《中华人民共和国消费者权益保护法》（以下简称《消费者权益保护法》），共八章六十三条，分别是总则、消费者的权利、经营者的义务、国家对消费者合法权益的保护、消费者组织、争议的解决、法律责任、附则；从广义上讲，还包括其他有关消费者权益保护的法律法规，即调整为保护消费者权益而产生的各种社会关系的法律规范的总称。

2. 调整对象：在保护消费者利益的过程中产生的各种社会关系，包括国家机关与经营者之间的关系，国家机关与消费者之间的关系，经营者与消费者之间的关系。

二、消费者权益保护法的立法宗旨

《消费者权益保护法》第一条规定："为保护消费者的合法权益，维护社会经济秩序，促进社会主义市场经济健康发展，制定本法。"根据该法条可知《消费者权益保护法》的立法宗旨包括保护消费者的合法权益，维护社会经济秩序，以及促进社会主义市场经济健康发展。

三、消费者权益保护法的适用范围

1. 消费者为生活消费需要购买、使用商品或者接受服务时

《消费者权益保护法》第二条规定："消费者为生活需要购买、使用商品或者接受服务，其权益受本法保护，本法未作规定的，受其他有关法律法规保护。"据此，消费者的含义包括以下几个方面：

（1）消费者是购买、使用商品或接受服务的自然人。

法人和其他社会团体不具有消费者资格。法人和其他社会团体从事的购买商品或接受服务的行为不是为了生活消费需要，而是生产消费，故不具备消费者的资格。法人和其他社会团体遭受损害时可以依据其他法律获得救济。

（2）消费者购买使用的商品或接受的服务是由经营者提供的。

一般来说，不支付任何代价而接受经营者赠予的商品或提供的服务不属于消费者的范围。无偿提供商品或服务，接受商品或服务的人是否为消费者？如果具有商业性（为了宣传、推销商品，扩大知名度）则是，不具有商业性（学雷锋、人道主义援助）则不是。

（3）消费者是为满足生活需求而进行生活消费活动的人，购买商品的目的是生活消费需要，此外《消费者权益保护法》有例外规定："农民购买、使用直接用于农业生产的生产资

料，参照本法执行。”生产消费是指人类在生产过程中对各种生产资料的消耗；生活消费是指人类为满足个人需求对各种生活资料的消耗。

除了上面分析的消费者的含义外，还需要考虑以下几种特殊的情况：

(1)不以消费为目的进入消费场所，此时是否为消费者？不是消费者，因为没有消费行为，不符合消费者的含义。

(2)消费和付钱的人不一致时，谁是消费者？付钱的人是消费者，消费的人比照适用，第四十条“消费者或者其他受害人因商品缺陷造成人身、财产损害的，可以向销售者要求赔偿，也可以向生产者要求赔偿。属于生产者责任的，销售者赔偿后，有权向生产者追偿。属于销售者责任的，生产者赔偿后，有权向销售者追偿。”除了《消费者权益保护法》外，还可适用《产品质量法》《合同法》《侵权法》等法律。

(3)患者是否为消费者？严格点来说属于消费者。但在司法实践中一般认为不应当适用《消费者权益保护法》调整医患关系，主要原因就是患者不是该法所界定的消费者。医疗机构，特别是公立医院更不是该法意义上的“经营者”，所以两者的关系不能适用《消费者权益保护法》调整，而只能适用相应的医疗法律、法规、部门规章等。

第一，医疗损害赔偿案件不适用《消费者权益保护法》。在医疗损害赔偿纠纷案件中，有人主张应适用《消费者权益保护法》进行处理，这在司法实践中也一直存在着争议。本书认为不妥。首先，《消费者权益保护法》调整的是消费者为生活需要购买、使用商品或者接受服务过程中其权益受到侵害而产生的法律关系，患者到医疗机构进行诊疗不属于生活需要的范畴；其次，在医患关系中，既不可能按照《消费者权益保护法》的规定保证医患双方享有平等的选择权，也不可能完全遵循自愿原则以及在医疗消费中做到完全的公平交易，医院对前来就诊的患者只有救治的义务而没有选择的权利；再次，一般的经营者提供的商品和服务都有一个比较明确的标准，在提供与接受服务中能根据这些标准实行公平交易，消费者的权益能较好地得到保障，经营者也有明确的标准来规范自己的行为，而在医患关系中，医疗机构不能对患者保证治愈，治疗应达到何种程度才算公平交易，对此，没有也不可能有一个明确量化的标准。因此，医疗损害赔偿纠纷案件中不应适用《消费者权益保护法》处理。

第二，因医疗事故引发的医疗损害赔偿案件，应适用《医疗事故处理条例》。根据最高人民法院《关于参照〈医疗事故处理条例〉审理医疗纠纷民事案件的通知》：条例施行后发生的医疗事故引起的医疗赔偿纠纷，诉到法院的，参照条例的有关规定办理；条例实施后，人民法院审理因医疗事故引起的医疗赔偿纠纷民事案件，在确定医疗事故赔偿责任时，参照条例第四十九条、第五十条、第五十一条和第五十二条的规定办理。2002 年 9 月 1 日实施的《医疗事故处理条例》，是为了正确处理医疗事故，保护患者和医疗机构及其医务人员的合法权益等结合医疗行为本身具有的特殊性而由国务院颁布的行政法规，其专门用于调整医疗活动中的损害赔偿问题，故在属于医疗事故的情况下，适用而且应该适用《医疗事故处理条例》进行处理。

第三，对于有损害结果但不构成医疗事故的案件，应适用《民法典》及《最高人民法院关于人身损害赔偿的司法解释》。

(4)购买商品房的人是否为消费者？学术界存在争议，实务中也有不同判决。

根据《消费者权益保护法》第二条：“消费者为生活消费需要购买、使用商品或者接受服务，其权益受本法保护；本法未作规定的，受其他有关法律、法规保护。”将《消费者权益保护法》的范围调整为生活消费，并未将商品房排除在外，当然房屋本身也是一种生活消费。那么根据《消费者权益保护法》第五十五条:“经营者提供商品或者服务有欺诈行为的,应当按照消费者的要求增加赔偿其受到的损失,增加赔偿的金额为消费者购买商品的价款或者接受服务的费用的三倍;增加赔偿的金额不足五百元的,为五百元。法律另有规定的,依照其规定。

经营者明知商品或者服务存在缺陷,仍然向消费者提供,造成消费者或者其他受害人死亡或者健康严重损害的,受害人有权要求经营者依照本法第四十九条、第五十一条等法律规定赔偿损失,并有权要求所受损失二倍以下的惩罚性赔偿。”

购买商品房的消费者也应该可以要求房地产销售企业承担三倍的赔偿。但是实务中虽然类似的诉讼有很多,但是基本都没有得到司法部门的支持,理由主要有两点:第一,认为消费调整的是生活日常消费,不包括商品房等大宗的具有投资性质的财产;另一方面是商品房买卖有特别的法律规定《最高人民法院关于审理商品房买卖合同纠纷案件适用法律若干问题的解释》,从其规定,不适用于消费者保护法。

2. 经营者为消费者提供其生产、销售的商品或提供服务时

第三条:“经营者为消费者提供其生产、销售的商品或提供服务,应当遵守本法;本法未作规定的,应当遵守其他有关法律、法规。”第四十九条:“经营者提供商品或者服务,造成消费者或者其他受害人人身伤害的,应当赔偿医疗费、护理费、交通费等为治疗和康复支出的合理费用,以及因误工减少的收入。造成残疾的,还应当赔偿残疾生活辅助具费和残疾赔偿金。造成死亡的,还应当赔偿丧葬费和死亡赔偿金。”

3. 农民购买使用直接用于农业生产的生产资料时

这是在《消费者权益保护法》附则部分规定的,是法律的强制性规定,主要是基于保护农民这一特殊群体而规定的,具有特殊的法益保护价值考量。

四、消费者权益保护法的基本原则

1. 自愿、平等、公平、诚实信用的原则

这一原则要求经营者与消费者在法律规定的范围内从事交易活动时,应当彼此尊重、平等相待,表示出来的意愿应当真实,符合等价交换和商业惯例的要求;要诚实、守信,以善意的方式履行其义务,不得规避法律规定和合同约定。

2. 国家保护消费者的合法权益不受侵害的原则

这一原则是宪法保护公民合法权益的规定在《消费者权益保护法》中的具体反映。保护消费者的合法权益不受侵害是国家的一项重要职能,国家应当采取各种措施,如通过立法、行政执法、加强司法工作等手段维护消费者的合法权益。而在《消费者权益保护法》中贯彻保护消费者合法权益不受侵害的原则,正是国家通过立法行使这一职能的具体体现。

3. 全社会共同保护消费者合法权益的原则

这一原则要求动员国家、集体和个人的力量,逐步形成全社会共同保护消费权益的社会机制。

第二节 消费者的权利与经营者的义务

一、消费者的权利

(一)消费者权利的概念

消费者的权利,是指消费者依法在生活消费领域中作出一定行为或要求他人作出一定行为的权能。消费者权利是公民基本权利在生活消费领域中的具体化。

(二)消费者权利的内容

《消费者权益保护法》第二章规定消费者享有九项权利,前五项权利是基础,与消费者的关系最为密切;后四项权利则是由此派生出来的。

1. 安全权

安全权是指消费者的生命安全、身体健康和财产不受损害的权利。这一权利包括两方面的内容:(1)人身安全权,主要指生命健康权,是消费者在购买、使用商品和接受服务时,享有保持身体各器官及其机能的完整以及生命不受危害的权利;(2)财产安全权,不仅指消费者购买、使用的商品或接受的服务本身的安全,还指除购买、使用的商品或接受的服务之外的其他财产的安全。

2. 知情权

知情权是指消费者在购买、使用商品或者接受服务时,有对商品和服务的有关情况进行了解的权利。为保证知情权的实现,消费者根据商品或者服务的不同情况,有权要求经营者提供具体信息。

3. 自主选择权

自主选择权是消费者根据自己的消费要求、意向和兴趣,自主选择自己满意的商品或服务,决定是否购买或接受的权利。自主选择权具有以下特征:(1)消费者选择商品和服务的行为是自愿的;(2)消费者自主选择商品和服务的行为必须是合法行为;(3)自主选择权只能限定在购买商品或者接受服务的范围内,不能扩大到使用商品上。

4. 公平交易权

公平交易权是消费者在购买商品或者接受服务时,以一定数量的货币换回品质合格、等量价值的商品或服务的权利。这是衡量消费者经济利益得到维护的重要标志。公平交易权包括两方面的内容:(1)有权获得质量保障、价格合理、计量正确等公平交易条件;(2)有权拒绝经营者的强制交易行为。

5. 求偿权

求偿权是由于消费者因购买、使用的商品或者接受的服务本身的原因致使其受到人身、财产损害,而要求经营者承担责任,依法赔偿损失的权利。消费者受到的损害包括两方面:(1)人身权的损害,人身权既指消费者的生命健康权,也指消费者其他人格方面的权利。如姓名权、名誉权、荣誉权等。(2)财产权的损害,指财产上的损失,含直接损失和间接损失,即现有财产的减少和可以得到而没有得到的利益。

6. 结社权

结社权是指消费者为维护自身的合法权益而依法成立消费者组织的权利。我国消费者组织包括中国消费者协会、地方各级消费者协会以及各种类型的群众性的基层组织。

7. 获得有关知识产权

获得有关知识产权是指消费者有获得与有关商品或服务密切相关的知识的权利。这一权利包括两方面的内容:(1)获得有关消费方面的知识,主要有消费观念的知识,商品和服务的基本知识,市场的基本知识;(2)获得有关消费者权益保护方面的知识,主要是指有关消费者权益保护的法律法规和政策,以及保护机构和争议解决途径等方面的知识。

8. 人格尊严和民族风俗习惯受尊重权

人格尊严和民族风俗习惯受尊重权包括两项内容:(1)人格尊严受尊重权,包括姓名权、名誉权、荣誉权、肖像权等;(2)民族风俗习惯受到尊重的权利,表现在饮食、服饰、居住、婚葬、节庆、娱乐、礼节、禁忌等方面,与消费密切相关。

9. 监督权

监督权是指消费者对商品和服务的质量、价格、计量、侵权行为等问题,以及消费者权益的保护工作有进行检举、控告或提出批评、建议的权利。这一权利的内容包括两方面:(1)商品和服务的监督权,主要指对商品或服务的质量、价格、计量、品种、供应、服务态度、售后服务、侵权行为等进行的监督;(2)保护消费者权益工作的监督权,指对消费者保护机构或组织的工作的监督。

二、经营者的义务

1. 遵守法律的义务

经营者向消费者提供商品或服务,应当履行《产品质量法》和其他有关法律法规规定的义务,有约定的按照约定履行,但不得违背法律法规的规定。

2. 接受消费者监督的义务

经营者应当听取消费者对其提供的商品或服务的意见,接受消费者的监督。

3. 保障消费者人身和财产安全的义务

这一义务主要包含以下几个方面:(1)经营者应当保证其提供的商品或服务符合保障人身、财产安全的要求;(2)对可能危及人身、财产安全的商品和服务,应当向消费者作出真实的说明和明确的警示,并说明和标明正确使用商品或接受服务的方法以及防止危害发生的方法;(3)经营者发现其提供的商品或服务存在严重缺陷,即使正确使用商品或服务时仍然可能对人身、财产安全造成危害的,应当立即向有关部门报告和告知消费者,并采取防止危害发生的措施。

4. 信息提供义务

即经营者有义务提供一切真实消息,不做虚假宣传。这一义务包括:(1)经营者应当向消费者提供有关商品或服务的真实信息,不作引人误解的虚假宣传;(2)经营者对消费者就其提供的商品或服务的质量和使用方法等问题所提出的询问,应当作出真实明确的答复;(3)商店提供的商品应当明码标价;(4)经营者应当标明其真实名称和标记;(5)租赁他人柜台或者场地的经营者,应当标明其真实名称和标记。

5. 出具凭证、单据的义务

经营者提供商品或服务,应当按照国家有关规定或商业惯例向消费者出具购货凭证或服务单据,消费者索要购物凭证或服务单据,经营者必须出具。

6. 品质担保义务

《消费者权益保护法》第二十三条规定:(1)经营者应当保证在正常使用商品或者服务的情况下其提供的商品或者服务应当具有的质量、性能、用途和有效期限;但消费者在购买该商品或接受服务前已经知道其存在瑕疵的除外。(2)经营者以广告、产品说明、实物样品或其他方式表明商品或服务的质量状况的,应当保证其提供的商品或服务的实际质量与表明的质量状况相符。

缺陷一般是指严重的问题,涉及财产人身安全。瑕疵一般指较轻的问题,微小,不影响商品的使用。注意:如何认定单罚行为和单诺行为?对于单罚行为(偷一罚十),违反法治原则,无效;对于单诺行为(全场无假货、假一赔十),认定上有争议,一种观点认为可能导致不正当竞争,还有一种观点认为其本身就是订约相对人的单方允诺,只要其做到允诺的内容即认为是合法的。

7. 保证提供可提供的商品或服务的义务

经营者对已有的、可提供的商品和服务应当保证提供;不得寻找借口拒绝提供,如出租车司机不得无正当理由而拒载。

8. 售后服务义务

主要是指"三包"义务。经营者提供的商品或者服务不符合质量要求的,消费者可以依照国家规定、当事人约定退货,或者要求经营者履行更换、修理等义务。没有国家规定和当事人约定的,消费者可以自收到商品之日起七日内退货;七日后符合法定解除合同条件的,消费者可以及时退货,不符合法定解除合同条件的,可以要求经营者履行更换、修理等义务。

依照前款规定进行退货、更换、修理的,经营者应当承担运输等必要费用。

9. 不得从事不公平、不合理交易义务

经营者不得以格式条款、通知、声明、店堂告示等方式,作出排除或者限制消费者权利、减轻或者免除经营者责任、加重消费者责任等对消费者不公平、不合理的规定,不得利用格式条款并借助技术手段强制交易。

格式条款、通知、声明、店堂告示等含有前款所列内容的,其内容无效。

格式条款是当事人为了重复使用而预先拟定,并在订立合同时未与对方协商的条款。格式条款在金融、电信、供水、供电等领域广泛应用,具有便利交易、降低成本等优点。但由于格式条款是经营者按照自己单方意愿拟定的,重点必然落在维护自身利益上。一些经营者利用其优势地位,在制定格式条款时只强调权利,有意识地逃避法定义务,甚至将不公平条款强加给消费者,引起消费者的强烈不满。

10. 无理由退货义务

经营者采用网络、电视、电话、邮购等方式销售商品,消费者有权自收到商品之日起七日内退货,且无须说明理由,但下列商品除外:(一)消费者定做的;(二)鲜活易腐的;(三)在线下载或者消费者拆封的音像制品、计算机软件等数字化商品;(四)交付的报纸、期刊。

除前款所列商品外,其他根据商品性质并经消费者在购买时确认不宜退货的商品,不适用无理由退货。

消费者退货的商品应当完好。经营者应当自收到退回商品之日起七日内返还消费者支付的商品价款。退回商品的运费由消费者承担;经营者和消费者另有约定的,按照约定。

这一规定其实是新增了冷静期制度,赋予消费者在网购时的“后悔权”,旨在平衡消费者和经营者之间信息不对称导致的问题。考虑到网络购物市场的发育程度和对经营者的影响,防止有的消费者滥用这种权利,同时明确了不宜退货的情形、退货的商品应当完好以及退货费用的承担等细节,从而增强了法律适用的确定性和可操作性。对于法律明确列明的商品之外,商品性质不宜退货的,要求必须经消费者购买时确认,解决了可能发生的事后争议。

11. 尊重消费者人格的义务

经营者不得对消费者进行侮辱、诽谤,不得搜查消费者的身体及其携带的物品,不得侵犯消费者的人身自由。

第三节　消费者权益的保护

一、消费者权益的保护机构和组织

(一)消费者权益的保护机构

《消费者权益保护法》第四章规定了国家保护消费者合法权益的基本内容。国家通过立法机关、行政机关和司法机关的各种职能活动,实现对消费者合法权益的保护。

1. 立法保护机关。有关消费者权益保护方面的各项法律、行政法规是由全国人大及其常委会、国务院及所属的主管机关或省、自治区、直辖市、人大常委会制定和颁布的,它是国家充分有效地保护消费者合法权益的基础和依据。

2. 行政保护机关。各级人民政府及其所属工商行政管理机关、技术监督部门、卫生监督管理部门、进出口商品检验部门等行政部门是《消费者权益保护法》的主要实施者,它们通过履行各自的行政管理职能,保护消费者的合法权益。

3. 司法保护机关。人民法院和人民检察院是对消费者合法权益实施司法保护的主要机关。人民法院是代表国家行使审判权的司法机关。《消费者权益保护法》特别规定了人民法院对消费者合法权益的保护职责。按规定,人民法院应当采取措施,方便消费者提起诉讼,对符合《民事诉讼法》起诉条件的消费者权益争议必须受理,及时审理,依法惩处侵害消费者权益的违法犯罪行为,加强对消费者的全面保护。

(二)消费者权益的保护组织

中国消费者协会和地方各级消费者协会,是我国保护消费者合法权益的主要社会组织。根据《消费者权益保护法》的规定,消费者协会的职能是:向消费者提供信息和咨询服务;参与有关行政部门对商品和服务的监督检查;就有关消费者合法权益问题,向有关行政部门反映、查询、提出建议;受理消费者的投诉,并对投诉事项进行调查、调解;投诉事项涉及商品和服务质量问题的,可以提请鉴定部门鉴定,鉴定部门应当告之鉴定结论;就损害消费者合法权益的行为,支持受害的消费者提起诉讼;对损害消费者合法权益的行为,通过大众传播媒介予以揭露、批评。

消费者组织依法履行以上职责，对商品和服务进行社会监督，保护消费者的合法权益。为了保证消费者协会的权威性、独立性和公正性，法律规定消费者协会不得从事商品经营和营利服务，不得以牟利为目的向社会推荐商品和服务。

二、消费者权益争议的解决

消费者权益争议，是指消费者和经营者之间在买卖商品、接受和提供服务过程中，因权利受到侵害或者义务的不履行所产生的争议。

（一）消费者权益争议中赔偿主体的确定

为了避免生产经营者相互推诿，逃避承担法律责任，《消费者权益保护法》规定了有利于消费者的求偿原则，并根据侵害情况分别确定赔偿主体：

1. 消费者在购买、使用商品时，其合法权益受到损害的，可以向销售者要求赔偿，销售者赔偿后，属于生产者的责任或者属于其他有关责任人的责任的，销售者有权向生产者或者其他有关责任人追偿。

2. 消费者或其他受害人因商品缺陷造成人身、财产损害的，可以向销售者要求赔偿，也可以向生产者要求赔偿。属于生产者责任的，销售者赔偿后，有权向生产者追偿；属于销售者责任的，生产者赔偿后，有权向销售者追偿。

3. 消费者接受服务时，其权益受到损害的，有权向服务的提供者要求赔偿。

4. 消费者在购买、使用商品或者接受服务时，其权益受到损害，原企业分立、合并的，可以向变更后承担该企业权利义务的企业要求赔偿。

5. 使用他人营业执照的违法经营者提供商品或者服务，损害消费者权益的，消费者有权向其要求赔偿，也可以向营业执照的持有人要求赔偿。

6. 消费者在展销会、租赁柜台购买商品或者接受服务，其合法权益受到损害的，可以向销售者或者服务者要求赔偿。展销会结束或者柜台租赁期满后，也可以向展销会的举办者、柜台的出租者要求赔偿。展销会的举办者、柜台的出租者赔偿后，有权向销售者或服务者追偿。

7. 消费者通过网络交易平台购买商品或者接受服务，其合法权益受到损害的，可以向销售者或者服务者要求赔偿。网络交易平台提供者不能提供销售者或者服务者的真实名称、地址和有效联系方式的，消费者也可以向网络交易平台提供者要求赔偿；网络交易平台提供者作出更有利于消费者的承诺的，应当履行承诺。网络交易平台提供者赔偿后，有权向销售者或者服务者追偿。

网络交易平台提供者明知或者应知销售者或者服务者利用其平台侵害消费者合法权益，未采取必要措施的，依法与该销售者或者服务者承担连带责任。

8. 消费者因经营者利用虚假广告或者其他虚假宣传方式提供商品或者服务，其合法权益受到损害的，可以向经营者要求赔偿。广告经营者、发布者发布虚假广告的，消费者可以请求行政主管部门予以惩处。广告经营者、发布者不能提供经营者的真实名称、地址和有效联系方式的，应当承担赔偿责任。

广告经营者、发布者设计、制作、发布关系消费者生命健康商品或者服务的虚假广告，造成消费者损害的，应当与提供该商品或者服务的经营者承担连带责任。

社会团体或者其他组织、个人在关系消费者生命健康商品或者服务的虚假广告或者其他虚假宣传中向消费者推荐商品或者服务，造成消费者损害的，应当与提供该商品或者服务的经营者承担连带责任。

(二)消费者权益争议的解决途径

消费者和经营者发生消费者权益争议的，可以根据情况，选择下列途径解决：

1. 与经营者协商解决。这是指消费者权益争议发生后，消费者和经营者在平等自愿的基础上，按照公平、合理的原则，摆明事实、分清责任，互相谅解，达成解决争议的一致意见。

2. 请求消费者协会或者依法成立的其他调解组织调解。消费者协会可以在查明事实的基础上，对当事人的争议进行调解，引导双方自愿协商、解决争议。消费者协会的调解属于民间调解，不具有法律强制力，一旦当事人对达成的协议反悔，则需要通过其他途径解决争议。

3. 向有关行政管理部门投诉。主要是向工商行政管理部门投诉，依靠行政手段解决消费者权益争议。

4. 根据与经营者达成的仲裁协议提请仲裁机构仲裁。发生消费争议的当事人根据双方达成的仲裁协议，自愿将争议提交仲裁机关依法裁决。仲裁机构作出的仲裁裁决，当事人必须自觉履行。否则，权利人可以申请人民法院强制执行。

5. 向人民法院提起诉讼。即通过司法审判程序解决消费者权益争议，这是对消费者合法权益最具权威的一种保护方法。凡是符合起诉条件的消费争议，人民法院均应及时受理，依法制裁违法行为，保护消费者的合法权益。

三、侵害消费者权益的法律责任

经营者侵害消费者合法权益的行为是违法行为，应当承担相应的法律责任。《消费者权益保护法》根据违法行为的不同性质、损害大小、情节轻重，分别确定了民事责任、行政责任和刑事责任。

(一)经营者的民事责任

经营者提供商品或者服务有下列情形之一的，应依法承担民事责任：

1. 商品存在缺陷的；
2. 不具备商品应当具备的使用性能而出售时未说明的；
3. 不符合在商品或者其包装上注明采用的商品标准的；
4. 不符合商品说明、实物样品等方式表明的质量状况的；
5. 生产国家明令淘汰的商品或者销售失效、变质的商品的；
6. 销售的商品数量不足的；
7. 服务的内容和费用违反约定的；
8. 对消费者提出的修理、重作、更换、退货、补足商品数量、退还货款或服务费用或者赔偿损失的要求，故意拖延或者无理拒绝的；
9. 法律法规规定的其他损害消费者权益的情形。

对于以上违法行为，根据损害程度轻重，经营者应当分别承担相应的民事责任：

1. 人身损害的赔偿责任。人身损害包括死亡损害和致伤损害两种。

2. 财产损害的赔偿责任。经营者提供商品或者服务，造成消费者财产损害的，应当按照消费者的要求，以修理、重作、更换、退货、补足商品数量、退还货款和服务费用或者赔偿损失等方式承担民事责任。消费者与经营者另有约定的，按照约定履行。

3. 在特殊情况下经营者的赔偿责任。具体包括：（1）经营者以邮购方式提供商品的，应当按照约定提供。未按照约定提供的，应当按照消费者的要求履行约定或者退回货款；并承担消费者必须支付的合理费用。（2）经营者以预收款方式提供商品或者服务的，应当按照约定提供。未按照约定提供的，应当按照消费者的要求履行约定或者退回预付款，并应当承担预付款的利息、消费者必须支付的合理费用。（3）依法经有关行政部门认定为不合格的产品，消费者要求退货的，经营者应当负责退货。

4. 惩罚性赔偿责任。经营者提供商品或者服务有欺诈行为的，应当按照消费者的要求增加赔偿其受到的损失，增加赔偿的金额为消费者购买商品的价款或者接受服务的费用的三倍；增加赔偿的金额不足五百元的，为五百元。法律另有规定的，依照其规定。

经营者明知商品或者服务存在缺陷，仍然向消费者提供，造成消费者或者其他受害人死亡或者健康严重损害的，受害人有权要求经营者依照本法第四十九条、第五十一条等法律规定赔偿损失，并有权要求所受损失二倍以下的惩罚性赔偿。

（二）经营者的行政责任

经营者有下列情形之一的，应当承担行政责任：提供的商品或者服务不符合保障人身、财产安全要求的；在商品中掺杂、掺假、以假充真、以次充好，或者以不合格商品冒充合格商品的；生产国家明令淘汰的商品或者销售失效、变质的商品的；伪造商品的产地，伪造或者冒用他人的厂名、厂址，伪造或者冒用认证标志等质量标志的；销售的商品应当检验、检疫而未检验、检疫或者伪造检验、检疫结果的；对商品或者服务作假或引人误解的宣传的；拒绝或者拖延有关行政部门责令对缺陷商品或者服务采取停止销售、警示、召回、无害化处理、销毁、停止生产或者服务等措施的；对消费者提出的修理、重作、更换、退货、补足商品数量、退还货款和服务费用或者赔偿损失要求，故意拖延或者无理拒绝的；侵害消费者人格尊严或者侵害消费者人身自由或侵犯消费者个人信息依法得到保护的权利的；法律、法规规定的对损害消费者权益应当予以处罚的其他情形。

以上违法行为，《产品质量法》和其他有关法律、法规对处罚机关和处罚方式有规定的，依照法律、法规的规定执行；法律、法规未作规定的，由工商行政管理部门责令改正，可以根据情节单处罚金或者并处警告、没收违法所得，处以违法所得一倍以上五倍以下罚款，没有违法所得的，处以一万元以下的罚款；情节严重的，责令停业整顿、吊销营业执照。

（三）经营者的刑事责任

经营者有以下严重侵害消费者或者其他人合法权益的情形之一，构成犯罪的，应当承担刑事责任：经营者提供商品或者服务，造成消费者或者其他受害人人身伤害，构成犯罪的；经营者提供商品或者服务，造成消费者或者其他受害人死亡，构成犯罪的；以暴力、威胁等方式阻碍有关行政部门工作人员依法执行职务的；国家机关工作人员玩忽职守或者包庇经营者侵害消费者合法权益的行为，情节严重，构成犯罪的。

【相关法条】

《消费者权益保护法》。1993年10月31日第八届全国人民代表大会常务委员会第四次会议通过,根据2009年8月27日第十一届全国人民代表大会常务委员会第十次会议《关于修改部分法律的决定》第一次修正,根据2013年10月25日第十二届全国人民代表大会常务委员会第五次会议《关于修改〈中华人民共和国消费者权益保护法〉的决定》第二次修正。

【消费纠纷裁判规则】

1. 殷某义诉武汉某超市有限公司汉阳分公司买卖合同纠纷案

【裁判要旨】经营者销售过期食品,属于明知食品不安全而销售的行为,消费者有权请求退还货款并支付价款十倍赔偿。

【基本案情】2013年6月17日,殷某义向武汉某超市有限公司汉阳分公司(以下简称某超市)支付251元,购买桃花姬阿胶糕1盒,食品外包装载明的生产日期为2012年8月7日,保质期为10个月。购买后殷某义发现食品已过保质期,向该超市要求退货无果,遂向湖北省武汉市汉阳区人民法院起诉,请求某超市退还货款251元,十倍赔偿货款2 510元,支付交通费3 000元、精神抚慰金3 000元。

【裁判规则】一审法院认为,殷某义提供的购物发票可以证实其与某超市建立了买卖合同关系。关于殷某义现持有已过期并据以提起诉讼的桃花姬阿胶糕是否就是当时某超市所销售的商品的认定,首先,殷某义提供了商品实物及购物发票,完成了证明消费者购物的举证责任,且殷某义于购买当日就向某超市反映情况要求退货,双方协商不成于同日向武汉市工商行政管理局汉阳分局进行了申诉,殷某义反映产品质量问题很及时。某超市虽辩称殷某义要求退货的过期桃花姬阿胶糕不是某超市卖场提供的,但未向法院提交同期进货的证据证实不是某超市卖场销售的,与殷某义提供的桃花姬阿胶糕不是一批次产品。某超市不能提供完整的食品进货查验记录,应承担举证不能的责任。其出售超过保质期的食品是法律所禁止的行为。据此,一审法院依照《中华人民共和国食品安全法》(以下简称《食品安全法》)第九十六条的规定,判决某超市退还货款251元,十倍赔偿货款2 510元,赔偿殷某义交通费500元。某超市以原审认定事实和适用法律有误为由提起上诉。武汉市中级人民法院二审认为,某超市主张本案所涉商品不是由其销售,但又不能提供充足的证据予以证明,且其对殷某义出具的购物发票没有异议,故对其主张不予支持。某超市销售过期食品为法律所禁止,依法应承担赔偿责任。法院对其不是故意销售过期食品,不应承担赔偿责任的主张不予支持,判决维持原判。

2. 刘某诉陕西某药房买卖合同纠纷案

【裁判要旨】经营者出售假冒其他批号的保健食品,属于出售明知是不安全的食品,消费者有权请求退还货款并支付价款十倍赔偿。

【基本案情】2012年10月19日,刘某向陕西某药房(以下简称某药房)支付280元购买4盒"快速瘦身减肥胶囊",产品包装注明批准文号为卫食健字(2003)第0129号。刘某购买后未拆封、未食用。后登录国家食品药品监督管理局网站查询,未找到该产品的相关信息。另根据产品包装上注明的批准文号卫食健字(2003)第0129号,查询出经中华人民共和国卫生部(现卫计委,下同)批准的该文号下的保健品名称为“俏妹牌减肥胶囊”。刘某认为其所购的保健食品未在国家食品药品监督管理局(现国家食品药品监督管理总局,下同)登记,应为不合格的假冒产品,遂向陕西省西安市莲湖区人民法院提起诉讼,请求某药房退还货款280元,十倍赔偿购货价款2 800元。

【裁判规则】受诉法院经审理认为,某药房销售的“快速瘦身减肥胶囊”属于保健食品,该食品上标注的“食卫健字(2003)第0129号”批准文号,与国家食品药品监督管理局网站中的同一批准文号的产品名称“某品牌减肥胶囊”不一致,某药房也未能提供该产品相关准许生产的证明文件。《保健食品管理办法》第五条规定:“凡声称具有保健功能的食品必须经卫生部审查确认”;该办法第二十一条第五项规定:“保健食品标签和说明书必须符合国家有关标准和要求,并标明保健食品批准文号”。某药房销售的保健食品“快速瘦身减肥胶囊”系冒用批准文号的商品,其行为违反了上述规定。某药房作为销售者,在进货时未审查相关批准证书,使该产品进入流通环节,其行为构成《食品安全法》第九十六条第二款“销售明知是不符合食品安全标准的食品”,应依法退货退款并支付赔偿金。该院遂判决某药房退还刘某货款280元,并向刘某赔偿十倍购物价款2 800元。某药房未上诉。

3. 王某诉某科技有限责任公司网络购物合同纠纷案

【基本案情】2014年4月8日,某科技有限责任公司(以下简称某公司)在其官方网站上发布的广告显示:10 400 mAh移动电源,节日特价49元。当日,王某在该网站上订购了以下两款移动电源:金属移动电源10 400 mAh银色69元和移动电源5 200 mAh银色39元。王某提交订单后,于当日通过支付宝向某公司付款108元。同月12日,王某收到上述移动电源及配套的数据线。同月17日,王某发现使用5 200 mAh移动电源的原配数据线不能给手机充满电,故与某公司的客服联系,要求调换数据线。公司同意调换并已收到该数据线。此后,王某以某公司对其实施价格欺诈为由向北京市海淀区人民法院起诉,请求撤销网络购物合同,王某退还某公司涉案移动电源,并请求某公司:1. 赔偿王某500元;2. 退还王某购货价款108元;3. 支付王某快递费15元;4. 赔偿王某交通费、打印费、复印费100元。

【裁判要旨】销售者网上销售商品有价格欺诈行为,诱使消费者购买该商品的,即使该商品质量合格,消费者有权请求销售者“退一赔三”和保底赔偿。

【裁判规则】一审法院认为,涉案网络购物合同有效,某公司的行为不构成欺诈,王某的诉讼请求证据不足,故判决驳回其诉讼请求。王某不服,向北京市第一中级人民法院提起上诉称,某公司提前一周打出原价69元电源节日卖49元的广告,欺骗消费者进行排队抢购,销售当天广告还在,但商品却卖69元,某公司为网购设定了定时抢购,抢购时间不到20分钟,其行为已构成价格欺诈。二审法院认为,涉案网购合同有效,消费者拥有公平交易权和商品知情权。由于某公司网络抢购此种销售方式的特殊性,该广告与商品的抢购界面直接链接且消费者需在短时间内作出购买的意思表示。王某由于认同某公司广告价格49元,故在节日当日作出抢购的意思表示,其真实意思表示的价格应为49元,但从某网站订单详情可以看出,王某于2014年4月8日14时30分下单,订单中10 400 mAh移动电源的价格却为69元而非49元。某公司认可该公司商城活动界面显示错误,存在广告价格与实际结算价格不一致之情形,但其解释为电脑后台系统出现错误。由于某公司事后就其后台出现错误问题并未在网络上向消费者作出声明,且其无证据证明节日当天其电脑后台出现故障,故二审法院认定某公司对此存在欺诈消费者的故意,王某关于10 400 mAh移动电源存在欺诈请求撤销合同的请求合理,对另一电源双方当事人均同意解除合同,二审法院准许。据此,该院依法判决王某退还某公司上述移动电源,某公司保底赔偿王某 500 元,退还王某货款 108 元,驳回王某其他诉讼请求。

4. 李某东诉某电子商务股份有限公司网购合同纠纷案

【裁判要旨】电商作为销售者在利用他人网络销售货物过程中有欺诈行为,交易后与消费者达成赔偿协议而不履行,消费者有权请求销售者依照协议承担赔偿责任。

【基本案情】2012 年 8 月 9 日,李某东在淘宝网购买了某电子商务股份有限公司(以下简称某公司)销售的白酒 6 瓶,网上商品页面描述为"白酒中国名牌 52 度五粮液(1618)500 mL 特价",成交价为 8 349 元。交易完成后李某东查询上述网页发现,其购买的白酒在某公司的淘宝店铺中标注的商品"特价和原价"相等,于是向北京市价格举报中心举报。之后,李某东与某公司达成谅解协议书,约定双方于协议签订后 5 日内完成退货、退款手续,某公司赔偿李某东 8 394 元,如一方违约,承担总金额 20%的违约金。因某公司未履行该协议,李某东诉至江苏省滨海县人民法院,请求某公司赔偿 8 394 元并承担违约金 1 678. 8 元。

【裁判规则】受诉法院认为,经营者与消费者进行交易,应当遵循自愿、平等、公平、诚实信用的原则。经营者在交易过程中,应当向消费者提供有关商品的真实信息,不得进行虚假宣传。在本案网络交易过程中,某公司以网上销售的是特价商品来误导消费者,其行为已构成欺诈,依法应当承担法律责任。李某东在请求赔偿过程中与某公司达成了谅解,因某公司未能按照该协议约定义务履行,其行为已构成违约,应当承担违约责任。因此,李某东要求某公司按照协议履行赔偿义务的诉讼请求,符合法律规定,依法应予支持。经受诉法院合法传唤,某公司无正当理由拒不到庭参加诉讼,视为放弃其抗辩权,应当承担对其不利的法律后果。受诉法院判决某公司给付李某东赔偿款 8 394 元,并承担违约金 1 678. 8 元,共计 10 072. 8 元。某公司未上诉。

5. 杨某诉巴彦淖尔市合众某速递有限公司乌拉特前旗分公司、付某春网络购物合同纠纷案

【基本案情】2013 年 3 月 19 日,杨某以网购形式从付某春开办的电子经营部购买价值 15 123 元的电脑 1 台,下单后货款及邮寄费 95 元均已向会付某春付清。同日,付某春委托巴彦淖尔市合众某速递有限公司乌拉特前旗分公司(以下简称速递公司)送货。该货物于同月 24 日到达交货地后被他人冒领。为此,杨某多次要求付某春交货未果,遂诉至内蒙古自治区乌拉特前旗人民法院,请求判令速递公司、付某春赔偿其电脑款 15 123 元和邮寄费 95 元。

【裁判要旨】消费者网购的货物在交付过程中被他人冒领,消费者主张销售者与送货人共同承担赔偿责任的,根据合同相对性原则,应由销售者承担赔偿责任。

【裁判规则】受诉法院认为,杨某以网购形式从付某春处购买商品,并向付某春支付了货款和邮寄费,付某春作为托运人委托速递公司将货物交付给杨某,分别形成网购合同关系和运输合同关系。从当事人各自的权利义务来看,在网购合同中,杨某通过网上银行已经支付了货款和邮寄费,履行了消费者的付款义务,付某春作为销售者依约负有向杨某交货的义务。虽然付某春已将货物交给速递公司发运,但在运输过程中,速递公司的工作人员在送货时未验证对方身份信息擅自将货物交由他人签收,销售者付某春尚未完成货物交付义务,构成违约,故对杨某请求付某春赔偿已付的电脑款 15 123 元,邮寄费 95 元的诉讼请求应予支持。根据合同相对性原则,合同只约束缔约双方当事人,速递公司将货物错交

给他人,属于付某春与速递公司之间的运输合同关系。速递公司不应在本案中承担赔偿责任,故对杨某关于速递公司应当承担赔偿责任的请求不予支持。受诉法院判决付某春赔偿杨某已付的电脑款 15 123 元及邮寄费 95 元。当事人均未上诉。

【诊所式案例分析】

孙某山诉南京某超市有限公司江宁店买卖合同纠纷案

【基本案情】2012 年 5 月 1 日,原告孙某山在被告南京某超市有限公司江宁店(以下简称某超市江宁店)购买"某牌"香肠 15 包,其中价值 558.6 元的 14 包香肠已过保质期。孙某山到收银台结账后,即径直到服务台索赔,后因协商未果诉至法院,要求某超市江宁店支付 14 包香肠售价十倍的赔偿金 5 586 元。

【裁判结果】江苏省南京市江宁区人民法院于 2012 年 9 月 10 日作出(2012)江宁开民初字第 646 号民事判决。被告某超市江宁店于判决发生法律效力之日起 10 日内赔偿原告孙某山 5 586 元。宣判后,双方当事人均未上诉,判决已发生法律效力。

【裁判要点】消费者购买到不符合食品安全标准的食品,要求销售者或者生产者依照《食品安全法》规定支付价款十倍赔偿金或者依照法律规定的其他赔偿标准赔偿的,不论其购买时是否明知食品不符合安全标准,人民法院都应予支持。

【裁判理由】法院生效裁判认为,关于原告孙银山是否属于消费者的问题。《消费者权益保护法》第二条规定:"消费者为生活消费需要购买、使用商品或者接受服务,其权益受本法保护;本法未作规定的,受其他有关法律、法规保护。"消费者是相对于销售者和生产者的概念。只要在市场交易中购买、使用商品或者接受服务是为了个人、家庭生活需要,而不是为了生产经营活动或者职业活动需要的,就应当认定为"为生活消费需要"的消费者,属于消费者权益保护法调整的范围。本案中,原、被告双方对孙银山从某超市江宁店购买香肠这一事实不持异议,据此可以认定孙银山实施了购买商品的行为,且孙银山并未将所购香肠用于再次销售经营,某超市江宁店也未提供证据证明其购买商品是为了生产经营。孙银山因购买到超过保质期的食品而索赔,属于行使法定权利。因此某超市江宁店认为孙银山"买假索赔"不是消费者的抗辩理由不能成立。

关于被告某超市江宁店是否属于销售明知是不符合食品安全标准食品的问题。《食品安全法》第三条规定:"食品生产经营者应当依照法律、法规和食品安全标准从事生产经营活动,对社会和公众负责,保证食品安全,接受社会监督,承担社会责任。"该法第二十八条第(八)项规定,超过保质期的食品属于禁止生产经营的食品。食品销售者负有保证食品安全的法定义务,应当对不符合安全标准的食品自行及时清理。某超市江宁店作为食品销售者,应当按照保障食品安全的要求储存食品,及时检查待售食品,清理超过保质期的食品,但某超市江宁店仍然摆放并销售货架上超过保质期的"某牌"香肠,未履行法定义务,可以认定为销售明知是不符合食品安全标准的食品。①

关于被告某超市江宁店的责任承担问题。《食品安全法》第九十六条第一款规定:"违反本法规定,造成人身、财产或者其他损害的,依法承担赔偿责任。"第二款规定:"生产不符

① 《食品安全法》已于 2015 年修订、2018 年和 2021 年两次修正,法院裁判文书中援引的条文顺序和内容已进行了相应修改,请以最新规定为准。

合食品安全标准的食品或者销售明知是不符合食品安全标准的食品,消费者除要求赔偿损失外,还可以向生产者或者销售者要求支付价款十倍的赔偿金。”当销售者销售明知是不符合安全标准的食品时,消费者可以同时主张赔偿损失和支付价款十倍的赔偿金,也可以只主张支付价款十倍的赔偿金。本案中,原告孙银山仅要求某超市江宁店支付售价十倍的赔偿金,属于当事人自行处分权利的行为,应予支持。关于被告某超市江宁店提出原告明知食品过期而购买,希望利用其错误谋求利益,不应予以十倍赔偿的主张,因前述法律规定消费者有权获得支付价款十倍的赔偿金,因该赔偿获得的利益属于法律应当保护的利益,且法律并未对消费者的主观购物动机作出限制性规定,故对其该项主张不予支持。

【练习题】

一、单选题

1. 对下列各项中的哪一行为,消费者可以根据《消费者权益保护法》的规定,按照其购买价款的一倍要求经营者支付赔偿?(　　)

A. 销售的商品上没有注明生产日期,也没有保质日期

B. 销售的商品上没有标明生产厂名和厂址

C. 谎称某国产电器为“进口原装”电器进行销售

D. 向消费者出售国家明令淘汰的商品

2. 以下各项问题能够给予肯定回答的是(　　)。

A. 张某发现8月水费大大高于其他月份,遂到自来水公司询问,自来水公司解释由于8月张某所在的楼的总水表流量大大高于各家的分水表流量之和,为维护公司利益,也为了该楼用户以后可以互相监督,所以将差额平摊到各家用户。自来水公司的作法合法吗?

B. 王某到某市旅游,在某景点处发现公厕很少,并且每人去一次厕所收费10元。公厕收费合法吗?

C. 10月李某得知单位马上派遣他到外地担任销售代表一年,遂决定不交今年的取暖费,供暖公司通知李某,办理停止供暖手续的时间已过,李某必须交纳供暖费。李某有权拒绝供暖公司的要求吗?

D. 陈某发起成立了“315维权会”,为消费者免费提供有关维护消费者权益的咨询服务。陈某的行为违法吗?

3. 消费者李某在购物中心购买了一台音响设备,依法经有关行政部门认定为不合格商品,李某找到购物中心要求退货。下列何种处理方法是正确的?(　　)

A. 该购物中心认为可以通过更换使李某得到合格产品,因而拒绝退货

B. 该购物中心认为该产品经过修理能达到合格,因而拒绝退货

C. 该购物中心应按照消费者的要求无条件负责退货

D. 该购物中心可以依法选择修理、更换、退货中的任一方式

4. 农民贾某从某种子站购买了五种农作物良种,正常耕种后有三种农作物分别减产30%、40%和50%。经鉴定,这三种种子部分属于假良种。对此,下列哪一选项不正确?(　　)

A. 贾某可以向消费者协会投诉

B. 贾某只能要求种子站退还购良种款

C. 贾某可以要求种子站赔偿减产损失

D. 贾某可以向当地工商局举报，要求对种子站进行罚款

5. 甲经贸公司租赁乙大型商场柜台代销丙厂名牌床罩。为提高销售额，甲公司采取了多种促销措施。下列措施哪一项违反了法律规定？（　　）

A. 在摊位广告牌上标明“厂家直销”

B. 在商场显著位置摆放该产品所获的各种奖牌

C. 开展“微利销售”，实行买一送一或者买 100 元返券 50 元

D. 对顾客一周之内来退货“不问理由一概退换”

6. 某厂生产的液化石油气罐明示的安全使用期为 5 年，某消费者从购买新罐之日起用至第 4 年时该罐发生泄漏并造成火灾，下列说法正确的是（　　）。

A. 消费者在火灾发生后 3 年提起诉讼，已超过诉讼时效

B. 消费者在火灾发生后 2 年提起诉讼，虽未超过诉讼时效，但因超过了安全使用期，请求权丧失

C. 消费者诉讼时效期间为自火灾发生后 15 年，因为请求权存续的期间为《产品质量法》规定的 10 年加上某厂承诺的 5 年安全使用期

D. 消费者诉讼时效期间为自火灾发生后 20 年，因为《民法典》规定的最长诉讼时效期间为 20 年

7. 任某在一商场的修表柜台修理一块某品牌金表，修理后不到半个月该表即出了问题。再至该商场已找不到修表的柜台，经询问才得知，修表柜台是出租柜台，租期已满，承租人即修表者已不知去向。后经他人对该金表拆开发现，机芯已被换掉。任某与商场交涉，商场拒绝承担任何责任。对此，正确的处理方式是（　　）。

A. 修表者是真正的加害者，任某只能向修表者主张权利

B. 因修表柜台是商场的，任某只能向商场主张权利

C. 因柜台租期已满，任某可以向商场主张权利，商场不得拒绝

D. 因柜台租期已满，又找不到修表者，责任只有由任某自负

8. 某市一医药经销处新购进一种名叫“特快生发灵”的生发药，为打开这种药的销路，经销处便到电视台做广告，宣称该药具有神奇效力。但消费者使用后，不同程度地出现脱发、头皮皮炎等症状。经鉴定，该药有明显的副作用，不宜使用。对此，消费者可以怎样保护自己的权益？（　　）

A. 消费者可以向医药公司要求赔偿损失，电视台如果不能提供医药公司的真实名称、地址的，也可以向电视台要求赔偿损失

B. 消费者对电视台的虚假广告行为没有任何请求惩处的权利

C. 消费者要求电视台赔偿损失，必须证明广告与购买行为有联系

D. 消费者要求电视台赔偿损失，只需证明电视台主观上有过错

9. 张某在百货商场购买一台电视机，使用 3 个月后出现故障。在“三包”有效期内，经 2 次修理仍无法正常使用。此时市场上已无同型号电视机。依照有关法律规定，该事件应如何解决？（　　）

A. 张某只能要求再次修理

B. 按照销售者单方意见执行

C. 如果张某要求,百货商场应无条件退货或予以更换

D. 百货商场应予退货,但可以抵销折旧费

10. 某外资企业员工林某花了 3 000 元从甲代销商的店铺买了乙厂生产的 MP3 一部,在向各同事展示时发生爆炸,虽然没有炸伤人,但是将同事王某和李某的 MP3 震破。经查是林某的 MP3 存在缺陷所致。以下对此事件说法正确的是(　　)。

A. 只有 MP3 的购买者林某才能主张赔偿权利

B. 只能向甲主张权利

C. 王某可以向乙厂主张权利

D. 对于王、李二人 MP3 的损坏,侵害人应当恢复原状

二、多选题

1. 2022 年 5 月 1—5 日北京某文化公司在人民展览馆举办“2022 北京家用电器博览会”,邀请众多厂家参会,甲公司应邀来参会,开展展销活动。但是因甲公司营业执照丢失,其借了乙公司的营业执照来参会。5 月 3 日,消费者赵某在甲公司的柜台购买了一只某厂生产的剃须刀。回来后,发现剃须刀没有其包装上说的多层养护功能。5 月 5 日,赵某可以向谁请求赔偿?(　　)

A. 甲公司　　B. 乙公司

C. 展销会主办者某文化公司　　D. 展销会场所人民展览馆

2. 2021 年 8 月 8 日,孙某带领年仅三岁的儿子到本村张某开的小商品零售点购买了 4 个某果冻饮料厂生产的“乐乐”牌小果冻。之后,孙某领着儿子离开张某零售点走到不远处时,其子因食用所购果冻而被果冻阻塞气管当场昏迷,不久之后窒息死亡。经产品质量监督检验所进行检验,“乐乐”牌果冻日期标示和贮藏说明未标示,产品标准号已过期,凝胶果冻应标明安全食用方法却未标示,检验结论:该样品本次检验标签不合格。法院还查明,张某所销售“乐乐”牌果冻系在某商场个体工商户马某处批发。则(　　)。

A. 孙某可以要求张某赔偿　　B. 孙某可以要求马某赔偿

C. 孙某可以请求生产商赔偿　　D. 孙某请求人身损害赔偿的诉讼时效是 1 年

3. 下列说法中正确的是(　　)。

A. 经营者提供商品或者服务有欺诈行为的,应当按照消费者的要求增加赔偿其受到的损失,增加赔偿金额为消费者购买商品的价款或者接受服务的费用的 2 倍

B. 经营者对行政处罚决定不服的,可以自收到处罚决定之日起 30 日内向人民法院提起诉讼

C. 对包修、包换、包退的大件商品,消费者要求经营者修理、更换、退货的,经营者应当承担运输等合理费用

D. 拒绝、阻碍有关行政部门工作人员依法执行职务,未使用暴力、威胁方法的,由公安机关依照《中华人民共和国治安管理处罚条例》的规定处罚

4. 陈某到一饭店就餐,饭店服务人韩某在给卡式煤气炉点火时,煤气炉突然爆炸,陈某、韩某及邻座顾客杜某均被炸伤。经查,煤气炉由甲厂生产,质量存在严重缺陷。下列有关表述中哪些是正确的?(　　)

A. 陈某既可以要求甲厂承担赔偿责任,也可以要求饭店承担赔偿责任

B. 韩某只能依劳动合同关系要求饭店赔偿损失

C. 杜某可以要求甲厂承担赔偿责任

D. 向甲厂要求赔偿的诉讼时效为 1 年,自身体受到伤害之日起计算

5. 甲在个体商贩乙的摊位上试穿一双皮鞋,后对颜色不太满意决定不买。乙指着墙上贴着的“无意勿动”标志,强行要求甲购买,并且不得还价。乙的行为侵犯了甲的哪些消费者权利?(　　)

A. 安全保障权　　B. 维护尊严权　　C. 自主选择权　　D. 公平交易权

6. 假设钱某借用了其朋友个体工商户赵某的营业执照,在甲商场租赁了柜台,并销售乙厂生产的压力锅,消费者李某在该柜台购买了一个压力锅,使用时压力锅爆炸,请问钱某有权向哪些主体要求承担赔偿责任?(　　)

A. 钱某　　B. 赵某　　C. 甲商场　　D. 乙厂

7. 在上题中,李某因为压力锅爆炸,致使烧毁价值 6 000 元的财产,李某个人也被烧伤致残,下列何种表述是正确的?(　　)

A. 李某因为身体伤害要求赔偿的诉讼时效为 1 年

B. 李某因为身体伤害要求赔偿的诉讼时效为 2 年

C. 李某可以向被告请求精神损害赔偿

D. 李某遭受的财产损失不属于产品责任,而属于违约责任

8. 乙厂生产压力锅时,为了便于宣传促销,将产品样品和技术资料提交给某市质量监督局指定的产品检验机构。该机构未进行任何检验,按照乙厂写的书面材料出具了产品的检验合格报告。随后,该市消费者协会的秘书长孙某又以该协会的名义出具了该压力锅的质量保证书。该产品投入市场后,连续发生产品质量事故,给消费者造成损失,消费者有哪些民事补救办法?(　　)

A. 要求乙厂承担民事赔偿责任

B. 要求该质量监督局承担连带赔偿责任

C. 要求该产品检验机构承担连带赔偿责任

D. 要求该消费者协会承担连带赔偿责任

9. 下列情形中,消费者因使用产品遭受人身损害,在请求赔偿时既可以要求甲公司赔偿,也可以要求乙公司赔偿的是(　　)。

A. 甲公司销售乙公司生产的存在缺陷的产品

B. 消费者购买甲公司生产的产品后,甲公司因并入乙公司而解散

C. 甲公司使用乙公司的营业执照销售产品

D. 甲公司租赁乙公司的柜台进行销售,租期未满

二、简答题

1. 简述消费者权益争议的解决途径。

2. 简述《消费者权益保护法》的基本原则。

三、案例分析题

居住某市南区的唐某向本市电信局支付 2 000 元初装费安装电话一部。2 个月后,唐某发现话费单上出现自己从未打过的长途电话,话费 150 余元,遂找电信局交涉。经查是电

信局设备技术故障所致。唐某多次要求电信局做进一步的解释并保证以后不再发生此类事情,电信局未予确认。不久,此类事情再次发生。唐某再次找电信局交涉,并要求电信局双倍返还多收的话费共计600余元。电信局遂派人到唐某所在单位,要求其单位领导做唐某的工作,让唐某不要再去电信局纠缠。此举引起唐某单位同事、邻居多人围观,议论纷纷,有人认为唐某意图趁机讹诈电信局。唐某甚怒,遂又找到电信局。电信局负责接待的人说:"我们把多收的话费退给你。如果你不要,那你就去法院告我们好了。你不是想要钱吗?开个价,10万、20万都可以。"唐某觉得羞辱无比,决意起诉电信局。请根据以上案情,回答下列问题:

(1)唐某的诉讼请求中有拆机终止电话服务合同,退还初装费2 000元的要求。电信局以上级主管部门有文件规定为由,只同意退还70%,对此应如何判断?

(2)对于因技术故障而多收的话费,正确的处理方法是什么?

(3)对于电信局多收电话费和与唐某交涉中的一系列行为,应当如何定性?

(4)若唐某仅提起终止电信服务合同的诉讼,享有管辖权的法院应当是哪里?

(5)法院可以判令本案被告承担何种民事责任?

【参考资料】

[1] 王兴运.消费者权益保护法[M].北京:北京大学出版社,2015.
[2] 吴宏伟.消费者权益保护法[M].北京:中国人民大学出版社,2014.
[3] 杨馨德.消费者权益保护法简明教程[M].上海:上海财经大学出版社,2020.
[4] 吴景明.消费者权益保护法[M].3版.北京:中国政法大学出版社,2021.

第十一章　产品质量法

【教学目标】

通过学习本章了解产品质量法的价值取向;理解产品的概念、产品质量法的适用范围;掌握我国的产品质量监管体制,产品质量监管制度,生产者、销售者的产品质量义务、产品质量责任和产品责任的区别;学会运用产品质量法分析案例和社会实践问题。

【教学要点和教学进程】

一、产品质量法概述

通过阐述产品质量法的含义及调整对象,帮助学生分析产品质量法的适用范围,理解《中华人民共和国产品质量法》(以下简称《产品质量法》)的价值取向,掌握产品的含义。

二、产品质量的监督与管理

通过对产品质量监督与管理的阐述,帮助学生了解我国的产品质量监管体制,理解我国的产品质量检验管理制度、标准化管理制度、企业质量体系认证制度、产品质量认证制度、以抽查为主要方式的产品质量监督检查制度和奖惩制度的具体含义及内容,掌握阐述企业质量体系认证制度和产品质量认证制度的立法规定。

三、生产者、销售者的产品质量义务

通过对生产者和销售者产品质量义务的阐述,帮助学生理解生产者的产品应该符合内在质量的要求、产品或者其包装上的标识应当符合要求、特殊产品的包装必须符合要求等作为义务;生产者不得生产国家明令淘汰的产品,不得伪造产地、伪造或者冒用他人的厂名、厂址等不作为义务。分析案例使学生理解销售者的产品质量义务。

四、产品质量法律责任

通过对产品质量法律责任的阐述,帮助学生理解产品质量责任的含义,掌握产品质量责任和产品责任的构成要件,领会产品质量责任和产品责任的关系,学会分析产品质量争议及违反产品质量法的法律责任。

【教学重点和难点】

教学重点:产品的概念;产品质量法的适用范围和价值取向;我国的产品质量监管体制;我国的产品质量监管制度;生产者、销售者的产品质量义务;产品质量法律责任。

教学难点:产品的概念;我国的产品质量监管制度;生产者、销售者的产品质量义务;产品质量法律责任。

【教学手段和方法】

讲授法、案例分析法。在讲授过程中注意结合案例,通过设问与提问,引导学生思考,从而帮助学生加深理解学习内容,提高理论思维能力。

第一节　产品质量法概述

一、产品质量法的含义及调整对象

产品质量法是调整产品质量监督管理关系和产品质量责任关系的法律规范的总称。这是对《中华人民共和国产品质量法》含义的基本界定。这表明其调整的对象为:第一,产品质量监督管理关系。这一关系是发生在行政机关在履行产品监督管理职能的过程中与生产经营者之间的关系,是管理、监督与被管理、被监督的关系。第二,产品质量责任关系。这一关系是发生在生产经营者与消费者,用户及其相关第三人之间的,因产品质量问题引发的损害赔偿责任关系,是一种在商品交易关系中发生的平等主体间的经济关系。

二、产品质量法的适用范围

(一)产品质量法的适用主体

产品质量法的适用主体非常广泛,主要包括如下方面。

1. 产品质量监督管理部门。产品质量监督管理部门是负责产品质量监督管理工作的国家机关,包括国务院产品质量监督管理部门和县级以上地方人民政府产品质量监督管理部门;也包括与产品质量监督管理工作有关的各级人民政府职能部门,如工商行政管理部门、食品卫生监督管理部门等。

2. 保护消费者权益的社会组织。保护消费者权益的社会组织是产品质量监督的辅助性机构,包括各级消费者协会、用户委员会等。

3. 用户。用户是指将产品用于集团性消费的企业、事业单位和其他社会组织。

4. 消费者。消费者是指将产品用于生活性消费的社会个体成员。

5. 受害者。受害者是指因产品存在缺陷而遭受人身、财产损害,从而有权要求获得损害赔偿的人,包括自然人、法人与社会组织。

6. 产品责任主体。产品责任主体是指产品责任的承担者。从各国立法和国际立法的规定来看,有两种:一是单一主体。以《欧洲共同体 1976 年产品责任指令草案》为代表,认定产品生产者为产品责任承担者,并对生产者做扩大解释,以涵盖销售者、进口商等责任人。二是复合主体。以美国为代表,认定产品制造者或销售者为责任人,并分别界定其范围。美国的产品责任法关于产品责任主体规定的范围要广得多。

(二)产品质量法的适用客体

产品质量法的适用客体即产品。对于产品质量法的适用客体,我们可以从两个方面去认识。

1. 产品的含义

关于产品,各国法律定义不一。我国《产品质量法》第二条规定:“本法所称产品是指经过加工、制作,用于销售的产品。”同时,又规定:“建设工程不适用本法规定;但是,建设工程使用的建筑材料、建筑物配件和设备,属于前款规定的产品范围的,适用本法规定。”第七十三条同时规定:“军工产品质量监督管理办法,由国务院、中央军事委员会另行制定。”由此可见,下列物品不适用《产品质量法》:(1)天然物品,如煤、油、水等;(2)农副产品;(3)初级加工品;(4)建筑工程;(5)专门用于军事的物品;(6)人体的器官及其组织体。

2. 产品质量的含义与分类

产品质量指产品应具有的、符合人们需要的各种特性和特征的总和。根据国际标准化组织制定的《质量术语》标准中对产品质量的界定,“产品特性”指产品必须具备规定的或潜在需要的性能。也即产品自身应固有的安全性、适用性的一般性能,以及可替换性、可维修性等个别性能。

在我国,产品质量是指国家有关法律、法规、质量标准,以及合同规定的对产品适用性、安全性和其他特性的要求。根据“需要”是否符合法律的规定,是否满足用户、消费者的要求,以及符合、满足的程度,产品质量可分为合格与不合格两大类。

其中,合格产品又分为符合国家质量标准、符合部级质量标准、符合行业质量标准和符合企业自行制定的质量标准四类。

不合格产品包括:(1)瑕疵。瑕疵是指产品质量不符合用户、消费者所需的某些要求,但不存在危及人身、财产安全的不合理危险,或者未丧失原有的使用价值。产品瑕疵可分为表面瑕疵和隐蔽瑕疵两种。(2)缺陷。缺陷是指产品存在危及人体健康、人身、财产安全的不合理的危险。包括设计上的缺陷、制造上的缺陷和未预先通知的缺陷。(3)劣质。劣质是指其标明的成分的含量与法律规定的标准不符,或已超过有效使用期限的产品。(4)假冒。假冒是指该产品根本未含法律规定的标准的内容,以及非法生产、已经变质的而根本不能作为某产品使用的产品。

在学习和理解产品质量不合格这一概念时,很多学者习惯用假冒伪劣来指产品质量不合格,这是十分错误的。产品质量不合格的范围要比假冒伪劣大得多。

三、产品质量法的立法价值

1. 引导并促使企业树立强烈的质量意识。在现代市场经济条件下,企业主要借助“产品”这一媒介与社会保持沟通与联系。因此,产品这一媒介作用,决定了在激烈的市场竞争中企业的生存。“质量就是生命”应成为企业经营管理的目标,尤其是市场竞争已经扩及国际市场,产品质量便上升为一个国际性问题。竞争主体经济实力的对比,完全取决于产品质量。在商品经济尚不够发达的我国,企业要想提高产品质量,仅仅依靠企业自身的力量和经济手段是不够的,还必须借助法律、法规这一国家强制性手段,才能真正、有效地帮助企业树立质量意识。

2. 切实保护消费者权益。有效保护消费者、用户与相关第三人的合法权益,是产品质量立法的生命之本。各国有关产品的立法均由最初侧重于维护生产经营者的利益,以期他们能为社会提供更多的产品,逐渐发展到愈加侧重维护消费者用户及相关第三人的利益,这既是有关产品立法的价值重心的转移,又是产品质量立法发展中的一个自我矫正过程。大多数产品质量问题都是在设计、制造、销售等环节中产生的,消费者、购买者在接受该产品或服务时是难以知晓并对此加以有效控制的。因而,如何维护其权益便成为产品立法的宗旨。

3. 维护健康、有序的市场秩序。市场秩序规制法旨在维护交易秩序,进而达到交易安全。而交易安全在市场交易中的一个决定因素,是交易客体是否"货真价实",其安全性如何。因此,产品质量高低是市场交易优劣的一个基本尺度。故,依法规制造产品,是保证市场健康发展的最有效的手段。《产品质量法》必须体现这一价值。

第二节　产品质量的监督与管理

一、产品质量的监督管理体制

《产品质量法》规定:"国务院市场监督管理部门主管全国产品质量监督工作。""县级以上地方市场监督管理部门主管本行政区域内的产品质量监督工作。县级以上地方人民政府有关部门在各自的职责范围内负责产品质量监督工作。"这就确立了统一管理与分工管理、层次管理与地域管理相结合的原则。根据此项规定,国务院和县级以上地方人民政府设立了技术监督局,后改称为质量技术监督局。经过 1998 年的国务院机构改革,国家质量技术监督局成为国务院管理标准化、计量、质量工作并行使执法监督职能的直属机构。

二、产品质量监督管理制度

(一)产品质量检验管理制度

产品质量检验是指按照特定的标准,对产品质量进行检测,以判明产品是否合格的活动。《产品质量法》关于产品质量检验的规定,主要包括两个方面的内容:

1. 关于产品质量检验的基本要求。按照规定,产品质量应当检验合格,不得以不合格产品冒充合格产品。

2. 关于产品质量检验机构。产品质量检验机构是指县级以上人民政府产品质量监督管理部门依法设置和依法授权的,为社会提供公正检验数据和检验结论的机构。

(二)标准化管理制度

1. 产品质量标准的制定。按照我国标准化法的规定,凡工业产品的品种、规格、质量、等级或者安全、卫生要求,工业产品的设计、生产、检验、包装、储存、运输、使用方法或者生产、储存、运输中的安全、卫生要求,工业生产的技术术语、符号、代号和制图方法等,需要统一的技术要求,应当制定标准。产品质量标准按其制定的部门或单位以及适用范围的不同,分为国家标准和行业标准。

2. 产品质量标准的实施。《中华人民共和国标准化法》将标准按照性质的不同,分为强制性标准和推荐性标准。强制性标准是必须执行的标准,它包括部分国家标准和行业标准以及全部地方标准,主要有药品标准,食品卫生标准,兽药标准,产品及产品生产、储运和使用中的安全、卫生标准,劳动安全、卫生标准,运输安全标准,国家需要控制的重要产品质量标准,等等。推荐性标准是不具有强制执行效力,由执行者自愿采用的标准,强制性标准以外的标准是推荐性标准,国际标准也是推荐性标准。

(三)企业质量体系认证制度

企业质量体系认证是由国家标准化组织提出,并为国际社会所普遍接受的质量管理措施。它是指依据国家质量管理和质量保证系列标准,经过认证机构对企业质量体系进行审核,通过颁发认证证书的形式,证明企业质量保证能力符合相应要求的活动。为使企业质量体系认证制度化、法制化,《产品质量法》规定,国家根据国际通用的质量管理标准,推选企业向质量管理部门,或者国务院产品质量监督管理部门授权的部门所认可的认证机构申请企业质量体系认证,经认证合格的,由认证机构颁发企业质量体系认证证书。

(四)产品质量认证制度

产品质量认证,是指依据产品标准和相应的技术要求,经认证机构确认,并通过颁发认证证书和认证标志来证明某一产品符合相应标准和技术要求的活动。我国产品质量认证制度从性质上来讲,属于自愿认证制,其基本内容是:

1. 认证对象。我国目前开展产品质量认证的对象主要包括电工产品、电动工具、电线电缆、低压电器、电子元器件、水泥、橡胶、汽车安全玻璃等产品。

2. 认证依据。《产品质量法》规定,国家参照先进的产品标准和技术要求,推行产品质量认证制度。这就表明,我国产品质量认证是根据国家认可的标准进行的。

3. 认证方式。我国产品质量认证方式采用国际上通行的第三方认证制度。质量认证由国务院产品质量监督管理部门或其授权的部门所认可的认证机构承担。

4. 认证种类。按照规定,我国产品质量认证分为合格认证和安全认证两种。

5. 认证原则。我国产品质量认证实行自愿认证制,即产品质量认证由企业自愿申请。

6. 认证的条件。按照规定,中国企业、外国企业均可提出认证申请。

(五)以抽查为主要方式的产品质量监督检查制度

《产品质量法》规定,国家对产品质量实行以抽查为主要方式的监督检查制度。

(六)奖惩制度

奖惩制度是世界各国普遍采用的一项产品质量调控措施。《产品质量法》规定,国家鼓励推行达到并超过行业标准、国家标准。对产品质量管理先进和产品质量达到国际先进水平、成绩显著的单位和个人,给予奖励。同时,还对违反《产品质量法》的单位和个人,规定了其应承担的民事责任、行政责任和刑事责任。

第三节　生产者、销售者的产品质量义务

一、生产者的产品质量义务

(一)作为的义务

产品应该符合内在质量的要求;产品或者其包装上的标识应当符合要求;特殊产品的

包装必须符合要求。

(二)不作为的义务

生产者不得生产国家明令淘汰的产品;不得伪造产地,伪造或者冒用他人的厂名、厂址;不得伪造或者冒用认证标志等质量标志;生产产品,不得掺杂、掺假,以假充真、以次充好,以不合格产品冒充合格产品。

二、销售者的产品质量义务

(一)作为的义务

总的来说,销售者应当对其销售的产品质量负责,具体要求有:销售者应当执行进货检查验收制度,验明产品合格证明和其他标识;在进货之后,销售者应当采取措施,保证销售产品的质量;销售的产品的标识应当符合有关规定。

(二)不作为的义务

销售者不得销售失效、变质的产品;不得伪造产地,伪造或者冒用他人的厂名、厂址;不得伪造或者冒用认证标识等质量标志;销售产品,不得掺杂、掺假,以假充真、以次充好,以不合格产品冒充合格产品。

对以上作为、不作为的要求,《产品质量法》统称为"销售者的产品质量责任和义务"。规定并要求生产者、销售者履行产品质量义务,是为了实现用户、消费者的产品质量权利。

第四节　产品质量法律责任

一、产品质量法律责任的含义

产品质量法律责任指生产者、销售者以及对产品质量负有直接责任的责任者,因违反《产品质量法》规定的产品质量义务所应承担的法律责任。

二、产品质量的合同责任

产品质量的合同责任,亦称瑕疵责任或瑕疵担保责任。它是指产品不具备应有的使用性能,不符合明示采用的质量标准,或不符合产品说明、实物样品等方式表明的质量状况而产生的法律责任。

产品合同责任的具体责任形式:负责修理、更换、退货;给消费者、用户造成损害的,还应负责赔偿;销售者未按该规定给予修理、更换、退货或赔偿损失的,由产品质量监督部门或工商行政管理部门责令改正。

三、产品责任

产品责任是基于产品存在缺陷并导致消费者、用户和相关第三人人身、财产遭受损害的前提而发生的，而且特指的仅仅就是民事赔偿责任。

1. 产品责任的归责原则。《产品质量法》规定，产品责任适用无过错责任原则。

2. 产品责任的构成要件。产品责任由以下四个要件构成：(1)产品有缺陷；(2)有损害事实存在；(3)产品缺陷与损害事实之间有因果关系。

3. 产品责任的免除。生产者能够证明有下列情形之一的，不承担赔偿责任：(1)未将产品投入流通；(2)产品投入流通时，引起损害的缺陷尚不存在；(3)将产品投入流通时的科学技术水平尚不能发现缺陷的存在的。

4. 产品责任的诉讼时效。(1)因产品存在缺陷造成损害要求赔偿的诉讼时效期间为二年，自当事人知道或者应当知道其权益受到损害时计算；(2)因产品存在缺陷造成损害要求赔偿的请求权，在造成损害的缺陷产品交付最初消费者满十年丧失。但是，尚未超过明示的安全使用期的除外。

四、产品质量责任与产品责任的比较

产品质量责任与产品责任既有联系，又有区别。

联系在于：产品质量责任包含产品责任，即产品侵权赔偿责任。

区别在于：(1)判定依据。前者判定依据包括默示担保、明示担保、产品缺陷。只要不符合三项依据之一，生产者、销售者就应承担相应的责任。后者判定依据仅指产品存在缺陷，即存在不合理危险。(2)承担责任的条件。前者只要产品质量不符合默示担保或明示担保之一，无论是否造成实际损害，都应承担相应的责任。后者承担责任的条件是产品存在缺陷，并且实际造成了他人人身伤害、财产损失。(3)责任的性质。前者包括产品瑕疵担保责任和产品侵权赔偿责任，其中产品瑕疵担保责任属于合同责任。而后者仅指侵权责任。

五、产品质量争议处理

《产品质量法》规定了解决产品质量纠纷的法律方式：“因产品质量发生民事纠纷时，当事人可以通过协商或者调解解决。当事人不愿通过协商、调解解决或者协商、调解不成的，可以根据当事人各方的协议向仲裁机构申请仲裁；当事人各方没有达成仲裁协议的，可以向人民法院起诉。”

【相关法条】

1.《中华人民共和国产品质量法》。1993 年 2 月 22 日第七届全国人民代表大会常务委员会第三十次会议通过，根据 2000 年 7 月 8 日第九届全国人民代表大会常务委员会第十六次会议《关于修改〈中华人民共和国产品质量法〉的决定》第一次修正，根据 2009 年 8 月 27 日第十一届全国人民代表大会常务委员会第十次会议《关于修改部分法律的决定》第二次修正，根据 2018 年 12 月 29 日第十三届全国人民代表大会常务委员会第七次会议《关于修改〈中华人民共和国产品质量法〉等五部法律的决定》第三次修正，共六章七十四条。

2.《中华人民共和国农产品质量安全法》。2006 年 4 月 29 日第十届全国人民代表大会常务委员会第二十一次会议通过，根据 2018 年 10 月 26 日第十三届全国人民代表大会常务委员会第六次会议《关于修改〈中华人民共和国野生动物保护法〉等十五部法律的决定》

修正。

3.《中华人民共和国食品安全法》。2009年2月28日第十一届全国人民代表大会常务委员会第七次会议通过,2015年4月24日第十二届全国人民代表大会常务委员会第十四次会议修订,根据2018年12月29日第十三届全国人民代表大会常务委员会第七次会议《关于修改〈中华人民共和国产品质量法〉等五部法律的决定》第一次修正,根据2021年4月29日第十三届全国人民代表大会常务委员会第二十八次会议《关于修改〈中华人民共和国道路交通安全法〉等八部法律的决定》第二次修正。

4.《中华人民共和国食品安全法实施条例》。2019年3月26日国务院第42次常务会议修订通过,自2019年12月1日起施行。

5.《最高人民法院关于审理食品药品纠纷案件适用法律若干问题的规定》。2013年12月9日最高人民法院审判委员会第1599次会议通过,根据2020年12月23日最高人民法院审判委员会第1823次会议通过的《最高人民法院关于修改〈最高人民法院关于在民事审判工作中适用《中华人民共和国工会法》若干问题的解释〉等二十七件民事类司法解释的决定》和2021年11月15日最高人民法院审判委员会第1850次会议通过的《最高人民法院关于修改〈最高人民法院关于审理食品药品纠纷案件适用法律若干问题的规定〉的决定》修正,该修正自2021年12月1日起施行。

【产品质量纠纷裁判规则】

1. 产品责任中"产品"的范围的界定

【裁判要旨】界定产品责任中"产品"的范围,应当适用《产品质量法》第二条的规定。即"产品"是指经过加工、制作,用于销售的产品。对于建设工程,除建设工程使用的建筑材料、建筑构配件和设备属于"产品"外,建设工程本身不视为"产品",不适用产品责任。

【裁判规则】何谓"产品"?《民法典》中第七编"侵权责任"并没有作出明确规定。对此,"产品"应当适用《产品质量法》的相关规定。该法第二条第一次对产品概念作了概括性的规定:产品责任中的"产品",是指"经过加工、制作,用于销售的产品"。可见,产品须具备两个条件:一是经过加工、制作,未经过加工、制作的自然物,不是产品;二是用于销售,因而是可以进入流通领域的物,按照该法第四十一条关于未进入流通领域的产品,生产者不承担赔偿责任的免责规定,产品应进入流通领域。应当区别的是,产品未进入流通领域(如企业未出厂的半成品被他人偷出而使用),是免责条件;用于销售,是指生产、制造该产品的目的,而不是已经进入流通。产品进入流通领域的标志,是产品经过交易、转让等合同行为,由制造、生产者之手转入消费者之手,中间可以经过若干流通环节,即批发、销售、仓储、运输等过程。产品责任就发生在这个领域之中。

关于产品的外延,立法没有明确。笔者认为,对于产品的外延不能限制过死,只要具备已经生产出来和已经成为商品这两个特征的物品,均可认定为产品。需要注意的是,以下用于销售的物,也应当认为是产品:其一,导线输送的电能,以及利用管道输送的油品、燃气、热能、水;其二,计算机软件和类似的电子产品;其三,用于销售的微生物制品、动植物制品、基因工程制品、人类血液制品。

另外,对于食品来讲,从广义上看,食品当然应当纳入产品的范畴。但应当注意的是,我国已颁布《食品安全法》,根据特别法优于一般法的规则,对有关食品的生产者、销售者的法律责任认定问题，应首先适用《食品安全法》，该法没有规定的，则适用《产品质量法》和《民法典》的相关规定。

2. 产品责任与产品违约责任的区别

【裁判要旨】产品因自身质量问题和产品损坏造成产品本身的财产损失，属于产品违约责任，适用合同法律规范调整，不适用《民法典》"侵权责任编"的规定。

【裁判规则】产品责任也称为产品侵权责任，是指产品的生产者、销售者因生产、销售缺陷产品致使他人遭受人身伤害、财产损失，或者有使他人遭受人身伤害和财产损失的危险的，应当承担的侵权责任。可见，产品责任并不是产品自身质量问题和自身损坏造成的产品本身的财产损失，而是产品因缺陷造成使用人的人身伤害或者缺陷产品以外的财产损害。产品自身质量问题和产品损坏造成产品本身的财产损失，是产品违约责任，适用的是《民法典》"合同编"等；产品因缺陷造成使用人的人身伤害或者缺陷产品以外的其他财产损害的，才是产品责任，适用《民法典》"侵权责任编"的规定。

【延伸阅读】[①]《产品质量法》第四十一条规定，因产品存在缺陷造成人身、缺陷产品以外的其他财产损害的，生产者应当承担赔偿责任。对于该条中"人身、缺陷产品以外的其他财产"的具体范围问题，根据该法第一条关于立法宗旨的表述，应指使用该产品的消费者的人身和财产，不包括因消费者使用缺陷产品侵害的第三人。因产品缺陷侵害消费者人身和财产的，在消费者和销售者之间，既存在合同责任又存在侵权责任，消费者可以选择合同之诉也可以选择侵权之诉。但如果并未造成消费者本身的人身和财产损失，消费者只能提起合同之诉。

3. 产品的"缺陷"的界定

【裁判要旨】界定产品的"缺陷"，应当适用《产品质量法》的有关规定。对于产品的合理危险不作充分的警示说明，也将构成产品缺陷，并承担相应的产品责任。产品投入流通后发现存在缺陷的，生产者、销售者未及时采取补救措施或者补救措施不力造成损害的，亦构成产品缺陷。

【裁判规则】《产品质量法》第四十六条对产品缺陷作了界定："本法所称缺陷，是指产品存在危及人身、他人财产安全的不合理的危险；产品有保障人体健康和人身、财产安全的国家标准、行业标准的，是指不符合该标准。"《民法典》"侵权责任编"对产品缺陷没有界定，应当继续适用《产品质量法》的上述规定。据此，缺陷的具体含义是：

其一，缺陷是一种不合理的危险，合理的危险不是缺陷。在一定程度上讲，产品缺陷是指产品缺乏安全，但并不意味着凡是缺乏安全性的产品都具有缺陷。事实上，许多产品本身存在着固有的不安全性，或属于危险品，例如炸药；或虽不属于危险品，但由于使用不当也会具有危险，例如厨用刀具。因此，这些具有众所周知的危险性的产品并不必然是缺陷产品。当然，需要明确的是，所谓合理的危险是指产品虽包含危险，但该危险只要依照合理的方法使用，危险就不会发生。虽然合理的危险不是缺陷，但是如果对该产品的使用方法不作充分的警示说明，也将构成警示缺陷，从而承担产品责任。

其二，这种危险危及人身和产品之外的其他财产安全。其中人身安全，是使用人的生命或者健康所面临的危险；财产安全，是使用人所拥有的除了缺陷产品之外的其他所有财产所面临的危险。

---

① 本延伸阅读节选自《人民司法·应用》2013年第15期"司法信箱"。

其三，缺陷是产品不符合保障人体健康、人身、财产安全的标准。如果产品有保障人体健康和人身、财产安全的国家标准、行业标准的，那么产品的缺陷就是指不符合该标准的。

一般而言，产品缺陷可以分为四种：一是制造缺陷，是指产品在制造过程中所产生的不合理危险。二是设计缺陷，是指产品的设计，例如产品结构、配方等存在不合理的危险。考察设计缺陷，应当结合产品的用途，如果将产品用于所设计的用途之外的情形，即使存在不合理危险，也不能认为其存在设计缺陷。三是警示缺陷，是指产品存在的不合理危险，销售产品没有适当的警示与说明。《产品质量法》第二十七条及第二十八条、《消费者权益保护法》第十八条对此均有明确规定。四是跟踪观察缺陷，是指生产者将新产品投放市场后，违反对新产品应当尽到的跟踪观察义务，致使该产品造成使用人的人身损害或者财产损害的不合理危险。《中华人民共和国侵权责任法》（现已废止）第四十六条规定的“产品投入流通后发现存在缺陷的，生产者、销售者应当及时采取警示、召回等补救措施。未及时采取补救措施或者补救措施不力造成损害的”，就是跟踪观察缺陷。

【延伸阅读】①《产品质量法》中关于生产者的产品质量责任和义务中规定：易碎、易燃、易爆、有毒、有腐蚀性、有放射性等危险物品以及储运中不能倒置和其他有特殊要求的产品，其包装质量必须符合相应要求，依照国家有关规定作出警示标志或者中文警示说明，标明储运注意事项。国务院发布的《危险化学品安全管理条例》第十五条规定：“危险化学品的生产企业应当提供与其生产的危险化学品相符的化学品安全技术说明书，并在危险化学品包装（包括外包装件）上粘贴或拴挂与包装内危险化学品相符的化学品安全标签。”国家技术监督局批准的《化学品安全技术说明书编写规定》《化学品安全标签编写规定》两个国家标准专门对化学品安全技术说明书、化学品安全标签应当具备的格式和内容作出了详细规定。涂料公司在产品说明书中的“施工注意事项及安全措施”表明了产品的易燃易爆性，并详细记载了保持有效通风及防火防爆等防范事故发生的具体措施，但是涂料公司没有按照前述规定，在其生产的涉案油漆上作出充分的警示标志和警示说明。其在产品说明书中记载的警示内容所达到的警示效果，显然低于按照国家标准制作的化学品安全技术说明书和化学品安全标签。涂料公司的过错也是促成本案爆炸事故的一个因素。一、二审判决认定其对爆炸事故承担相应的赔偿责任并无不当。

4. 产品责任的抗辩理由的认定

【裁判要旨】产品责任的抗辩理由适用《产品质量法》的有关规定，但《产品质量法》与《民法典》“侵权责任编”出现法条冲突时，应适用《民法典》“侵权责任编”的规定。

【裁判规则】《产品质量法》第四十一条规定：“生产者能够证明有下列情形之一的，不承担赔偿责任：（一）未将产品投入流通的；（二）产品投入流通时，引起损害的缺陷尚不存在的；（三）将产品投入流通时的科学技术水平尚不能发现缺陷的存在的。”对此，《侵权责任法》没有规定，应当适用《产品质量法》的规定。具体说明如下：

其一，“未将产品投入流通”。投入流通的含义，包括任何形式的出售、出租、租赁，以及抵押、出质、典当等。处于生产阶段或者已经生产完毕但没有出厂而是在仓储中，不认为已经投入流通。例如工人在生产线或者成品库中夹带出厂的产品，即使有缺陷并造成损害，

---

① 本延伸阅读节选自刘德权、王松主编：《最高人民法院司法观点集成·民事卷》，人民法院出版社，2014年7月第2版，第475-476页。“东莞市丰海海运有限公司与舟山市普陀螺金船舶修造有限公司、常州市拉特涂料有限公司船舶修理损害赔偿纠纷案”，最高人民法院（2008）民提字第59号民事判决书。

也不得请求生产者承担损害赔偿责任。

其二,“产品投入流通时,引起损害的缺陷尚不存在”。如果生产者将产品投入流通时,产品无缺陷而在销售中形成缺陷,根据原《侵权责任法》第四十二条、第四十三条的规定,则不适用该抗辩事由,生产者与销售者应当承担产品责任。对此,《侵权责任法》的规定与《产品质量法》有所不同,适用时应予注意。

其三,“将产品投入流通时的科学技术水平尚不能发现缺陷的存在”。这一抗辩事由被称为发展风险抗辩或者科技发展水平抗辩。应当注意的是,适用这一抗辩事由时,应与原《侵权责任法》第四十六条的规定相结合。原《侵权责任法》第四十六条规定了生产者、销售者对于产品的跟踪观察义务,此为强制性义务,如果发现产品投入流通后出现危险或损害,生产者、销售者必须采取警示、召回等措施,否则构成跟踪观察缺陷,应当承担产品责任。

除了上述三种特殊抗辩事由外,在实践中,以下事由也可以据以抗辩:一是受害人自身的原因引起的损害。例如,受害人在使用产品的时候,没有按照产品所标示的使用说明加以使用,产品的生产者或销售者不承担损害赔偿责任。二是产品已过安全使用期限。三是明显的危险性无警示义务。明显的危险性就是指公众普遍认知或意识到的产品危险性。这种危险性本身就能引起消费者、所有者的注意,如果使用者知其危险而不权衡利弊,减少乃至避免此风险,则可将此理解为受害人的“同意”。即受害人甘冒风险,或者将其作为重大过失。法律要求生产者、销售者对于产品的可预见的危险予以警示以避免损害的发生,但不应不合理地要求生产者、销售者对产品引起的每一损害都要承担责任,如刀锋利可以伤人等。

5. 产品责任归责原则的法律适用

【裁判要旨】产品生产者的责任适用无过错责任原则;销售者承担产品最终责任并不适用同一归责原则,应视具体案情分别适用过错责任原则或无过错责任原则。

【裁判规则】就归责原则而言,根据《民法典》“侵权责任编”规定,产品生产者的责任,无论是中间责任还是最终责任,实行的归责原则都是无过错责任原则,即无论生产者对产品缺陷的存在是否有过错,都应当承担赔偿责任。换言之,只要能够证明产品存在缺陷,生产者就应承担赔偿责任。根据《民法典》“侵权责任编”的规定,销售者承担产品最终责任并不适用同一归责原则:在一般情况下,确定销售者承担最终责任,采用过错责任原则,即要求销售者对于产品存在缺陷具有过错;但是如果销售者不能指明缺陷产品的生产者也不能指明缺陷产品的供货者的,则应当适用无过错责任原则。同时,根据《民法典》“侵权责任编”的规定,在被侵权人向销售者主张产品责任时,则应当适用无过错责任原则,销售者不能依据《民法典》“侵权责任编”的规定,以自己对产品存在缺陷无过错为由主张免责,即此时不适用《民法典》“侵权责任编”的规定。

【诊所式案例分析】

周某龙诉某啤酒(上海)有限公司产品生产者责任案

【基本案情】2010 年 8 月 7 日,周某龙在搬运啤酒过程中,因其中一瓶突然爆裂,致使周某龙右眼受伤。事发后,周某龙即至有关医院进行救治,支付了一定数额的医疗费。周某龙的伤情经司法鉴定中心鉴定,构成十级伤残,其伤后休息期为 120 日,护理期为 30~60 日,营养期为 30 日。

周某龙认为:周某龙系上海某酒业有限公司员工,2010 年 8 月 7 日,周某龙在上海市浦东新区外高桥某路×××号院内搬运某啤酒过程中,被突然爆炸的啤酒瓶炸伤右眼,某啤酒(上海)有限公司作为啤酒生产者应承担相应的侵权责任,故周某龙诉至法院,要求判令某啤酒(上海)有限公司赔偿医疗费 3 303.6 元、交通费 1 000 元、残疾赔偿金 63 676 元(31 838 元/年×20 年×10%)、误工费 10 000 元(2 500 元/月×4 个月)、护理费 2 400 元(1 200 元/月×2 个月)、营养费 1 200 元(1 200 元/月×1 个月)、精神损害抚慰金 5 000 元、律师费 5 000 元、查档费 65 元,合计 91 644.60 元。

某啤酒(上海)有限公司认为:某啤酒(上海)有限公司使用的啤酒瓶经检验符合国家和行业标准,周某龙的诉请无事实和法律依据,请求驳回周某龙的诉讼请求。

【案件焦点】啤酒瓶是否存在质量缺陷以及举证责任的分配。

【裁判要旨】上海市宝山区人民法院经审理认为:当事人对自己提出的诉讼请求所依据的事实或者反驳对方诉讼请求所依据的事实有责任提供证据加以证明。没有证据或者证据不足以证明当事人的事实主张的;由负有举证责任的当事人承担不利后果。根据《侵权责任法》的规定,因产品存在缺陷造成他人损害的,生产者应当承担侵权责任。产品责任是一种特殊的侵权,采用的是无过错责任原则,即只要产品缺陷造成他人损害,除法定免责事由外,无论生产者有无过错,都应当承担侵权责任。但产品是否存在缺陷以及产品缺陷与损害之间的因果关系必须由使用者证明。本案中,双方对于啤酒瓶是否存在质量缺陷存有争议,周某龙作为啤酒瓶的使用者应对啤酒瓶存在质量缺陷承担举证责任。审理中,双方一致同意对啤酒瓶爆裂的原因进行鉴定。经鉴定,结论为该啤酒瓶的爆裂是由外力作用形成,啤酒瓶自身并不存在质量缺陷。产品生产者侵权责任虽为无过错责任,但不是绝对责任,因为产品存在质量缺陷是构成产品责任的首要条件。产品没有缺陷,就无所谓产品责任。鉴定结论已经明确认定啤酒瓶爆裂由外力作用形成,而非啤酒瓶本身的质量缺陷造成,因此,某啤酒(上海)有限公司作为产品生产者不应对周某龙所受伤害承担赔偿责任。

上海市宝山区人民法院依照《中华人民共和国侵权责任法》第四十一条、《最高人民法院关于民事诉讼证据的若干规定》第二条的规定,作出如下判决:原告周某龙要求被告某啤酒(上海)有限公司赔偿医疗费 3 303.60 元、交通费 1 000 元、残疾赔偿金 63 676 元、误工费 10 000 元、护理费 2 400 元、营养费 1 200 元、精神损害抚慰金 5 000 元、律师费 5 000 元、查档费 65 元的诉讼请求不予支持。

一审判决后,双方当事人均未提起上诉,一审判决已生效。

【案号】上海市宝山区人民法院〔2011〕宝民一(民)初字第 3950 号民事判决书。

【练习题】

一、单选题

1. 下列产品哪一项应依照《产品质量法》的标准予以规范?(　　)

A. 经济住宅商品房　　B. 远程激光导弹

C. 用小麦等加工制成的食品　　D. 某研究所正在研制的新型材料

2. 王同学是某律师事务所的实习生,在他给出的以下法律意见里,正确的是(　　)。

A. 张三是奇石爱好者,李四去泰山游玩时捡到了一块形状奇异的石头卖给了张三,张三非常喜爱这块石头，经常把玩。后来张三患了怪病，经多方医治无效，最后查明该石含有剧毒物质，张三因经常抚摸该石而患病。王同学认为产品不能存在危及人身、财产安全的不合理危险，所以建议张三根据《产品质量法》起诉李四

B. 姜五与产粮大户吴六约定收购其种植的 1 万斤优质大米，收购后，姜五发现其中 1 000 斤大米质量较差，远远达不到优质的标准。王同学认为销售者销售产品，不得掺杂、掺假，不得以假充真、以次充好，所以建议姜五根据《产品质量法》起诉吴六

C. 钱七购买了新房，入住 1 个月后出现皮肤病变，经鉴定，是墙面粉刷的乳胶漆质量不符合行业标准所致，该乳胶漆是承建该楼盘的甲建筑公司从乙建材公司购得。王同学认为产品质量有保障人体健康的行业标准的，必须符合行业标准，所以建议钱七根据《产品质量法》起诉乙建材公司

D. 孙二到某食品厂参观，食品厂赠送了孙二一箱新研发的奶粉，并且告知该奶粉尚未上市，孙二让其子一直食用该奶粉，两个月后其子出现浮肿现象，经检查奶粉系不合格产品。王同学认为生产者不能生产不合格产品，所以建议孙二根据《产品质量法》起诉该食品厂

3. 下列关于产品责任的表述中哪项是错误的？（　　）

A. 缺陷产品的生产者应对因该产品造成的他人人身、财产损害承担无过错责任

B. 缺陷产品造成他人人身、财产损害的，该产品的销售者和生产者承担连带责任

C. 因缺陷产品造成损害要求赔偿的诉讼时效为 1 年

D. 销售者不能指明缺陷产品的生产者也不能指明其供货者的，应承担赔偿责任

4. 钟某为其 3 岁儿子购买某品牌的奶粉，小孩喝后上吐下泻，住院 7 天才恢复健康。钟某之子从此见任何奶类制品都拒食。经鉴定，该品牌奶粉属劣质品。为此，钟某欲采取维权行动。钟某亲友们提出的下列建议哪一项缺乏法律依据？（　　）

A. 请媒体曝光，并要求工商管理机关严肃查处

B. 向出售该奶粉的商场索赔，或向生产该奶粉的厂家索赔

C. 直接提起诉讼，要求商场赔偿医疗费、护理费、误工费、交通费等

D. 直接提起仲裁，要求商场和厂家连带赔偿钟某全家所受的精神损害

5. 甲公司是一家建筑公司，与建材公司乙签订了水泥和原沙的买卖合同。在合同履行期间，水泥不符合合同约定的标号，原沙也不符合合同约定的压强标准，双方因此发生争议。关于此争议适用的法律依据，以下说法正确的是（　　）。

A. 这两种建材都适用《产品质量法》

B. 水泥适用《产品质量法》，原沙适用其他法律

C. 原沙适用《产品质量法》，水泥适用其他法律

D. 这两种建材都不适用《产品质量法》

6. 下列有关产品缺陷的说法正确的是（　　）。

A. 因产品存在缺陷造成受害人人身伤害的，侵害人应当赔偿医疗费、治疗期间的护理费、因误工减少的收入等费用；造成残疾的，还应当支付残疾者生活自助费、生活补助费、残疾赔偿金以及由其扶养的人所必需的生活费等费用

B. 因产品存在缺陷造成受害人财产损失的，侵害人只能折价赔偿，并承担违约责任

C. 因产品存在缺陷造成损害要求赔偿的诉讼时效期为三年，自当事人知道或者应当知道其权益受到损害时起计算

D. 缺陷，仅指产品存在危及人身安全的不合理的危险；产品有保障人体健康和人身、财

产安全的国家标准、行业标准的,是指不符合该标准

7. 下列关于因产品缺陷造成受害人死亡,侵害人应当赔偿的范围的表述哪些是正确的?( )

A. 以丧葬费、抚恤费为限

B. 以医疗费、丧葬费为限

C. 以医疗费、丧葬费、死亡赔偿金、死者生前抚养的人必要的生活费为限

D. 医疗费、因误工减少的收入、丧葬费、抚恤费、死者生前抚养的人必要的生活费等费用

8. 河北省某市一家医院高压氧舱起火,烧死、烧伤数十人。后经查明,该高压氧舱存在质量缺陷,其制造厂为某医疗器械厂,医院表示将代表受害人向生产厂家起诉。对此,应采取的正确作法的是( )。

A. 可以要求医院承担赔偿责任

B. 可以要求生产厂家承担赔偿责任

C. 可以要求医院和生产厂家承担连带责任

D. 医院承担赔偿责任后,可以依法向生产厂家进行追偿

9. 下列说法中正确的有( )。

A. 产品质量监督部门或者其他国家机关以及产品质量检验机构可以向社会推荐生产者的产品

B. 产品质量监督部门或者其他国家机关以及产品质量检验机构不得向社会推荐生产者的产品

C. 产品质量监督部门或者其他国家机关以及产品质量检验机构可以对产品进行监销、监制的方式参与产品经营活动

D. 产品质量监督部门或者其他国家机关以及产品质量检验机构不得以对产品进行监销、监制的方式参与产品经营活动

10. 其包装必须符合相应要求,有警示标志或者中文警示说明,标明储运注意事项的产品有( )。

A. 剧毒、危险、易碎产品

B. 储运中不能倒置以及有其他特殊要求的产品

C. 限期使用的产品

D. 使用不当,容易造成产品本身损坏的产品

二、多选题

1. 某医院给病人高某开的治疗湿疹的药物,使用后反而加重了病情。经检验,这批药物因在医院库房存放过久已经变质。下列有关该案处理的表述中哪些是正确的?( )

A. 对医院应依据《产品质量法》进行处罚

B. 对医院应依据《药品管理法》进行处罚

C. 医院应赔偿给高某带来的损失

D. 药品生产者应承担赔偿责任

2. 下列哪些产品的包装不符合《产品质量法》的要求?( )

A. 某商场销售的一款韩国品牌电视机只有韩文和英文的说明书

B. 某厂生产的火腿肠没有标明厂址

C. 某厂生产的香烟上没有标明“吸烟有害身体健康”

D. 某厂生产的瓶装葡萄酒没有标明酒精度

3. 张某从甲商场购买一张电热毯,电热毯为乙厂所产。使用中电热毯发生漏电,致使房间着火,烧毁价值5 000元的财产,张某本人也被烧伤致残。下列表述正确的是（　　）。

A. 甲商场和乙厂应对张某的损失承担连带责任

B. 张某因身体伤害要求赔偿的诉讼时效为1年

C. 张某可以向被告请求精神损害赔偿

D. 张某遭受的财产损失不属于产品责任,而属于违约责任

4. 甲从国外低价购得一项未获当地政府批准销售的专利产品“近视治疗仪”。甲将产品样品和技术资料提交给我国某市卫生局指定的医疗产品检验机构。该机构未作任何检验,按照甲书写的文稿出具了该产品的检验合格报告。随后,该市退休医师协会的秘书长乙又以该协会的名义出具了该产品的质量保证书。该产品投入市场后,连续造成多起青少年因使用该产品致眼睛严重受损的事件。现除要求追究甲的刑事责任外,受害者还可以采用哪些民事补救方法?（　　）

A. 要求甲承担损害赔偿责任

B. 要求该卫生局承担连带赔偿责任

C. 要求该检验机构承担连带赔偿责任

D. 要求该退休医师协会承担连带赔偿责任

5. 王某购买的商品房交付后即进行装修,后发现墙体严重渗水,客厅、卧室墙壁和卫生间的顶部及墙面各有三分之一的渗水面,造成装修后的壁纸卷曲、剥落。开发商接到王某反映后,经检验,属于施工单位未按设计要求施工,漏做王某家楼上地面的防水层所致。开发商应向王某提供哪些补救?（　　）

A. 接受退房、退回购房款并赔偿损失

B. 退房并按房价双倍赔偿

C. 妥善修理并支付相应赔偿

D. 按原房价在原地置换一套面积更大、楼层更好并且装修完毕的房屋

6. 张某到一美容院做美容,美容院使用甲厂生产的护肤液为其做脸部护理,结果因该护肤液为劣质产品而致张某脸部皮肤严重灼伤,张某为此去医院治疗,花去近5 000元医药费。关于此事例,下列哪些选项是正确的?（　　）

A. 张某有权要求美容院赔偿医药费

B. 张某有权要求甲厂赔偿医药费

C. 张某若向美容院索赔,可同时请求精神损害赔偿

D. 美容院若向张某承担了责任,则其可以向甲厂追偿

三、简答题

1. 简述产品质量责任与产品责任的区别。

2. 简述产品责任的免除。

3. 简述生产者的不作为义务。

四、案例分析题

1. 2022 年 4 月 5 日,原告李某(甲方)在被告 A 市某卫生洁具公司(乙方)购买了 1 台丙公司(丙方)生产的电热水淋浴器。同年同月 8 日,甲方又购买了 1 台 A 市丁公司(丁方)生产的多功能漏电保护器。4 月 12 日,甲方在家中安装了上述两件电器。4 月 15 日晚,甲方在使用该淋浴器时,突被按键漏电击中,经送医院抢救,右手拇指、食指被截除,已不能从事司机工作。为此,甲方先与乙方交涉,要求赔偿。乙方称:责任应由生产者承担,乙方无过错,拒绝赔偿。甲方遂向法院起诉,状告乙方、丙方、丁方,要求维护消费者的合法权益,三方承担赔偿损失并负连带责任。法院在调查过程中,经技术监督局对电热水淋浴器、多功能漏电保护器进行质量检验,鉴定结论是:(1)电热水淋浴器的制造工艺存在缺陷,生产厂家也未对热水器进行检验,在特定情况下电热水淋浴器开关按键可能漏电;(2)多功能漏电保护器已被烧毁无法鉴定,但对同样商品检测未发现质量问题;(3)甲方安装电热水淋浴器和多功能漏电保护器连接时未按丁公司的说明书正确安装,以致使用时漏电保护器不能正常工作。

问题:

(1)乙方作为销售者是否承担赔偿责任?为什么?

(2)丙方作为生产者是否承担责任?为什么?

(3)丁方是否承担责任?为什么?

(4)甲方有无过错,对本案处理有何影响?

【参考资料】

[1] 李俊,许光红. 产品质量法案例评析[M]. 北京:对外经济贸易大学出版社,2012.
[2] 刘小红. 农产品质量法律规制研究[M]. 北京:中国政法大学出版社,2013.
[3] 国务院法制办公室. 中华人民共和国产品质量法典[M]. 北京:中国法制出版社,2018.
[4] 曾朝. 产品质量法律法规[M]. 汕头:汕头大学出版社,2018.

第十二章　广　告　法

【教学目标】

通过学习本章了解广告的含义、分类及广告审查、监测制度,理解广告的准则,掌握广告法的适用范围、广告活动的主体、形式和内容,学会运用广告法分析实际案例。

【教学要点和教学进程】

一、广告法概述

首先,解释广告的含义、构成要件和分类,广告法所规定的广告是指商品经营者或服务提供者承担费用,通过一定媒介和形式直接或间接地介绍自己所推销的商品或者所提供的服务的商业广告。

一般来说,广告包括广告主、广告信息、广告媒介或形式和广告费用。广告可以按照不同的标准进行不同的划分。如广告的内容、广告的性质、广告的范围、广告的媒介等均可作为划分标准。

其次,阐述广告法的概念。广告法是调整在广告活动中发生的经济关系的法律规范的总称。分析广告法与反不正当竞争法和消费者权益保护法的关系。

最后,分析广告法的适用范围。广告法的适用范围包括空间、客体和主体三个方面。空间上,在中华人民共和国境内从事广告活动,都必须遵守该法。客体上,仅限于具有营利目的的商业广告活动。主体上,包括广告监督管理机关、广告主、广告经营者和广告发布者。

二、广告主体

阐述广告主体,广告主自行或者委托他人设计、制作、发布广告,所推销的商品或者所提供的服务应当符合广告主的经营范围,且广告主应当具有或者提供真实、合法、有效的相应的证明文件。从事广告经营的,应当具有必要的专业技术人员、制作设备,并依法办理广告经营登记,方可从事广告活动;广播电台、电视台、报刊出版单位的广告业务,应当由其专门从事广告业务的机构办理,并依法办理兼营广告的登记。

三、广告准则

结合案例阐述广告的基本准则、具体准则和特殊准则,广告的基本准则有:广告必须真实;广告必须合法;广告应当具有可识别性;广告应当遵循公平原则;广告应当遵循诚实信用原则;广告应当符合社会主义精神文明建设的要求。广告的具体准则包括广告内容的具体准则和广告形式的具体准则,结合案例有侧重地分析这些准则。

重点阐述特殊广告的特殊准则。该特殊准则主要是指药品、医疗器械广告的特殊准则,农药广告的特殊准则,烟草广告的特殊准则,食品、酒类、化妆品广告的特殊准则。

四、广告法律责任

介绍广告违法行为及其法律责任。

【教学重点和难点】

教学重点:广告的含义和分类;广告法的适用范围;广告的一般准则;广告的具体准则;广告的特殊准则;广告活动的主体、形式和内容;广告审查;广告监测。

教学难点:广告法的适用范围;广告的特殊准则;广告审查。

【教学手段和方法】

讲授法、案例分析法。在讲授过程中注意结合案例,通过设问与提问,引导学生思考,从而帮助学生加深理解学习内容,提高理论思维能力。

第一节　广告法概述

一、广告的概念

广告,从汉语字义解释来看,就是"广而告之",即向广大公众告知某件事,有广泛劝告的意思。一般来说,广告有广义和狭义之分。广义的广告泛指一切要引起他人注意的宣传品和宣传手段,诸如政府、政党、宗教团体、学校、个人等向社会发布的宣言、公告、说明、告示、声明、公报、启事等,都可称为广告。狭义的广告则专指商业广告或者经济广告,是指商品经营者或者服务提供者承担费用,通过一定媒介和形式直接或者间接地介绍自己所推销的商品或者所提供的服务的宣传活动。本章的内容,即以商业广告为主,兼谈其他。

二、广告的种类

广告可以按照不同的标准进行不同的划分。如广告的内容、广告的性质、广告的范围、广告的媒介等均可作为划分标准。

目前比较通用的方法就是按广告媒介来分类。所谓广告媒介,就是在广告者与广告宣传对象之间起传递广告信息作用的物体。它是广告宣传得以实现的物质手段和工具。科学技术越发达,可作为广告媒介的物质就会越多。目前,按广告媒介区分的广告大致有报纸广告、期刊广告、电视广告、广播广告、路牌广告、交通广告、霓虹灯广告、招贴广告、橱窗广告、邮寄广告、实物馈赠广告等。另外,除了以上所介绍的一些媒介外,还有展览广告、包装广告等。目前在国外还出现了一些先进的广告媒介,如广告模型、空中广告等。以上所介绍的数种广告媒介,又可区分为印刷媒介、电波媒介和户外媒介三大基本类型。

三、广告立法

商品经济越发达,广告就显得越重要。但如果广告任意自由地发展,就不可避免地要产生一些消极的东西,如虚假、粗制滥造甚至低级庸俗、有损国格的广告等,因此,对广告进行必要的管理,理所当然应成为国家行政管理中不可缺少的一部分。我国广告管理是工商行政管理的组成部分,它是指广告管理机关,依照国家的法律、法规,对广告主、广告经营者、广告发布者及广告内容等进行监督、检查、控制和指导的过程。

我国的广告管理机关是国家工商行政管理局下设的广告司及地方各级工商行政管理局下设的广告处、科等。为了加强广告管理,使广告管理纳入法制轨道,国务院于1982年2月发布了《广告管理暂行条例》,1987年10月发布了《广告管理条例》;国家工商行政管理局于1988年1月发布了《广告管理条例实施细则》。

1994年10月27日第八届全国人大常委会第十次会议通过《中华人民共和国广告法》(以下简称《广告法》),2015年4月24日第十二届全国人民代表大会常务委员会第十四次会议修订,根据2018年10月26日第十三届全国人民代表大会常务委员会第六次会议《关于修改〈中华人民共和国野生动物保护法〉等十五部法律的决定》第一次修正,根据2021年4月29日第十三届全国人民代表大会常务委员会第二十八次会议《关于修改〈中华人民共和国道路交通安全法〉等八部法律的决定》第二次修正。

第二节　广 告 主 体

一、广告主体的概念

广告主体,即广告活动的参与者,包括广告主、广告经营者和广告发布者。

广告主是指为推销商品或者提供服务,自行或者委托他人设计、制作、发布广告的法人、其他经济组织或者个人。广告经营者是指受委托提供广告设计、制作、代理服务的法人、其他经济组织或者个人。广告发布者是指为广告主或者广告主委托的广告经营者发布广告的法人或者其他经济组织。

二、广告主体的资格

(一)广告主的资格

广告主自行或者委托他人设计、制作、发布广告,所推销的商品或者所提供的服务应当符合广告主的经营范围,且广告主应当具有或者提供真实、合法、有效的下列证明文件:营业执照及其他生产、经营资格的证明文件;质量检验机构对广告中有关商品质量内容出具的证明文件;确认广告内容真实性的其他证明文件;发布广告(如药品、医疗器械、农药的广告)需要经有关行政主管部门审查的,还应当提供有关批准文件。

(二)广告经营者和广告发布者资格

从事广告经营的,应当具有必要的专业技术人员、制作设备,并依法办理广告经营登记,方可从事广告活动;广播电台、电视台、报刊出版单位的广告业务,应当由其专门从事广告业务的机构办理,并依法办理兼营广告的登记。

广告经营者、广告发布者按照国家有关规定,建立、健全广告业务的承接登记、审核、档案管理制度;依据法律、行政法规查验有关证明文件,核实广告内容。对内容不实或者证明文件不全的广告,广告经营者不得提供设计、制作、代理服务,广告发布者不得发布。

三、广告活动的法律要求

(一)广告主委托设计制作、发布广告,应当委托具有合法经营资格的广告经营者和广告发布者。

(二)广告主、广告经营者、广告发布者之间在广告活动中应当依法订立书面合同,明确各方权利和义务,彼此不得在广告活动中进行任何形式的不正当竞争。

(三)广告发布者向广告主、广告经营者提供的媒介覆盖率、收视率、发行量等资料应当真实;广告收费应当合理、公开,收费标准和收费办法应当向物价和工商行政管理部门备案,广告经营者、广告发布者应当公布其收费标准和收费办法。

(四)广告主或者广告经营者在广告中使用他人名义、形象的,应当事先取得他人的书面同意;使用无民事行为能力人、限制民事行为能力人的名义、形象的,应当事先取得其监护人的书面同意。

(五)法律、行政法规规定,禁止生产、销售的商品或者提供的服务,以及禁止发布广告的商品或者服务,不得设计、制作、发布广告。

(六)有下列情形之一的,不得设置户外广告:利用交通安全设施、交通标志的;影响市政公共设施、交通安全设施、交通标志使用的;妨碍生产或者人民生活,损害市容市貌的;国家机关、文物保护单位和名胜风景点的建筑控制地带;当地县级以上地方人民政府禁止设置户外广告的区域。

第三节　广告准则

一、对广告内容的要求

广告内容是广告管理的核心,《广告法》对广告内容的要求,既是广告经营者和广告发布者审查、制作和发布广告的依据,也是广告主申请刊播、设置、张贴广告时应遵循的原则。《广告法》第三条规定,“广告应当真实、合法,以健康的表现形式表达广告内容,符合社会主义精神文明建设和弘扬中华民族优秀传统文化的要求”,第四条规定,“广告不得含有虚假或者引人误解的内容,不得欺骗、误导消费者。广告主应当对广告内容的真实性负责”。

(一)广告必须真实、客观

广告必须真实、客观,不得以任何形式欺骗用户和消费者,这是广告最重要的原则。因此必须做到:语言、文字、图像要与广告的内容一致;广告中宣传的产品与销售的产品应当完全一致,不能用特别挑选出来的或特别制造出来的产品做广告;广告使用的数据、统计资料、调查结果、文摘、引用语等,应当真实、准确,并表明出处;广告中涉及专利产品或者专利方法的,应当标明专利号和专利种类,未取得专利权的,不得在广告中谎称取得专利权;禁止使用已经终止、撤销、无效的专利做广告。

(二)广告必须清晰、明白,能够使人们正确理解

广告应当具有可识别性,能够使消费者辨明其为广告;广告中对商品的性能、产地、用途、质量、价格、生产者、有效期限、允诺或者对服务的内容、形式、质量、价格、允诺有表示的,应当清楚、明白;广告中表明推销商品、提供服务附带赠送礼品的,应当表明赠送的品种和数量。

(三)广告必须维护消费者的利益

维护消费者利益是广告必须信守的一条宗旨。广告应该告诉消费者在按广告作出行动之前必须知道的事情,提供更多关于产品或服务的说明。广告不能损害消费者的利益,不能使消费者受到直接的或间接的损失。

(四)广告要维护国家利益和社会公共利益

这一原则要求广告必须坚持四项基本原则,维护社会秩序,维护整个民族和国家的威信和形象,维护善良风俗和社会道德,尊重科学,给社会各方面以良好的影响,为社会主义物质文明和精神文明建设服务。

(五)广告内容必须体现公平竞争的原则

广告是宣传、推销商品的重要手段,广告只能用于正当的、公开的竞争,防止利用发布广告贬低同类产品,抬高自己,诱惑顾客等不正当的竞争。在现实生活中,有些同类产品为了争夺市场,分别在广播、电视、报刊上做广告,极力宣扬自己产品的优点,并用一些明显或者暗示性的词语诋毁别人的产品,互相打"广告战",其结果不仅仅是违反了广告法,在经济利益上也往往是两败俱伤,损失惨重。

(六)广告必须合法

这一原则要求广告内容及表现形式都应当遵守法律、法规的规定。由于广告涉及各个领域,所以广告不仅要遵守有关广告的法律法规,同时也要遵守其他法律、法规。

为了使广告内容的管理具体化,《广告法》第九条规定,广告不得有下列情形:使用或变相使用中华人民共和国的国旗、国徽、国歌,军旗、军歌、军徽;使用或变相使用国家机关、国家机关工作人员的名义或形象;使用"国家级""最高级""最佳"等用语;损害国家的尊严或者利益,泄露国家秘密;妨碍社会安定,损害社会公共利益;危害人身、财产安全,泄露个人隐私;妨碍社会公共秩序或者违背社会良好风尚;含有淫秽、色情、赌博、迷信、恐怖、暴力的内容;含有民族、种族、宗教、性别歧视的内容;妨碍环境、自然资源或者文化遗产保护;法律、行政法规规定禁止的其他情形。

二、对特殊商品广告的管理

发布一般的商品广告,只要遵循对广告的基本要求即可。但发布药品、医疗器械、农药、兽药、烟草等特殊商品的广告,《广告法》有以下明确的规定:

(一)麻醉药品、精神药品、医疗用毒性药品、放射性药品等特殊药品,药品类易制毒化学品,以及戒毒治疗的药品、医疗器械和治疗方法,不得作广告。

前述规定以外的处方药，只能在国务院卫生行政部门和国务院药品监督管理部门共同指定的医学、药学专业刊物上作广告。

（二）医疗、药品、医疗器械广告不得含有下列内容：表示功效、安全性的断言或者保证；说明治愈率或者有效率；与其他药品、医疗器械的功效和安全性或者其他医疗机构比较；利用广告代言人作推荐、证明；法律、行政法规规定禁止的其他内容。

药品广告的内容不得与国务院药品监督管理部门批准的说明书不一致，并应当显著标明禁忌、不良反应。处方药广告应当显著标明“本广告仅供医学药学专业人士阅读”，非处方药广告应当显著标明“请按药品说明书或者在药师指导下购买和使用”。

推荐给个人自用的医疗器械的广告，应当显著标明“请仔细阅读产品说明书或者在医务人员的指导下购买和使用”。医疗器械产品注册证明文件中有禁忌内容、注意事项的，广告中应当显著标明“禁忌内容或者注意事项详见说明书”。

除医疗、药品、医疗器械广告外，禁止其他任何广告涉及疾病治疗功能，并不得使用医疗用语或者易使推销的商品与药品、医疗器械相混淆的用语。

（三）保健食品广告不得含有下列内容：表示功效、安全性的断言或者保证；涉及疾病预防、治疗功能；声称或者暗示广告商品为保障健康所必需；与药品、其他保健食品进行比较；利用广告代言人作推荐、证明；法律、行政法规规定禁止的其他内容。保健食品广告应当显著标明“本品不能代替药物”。

（四）广播电台、电视台、报刊音像出版单位、互联网信息服务提供者不得以介绍健康、养生知识等形式变相发布医疗、药品、医疗器械、保健食品广告。禁止在大众传播媒介或者公共场所发布声称全部或者部分替代母乳的婴儿乳制品、饮料和其他食品广告。

（五）农药、兽药、饲料和饲料添加剂广告不得含有下列内容：表示功效、安全性的断言或者保证；利用科研单位、学术机构、技术推广机构、行业协会或者专业人士、用户的名义或者形象作推荐、证明；说明有效率；违反安全使用规程的文字、语言或者画面；法律、行政法规规定禁止的其他内容。

（六）禁止在大众传播媒介或者公共场所、公共交通工具、户外发布烟草广告。禁止向未成年人发送任何形式的烟草广告。禁止利用其他商品或者服务的广告、公益广告，宣传烟草制品名称、商标、包装、装潢以及类似内容。烟草制品生产者或者销售者发布的迁址、更名、招聘等启事中，不得含有烟草制品名称、商标、包装、装潢以及类似内容。

（七）酒类广告不得含有下列内容：诱导、怂恿饮酒或者宣传无节制饮酒；出现饮酒的动作；表现驾驶车、船、飞机等活动；明示或者暗示饮酒有消除紧张和焦虑、增加体力等功效。

（八）教育、培训广告不得含有下列内容：对升学、通过考试、获得学位学历或者合格证书，或者对教育、培训的效果作出明示或者暗示的保证性承诺；明示或者暗示有相关考试机构或者其工作人员、考试命题人员参与教育、培训；利用科研单位、学术机构、教育机构、行业协会、专业人士、受益者的名义或者形象作推荐、证明。

（九）招商等有投资回报预期的商品或者服务广告，应当对可能存在的风险以及风险责任承担有合理提示或者警示，并不得含有下列内容：对未来效果、收益或者与其相关的情况作出保证性承诺，明示或者暗示保本、无风险或者保收益等，国家另有规定的除外；利用学术机构、行业协会、专业人士、受益者的名义或者形象作推荐、证明。

（十）房地产广告，房源信息应当真实，面积应当表明为建筑面积或者套内建筑面积，并不得含有下列内容：升值或者投资回报的承诺；以项目到达某一具体参照物的所需时间表示项目位置；违反国家有关价格管理的规定；对规划或者建设中的交通、商业、文化教育设施以及其他市政条件作误导宣传。

(十一)农作物种子、林木种子、草种子、种畜禽、水产苗种和种养殖广告关于品种名称、生产性能、生长量或者产量、品质、抗性、特殊使用价值、经济价值、适宜种植或者养殖的范围和条件等方面的表述应当真实、清楚、明白，并不得含有下列内容：作出科学上无法验证的断言；表示功效的断言或者保证；对经济效益进行分析、预测或者作保证性承诺；利用科研单位、学术机构、技术推广机构、行业协会或者专业人士、用户的名义或者形象作推荐、证明。

第四节 广告法律责任

一、广告违法行为

广告违法行为，是指广告主、广告经营者、广告发布者在广告活动中违反我国广告管理法规并应受到法律制裁的行为。

常见的广告违法行为有非法经营广告；发布违禁广告，如虚假广告、新闻广告、超越经营范围和国家许可范围的广告等；代理、发布无合法证明或证明不全的广告；伪造、涂改、盗用或擅自复制广告证明；为广告主出具非法或虚假证明；非法发布卷烟、药品等特殊商品广告；广告活动中的垄断和不正当竞争行为。

二、违反广告法的法律责任

违反广告管理法规的广告主、广告经营者和广告发布者所应承担的法律责任，概括起来有三个方面：

(一)行政责任

即工商行政管理机关对违反广告法规的当事人给予的行政处罚。主要形式有停止发布广告；责令公开更正；通报批评；没收非法所得；罚款；停业整顿；吊销营业执照或者广告经营许可证。

广告主、广告经营者和广告发布者对工商行政管理机关处罚决定不服的，可在收到处罚通知之日起十五日内向作出处罚决定的机关的上一级机关申请复议；当事人也可以在接到处罚通知之日起十五日内直接向人民法院起诉。

复议机关应当在接到复议申请之日起六十日内作出复议决定。当事人对复议决定不服的，可以在接到复议决定之日起十五日内向人民法院起诉。复议机关逾期不作出复议决定的，当事人可以在复议期满之日起十五日内向人民法院起诉。

当事人逾期不申请复议也不向人民法院起诉，又不履行处罚决定的，作出处罚决定的机关可以申请人民法院强制执行。

(二)民事责任

广告主、广告经营者、广告发布者违反《广告法》法规的，给用户和消费者造成损失的，应当承担赔偿责任。

损害赔偿,受害人可以请求县级以上的工商行政管理机关处理,也可以向人民法院起诉。

(三)刑事责任

广告主和广告经营者、广告发布者违反《广告法》法规的,情节严重,构成犯罪的,由司法机关追究刑事责任。

【相关法条】

1. 广告法。1994 年 10 月 27 日第八届全国人大常委会第十次会议通过《中华人民共和国广告法》(以下简称《广告法》),2015 年 4 月 24 日第十二届全国人民代表大会常务委员会第十四次会议修订,根据 2018 年 10 月 26 日第十三届全国人民代表大会常务委员会第六次会议《关于修改〈中华人民共和国野生动物保护法〉等十五部法律的决定》第一次修正,根据 2021 年 4 月 29 日第十三届全国人民代表大会常务委员会第二十八次会议《关于修改〈中华人民共和国道路交通安全法〉等八部法律的决定》第二次修正。

2. 广告管理条例。1987 年 10 月 26 日,国务院关于发布《广告管理条例》的通知(国发〔1987〕94 号)。

【广告纠纷裁判规则】

1. 植入广告是否属于虚假宣传需要根据日常生活经验、相关行业产品广告的特点、公众对该广告一般注意力等进行判断——某美公司等与某兰公司虚假宣传纠纷上诉案

【裁判规则】判断某个影视剧情节是否属于植入广告,应以商家与影视剧拍摄者是否存在广告合作关系、相关公众以理性人的标准能否辨识出该情节为植入广告,具有商业信息的道具的出现以及出现方式是否为剧情所需为标准。认定植入内容是否构成虚假宣传不正当竞争,应结合日常生活经验、相关行业产品广告的特点、公众对该广告的一般注意力等进行判断,如果广告中涉嫌虚假宣传的内容足以使原本对广告指向的产品或服务不感兴趣的公众因误解而产生兴趣,为广告主带来现实或潜在的商业机会,并损害了其他经营者的合法权益,则应认定为构成虚假宣传不正当竞争。

【案号】〔2012〕沪一中民五(知)终字第 212 号。

2. 对比性广告内容缺乏依据并引起消费者误解的,可以认定构成虚假宣传的不正当竞争——重庆某电器销售公司诉重庆某制冷产品销售公司不正当竞争案

【裁判规则】对比性广告内容缺乏依据并引起消费者误解的,可以认定构成虚假宣传的不正当竞争。同时,对比性广告将同类产品进行优劣对比且缺乏依据,影响被对比方的产品在公众中的评价的,又构成商业诋毁的不正当竞争。

【案号】〔2012〕渝五中法民终字第 4749 号。

3. 微信用户通过软件点赞的方式完成悬赏广告活动任务,有违诚实信用原则的,该点赞行为无效——蔡某诉宁国某公司悬赏广告纠纷案

【裁判规则】经营者通过微信公众号发布有奖集赞活动,向不特定的社会公众发出参

与邀请,如果参与者完成一定行为即可领取奖品,该行为构成要约,微信用户参与该项活动,转发广告至朋友圈集赞,即为承诺,双方之间形成合同关系。微信用户通过使用点赞软件完成任务,有违诚实信用原则的,该点赞行为无效。

审理法院:安徽省宣城市中级人民法院

4. 悬赏行为一经完成,悬赏广告发布人和悬赏行为完成人之间就产生债权债务关系——叶某诉某公司悬赏广告纠纷案

【裁判规则】悬赏广告是以广告方式向社会不特定人发出,是实践性特殊法律行为,当行为人完成悬赏行为后,在悬赏广告发布人和悬赏行为完成人之间就产生债权债务关系,有获取报酬的权利。

审理法院:江苏省南通市中级人民法院

5. 发出悬赏广告的人,应该按照所发布广告的约定,向完成广告指定行为的人支付承诺的报酬——鲁某庚诉某市公安局悬赏广告纠纷案

【裁判规则】发布悬赏广告是一种民事法律行为,即广告人以广告的方式发布声明,承诺对任何按照声明的条件完成指定事项的人给予约定的报酬。任何人按照广告公布的条件,完成了广告所指定的行为,即对广告人享有报酬请求权。发出悬赏广告的人,则应该按照所发布广告的约定,向完成广告指定行为的人支付承诺的报酬。

【案号】〔2002〕辽民一终字第 38 号。

【诊所式案例分析】

存在虚假宣传的比较广告构成不正当竞争——甲公司与乙公司不正当竞争纠纷案

【基本案情】原告甲公司是一家二手机动车经销公司,被告乙公司是一家提供互联网信息服务、旧机动车经纪的公司。乙公司实际运营某二手车直卖网、移动版/触屏版、某直卖网移动应用软件以及瓜子二手车直卖网微信公众号四个平台。

在某二手车直卖网、移动版/触屏版、二手车直卖网移动应用软件以及二手车直卖网微信公众号四个平台上,均能显著看见“没有中间商赚差价”“车主多卖钱,买家少花钱”等字样;在某二手车直卖网的“我要买车”链接页面中显示“比车商多卖××元”的字样;在“常见问题”链接页面中,关于是否收取费用的问题,答复为某二手车仅收取 4%的服务费。

原告请求一审法院判令:一、被告立即停止在某二手车直卖网、移动版/触屏版、某二手车直卖网移动应用软件以及某二手车直卖网微信公众号四个平台上使用如下宣传用语:(1)没有中间商赚差价;(2)比车商多卖××元;(3)无中间商赚差价。二、被告赔偿原告经济损失 1 000 万元及为制止被告侵权行为所支付的合理开支人民币 6.8 万元,合计人民币 1 006.8 万元。

一审法院判决:(1)被告乙公司立即停止在某二手车直卖网内使用“比车商多卖××元”宣传用语的不正当竞争行为;(2)被告乙公司应于本判决生效之日起 10 日内赔偿原告甲公司合理费用 68 000 元;(3)驳回原告甲公司的其他诉讼请求。

【裁判规则】首先,关于被告使用的“没有中间商赚差价”“比车商多卖××元”宣传用语是否构成虚假宣传类型的不正当竞争,法院认为:

判断是否构成《反不正当竞争法》规定的虚假宣传,可从两个方面进行分析:一是该商业宣传本身是否有事实依据,是否属于虚假陈述;二是该商业宣传是否达到“引人误解”的

程度,是否会影响消费者的判断,进而影响公平竞争的秩序和经营者、消费者的合法权益。

（一）关于“没有中间商赚差价”

被告所运营的某平台,并未购入或出售二手车,只是作为居间方提供互联网信息服务和经纪服务,所收取的也只是一定比例或金额的服务费,该宣传用语不属于虚假陈述。其次,该宣传用语并没有对商品或服务做片面的宣传或对比,且作为一个理性人应当知晓被告作为商业主体,并非公益组织,其必然以营利为目的,不会将该宣传用语误解为某平台提供免费服务。因此,被告使用“没有中间商赚差价”作为宣传用语的行为不构成虚假宣传的不正当竞争。

（二）关于“比车商多卖××元”

被告在每辆车的图片、文字描述下方亦均显示成交价以及“比车商多卖××元”等内容,具有向潜在的不特定交易对象介绍推销己方服务产品的特征。但其既未标明其比较的基准,亦未标明比较的方式,可能使人误解为同一辆二手车在不同平台的询价结果。其表述方式亦易引人误解。因此,该行为构成了虚假宣传的不正当竞争。

【案号】〔2018〕沪0107民初15944号一审民事判决书。

【练习题】

一、简答题

1. 广告法的适用范围是怎样的?
2. 广告的准则在实践中如何适用?
3. 怎样加强对广告活动的监督管理?
4. 我国对户外广告的监管是怎样的?

二、案例分析

2013年8月28日,洛阳律师起诉全国某大型连锁电器经销商洛阳分公司(以下简称电器公司)虚假广告宣传纠纷群体诉讼案,在河南省洛阳市涧西区人民法院以调解结案,“来就送1 000元红包”促销广告语引发的麻烦,最终以双方和解而全部终结。

2010年2月,电器公司在《洛阳晚报》第13版发布促销广告,其中“新春特卖会,狂欢日期:2月1日—2月28日,来店就送1 000元红包”的大字标注,引来洛城市民广泛热议,但大多数人还是以为,“促销嘛,写得越玄乎才能越吸引眼球,促销广告,是不能当真的,也没有人真想去店里领钱发财”。可是,洛阳律师杜某等人却坐不住了,他们认真研究该条广告后认为,商家如果真的兑现承诺,就属于正当经营,如果以虚假广告刺激消费,就是违反了《广告法》《工商管理条例》《消费者权益保护法》,是不正当经营行为,商家应当承担相应的法律责任。而不正当经营行为的存在,不仅损害着消费者的利益,还损害着有序化市场经济秩序的建立和完善。于是,杜某等人决定参与该广告承诺的销售行为,见证商家的行为到底是什么性质。

2010年2月10日,杜律师一行六人到电器公司的两个卖场购买了自己需要的商品,索要了发票,同时,没有忘记索要“1 000元红包”,而商家给予的却是1 000元的红色代金券,与商家理论的结果，不仅仅是冷遇和拒绝，还有讥讽和争吵。杜某等人多次要求商家改正不正当经营行为，均无结果，洛阳多家媒体也以“红包=优惠券?”“红包！红包！包的是信任还是失望”“红包门事件新进展”等题目对该事件进行了追踪报道。

请结合《广告法》谈谈你对该案的看法。

【参考资料】

[1] 刘双舟等. 互联网广告法律问题研究[M]. 北京：中国政法大学出版社，2018.
[2] 李爱华，张冠男. 广告法律法规[M]. 2版. 北京：清华大学出版社，2021.
[3] 吕蓉. 广告法规管理[M]. 2版. 上海：复旦大学出版社，2003.
[4] 闫海，王洋. 基于利益衡平的广告法治研究[M]. 北京：知识产权出版社，2019.

第十三章　房地产法

【教学目标】

通过学习本章,学生需掌握土地管理法、城市房地产开发法、城市房地产交易法、城市房屋拆迁法、物业管理法律问题等方面内容。

【教学要点和教学进程】

一、地产法

主要讲授土地管理法、农村土地承包经营法,结合案例讲授,让学生参与讨论,并对学生分析结果进行评价。

二、房产法

主要讲授城市房地产管理法及房地产开发、房地产交易、物业管理法律规定,结合案例讲授,让学生参与讨论,并对学生分析结果进行评价。

【教学重点和难点】

教学重点:土地管理法的立法宗旨、土地的所有权和使用权、土地用途管制制度、耕地保护制度、建设用地制度;我国的城市房地产权属关系和房屋管理;城市房地产开发法律制度;城市房屋拆迁的安置与补偿制度;城市房地产转让、房屋预售、房地产抵押、房屋租赁、房屋出典、房屋赠予、房屋交换;物业管理主体、物业管理企业、物业管理服务合同的法律问题。

教学难点:土地的所有权和使用权、土地用途管制制度、耕地保护制度、建设用地制度;城市房地产开发法律制度;城市房屋拆迁的安置与补偿制度;城市房地产转让、房屋预售、房地产抵押、房屋租赁、房屋出典、房屋赠予、房屋交换;物业管理主体。

【教学手段和方法】

讲授法。在讲授过程中注意理论联系实际,通过设问与提问,引导学生思考,从而帮助学生加深理解学习内容,提高理论思维能力。

第一节 房地产法概述

一、房地产法的定义和调整对象

(一)房地产

“房地产”一词有广义和狭义两种解释。广义的房地产是指土地以及地上建筑物和其他定着物。它和“不动产”属同一语。狭义的房地产是指土地与建筑物在空间上合为一体的财产形态。它是土地与建筑物的有机结合。若土地是完全独立的,没有与建筑物结合,则不能称为房地产。

本书认为,对土地一词应从立体角度来把握其含义,土地应包括地球表面及地表之下和之上延伸的一定空间。因为土地所有权人或使用人取得土地的目的,不仅是为了土地的本身(地表),而且更重要的是为了利用土地从事其他活动。

建筑物是指土地上人工建造的房屋和构筑物。房屋是指在土地上建设的供人们居住、生产或进行其他活动的建筑物。构筑物是指除房屋以外的建筑物,即人们不直接在内进行生产或活动的场所,如道路、桥梁、水井等。

房地产是由土地与建筑物两个因素所构成的统一体。在这个统一体中,土地是主物,是建筑物存在的基础,建筑物是从物,依附于土地。没有与建筑物结合的土地及其关系,主要由土地法调整,所以本书从狭义上使用“房地产”一词。

(二)房地产业

房地产业是从事房地产开发、经营、管理和服务的产业,是具有生产、经营和服务职能的独立行业。

房地产业作为国民经济中一个独立的产业,其运行过程由三个环节组成:一是生产环节。指房地产开发者通过对土地投入劳动和资本进行的土地开发和房屋及构筑物建造活动。二是流通环节。指作为商品的房地产进入市场,进行交易活动,实现其使用价值和价值的过程,包括房地产买卖、租赁和抵押三种流通方式。三是消费环节。指房地产这种商品具有固定性、长久性和增值性的特征,因此在长期的消费过程中,就涉及维修服务和各种管理。

(三)房地产法的定义及调整对象

房地产法是调整房地产开发、交易及物业管理和房地产管理关系的法律规范的总称。房地产法调整的社会关系包括:

1. 房地产开发关系。房地产开发是指在依法取得土地使用权的土地上进行基础设施建设、房屋建筑的行为。房地产开发关系就是因房地产开发而产生的房地产开发人与土地所有权人及其他法人或经济组织之间所发生的经济关系。

2. 房地产交易关系。房地产交易是指房地产权利人转让、租赁房地产的行为。房地产交易关系是指房地产权利人与其他平等主体之间在房地产转让、租赁过程中发生的经济关系。

3. 物业管理关系。物业管理是指物业服务企业受物业所有人(业主)的委托,对物业进行修缮、养护、经营并为使用人提供多方面服务的行为。物业管理关系是指物业服务企业与业主之间在物业管理过程中形成的社会关系。

4. 房地产管理关系。房地产管理是指人民政府及其房地产管理部门依据国家法律赋予的职权对房地产市场实施的管理、监督、检查行为。房地产管理关系就是人民政府及房地产管理部门与法人、公民或其他社会组织在房地产管理过程中发生的社会关系,具体包括两类关系,一类是对房地产市场的调控关系;另一类是对房地产产权产籍的管理关系。

房地产法所调整的上述四类关系社会关系包括两个方面:一方面它调整国家对房地产开发、交易调控关系及产权产籍的管理关系;另一方面它调整房地产开发经营公司、物业管理公司、房地产购买者等平等主体之间在房地产开发、交易及物业管理中所发生的经济关系。

二、房地产法的地位

(一)房地产法的性质

理论界对房地产法的法律属性有三种不同的认识,包括经济法说、行政法说和民法说。本书把房地产作为一个产业来研究,认为房地产法具有经济法的性质,并研究国家如何调整该产业运行所产生的各种法律关系,并据此创立其理论体系的。

(二)房地产法与民法、土地法

1. 房地产法与民法。联系:民法的基本原则如平等、自愿、有偿原则,对房地产交易也同样适用。区别:①民法调整平等主体之间的财产关系和人身关系,而房地产法不仅调整平等主体之间的房地产交易关系,而且也调整国家房地产管理部门、土地管理部门与房地产权利人之间的管理关系。民法主要调整商品在流通领域中的关系,而房地产法不仅调整流通、消费领域关系,而且还调整生产领域中发生的关系。②民法多为任意性规范,而房地产法则较之民法有更多的强制性规范,房地产法律关系的主体必须遵守。

2. 房地产法与土地法。土地法是调整土地关系的法律规范的总称。土地法在调整、规范土地关系时,既把土地当作一种资源,也把土地当作一种资产。因房地产与土地有密切的联系,所以房地产法与土地法也有相交叉之处,如房地产发展规划与土地利用管理就息息相关。

我国的土地法属于自然资源法的一部分,因此土地法偏重于资源管理,而房地产法对房地产的管理偏重于房地产开发、经营管理与房地产交易、中介服务管理;土地法是相对所有土地而言的,而房地产法仅涉及与房屋在空间上结合为一体的土地。

三、房地产法的体系

(一)房地产法的渊源体系

房地产法的渊源体系/房地产法的法规体系,是指房地产法律规范的表现形式。其中主要包括：

1. 宪法。宪法中对房地产的规定主要有①关于国有土地的范围："矿藏、河流、森林、山岭、草原、荒地、滩涂等自然资源，属于国家所有；由法律规定属于集体所有的森林和山岭、草原、荒地、滩涂除外。""城市的土地属于国家所有。"②关于集体所有土地的范围："农村和城市郊区的土地，除由法律规定属于国家所有的外，属于集体所有；宅基地和自留地、自留山，属于集体所有。"③关于土地的转让问题："任何组织或者个人不得侵占、买卖或者以其他形式非法转让土地。土地使用权可以依照法律的规定转让。"④关于土地征收、征用问题："国家为了公共利益的需要，可以依照法律规定对土地实行征收或者征用并给予补偿。"

2. 房地产法律。房地产法律是由全国人民代表大会及其常务委员会制定颁布的法律文件，是我国房地产法的主要表现形式，包括基本法律和其他法律两种。

作为房地产法表现形式的法律有两种：①法律文件整体都是关于房地产问题的规定。如 1994 年 7 月 5 日第八届全国人民代表大会常务委员会第八次会议通过，根据 2007 年 8 月 30 日第十届全国人民代表大会常务委员会第二十九次会议《关于修改〈中华人民共和国城市房地产管理法〉的决定》第一次修正，根据 2009 年 8 月 27 日第十一届全国人民代表大会常务委员会第十次会议《关于修改部分法律的决定》第二次修正，根据 2019 年 8 月 26 日第十三届全国人民代表大会常务委员会第十二次会议《关于修改〈中华人民共和国土地管理法〉、〈中华人民共和国城市房地产管理法〉的决定》第三次修正。②法律文件整体虽不全是对房地产的规定，但其中有关于房地产的规定，如《中华人民共和国民法典》。

3. 国务院发布的房地产法规、决议和命令。这是房地产法的重要表现形式。如国务院发布的《城市私有房屋管理条例》《中华人民共和国城镇国有土地使用权出让和转让暂行条例》《外商投资开发经营成片土地管理暂行办法》等。

4. 最高人民法院的文件。这也是房地产法的重要表现形式，对各级人民法院审理有关房地产纠纷案件具有法律效力。如《最高人民法院关于审理房地产管理法施行前房地产开发经营案件若干问题的解答》《最高人民法院关于审理商品房买卖合同纠纷案件适用法律若干问题的解释》《最高人民法院关于审理涉及国有土地使用权合同纠纷案件适用法律问题的解释》等。此外，最高人民法院关于某些具体案件适用法律的批复等，对各级人民法院审理房地产案件也具有指导作用。

5. 国务院各部、委发布的命令、指示和规章。如原建设部发布的《城市房地产开发管理暂行办法》《城市房地产开发经营管理条例》《城市房地产中介服务管理规定》等。

6. 地方立法机关和人民政府发布的房地产管理法规。

（二）房地产法的内容体系

研究房地产法的内容体系，是为了明确房地产法要规定哪些方面的问题。从内容来看，房地产法包括：

1. 总则。总则是关于房地产法的指导思想、基本原则、适用范围等的规定，是房地产法的最核心部分。房地产法的各项具体制度和规定应以总则性规定为依据。

2. 房地产开发。房地产开发是房地产开发商在土地上进行基础设施、房屋建设的行为，是房地产商品的生产过程，是房地产法具体法律制度和规定的首要内容，包括土地所有权、土地使用权、土地征收、征用、土地出让等问题的规定。

3. 房地产交易。房地产交易是房地产产权的让渡，是房地产商品的流通过程，也是房地产商品价值和交换价值的实现过程,应详尽规定房地产交易的原则、形式、程序等问题。

4. 物业管理。物业管理是房地产商品在消费过程中的维修、养护、管理等服务行为,应具体规定物业管理公司的法律地位、权利和义务,物业管理公司与业主及业主委员会的关系等问题。

5. 房地产市场管理。房地产市场管理是政府及其职能部门,对房地产用地、房地产价格、房地产权属问题的管理,应具体规定各职能部门的职权及行使职权的程序。

6. 房地产法律责任。规定各种违反房地法的行为及应承担的相应的法律责任和责任的追究程序。

7. 其他内容。规定房地产法的溯及效力、生效日期等问题。

(三)房地产法的法理体系

从法理角度分析,法律规范都是由假定、处理、制裁三部分组成。在一个具体部门法中假定就表现为一定部门法的法律事实,处理则表现为一定部门法的法律关系,制裁则表现为法律责任。另外,一个部门法的法律条文还要从总体上规定该部门法律规范的有关问题。我们以此法理逻辑结构来分析房地产法的体系,房地产法及各具体法律制度包括以下四大部分:

1. 房地产法律规范的总体性规定。包括房地产法的定义、调整对象、指导思想、基本原则、适用范围、公布与生效时间等内容,是确定房地产法律事实、建立和履行房地产法律关系、确定和追究房地产法律责任都应遵守的规定。

2. 房地产法律事实。是指适用房地产法律规范调整房地产关系的条件。包括房地产法律行为、土地法律事件等。

3. 房地产法律关系。是指由房地产法律事实引起,依照房地产法律规范在当事人之间形成的具体权利义务关系。房地产法律规范中关于房地产法律关系主体、客体和内容(权利义务)的规定都是这一逻辑要素的体现。

4. 房地产法律责任。是房地产法律关系主体违反房地产法律规范所导致的法律后果,即对房地产违法行为的制裁,其目的在于确保房地产法律关系权利义务状态的实现。

第二节　房地产开发法律制度

一、房地产开发概述

(一)房地产开发的定义

房地产开发一词的含义有广义和狭义之分,广义的房地产开发是指在土地上进行基础设施、房屋建设的行为。狭义的房地产开发是指在城市规划区内国有土地上进行的基础设施和房屋建设的行为。《中华人民共和国房地产管理法》中所规定的房地产开发行为,是指狭义上的房地产开发。

基于城市规划区内集体所有的土地,经依法征收转为国有土地后,方可有偿出让,进行房地产开发。故本书认为,房地产开发是指在依法取得国有土地使用权的土地上进行基础设施和房屋建设的行为。

(二)房地产开发的类型

1. 按房地产开发的目的不同,可分为:①以经营为目的的房地产开发。指房地产开发公司投资开发房地产,并通过房地产市场的转让,追求经营利润的开发活动。②以自用为目的的房地产开发。指房地产开发者为了满足自己生产、经营或消费需要的房地产开发活动。

2. 按房地产开发的内容不同,可以分为:①基础设施建设。指给水、排水、污水处理设施建设;供电、通信设施建设;煤气或天然气、热力建设,以及道路、桥涵、园林绿化、环境卫生等建设活动,即人们平常所说的"三通一平"或"七通一平"。②房屋建设。指住宅建设,工业、商业、交通、仓库用房、文体科教用房等各类房屋建设。

3. 按房地产开发的范围不同,可以分为①新城区开发。主要指城市的新建或扩张,为城市的各项建设事业顺利进行提供基础条件。②旧城区的拆迁改造。指对旧城区的基础设施、建筑物重新布局、改造或建设,目的是发挥城市的整体功能,以适应现代化城市生产和生活的需要。

4. 按开发规模大小不同,可以分为单项开发、小区开发和成片开发。

(三)房地产开发的特点

1. 房地产开发是多部门协作活动。房地产开发包括基础设施开发和房屋开发,而要完成这些开发活动,需要规划、土地管理、设计、施工、市政、消防、环境、绿化、供电、供水、通信、商业、银行等各有关部门相互协作。

2. 房地产开发投资大。房地产开发是以基础设施和房屋为开发对象的投资活动。由于基础设施开发涉及的范围比较大,包括地面设施建设和地下设施建设,因此,投资量比较大。

3. 房地产开发周期较长。房地开发作为一种生产活动,需要许多环节,经过多项程序才能完成。一般小型开发项目,从立项到交付使用,最少需要 1~2 年时间;中型开发项目,需要 3~4 年时间;大型项目则需要更长的时间。

(四)房地产开发的原则

1. 符合城市规划的原则。贯彻这一原则应做到:①土地使用权出让的总体方案应符合城市规划,土地使用性质必须根据城市规划确定,出让的土地必须有规划控制指标。②土地使用者按城市规划的要求开发、利用土地,在进行房地产开发时,必须持国家批准建设项目的有关文件,向城市规划主管部门申请建设用地规划许可证,同时应按城市规划的要求合理确定各项技术经济指标,做好项目的规划设计工作,开发项目的规划设计方案经规划部门审定。③在开发建设项目的过程中,应严格执行规划设计方案,未经许可,不得任意修改规划设计图,同时应严格遵守出让合同的各项约定,若需改变土地用途,应当征得出让方同意并经土地管理部门和城市规划部门审批。④城市规划区内的建设工程,建设单位应当在竣工验收后 6 个月内向城市规划主管部门报送有关竣工资料。城市规划主管部门应参加城市规划区内重要建设工程的竣工验收。

2. 坚持经济效益、社会效益、环境效益相统一的原则。经济效益是指房地产开发要进行经济核算,追求较高的投资回报率。城市基础设施的更新、改造和完善,城市居民居住条件的改善和提高,在很大程度上依赖于房地产开发的经济效益。同时,房地产开发企业在社会主义市场经济体制下,本身就是以营利为目的的经济实体,追求经济效益是其从事开发经营活动的动机和目的。房地产开发企业在追求经济效益时,既要注重微观经济效益,也要讲究宏观经济效益。

社会效益是指房地产开发对社会所产生的效果和利益。房地产开发不仅要追求经济效益,而且要注重社会效益。只有二者并举,房地产开发才能得到社会各方面的肯定和支持,房地产业才能蓬勃发展。

环境效益是指房地产开发对城市自然环境和社会环境所产生的影响。房地产开发不仅是一种社会经济活动,而且是改善城市形象和居民生活环境的重要途径。因此房地产开发不仅要注重经济、社会效益,而且还要把环境效益置于重要地位。

坚持经济效益、社会效益和环境效益相统一的原则,要求房地产主体做到以下几点:①政府及其房地产主管部门和房地产投资者,应自觉贯彻执行房地产法规定的“全面规划、合理布局、综合开发、配套建设”的指导思想,遵守城市规划和各项技术规范;②政府有关部门引导房地产投资者树立全局观念,克服片面追求经济效益的思想,在社会效益、环境效益与经济效益相矛盾时,应服务全社会的整体利益;③各级人民政府及其职能部门应保护房地产投资者的经济利益,不能向房地产投资者乱收费、乱摊派,侵害其合法权益。

3. 鼓励和扶植建设居民住宅的原则。鼓励和扶植建设居民住宅是指政府通过各种优惠政策,鼓励和扶植房地产投资者开发建设居民住宅,以改善居民的居住条件。为了鼓励和扶植房地产开发公司建设居民住宅,我国实行了许多优惠办法和措施,主要有:①税收上,对于建设普通标准住宅的,增值额未超过扣除项目金额的20%的,免征土地增值税。②用地方式上,对于居民居住的福利用地、危旧房改造用地、经济适用住房用地可以按照有关规定采取划拨方式取得土地。③贷款方式上,国家允许房地产开发企业以依法取得的土地使用权抵押贷款,对购房者实行按揭贷款,以解决房地产开发过程中的资金问题。

二、房地产开发用地

房地产开发用地是指房地产开发商在房地产开发过程中所需要使用的土地,具体而言,就是对依法取得的国有土地使用权进行开发建设基础设施和房屋的国有土地。主要类型有国有土地使用权划拨、出让、转让、租赁等。

(一)国有土地使用权划拨

国有土地使用权划拨是指县级以上人民政府依法批准,在土地使用者缴纳补偿、安置等费用后将该幅土地交付其使用,或者将土地使用权无偿交付给土地使用者使用的行为。根据《中华人民共和国土地管理法》规定,经县级以上人民政府依法批准,以下建设用地可以以划拨方式取得:(1)国家机关用地和军事用地;(2)城市基础设施用地和公益事业用地;(3)国家重点扶持的能源、交通、水利等基础设施用地;(4)法律、法规规定的其他用地。

在当前,我国的土地使用权划拨有两种方式:一是土地使用权附条件划拨,土地使用者必须在缴纳规定的补偿费、安置费用后方可获得该幅土地的使用权;二是土地使用者不需要缴纳任何费用即取得土地使用权。

(二)国有土地使用权出让

国有土地使用权出让是指县级以上人民政府和土地主管部门依法把符合规划要求的国有土地有期限有偿地转移给土地使用者,土地使用者享有实际占有土地权、土地使用权、土地使用权的转让权、抵押权、出租权等活动。根据《城镇国有土地使用权出让和转让暂行条例》规定,在国有土地使用权出让过程中,出让方与受让方必须要签署土地使用权出让合同,出让方是代表国家行使权利的县级以上人民政府的土地主管部门,受让方可以是中国境内外的公司、企业、其他经济组织和公民自然人。

根据《中华人民共和国城市房地产管理法》和《招标拍卖挂牌出让国有建设用地使用权规定》规定,我国当前的国有土地使用权出让方式有四种:协议出让、招标出让、拍卖出让和挂牌出让。

协议出让是指县级人民政府及其土地主管部门代表国家与土地的申请使用者就土地使用权的价格、使用年限、用地条件等问题相互协商成一致意见而进行的国有土地使用权出让。由于协议出让不对外公开化,容易滋生暗箱操作、产生腐败现象,因此,政府对此有严格的报批程序。国土资源部于 2002 年 5 月 9 日发布《招标拍卖挂牌出让国有建设用地使用权规定》中明确规定:自 2002 年 7 月 1 日起,全国各地区的商业、旅游、娱乐、写字楼和商品住宅等各类经营性用地都必须以招标拍卖挂牌出让。这就大大缩小了可以协议出让国有土地使用权范围。自 2003 年 8 月 1 日起开始施行的《协议出让国有土地使用权规定》更是对协议出让的审批、程序过程作出了详细而又严格的规范。

招标出让是指市、县人民政府土地主管部门或者其委托的中介机构就国有土地的使用权发布招标公告,邀请特定或者不特定的公民、法人和其他组织参加国有土地使用权投标,根据投标结果确定土地使用者的行为。

拍卖出让是指市、县人民政府土地主管部门或者其委托的中介机构就国有土地的使用权发布拍卖公告,由竞买人在指定时间、地点进行公开竞价,根据出价结果确定土地使用者的行为。

挂牌出让是指市、县人民政府土地主管部门或者其委托的中介机构就国有土地的使用权发布挂牌公告,按公告规定的期限将拟出让宗地的交易条件在指定的土地交易场所挂牌公布,接受竞买人的报价申请并更新挂牌价格,根据挂牌期限截止时的出价结果确定土地使用者的行为。

根据当前法律、法规及规章规定,我国商业、旅游、娱乐和商品住宅等各类经营性用地,都必须以招标、拍卖或者挂牌方式出让,其他用途的土地,在供地计划公布后,如果同一宗地有两个以上意向用地者的,也应当采用招标、拍卖或者挂牌方式出让。

(三)国有土地使用权转让

国有土地使用权转让,在我国土地所有权分为国有和集体所有两种。国有土地使用权转让是指首次从国家取得土地使用权的个人或者集体将其土地使用权以有偿方式在一定时期内出让,租借给他人的经济行为。通常是指城市土地使用权的转让。一是对土地所有者和土地使用者依法享有的占用、收益及处分权进行保护。二是对土地所有者和使用者的这些权利进行限制和调节。

国有土地使用权转让类型如下:依出让方式取得土地使用权,已签订出让合同,交清地价后进行的土地使用权转让;已建建筑物的出让用地、行政划拨用地和历史用地,且产权属同一主体的,在符合现行规划前提下,土地使用者选择转让他人改造或与他人合作改造的;减免地价或交纳协议地价的土地使用权转让;为实现抵押权进行的土地使用权及地上建筑物、构造物、附着物转让;人民法院裁定,需要处分的土地使用权及地上建筑物、构造物、附着物转让;成片开发区土地使用权的转让。

(四)国有土地使用权租赁

国有土地使用权租赁是指国家将国有土地出租给使用者使用,由使用者与县级以上人民政府土地行政主管部门签订一定年期的土地租赁合同,并支付租金的行为。国有土地租赁是国有土地有偿使用的一种形式,是出让方式的补充。

出租国有土地使用权,应当符合以下条件:(1)出租人对土地的开发应达到法律规定或土地使用权出让合同约定的标准。《中华人民共和国城镇国有土地使用权出让和转让暂行条例》第二十八条规定,未按土地使用权出让合同规定的期限和条件投资开发、利用土地的,土地使用权不得出租。(2)因划拨而取得的土地使用权,如不符合法定条件不得出租。

国有土地使用权的出租,出租人和承租人之间需要签订租赁合同。土地使用权出租后,承租人必须继续履行土地使用权出让合同。国有土地使用权租赁合同大体上应包括以下条款:出租人和承租人的名称和地址;合同标的(土地地号、位置、面积等);地类和用途;地上建筑物或附着物的面积和用途等;土地使用权证号码;租赁期限、租金及其支付方式;承租人使用土地的方式;违约责任。出租人和承租人应按合同履行各自的义务。

三、房地产开发企业

(一)房地产开发企业的定义

房地产开发企业,是指以营利为目的从事房地产开发和经营的企业。房地产开发企业分为房地产开发的“专营企业”和“兼营企业”。房地产开发专营企业(也称专营公司)是指以房地产开发为主要经营范围的企业,包括全国性房地产开发专营企业和地方性房地产开发专营公司。房地产开发兼营企业是指以其他经营项目为主,兼营房地产开发经营业务的企业。包括两种类型企业,一种是房地产项目公司,即以房地产开发项目为对象从事单项房地产开发经营的企业。另一种是兼营公司,在国家工商行政管理局登记注册自有资金2亿元以上的非生产型综合公司、信托投资公司和自有资金1亿元以上的工程建设公司,可以在经营范围内增加从事房地产开发经营的内容,由国家工商行政管理局核准其经营范围;自有资金2亿元以上的地方性信托投资公司和自有资金5 000万元以上的具有一级资质的建筑公司,可以从事房地产开发经营,由公司原登记发照的工商行政管理机关核准其经营范围。

(二)房地产开发企业设立的条件

1. 有自己的名称和组织机构。房地产开发企业作为法人,必须有符合公司法人登记的名称。另外,房地产有限责任公司和股份有限公司,应设股东(大)会、董事会、监事会和经理等组织机构。

2. 有固定的经营场所。固定的经营场所是指企业的住所,即企业主要办事机构所在地。房地产开发公司必须有适应房地产开发经营需要的固定的办公用房。

3. 有符合规定的注册资本。房地产开发公司注册资本应在 100 万元以上，且流动资金不低于 100 万元。

4. 有足够的专业技术人员。房地产开发企业必须要有相当水平的经济管理人员和 4 名以上持有专业证书的房地产、建筑工程专业的专职技术人员，2 名以上持有专业证书的专职会计人员。

5. 法律、行政法规规定的其他条件。

(三)房地产开发企业设立的程序

具备房地产开发企业设立条件者，应当向工商行政管理部门申请设立登记。工商行政管理部门对符合法定设立条件的，应当予以登记，发给营业执照；对不符合法定条件的，不予登记。

房地产开发公司在领取营业执照后的一个月内，应当到登记机关所在地的建设行政主管部门备案。备案必须提交以下文件：公司的营业执照复印件；公司章程；公司的验资证明；公司法定代表人及总经理的任职文件及个人资料；经济、技术专业人员资格证书、任职文件及聘用合同；主管部门规定的其他文件。建设行政主管部门对手续完备的公司颁发《房地产开发企业资质等级证书》；对不符合公司设立条件的，提请工商行政管理部门处理。

(四)房地产开发企业资质管理

房地产开发专营企业应当按照规定申请资质等级，未取得房地产开发资质等级证书的企业，不得从事房地产开发经营业务。房地产开发企业按企业条件分为四个等级。各资质等级企业的条件为：

1. 一级资质：①注册资本不低于 5 000 万元。②从事房地产开发经营 5 年以上。③近 3 年房屋建筑面积累计竣工 30 万平方米以上，或者累计完成与此相当的房地产开发投资额。④连续 5 年建筑工程质量合格率达 100%。⑤上一年房屋建筑施工面积 15 万平方米以上，或者完成与此相当的房地产开发投资额。⑥有职称的建筑、结构、财务、房地产及有关经济类的专业管理人员不少于 40 人，其中具有中级以上职称的管理人员不少于 20 人，持有资格证书的专职会计人员不少于 4 人。⑦工程技术、财务、统计等业务负责人具有相应专业中级以上职称。⑧具有完善的质量保证体系，商品住宅销售中实行了《住宅质量保证书》和《住宅使用说明书》制度。⑨未发生过重大工程质量事故。

2. 二级资质：①注册资本不低于 2 000 万元。②从事房地产开发经营 3 年以上。③近 3 年房屋建筑面积累计竣工 15 万平方米以上，或者累计完成与此相当的房地产开发投资额。④连续 3 年建筑工程质量合格率达 100%。⑤上一年房屋建筑施工面积 10 万平方米以上，或者完成与此相当的房地产开发投资额。⑥有职称的建筑、结构、财务、房地产及有关经济类的专业管理人员不少于 20 人，其中具有中级以上职称的管理人员不少于 10 人，持有资格证书的专职会计人员不少于 3 人。⑦工程技术、财务、统计等业务负责人具有相应专业中级以上职称。⑧具有完善的质量保证体系，商品住宅销售中实行了《住宅质量保证书》和《住宅使用说明书》制度。⑨未发生过重大工程质量事故。

3. 三级资质：①注册资本不低于 800 万元。②从事房地产开发经营 2 年以上。③近 3 年房屋建筑面积累计竣工 5 万平方米以上，或者累计完成与此相当的房地产开发投资额。

④连续2年建筑工程质量合格率达100%。⑤有职称的建筑、结构、财务、房地产及有关经济类的专业管理人员不少于10人,其中具有中级以上职称的管理人员不少于5人,持有资格证书的专职会计人员不少于2人。⑥工程技术、财务、统计等业务负责人具有相应专业初级以上职称。⑦具有完善的质量保证体系,商品住宅销售中实行了《住宅质量保证书》和《住宅使用说明书》制度。⑧未发生过重大工程质量事故。

4. 四级资质:①注册资本不低于100万元。②从事房地产开发经营1年以上。③已竣工的建筑工程质量合格率达100%。④有职称的建筑、结构、财务、房地产及有关经济类的专业管理人员不少于5人,持有资格证书的专职会计人员不少于2人。⑤工程技术负责人具有相应专业中级以上职称,财务负责人具有相应专业初级以上职称,配有专业统计人员。⑥商品住宅销售中实行了《住宅质量保证书》和《住宅使用说明书》制度。⑦未发生过重大工程质量事故。

房地产开发企业资质等级实行分级审批制。一级资质由省、自治区、直辖市人民政府建设行政主管部门初审,报国务院建设行政主管部门审批。其他资质的审批办法由省级人民政府建设行政主管部门制定。经资质审查合格的企业,由资质审批部门发给相应等级的资格证书。

房地产开发企业变更名称、法人代表和主要经济、技术负责人,应当在变更后的30日内,向原资质审批部门办理变更手续。企业破产、歇业或者因其他原因终止业务时,应当在向工商行政管理部门办理注销营业执照后的15日内,到原资质审批部门注销资质证书。

第三节　房屋租赁法律制度

一、房屋租赁概述

(一)房屋租赁的定义

房屋租赁是指房屋所有人作为出租人将其房屋出租给承租人使用,由承租人向出租人支付租金的行为。提供房屋给他人使用,收取租金的一方当事人为房屋出租人,使用房屋并支付租金的一方当事人为承租人。承租人使用包括承租人居住、从事经营活动及以合作方式与他人从事经营活动。

(二)房屋租赁的种类

1. 按房屋所有权不同,可分为:①公房租赁。指公房出租人将其房屋交给承租人使用,承租人定期给付约定的租金,并于合同终止时将房屋返还出租人,包括国有房屋租赁和集体所有房屋租赁。公房租赁应遵守合理使用原则,按时交纳房屋租金,租赁期满时返还承租的公房。习惯上,公房指全民所有的房屋,包括直管房屋和自管房屋两种。直管房屋是由国家授权的部门(房地产行政主管部门)管理的房屋;自管公房是指国家授权的单位自行管理的房屋,即全民所有制单位管理的房屋。这种租赁关系可以发生在法人与法人之间,也可以发生在法人与公民之间。②私房租赁。指出租人将其房屋出租给承租人,承租人按约定向出租人交纳租金,取得房屋的使用权,并于约定期限届满或终止租约时将房屋返还给出租人。私房租赁应遵循公平合理原则及互谅互让、兼顾公共利益的原则。

2. 按房屋的使用性质不同,可分为:①居住用房租赁。指以居住、生活为目的的房屋租赁。包括单位自管房租赁、房管部门的居住用房租赁和私房租赁。②非居住用房租赁。指以生产、经营或其他活动为目的的房屋租赁。包括生产性用房和经营性用房。

(三)房屋租赁的条件

根据房屋租赁的有关的法律、法规和规章的规定,结合各省、市房屋租赁管理的具体办法,房屋租赁的条件可概括为:①有从事房屋租赁的法定资格。出租人应办理房屋租赁证,取得合法的经营资格;②出租房屋所占的土地是以出让方式取得的。现行立法允许出租以行政划拨形式取得的土地上所建的房屋,但应当将租金中所含土地收益上缴国家;③有合法的房屋所有证书;④房屋能正常使用,符合安全条件。

有下列情况之一的房屋不得出租:未依法取得房屋所有权证的;司法机关和行政机关依法裁定、决定查封或者以其他形式限制房地产权利的;共有房屋未取得共有人同意的;权属有争议的;属于违法建筑的;不符合安全标准的;已抵押,未经抵押权人同意的;不符合公安、环保、卫生等主管部门有关规定的;有关法律、法规规定禁止出租的其他情形。

二、房屋租赁合同

(一)房屋租赁合同的定义

房屋租赁合同是出租人与承租人签订的在一定期限以内把房屋交给承租人使用,承租人向出租人交付一定租金的协议。房屋租赁合同应明确租赁的用途,合同签订后应在房产管理部门登记备案。

(二)房屋租赁合同的主要条款

1. 租赁期限。租赁期限是指承租人使用出租人房屋的期限。租赁期限以内承租人有合法使用权,任何人不得侵害。期限届满,承租人有义务返还所承租的房屋。如需继续租用原租赁的房屋,应当在租赁期满前,征得出租人的同意,并重新签订租赁合同。出租人在租赁合同期满前需要收回房屋时,应当事先征得承租人同意,并赔偿承租人的损失。

2. 租赁用途。租赁用途是指承租人租赁房屋是从事经营活动,还是居住。明确租赁用途,具有重要的法律意义:①有利于承租人按照承租房屋的性能、用途,正确地使用出租房屋,因合理使用给出租房屋造成的正常磨损,承租人不承担责任;如果承租人未按租赁房屋的用途使用出租房屋,造成房屋损坏的,应赔偿因此给出租人造成的损失。②有利于承租人履行合同,如果承租人需要改变用途或在承租房屋上添加新用途时,应征得出租人同意,并重新协商租金。

3. 房屋租金。房屋租金是指房屋承租人为取得一定期限内房屋的使用权而付给房屋所有人一定数额的报酬。房屋租金可分为成本租金、商品租金、市场租金。成本租金是由折旧费、维修费、管理费、投资利息和税金等因素组成。商品租金是由成本租金加保险费、地租和利润等因素组成。市场租金是指在商品租金的基础上,随供需关系的变化而形成的租金。

4. 修缮责任。租赁期间,房屋的修缮责任,一般由出租人负责。双方当事人也可以在合同中另行约定,即由于房屋由承租人占有、使用,为了便于修缮,合同中也可约定由承租人负责房屋正常的维修和养护,由出租人支付费用或从租金中扣除。

除上述条款外,还应包括当事人的姓名或名称及住所、出租房屋的坐落面积、转租的约定、变更和解除合同的条件以及违约责任等。

(三)当事人的权利义务

1. 出租人的权利义务

(1)出租人有权按照房屋租赁合同约定向承租人收取房租。

(2)出租人有权对承租人使用房屋的情况进行监督。

(3)租赁期限届满,承租人有权收回房屋。

(4)解除合同权。承租人有下列行为之一的,出租人有权终止合同,收回房屋,因此而造成损失的,由承租人赔偿:将承租的房屋擅自转租的;将承租人的房屋擅自调换使用的;将承租房屋擅自拆改结构或改变用途的;拖欠租金累计6个月以上的;公有住宅用房无正当理由闲置6个月以上的;利用承租的房屋进行违法活动的;故意损坏承租房屋的;法律、法规规定其他可以收回的。

(5)交付房屋义务。出租人应当依照租赁合同约定的期限将房屋交付承租人,不能按期交付的,应当支付违约金;给承租人造成损失的,应当承担赔偿责任。

(6)修缮房屋义务。承租人在房屋需要修缮时,有权要求出租人在合理期限内维修,出租人未履行修缮义务的,承租人可以自行修缮,维修费用由出租人承担;因修缮房屋影响承租人使用的,应当相应减少租金或延长租期。

2. 承租人的权利义务

(1)承租人依照租赁合同的约定,对租用的房屋享有占有、使用、收益的权利。

(2)承租人对租赁的房屋享有优先购买权。出租人出卖租赁房屋的,应当在出卖之前的合理期限内通知承租人,承租人享有以同等条件优先购买的权利。

(3)承租人代出租人修缮房屋的,有权请求出租人支付修缮费用。

(4)承租人应当爱护并合理使用所承租的房屋及附属设施,不得擅自拆改、扩建或增添。确需变动的,必须征得出租人的同意,并签订书面合同。因承租人过错造成房屋损坏的,由承租人负责修复或者赔偿。

(5)承租人必须按期交纳租金,如有违约行为,应当支付违约金。

(6)房屋租赁合同期限届满,承租人应及时返还承租的房屋,否则,应承担逾期违约责任。租赁期间届满,承租人继续使用租赁物,出租人没有提出异议的,原租赁合同继续有效,但租赁期限为不定期。

(四)房屋租赁合同的变更、解除与终止

房屋租赁期限届满,租赁合同终止。承租人需要继续租用的,应当在租赁期限届满前3个月提出,并经出租人同意,重新签订租赁合同。有下列情形之一的,房屋租赁当事人可以变更或者解除租赁合同:符合法律规定或者合同约定可以变更或解除合同条件的;因不可抗力致使租赁合同不能继续履行的;当事人协商一致的;因变更或者解除租赁合同使一方当事人遭受损失的,除依法可以免除责任的以外,应当由责任方承担赔偿责任。

（五）房屋租赁合同登记备案制度

房屋租赁合同登记备案是指租赁合同的双方当事人签订、变更、终止租赁合同的，应向房屋所在地市、县人民政府房地产管理部门登记备案。

房屋租赁当事人应当在租赁合同签订后30日内持下列文件到房地产管理部门办理登记备案手续：书面租赁合同；房屋所有权证书；当事人的合法证件；城市人民政府规定的其他文件。市、县人民政府房地产管理部门，在接到房屋租赁的申请和有关材料后，应当进行审查，经审查合格的，颁发《房屋租赁证》。《房屋租赁证》是租赁行为合法有效的凭证。

（六）房屋转租

房屋转租，是指房屋承租人将承租的房屋再出租的行为。承租人在租赁期间，征得出租人同意，可以将承租房屋的全部或部分转租给他人。房屋转租后，原承租人与原出租人之间的出租合同继续有效。转租人享有并承担转租合同规定的出租人的权利和义务，并应当履行原租赁合同约定的承租人的义务；转租期间，原租赁合同变更、解除或终止，转租合同也随之变更、解除或终止。在房屋转租期间，第三人（即转租合同中的承租人）对房屋造成损害的，应当由原承租人（即转租合同中的出租人）承担损害赔偿责任。原承租人负担损害赔偿责任后，在法理上当然享有对第三人的追偿权。

（七）买卖不破租赁

买卖不破租赁是指在租赁合同有效存续期间，出租人依法出卖租赁物的法律行为并不影响租赁合同的效力。买卖不破租赁法律规则在房屋租赁中适用的前提条件是房屋租赁合同先于租赁房屋出卖行为存在并且一直有效。买卖不破租赁法律规则在房屋租赁中适用的法律效力是房屋受让人成为原租赁合同新的出租人。

（八）承租人、出租人死亡后房屋租赁合同存续的特别规定

承租人在房屋租赁期间死亡的，与其生前共同居住的人可以按照原租赁合同租赁该房屋。出租人在租赁期间死亡的，其继承人应当履行原租赁合同的规定。

三、廉租房保障法律制度

（一）制度概述

廉租房保障法律制度是指规制国家以法定方式向符合法定条件或标准的住房困难群体或家庭提供住房保障措施，以增强这些群体或家庭租赁住房的能力或保障其基本住房条件的法律规范的总称。

1. 廉租房保障法律制度的保障主体是国家。可将保障主体及其相应的职权（责）具体化为：①市、县人民政府，其依法享有（负有）宏观意义上的规划职权（责）和微观意义上相关具体标准的制定职权（责）。②县级以上各级人民政府建设（住房保障）主管部门。③县级以上人民政府发展改革（价格）、监察、民政、财政、国土资源、金融管理、税务、统计等部门。④廉租住房保障实施机构，该机构根据政府的委托或法定的授权，享有具体实施廉租房保障工作的职权（责）。

2. 廉租房保障法律制度的保障对象是城市低收入住房困难家庭。城市低收入住房困难家庭，是指城市和县人民政府所在地的镇范围内，家庭收入、住房状况等符合市、县人民政府规定条件的家庭。可以从两方面进行认定：①这类家庭仅限于在城市范围内居住的，具有居住地城镇户籍的家庭；②家庭经济困难并且住房困难。

3. 廉租房保障法律制度的保障方式是房屋租赁补贴和实物配租等相结合，以房屋租赁补贴为主。

4. 廉租房保障法律制度的保障客体是住宅用房。这类住宅用房分为两类：①普通的商品住宅用房，国家以提供租房补贴的方式增强城市低收入住房困难家庭租赁普通商品住宅用房的能力；②国家投资建设或委托建设的廉租房，国家以实物配租的方式向特定的城市低收入住房困难家庭提供住房。

（二）保障方式

1. 租赁补贴保障方式。租赁补贴是指由县级以上地方人民政府向申请廉租住房保障的城市低收入住房困难家庭发放租赁住房补贴，由其自行承租住房的保障方式。

租赁补贴的额度是按照城市低收入住房困难家庭现住房面积与保障面积标准的差额、每平方米租赁住房补贴标准来确定的。质言之，租赁补贴的补贴额＝城市低收入住房困难家庭现住房面积与保障面积标准的差额×每平方米租赁住房补贴标准。市县人民政府有确定本地廉租住房保障面积标准和本地每平方米租赁住房补贴标准的职权（责）。

2. 实物配租保障方式。实物配租是指县级以上地方人民政府向申请廉租住房保障的城市低收入住房困难家庭提供住房，并按照规定标准收取租金的保障方式。

实物配租的配租面积为城市低收入住房困难家庭现住房面积与保障面积标准的差额。质言之，实物配租的配租面积＝保障面积标准－城市低收入住房困难家庭现住房面积。保障面积标准由市、县人民政府依法确定。

依法享受实物配租保障的城市低收入住房困难家庭，就其所租赁的廉租住房，必须依特定标准交纳租金。廉租住房的租金标准实行政府定价。廉租住房的租金，按照配租面积和市、县人民政府规定的租金标准确定，质言之，廉租住房租金＝配租面积×市、县人民政府规定的租金标准。

（三）廉租房保障协议

1. 廉租房保障协议签订的前提。即建设（住房保障）主管部门对经审核登记为城市低收入住房困难家庭的城市家庭，在综合考虑其收入水平、住房困难程度和申请顺序以及申请的保障方式等基础上，确定相应的保障方式及轮候顺序，并向社会公开。也就是说，确定相应的保障方式及轮候顺序是签订廉租房保障协议的前置程序。

对已经登记为廉租住房保障对象的城市居民最低生活保障家庭，凡申请租赁住房货币补贴的，要优先安排发放补贴，基本做到应保尽保；实物配租应当优先面向已经登记为廉租住房保障对象的孤、老、病、残等特殊困难家庭，城市居民最低生活保障家庭以及其他急需救助的家庭。

2. 廉租房保障协议的签订。对轮候到位的城市低收入住房困难家庭，建设（住房保障）主管部门或者具体实施机构应当按照已确定的保障方式，与其签订租赁住房补贴协议或者廉租住房租赁合同，予以发放租赁住房补贴或者配租廉租住房。发放租赁住房补贴和配租廉租住房的结果,应当予以公布。

3. 廉租房保障协议的内容。租赁住房补贴协议应当明确租赁住房补贴额度、停止发放租赁住房补贴的情形等内容。其中,停止发放租赁补贴的情形一般应包括:补贴领受家庭已经不符合城市低收入住房困难家庭的条件和标准;未按规定或约定使用补贴;以欺诈等手段骗取城市低收入住房困难家庭的认定经查实的。

廉租住房租赁合同应当规定的内容包括:房屋的位置、朝向、面积、结构、附属设施和设备状况;租金及其支付方式;房屋用途和使用要求;租赁期限;房屋维修责任;停止实物配租的情形,包括承租人已不符合规定条件的,将所承租的廉租住房转借、转租或者改变用途,无正当理由连续6个月以上未在所承租的廉租住房居住或者未交纳廉租住房租金等;违约责任及争议解决办法,包括退回廉租住房、调整租金、依照有关法律法规规定处理等;其他约定。

4. 廉租房保障协议双方的权利义务。

(1)接受保障主体。租赁住房补贴协议中的补贴领受主体,根据协议享有领取和按约定用途使用补贴的权利;廉租住房租赁合同中的承租方,根据合同享有使用租赁房屋的权利。已领取租赁住房补贴或者配租廉租住房的城市低收入住房困难家庭,应当按年度向所在地街道办事处或者镇人民政府如实申报家庭人口、收入及住房等变动情况;不得将所承租的廉租住房转借、转租或者改变用途;无正当理由连续6个月以上未在所承租的廉租住房居住的;无正当理由累计6个月以上未交纳廉租住房租金的,应当按照合同约定退回廉租住房。

(2)保障提供主体。享有(负有)以下职权(责):①情况了解权。市、县人民政府建设(住房保障)主管部门应当按户建立廉租住房档案,并采取定期走访、抽查等方式,及时掌握城市低收入住房困难家庭的人口、收入及住房变动等有关情况。②调整权和停止保障权。建设(住房保障)主管部门应当根据城市低收入住房困难家庭人口、收入、住房等变化情况,调整租赁住房补贴额度或实物配租面积、租金等,对不再符合规定条件的,应当停止发放租赁住房补贴,或者由承租人按照合同约定退回廉租住房。③违约处理权。城市低收入住房困难家庭未按照合同约定退回廉租住房的,建设(住房保障)主管部门应当责令其限期退回;逾期未退回的,可以按照合同约定,采取调整租金等方式处理,城市低收入住房困难家庭拒绝接受前款规定的处理方式的,由建设(住房保障)主管部门或者具体实施机构依照有关法律法规规定处理。

第四节 房地产抵押法律制度

一、房地产抵押概述

(一)抵押的定义和特点

抵押是指债务人或者第三人不转移对法律允许抵押财产的占有,而将该财产作为债权的担保,当债务人不履行债务时,债权人有权依照法律规定以该财产折价或者以拍卖、变卖该财产的价款优先受偿。在这一法律关系中提供担保财产的债务人或第三人称为抵押人,债权人为抵押权人,提供担保的财产为抵押物。

1. 抵押是一种担保债权实现的法律关系。抵押权的设定以确保债权受清偿为目的,具有担保物权的性质。抵押是以物权担保债权实现的法律关系。

2. 抵押物是由债务人或第三人提供的法律允许抵押的财产。作为抵押物的财产必须是债务人或第三人独立拥有的或有权独立支配的财产,即享有所有权或依法有权处分的财产,同时抵押财产的范围是法律规定的而不是任意的。

3. 不转移对抵押物的占有。在抵押关系中,抵押物以其交换价值担保债权的实现,因而无须将抵押物的占有移转于抵押权人,抵押人将其财产提供抵押后仍可继续占有其财产,并使用收益,从而最大限度地发挥抵押物的经济效用。

(二)抵押的种类

1. 以抵押物的不同,抵押可分为:①不动产抵押。指以不动产作为抵押物而设定的抵押。这是最为常见的抵押形式。②动产抵押。指以动产为抵押物的抵押。《民法典》第三百九十六条规定,“企业、个体工商户、农业生产经营者可以将现有的以及将有的生产设备、原材料、半成品、产品抵押,债务人不履行到期债务或者发生当事人约定的实现抵押权的情形,债权人有权就抵押财产确定时的动产优先受偿”。③权利抵押。指以法律规定的各种财产权利作为抵押客体的抵押。《民法典》第三百九十五条规定,债务人或者第三人有权处分的建设用地使用权、海域使用权可以抵押。④财团抵押/企业抵押。指抵押人以其所有的动产、不动产及权利的集合体作为抵押权客体,即企业以其财产组成一个整体,设置一个抵押权。一般是为担保企业的巨额债务而设定的。

2. 以债权受担保的抵押权个数的不同,抵押可以分为:①单独抵押。指某个债权受一个抵押物担保的抵押。②共同抵押。指为了担保同一债权,而在数个不同财产上设定了数个抵押权共同担保债权的实现,无论因其中哪一个抵押权的实行而使债务得以清偿时,于其他财产上设定的抵押权均全部解除。

3. 以抵押权所担保的债权额是否确定,抵押可分为普通抵押和最高限额抵押。最高限额抵押是指抵押人与抵押权人协议以抵押物对将来一定期间内连续发生的不特定债权,在预定的最高债权额限度内作为担保的一种特殊的抵押形式。其特征有:①担保的主债权为将来一定期间内连续发生的债权,并非现在已经发生的债权;②所担保债权为将来发生的不确定债权;③担保的主债权范围以预定的最高额为限度。最高额抵押适用于一切合同债权。最高额抵押担保的债权确定前,部分债权转让的,最高额抵押权不得转让,但当事人另有约定的除外。

除最高限额抵押外,针对特定债权设定的抵押担保就是普遍抵押或一般抵押。

(三)房地产抵押的定义

房地产抵押,是指抵押人以其合法的房地产以不转移占有的方式向抵押权人提供债务履行担保的行为,债务人不履行债务时,抵押权人有权依法以抵押的房地产拍卖所得的价款优先受偿。

(四)房地产抵押的原则

1. 合法原则。包括三层含义:①设定抵押的房地产是法律所允许的。法律规定不得为抵押物的房地产,如果设定了抵押,在债务人不履行债务时,抵押权人的抵押权就无法实现。②设定抵押的房地产必须是抵押人合法所有或合法占有的房地产。所有权、使用权不明或者有争议的财产,不能设定抵押。③设定抵押的程序要合法。

2. 同一原则。指土地使用权与地上建筑物一同抵押,即土地使用权抵押时,其地上建筑物、其他附着物随之抵押;地上建筑物、其他附着物抵押时,其使用范围的土地使用权随之抵押。

3. 特定原则。指设定抵押的房地产是现实存在的特定的房地产。房地产抵押,应当凭土地使用证书、房屋所有权证书办理。

二、房地产抵押的范围

(一)房地产抵押权所担保的债权范围

抵押权作为一种担保物权,其所担保的债权一般以原债权为限,但下列几种情况,亦可列入所担保债权范围之内:①利息,包括约定利息和法定利息;②违约金;③赔偿金;④费用,包括保全抵押权的费用和实现抵押权的费用。

(二)房地产抵押权标的物的范围

房地产抵押权标的物的范围包括房屋所有权和该房屋占用范围内的土地使用权;以出让方式取得的土地使用权可以设定抵押权。

1. 用于抵押的土地使用权范围。

(1)土地所有权不得用于抵押。土地使用权抵押仅限于与土地所有权分离产生的土地使用权,即具有他物权性质的独立的土地使用权的抵押。

(2)集体所有的土地使用权抵押仅限于抵押人通过招标、拍卖、公开协商等方式取得的荒山、荒沟、荒丘、荒滩等荒地的土地使用权和乡(镇)村企业的厂房等建筑物占用范围内的土地使用权。对集体所有的荒山、荒沟、荒丘、荒滩土地使用权的抵押限于承包经营人并且须经发包方同意。对乡(镇)村企业土地使用权的严格限定是在乡(镇)村企业以厂房等建筑物抵押时一同抵押,禁止以土地使用权单独抵押。

(3)土地使用权抵押必须是权属明确的土地使用权。土地使用权作为抵押标的,抵押人必须对抵押的十地使用权有处分权。这就必然要求土地使用权的权属明确,如果上地使用权权属不明或发生争议,就表明抵押人对土地使用权无权处分,否则就会损害他人权益。

2. 抵押的房地产的价值与其所担保债权数额的关系。

(1)抵押的房地产的价值应大于或等于它所担保的债权数额。抵押权设定的目的在于确保债权的实现。如果受担保的债权的数额超出了抵押物的价值,债权人在行使抵押权、拍卖抵押物后所得价款就难以确保其债权的完全清偿。

(2)房地产抵押后,其价值大于所担保债权的金额部分,在余额限度内可以再抵押。抵押权人只能在抵押物作价、拍卖或变卖后的价款中优先清偿其债权,如果抵押物的价值大于它所担保的债权的价值,就能确保债权的最终实现。因此,抵押物超出所担保债权的部分就可以再设定抵押权,担保其他债权的实现,使抵押物的价值担保功能得以充分发挥。同时因为抵押权人并不以抵押物移转占有为必要条件,所以在同一项抵押物上可以设定多个抵押权,且相互之间并不妨碍。

3. 房地产抵押中土地使用权与地上建筑物的同一关系。我国立法在处理房地产抵押中的土地使用权与地上建筑物的关系时,始终坚持土地使用权与地上建筑物的同一原则,即土地使用权与地上建筑物一同抵押,包括两种情况:①“地随房走”的原则。即地上房屋等建筑物抵押时,其占用范围内的土地使用权一同抵押。②“房随地走”的原则。即在某些情况下,以土地使用权抵押的,地上的房屋也要同时抵押。

4. 房地产抵押与地上新增建筑物的关系。城市房地产抵押合同签订后,土地上新增的房屋不属于抵押物。需要拍卖该抵押的房地产时,可以依法将该土地上新增的房屋与抵押物一同拍卖,但对拍卖新增房屋所得,抵押权人无权优先受偿。

三、房地产抵押的设定和抵押权的效力

(一)房地产抵押的设定

房地产抵押的设定是指房地产抵押法律关系的产生,即在房地产抵押当事人之间发生抵押权利义务关系。房地产抵押法律关系通常因当事人协商一致并经登记公示而产生。当事人协商一致的行为即订立抵押合同行为。

1. 房地产抵押合同。指债务人或者第三人不移转对房地产的占有,将房地产作为债权的担保而与债权人达成的明确相互权利义务关系的协议。

(1)房地产抵押合同的内容:①被担保的主债权种类、数额。这是由抵押合同的从属性所决定的,只有确定了主债权的种类、数额,才能明确担保对象,并确定抵押的房地产的价值可否为债权实现提供充分担保。②债务人履行债务的期限。这是判明债务人是否履行到期债务的时间标准,也是确定抵押权得以实现的时间标准。主债权合同的履行期限可以是一次性履行的期限,也可以是分期履行的期限。对分期履行的债务应写明每一分期的履行期限,债务人就任何一期债务不履行,都会引起抵押权人行使抵押权。③抵押物的名称、数量、质量、状况、所在地、所有权权属或者使用权权属。④抵押担保的范围。⑤当事人认为需要约定的其他事项。

(2)房地产抵押合同的形式。抵押合同为要式合同。抵押人和抵押权人应当以书面形式订立抵押合同。书面形式既可以是当事人在主合同中达成的关于抵押担保的条款,也可以是主合同之外由抵押人和抵押权人达成的抵押担保协议,以及当事人之间有关抵押担保设立的信函等书面资料。

(3)房地产抵押合同与主合同的关系。房地产抵押合同是主债权债务合同的从合同。主债权债务合同无效,房地产抵押合同无效,但法律另有规定的除外。“法律另有规定”是指最高额抵押合同在连续交易关系中,不会因为某一笔交易合同无效而无效的相对独立性。以房地产抵押合同为基础而产生的抵押权属于从权利,随着主合同债权的存续而存续,随着主合同债权的转让而转让,亦随着主合同债权的消灭而消灭。

(4)房地产抵押合同无效的法律后果。

首先,主债权债务合同无效而导致的房地产抵押合同无效。在这种情况下,产生两种法律后果:①被抵押的房地产由于合同的无效而除去担保负担,房地产处分权人重新取得对房地产的圆满支配权。②若抵押人(指主合同债务人以外的第三人)对主债权债务合同无效有过错的,应当承担不超过主合同债务人不能清偿部分1/3的民事责任。

其次,主债权债务合同有效,房地产抵押合同由于某种原因而无效。在这种情况下,房

地产抵押人由于抵押合同无效,其抵押的房地产上当然除去了担保负担。但若房地产抵押合同无效时抵押人有过错的,则抵押人应当向主合同债权人承担民事赔偿责任;此处抵押人赔偿责任的具体承担方式有两种:①若主合同债权人对房地产抵押合同的无效有过失,抵押人承担不超过债务人不能清偿部分 1/2 的民事责任,具体的责任额度应当以债权人的过错所导致的责任额度与抵押人过错所导致的责任额度相抵销后的剩余为准;②若主合同债权人对房地产抵押合同的无效没有过错,抵押人则需与债务人对主合同债权人的经济损失承担连带赔偿责任。

抵押人向债权人承担赔偿责任后,可以向债务人追偿。抵押人向债务人行使追偿权的前提有二:①抵押人承担了与其过错程度不相符的民事赔偿责任,这主要出现在上述抵押人承担法定限额责任和连带责任时有过错的情况下;②抵押人承担了本不应由其承担的民事责任,这是指抵押人承担连带责任而无过错的情况。

2. 土地使用权抵押设定登记。办理抵押登记是房地产抵押法律关系成立的重要法律事实。

(1)房地产抵押登记的机关。以无地上定着物的土地使用权抵押的,办理登记的部门为核发土地使用权证书的土地管理部门;以城市房地产或者乡(镇)、村企业的厂房等建筑物抵押的,办理登记的部门为县级以上地方人民政府规定的部门。

(2)房地产抵押设定登记的程序。房地产抵押设定登记一般应经过申请、审查、核准登记、公告等程序。申请应当由抵押当事人向法律规定的房地产抵押登记机关填写并递交房地产抵押登记表,同时提交法律规定的应当提交的登记文件。主要包括主合同和抵押合同以及抵押的土地使用权证书、房屋所有权证书。审查阶段即由负责审查、监督职责的抵押登记部门对当事人提交的抵押登记文件的真实性、合法性予以审查。核准登记是指房地产抵押登记的机关对当事人提交的抵押登记文件的真实性、合法性审核确定以后,对抵押权设定的必要事项予以记载。公告是指对抵押登记的资料应当向社会公开,登记部门应当允许当事人和其他人对登记资料查阅、抄录或者复印。

(3)房地产抵押设定登记的效力。其最直接的效力就是在抵押当事人之间发生抵押权利义务关系,同时使经登记的抵押权受到法律的保护并取得物权公示效力,能够对抗第三人,即第三人即使善意取得抵押财产,也不得影响抵押权人对抵押财产行使优先受偿权。

(二)房地产抵押权的效力

1. 房地产抵押权的内部效力。指抵押权法律关系内部发生的抵押权应有的以债权的优先受偿为内容的效力。

(1)优先受偿效力。指抵押权人在其债务人届期不履行债务时,无须经房地产抵押人的同意即可对抵押的房地产予以处分,并从变卖的价款中优先于普通债权人获得清偿。

(2)债权范围效力。抵押权所担保的债权范围应包括主债权及利息、违约金、损害赔偿金和实现抵押权的费用。抵押合同另有约定的,依照约定。

(3)作为抵押物的房地产范围效力。在房地产抵押法律关系中,抵押权对抵押物的效力范围应当包括房地产本身,以及依照法律规定抵押物所生孳息等。在房地产抵押法律关系中,债务履行期限届满,债务人不履行债务,抵押权人着手实行抵押权,人民法院将抵押的房地产依法扣押的,房地产的天然孳息抵押权人就有权收取;抵押权人将扣押房地产之事实通知了应当清偿法定孳息义务人的,也有权收取其法定孳息。

抵押权对抵押物的效力还表现在抵押人的行为足以使抵押物价值减少的，抵押权人有权要求抵押人停止其行为。抵押物的价值减少时，抵押权人有权要求抵押人恢复其价值或者提供与减少的价值相当的担保。抵押人对抵押物价值减少无过错的，抵押权人只能在抵押人因损害而得到的赔偿范围内要求提供担保，抵押物价值未减少的部分，仍作为债权的担保。

2. 房地产抵押权对外效力。抵押权的存在会对房地产上既存的或新发生的诸种相关法律关系产生一定的影响力，这便是其对外效力。

（1）抵押权对房地产出租法律关系的影响。可能发生两种情况：①房地产权利人将已经出租的房地产抵押。在这种情况下，租赁关系成立在先，抵押权设立在后，抵押权的设立、实现均对租赁关系不发生影响，法律只要求抵押人以书面形式将设定抵押之事实告知承租人，原租赁合同继续有效。②房地产权利人将已经抵押的房地产出租。在这种情况下，租赁关系成立在后，抵押权设定在先，租赁关系应当随抵押权的实现而解除。从租赁关系的成立来看，租赁关系不受抵押权效力的影响；但是，随着抵押权的实现，抵押物新的买受人不受租赁关系的约束，承租人不得对抗买受人，租赁关系应随即解除。

（2）抵押权对房地产转让法律关系的影响。指房地产的抵押人可否将已经抵押的房地产转让以及其转让房地产所受抵押权的制约与相互影响。抵押期间，抵押人未经抵押权人同意，不得转让抵押财产；抵押物的受让人若代抵押人向债权人清偿债务而消灭抵押权的，即使未征得抵押权人同意，转让行为仍然有效。

抵押人转让抵押物所得的价款，应当向抵押权人提前清偿所担保的债权或者向与抵押权人约定的第三人提存。超过债权数额的部分，归抵押人所有，不足部分由债务人清偿。这是抵押物转让行为对抵押权效力的影响，即抵押物的转让行为具有使抵押权提前实现的效力。

抵押物转让的价款关系到抵押所担保债权能否提前全部优先受偿，法律应当赋予抵押权对抵押物转让干预的效力。转让抵押物的价款明显低于其价值的，抵押权人可以要求抵押人提供相应的担保；抵押人不提供的，不得转让抵押物。“提供相应担保”就是指要提供的担保必须与所担保债权额和担保物转让价的差额相当。

（3）抵押权对房地产再抵押的影响。财产抵押后，该财产的价值大于所担保债权的余额部分，可以再次抵押，但不得超出其余额部分。抵押权并不排斥在同一抵押物上再设定抵押权，只是为了保护先位抵押权人的利益，法律要求抵押人应在抵押物价值超过先位设定的抵押权所担保的债权范围的余额部分才可抵押。

（4）房地产抵押权对外处分效力。抵押权人可否将抵押权处分让与其他人或者为其他债权担保。房地产的抵押权不得与其所担保的债权分离而单独转让或者作为其他债权的担保，只有与其所担保的债权一起才可能转让或与所担保的债权一起为其他债权设定抵押担保。

四、房地产抵押权的实现

（一）房地产抵押权实现的定义

房地产抵押权的实现是指债务履行期间届满，债务人不履行债务时，抵押权人依照法律规定的程序直接处分抵押房地产，以抵押的房地产拍卖价款使其债权优先受偿。

(二)实现房地产抵押权的条件

实现抵押权的条件也就是行使抵押权的条件。即债务履行期限届满,抵押权人的债权未受清偿。

(三)实现房地产抵押权的方式

实现抵押权一般有三种方式,即以抵押物折价或者拍卖、变卖抵押物的价款优先受偿。根据相关法律规定,房地产抵押权的实现只能采取拍卖的方式。

(四)房地产抵押权实现的程序

抵押权实现的程序是先要经过抵押权人与抵押人协议程序,当协议程序能够就抵押的房地产拍卖达成协议的,抵押权就可以实现。如果不能达成协议的,则要经过诉讼程序,在人民法院的主持下,实现抵押权。

(五)划拨的国有土地使用权抵押权实现的特殊程序

在划拨的国有土地使用权上设定抵押,实现抵押权时,必须经过两个特殊程序:①拍卖该土地使用权,必须报经有批准权的人民政府审批;②拍卖所得价款必须首先依法缴纳应缴的土地使用权出让金,然后抵押权人才能优先受偿。

(六)房地产抵押权实现的顺序

抵押权实现的顺序是指在同一财产上设定了两个以上的抵押权时,各抵押权人受偿的先后次序。同一房地产向两个以上的债权人抵押的,拍卖房地产所得的价款的清偿顺序如下:①抵押权已登记的,按照登记的先后顺序清偿,顺序相同的,按照债权比例清偿;②抵押权已登记的先于未登记的受偿;③抵押权未登记的,按照债权比例清偿。

(七)房地产抵押权的实现对相关法律关系的影响

1. 房地产抵押权的实现对主债权关系的影响:①抵押权人处分抵押物所得价款使主债权全部得到清偿,从而引起主债权关系的消灭;②抵押权的行使,抵押物价款使主债权部分得到清偿,从而使已受偿部分的主债权消灭,其余未受清偿的债权关系仍然存在,债务人应当继续向债权人履行债务。

2. 房地产抵押权的实现对地上建筑物所有关系的影响:房地产抵押权的行使必然引起地上房屋等建筑物所有权法律关系的消灭。所不同的是对同时抵押的房屋价款抵押权人有优先受偿权,对新增房屋拍卖价款抵押权人无权优先受偿,价款归房屋所有人所有。

3. 房地产抵押权的实现对土地所有权关系的影响:房地产抵押权的行使,拍卖的仅仅是作为抵押的房地产的土地使用权,它只引起土地使用权归属关系的变化,并不涉及土地所有权关系的变化。

第五节　物业管理法律制度

一、物业管理关联法律法规

我国关于物业管理方面，制定了一系列的法律、法规（地方性法规、行政法规）、规章（国务院部门规章、地方政府规章），还包括众多的政策。

1.《中华人民共和国民法典》，由中华人民共和国第十三届全国人民代表大会第三次会议于2020年5月28日通过，自2021年1月1日起施行；

2.《物业管理条例》，2003年6月8日国务院令第379号公布，2018年3月19日第三次修订，属于行政法规；

3.《物业服务收费管理办法》，国家发改委、住房和城乡建设部共同制定的国务院部门规章，2004年1月1日起施行；

4.《住宅室内装饰装饰装修管理办法》是建设部的部门规章，2002年5月1日起施行；

5. 两部司法解释：《最高人民法院关于审理物业服务纠纷案件具体应用法律若干问题的解释》《最高人民法院关于审理建筑物区分所有权纠纷案件具体应用法律若干问题的解释》。

二、建筑物区分所有权

建筑物区分所有权是在原《中华人民共和国物权法》施行以来，在我国才有的法律条文，顾名思义，建筑物，就是整个小区所有的建筑物，包括但不限于住房、屋顶、走廊、电梯等；区分所有权，是指权利人即业主对于一栋建筑物中自己专有部分的单独所有权、对共有部分的共有权以及因共有关系而产生的管理权的结合。

建筑物区分所有权将建筑物的特定部分作为所有权的标的，严格而言，与物权客体须为独立物，以及一物一权主义原则不相符合。但是依社会观念，一建筑物区分为若干部分，各有该部分的所有权应为常有之事，而且这样也不妨碍物权的公示，无害于交易安全。基于物权客体的独立性原则，区分所有的专有部分，须具备一定条件，才可以在作为建筑物区分所有中专有权的客体。

（一）专有部分

1. 专有部分的概念

专有部分是指建筑物具有构造和使用上独立性的功能部分，构造上的独立性与使用上的独立性并非截然区分而是相互结合的判断标准。法律对到底哪些是专有部门没有明文的规定，理论上有很多探讨，共有四种：一是空间说；二是壁心说；三是墙面说；四是综合说。对内是墙面说，对外是壁心说，即在区分所有人相互间对建筑物维持、管理关系上，专有部分仅包括墙壁、天花板、地板等表层所粉刷的部分；在对外等关系上，专有部分达到墙壁、天花板、地板等部分的中心线。一般认同综合说。

2. 专有部分的权利

《民法典》第二百七十一条的规定："业主对建筑物内的住宅、经营性用房等专有部分享有所有权,对专有部分以外的共有部分享有共有和共同管理的权利”,《民法典》第二百七十二条的规定,“业主对其建筑物专有部分享有占有、使用、收益和处分的权利。业主行使权利不得危及建筑物的安全,不得损害其他业主的合法权益”。

3. 专有部分的权利限制

按照《民法典》第二百七十二条的规定,业主对建筑物的专有部分享有独立的所有权,可以自由地使用和处分,但业主对建筑物专有部分权利的行使不得危及建筑物的安全,不得损害其他业主的合法权利。业主对专有部分享有所有权,其所有权的行使受到相邻关系和建筑物区分所有权制度特有的限制。例如,业主对于专有部分的装修不得给相邻业主的专有部分造成妨害或者损害,对专有部分的使用要顾及对相邻业主的影响等。

(二)共同所有部分

1. 概念,共有部分是专有部分以外的电梯、楼梯、基地等非专有部分,共有部分包括建筑物的附属设施等可以作为独立所有权客体的建筑物,例如物业服务用房。共有部分可分为法定共有部分和约定共有部分,法定共有部分不能由当事人约定权利归属关系。按照《民法典》第二百七十三条的规定,“业主对建筑物专有部分以外的共有部分,享有权利,承担义务;不得以放弃权利为由不履行义务。业主转让建筑物内的住宅、经营性用房,其对共有部分享有的共有和共同管理的权利一并转让。”共有部分具有权利义务的依附性,业主不得以放弃权利不履行义务。同时,共有部分与专有部分为结合的关系,专有部分转让,共有部分和成员权一并转让。

2. 法定的共有部分即区分所有建筑物的性质或构造上当然共有的部分,如电梯、楼梯、基地等。

3. 约定共有部分是指构造、利用上具有独立性的建筑物、设施等而由区分所有人约定的共有的部分,如业主可以将某一房间作为集体会议室、活动室等。业主也可以共同决定将非当然专有部分的某共有部分的约定为归业主专有。

4. 道路、绿地的归属,《民法典》第二百七十四条规定:“建筑区划内的道路,属业主共有,但属于城镇公共道路的除外。建筑区划内的绿地,属于业主共有,但属于城镇公共绿地或者明示归个人的除外。建筑区划内的其他公共场所、公共设施和物业服务用房,属于业主共有。”该条的规定,明确了道路、绿地、公共场所、公共设施和物业用房的权属问题。

5. 车库、车位的归属,根据《民法典》第二百七十五条、第二百七十六条的规定,“建筑区划内,规划用于停放汽车的车位,车库的归属,由当事人通过出售、附赠或者出租等方式约定”“占用业主共有的道路或者其他场地用于停放汽车的车位,属于业主共有”“建筑区划内规划用于停车的车位、车库应当首先满足业主的需要”。

三、业主、业主大会以及业主委员会

1. 业主

(1)业主的概念。业主是指建筑房屋区分所有权人,根据《民法典》的规定,不动产以登记确定不动产所有权的效力,登记有两种:一是房产局的登记簿,二是房产证的登记,如果房产证的登记与房产局的登记不一致的,以房产局的登记为准。当房屋的权利人与登记人不一致时,若具体行使业主权利时,业主可以委托代理人行使投票权,业主可以委托代理人参加业主大会会议。身份不可以代替,但是经过授权,可以代理行使权利。

(2)共同管理权(业主权利)。业主在物业管理活动中,享有下列权利:按照物业服务合同的约定,接受物业服务企业提供的服务;提议召开业主大会会议,并就物业管理的有关事项提出建议;提出制定和修改管理规约、业主大会议事规则的建议;参加业主大会会议,行使投票权;选举业主委员会成员,并享有被选举权;监督业主委员会的工作;监督物业服务企业履行物业服务合同;对物业共用部位、共用设施设备和相关场地使用情况享有知情权和监督权;监督物业共用部位、共用设施设备专项维修资金(以下简称专项维修资金)的管理和使用;法律、法规规定的其他权利。

(3)业主义务。业主在物业管理活动中,履行下列义务:遵守管理规约、业主大会议事规则;遵守物业管理区域内物业共用部位和共用设施设备的使用、公共秩序和环境卫生的维护等方面的规章制度;执行业主大会的决定和业主大会授权业主委员会作出的决定;按照国家有关规定交纳专项维修资金;按时交纳物业服务费用; 法律、法规规定的其他义务。

2. 业主大会及业主委员会

(1)内涵

物业管理区域内全体业主组成业主大会。但是,只有一个业主的,或者业主人数较少且经全体业主一致同意,决定不成立业主大会的,由业主共同履行业主大会、业主委员会职责。业主大会应当代表和维护物业管理区域内全体业主在物业管理活动中的合法权益。

业主委员会是由业主大会从全体业主中选举产生,是业主大会的执行机构,对业主大会负责,受全体业主监督。业主委员会应当自选举产生之日起30日内,向物业所在地的区、县人民政府房地产行政主管部门和街道办事处、乡镇人民政府备案。

(2)业主大会的成立

按照《民法典》的规定,业主可以自己决定是否成立业主大会和委员会,但这里的问题是,业主如何启动业主大会的成立,由谁具体负责业主大会的成立?《民法典》规定,地方人民政府对于业主大会和业主委员会的设立进行指导和协助。其意在通过地方人民政府解决业主大会的成立问题,这样的规定显然是十分概括。按照实践中的作法,业主大会的成立大体需要以下几个步骤:首先,成立筹备委员会。筹备委员会由联名业主组建和担任。筹备委员会负责业主大会的成立准备工作,如履行相关的行政手续、发布公告、印制选票等。其次,草拟管理规约、业主大会议事规则、业主委员会章程。管理规约是业主团体的自治法规,是业主管理共有事务的法律依据。管理规约的草拟也属于前期准备工作,由筹备委员会负责。最后,召开业主大会,由业主通过管理规约,选举业主委员会。

(3)业主大会的议事规则

下列事项由业主大会以普通决议通过:制定和修改业主大会议事规则;制定和修改管理规约;选举业主委员会或者更换业主委员会成员;选聘和解聘物业服务企业;有关共有和共同管理权利的其他重大事项。下列事项由业主大会以特别决议通过:筹集和使用专项维修资金;改建、重建建筑物及其附属设施。

普通决议是指,业主大会作出普通决议,应当经过建筑区划内专有部分占建筑物总面积过半数的业主且占总人数过半数的业主通过。特别决议是指,业主大会作出特别决议时,应当有经过建筑区划内专有部分总建筑面积2/3以上的业主且占总人数2/3以上的业主通过。

业主大会会议可以采用集体讨论的形式,也可以采用书面征求意见的形式,但是应当有"双半数"业主参加。为了破解召开业主大会难的问题,提出以下建议:设投票箱、专人送达回收意见、电子邮箱、公告，通过第三方介入召开业主大会等。

(4) 业主委员会的职责

业主委员会执行业主大会的决定事项，履行下列职责：召集业主大会会议，报告物业管理的实施情况；代表业主与业主大会选聘的物业服务企业签订物业服务合同；及时了解业主、物业使用人的意见和建议，监督和协助物业服务企业履行物业服务合同；监督管理规约的实施；业主大会赋予的其他职责。

四、物业管理服务

1. 物业管理服务

所谓物业管理，是指业主通过选聘物业服务企业，由业主和物业服务企业按照物业服务合同约定，对房屋及配套的设施设备和相关场地进行维修、养护、管理、维护物业管理区域内的环境卫生和相关秩序的活动。

2. 前期物业管理服务

(1) 在业主、业主大会选聘物业服务企业之前，建设单位选聘物业服务企业的，应当签订书面的前期物业服务合同。通过招投标的方式选聘具有相应资质的物业服务企业。建设单位依法与物业服务企业签订的前期物业服务合同，对业主具有约束力。业主以其并非合同当事人为由提出抗辩的，人民法院不予支持。

(2) 前期物业服务合同可以约定期限；但是，期限未满、业主委员会与物业服务企业签订的物业服务合同生效的，前期物业服务合同终止。

(3) 建设单位应当在销售物业之前，制定临时管理规约，对有关物业的使用、维护、管理，业主的共同利益，业主应当履行的义务，违反临时管理规约应当承担的责任等事项依法作出约定。建设单位制定的临时管理规约，不得侵害物业买受人的合法权益。

3. 物业管理服务

(1) 确定服务关系：获选聘用的物业服务企业应经过专有部分占建筑物总面积过半数的业主且占总人数过半数的业主同意，与业主委员会签订物业服务合同。

从事物业管理活动的企业应当具有独立的法人资格，且应当具有相应的资质：①一级资质的企业可以承接各种物业管理项目；②二级资质的企业可以承接 30 万平方米以下的住宅项目和 8 万平方米以下的非住宅项目的物业管理业务；③三级资质的企业可以承接 20 万平方米以下住宅项目和 5 万平方米以下的非住宅项目的物业管理业务。

(2) 物业服务内容包括

①制定物业服务方案，自主开展物业经营服务。②对业主的违法、违规行为，提请有关部门处理。③按照合同的约定，对业主违反临时管理规约或物业管理制度及相关规定的行为进行制止和处理。④专项服务可以委托给第三方，但不得一并委托。⑤负责编制房屋及附属建筑物、设施、设备、绿化等年度维修养护计划和保修期后的修理方案，经业主委员会同意后实施。⑥告知业主物业使用的规定，管理装修活动。⑦负责每半年向全体业主公布一次物业服务费用收支账目和物业专项维修资金使用情况；以书面形式公示收费项目和收费标准以及专项服务的收费项目和收费标准。⑧不得擅自在物业管理区域内从事物业服务以外的经营活动；不得在物业管理区域内侵犯业主的合法权益；不得泄露业主的隐私。⑨建立、妥善保管和正确使用物业管理档案。⑩合同终止时，向业主委员会移交管理用房及物业管理全部档案资料。

(3)物业服务收费

市场调节价、政府指导价。有两种:包干制(物业服务企业按合同约定的服务内容和质量标准为业主提供服务,盈余或亏损由物业服务企业享有或承担)和酬金制(物业服务支出应全部按照合同的约定支出。物业服务支出年度结算后结余部分转入下一年度继续使用;物业服务支出年度结算后不足部分,由全体业主承担)。《物业管理条例》规定:业主应当根据物业服务合同的约定交纳物业服务费用。业主与物业使用人约定由物业使用人交纳物业服务费用的,从其约定,业主负连带交纳责任。已竣工但尚未出售或者尚未交给物业买受人的物业,物业服务费用由建设单位交纳。

物业管理服务费主要分为业主、使用人提供卫生清洁、公用设施的维修保养和绿化等公共性服务的费用,代收代缴水电费、煤气费、有线电视费等公众代办性质的服务费用,以及特约服务的费用。这三项服务费用既有联系又有区别。

【相关法条】

1.《中华人民共和国城市房地产管理法》。1994 年 7 月 5 日第八届全国人民代表大会常务委员会第八次会议通过,根据 2007 年 8 月 30 日第十届全国人民代表大会常务委员会第二十九次会议《关于修改〈中华人民共和国城市房地产管理法〉的决定》第一次修正,根据 2009 年 8 月 27 日第十一届全国人民代表大会常务委员会第十次会议《关于修改部分法律的决定》第二次修正,根据 2019 年 8 月 26 日第十三届全国人民代表大会常务委员会第十二次会议《关于修改〈中华人民共和国土地管理法〉、〈中华人民共和国城市房地产管理法〉的决定》第三次修正。

2.《中华人民共和国土地管理法》。1986 年 6 月 25 日第六届全国人民代表大会常务委员会第十六次会议通过,根据 1988 年 12 月 29 日第七届全国人民代表大会常务委员会第五次会议《关于修改〈中华人民共和国土地管理法〉的决定》第一次修正,1998 年 8 月 29 日第九届全国人民代表大会常务委员会第四次会议修订,根据 2004 年 8 月 28 日第十届全国人民代表大会常务委员会第十一次会议《关于修改〈中华人民共和国土地管理法〉的决定》第二次修正,根据 2019 年 8 月 26 日第十三届全国人民代表大会常务委员会第十二次会议《关于修改〈中华人民共和国土地管理法〉、〈中华人民共和国城市房地产管理法〉的决定》第三次修正。

3.《中华人民共和国城乡规划法》。2007 年 10 月 28 日第十届全国人民代表大会常务委员会第三十次会议通过,根据 2015 年 4 月 24 日第十二届全国人民代表大会常务委员会第十四次会议《关于修改〈中华人民共和国港口法〉等七部法律的决定》第一次修正,根据 2019 年 4 月 23 日第十三届全国人民代表大会常务委员会第十次会议《关于修改〈中华人民共和国建筑法〉等八部法律的决定》第二次修正。

4.《中华人民共和国农村土地承包法》。2002 年 8 月 29 日第九届全国人民代表大会常务委员会第二十九次会议通过,2002 年 8 月 29 日中华人民共和国主席令第七十三号公布,根据 2009 年 8 月 27 日第十一届全国人民代表大会常务委员会第十次会议《关于修改部分法律的决定》第一次修正,根据 2018 年 12 月 29 日第十三届全国人民代表大会常务委员会第七次会议《关于修改〈中华人民共和国农村土地承包法〉的决定》第二次修正。

5.《中华人民共和国城镇国有土地使用权出让和转让暂行条例》。1990 年 5 月 19 日中华人民共和国国务院令第55号发布，根据2020年11月29日《国务院关于修改和废止部分行政法规的决定》修订。

6.《中华人民共和国物业管理条例》。2003年6月8日中华人民共和国国务院令第379号公布，根据2007年8月26日《国务院关于修改〈物业管理条例〉的决定》第一次修订，根据2016年2月6日《国务院关于修改部分行政法规的决定》第二次修订，根据2018年3月19日《国务院关于修改和废止部分行政法规的决定》第三次修订。

【房地产纠纷裁判规则】

1. 当人民法院裁判保护的利益主体与行政机关采取查封行为的目的指向相同时，人民法院可以判决行政机关依法查封的房地产交付和转移产权。

【裁判要旨】《中华人民共和国房地产管理法》第三十八条第二项规定，"司法机关和行政机关依法裁定、决定查封或者以其他形式限制房地产权利的，不得转让。"一方当事人据此认为，判决其向对方当事人履行交付被行政机关依法查封的房产和转移产权义务违反法律规定的，法院应当结合上述法律的立法本意和个案情况予以正确适用。

【裁判规则】《中华人民共和国房地产管理法》第三十七条第二项的立法本意在于，维护司法机关和行政机关依法裁定、决定查封或者以其他形式限制房地产权利的目的，即预先固定保全财产的占有使用和权属状态，避免权利保护目的落空。如果人民法院裁判保护的利益主体与行政机关采取查封行为的目的指向相同，相应裁判行为就不存在违反《中华人民共和国房地产管理法》第三十七条第二项的问题。具体到本案，行政机关查封涉案房产的目的是保护原告的国有财产，防止因被告不当处置而流失。被告作为该查封决定的义务人，负有不得向除原告以外的第三人实施有损财产安全的行为。因此，法院判决被告履行向原告交付被行政机关依法查封的房产并办理产权，并无不当。

【案例索引】〔2006〕民一终字第36号；见《民事审判指导与参考》（第29辑）第225-237页。

2. 房地产转让合同不能以"后手当时尚未取得房地产权属证书"为由认定后手与第三人之间的房地产转让合同无效；基于后手对第三人隐瞒了其已将涉案房地产的部分标的物再次转让给前手的事实，即应认定后手的行为对第三人构成欺诈，第三人因此依法享有撤销权。

【裁判要旨】根据个案情况审查第三人提起的撤销权之诉，有利于减少讼累和提高司法效率。

【裁判规则】当事人所签订合同约定的"名"与"实"不符时，应当根据"实"，即合同中约定的权利义务内容来认定合同的性质；在房地产连环转让合同纠纷中，前手合法取得房地产产权后，将该房地产转让给后手，虽然尚未及时办理房地产过户手续，但前手同意后手将该房地产再次转让给第三人并待日后条件成就时通知后手办理房地产过户手续，应认定后手的转让行为属于有权处分，故后手与第三人之间的房地产转让合同不属于《城市房地产管理法》第三十八条规定的"未依法登记领取权属证书的房地产不得转让"的情形，即不能以后手当时尚未取得房地产权属证书为由认定后手与第三人之间的房地产转让合同无效；基于后手对第三人隐瞒了其已将涉案房地产的部分标的物再次转让给前手的事实，即应认定后手的行为对第三人构成欺诈，第三人因此依法享有撤销权；根据个案情况审查第三人提起的撤销权之诉,有利于减少讼累和提高司法效率。

【案例索引】〔2005〕鄂民一初字第3号;见《民事审判指导与参考》(第32辑)第182-206页。

3. 土地使用权出让合同项下部分土地经过审批、部分未经审批,该合同可以认定为部分无效部分有效。

【裁判要旨】根据《合同法》第五十六条的规定,部分合同无效,不影响其他部分效力的,其他部分仍然有效。部分合同无效分为量上的无效和质上的无效,通常这种无效条款具有独立性和可分性,亦即独立于合同的其他有效部分并可与之分离。

【裁判规则】案涉合同的效力是否可分,取决于无效部分是否影响其余部分的效力。根据《合同法》理论,部分合同无效分为量上的无效和质上的无效。所谓量上的无效,是指某一合同条款中载明的数量超过国家规定的限制,超出的部分无效,未超出规定的部分有效,在一个合同条款中既有有效部分,也有无效部分,划分效力的标准是以量来确定的。所谓质上的无效,是指某一合同条款因违反法律规定导致该条款全部无效。无论是量上的无效还是质上的无效,均不当然构成整个合同的无效。因为《合同法》的立法意图是尽量使合同有效,通常这种无效条款具有独立性和可分性,亦即独立于合同的其他有效部分并可与之分离。本案中,合同条款部分无效属于典型的量上的无效,亦即超过经过审批的84亩[①]土地的部分无效,且与合同的其余部分可以分离,认定其余部分无效并不影响这84亩土地的出让的效力,故不应认定合同全部无效。

【案例索引】〔2006〕鲁民一初字第8号,(2007)民一终字第84号;见《民事审判指导与参考》(第33辑)第143-152页。

4. 双方均要求履行合作开发协议,一方诉请另一方给付垫付款项应不予主持。

【裁判要旨】在双方当事人对联合开发项目均负有对等投资义务以及双方当事人均要求继续履行"联合开发协议书"的前提下,应当尽量稳定双方的合作关系,维护交易秩序。此时,一方诉请另一方给付所谓的代垫款项既与履行合同的目的不符,同时也与情理或常理不符,应不予支持。

【裁判规则】具体到本案,根据"联合开发协议书"有关"双方各分50%利润,风险共担"的约定,应当认定双方当事人对本案项目享有对等的投资义务,那么也就无法界定一方当事人投入的某一笔款项其性质为代垫款项(除双方当事人明确约定该笔款项为代垫款项或借款外,本案不存在上述除外情形)。所以,最高人民法院二审判决认为,原被告双方当事人在履行"联合开发协议书"过程中对开发项目的实际投资问题的争论,只对双方合作开发终止后的清算行为有实际意义,由于本案双方均要求继续履行"联合开发协议书",故二审对此问题不予审理。

【案例索引】见《民事审判指导与参考》(第33辑)第153-168页。

5. 未经原始确权的土地发生的权属争议不属于人民法院受理民事诉讼的范围

【裁判要旨】根据《土地管理法》的规定,对土地进行原始确权属于政府的行政管理部门的职责范围,在土地未经原始确权且又存在权属争议的情况下,当事人应根据《土地管理法》的规定,要求政府的行政管理部门解决,而不能通过民事诉讼的途径主张权利。

【裁判规则】根据《土地管理法》的规定,土地所有权和使用权争议,由当事人协商解

① 1亩≈666.7平方米

决;协商不成的,由人民政府处理。对土地进行原始确权属于政府的行政管理部门的职责范围,在土地未经原始确权且权属又存在争议的情况下,当事人应当根据《土地管理法》的规定,要求政府的行政管理部门解决,而不能通过民事诉讼的途径主张权利。根据《中华人民共和国民事诉讼法》第一百零八条的规定,当事人的起诉必须属于人民法院受理民事诉讼的范围。鉴于本案不属于人民法院受理民事诉讼的范围,故人民法院判决驳回起诉。

【案例索引】见《民事审判指导与参考》(第34辑)第172-175页。

【诊所式案例分析】

某公司(买受人)和某大厦公司(出卖人)商品房买卖合同纠纷案

【基本案情】

原告某公司(买受人)和被告某大厦公司(出卖人)签订《外销商品房预售契约》,约定某公司购买北京某大厦房屋一套,暂测建筑面积为105.62平方米;房屋交付时,房屋的实际面积与暂测面积的差别不超过暂测面积的±5%(不含)时,按照本契约约定的所售房屋售价进行结算;实测面积与暂测面积之差超过暂测面积的±5%(含)时,自某大厦公司向某公司出示北京市房屋土地管理局实测面积文件之日起15日内,某公司有权解除契约。契约解除自某公司书面通知送达某大厦公司之日起生效。某大厦公司除在契约解除后30日内向某公司双倍返还定金以外,并需将某公司已付的房价款及利息全部退还。后某大厦公司向某公司发函,告知涉案房屋的实测面积为77.5平方米。诉讼中,某大厦公司承认实测面积与预售面积的误差已经超过合同约定的5%。某公司不同意解除契约,要求某大厦公司继续履行,并主张面积误差比超过3%部分的房价款由某大厦公司双倍返还。

【裁判情况】

法院经审理认为,某大厦公司承认实际欠付某公司的房屋面积超过了合同中暂测面积的26.6%,故应承担违约责任。某公司在与某大厦公司签订的购房合同中,已经约定实际面积与暂测面积的差别不超过±5%(不含)时,应按照合同房屋售价进行结算,故本案应以双方在合同中约定的5%作为追究某大厦公司违约责任的起点,即实际面积与暂测面积的差别在5%(不含)之内部分的房款,按照双方当事人在合同中约定的售价予以返还,某公司主张面积误差比超过3%的部分房价款双倍返还,没有法律依据。而实际面积与暂测面积误差比在5%之外的房款,由于双方在合同中未约定实际欠付面积超过暂测面积5%后如何具体追究违约责任,故应按照《最高人民法院关于审理商品房买卖合同纠纷案件适用法律若干问题的解释》的规定,由某大厦公司双倍返还。

【练习题】

一、单选题

1. 某建设项目在市中心依法使用临时用地,并修建了临时建筑物,超过批准期限后仍未拆除。对此,下列哪一机关有权责令限期拆除?(　　)

A. 市环保行政主管部门　　B. 市土地行政主管部门

C. 市城乡规划行政主管部门　　D. 市建设行政主管部门

2. 申请不动产登记时，下列哪一情形应由当事人双方共同申请？（　　）

A. 赵某放弃不动产权利，申请注销登记

B. 钱某接受不动产遗赠，申请转移登记

C. 孙某将房屋抵押给银行以获得贷款，申请抵押登记

D. 李某认为登记于周某名下的房屋为自己所有，申请更正登记

3. 某房地产公司开发一幢大楼，实际占用土地的面积超出其依法获得的出让土地使用权面积，实际建筑面积也超出了建设工程规划许可证规定的面积。关于对该公司的处罚，下列哪一选项是正确的？（　　）

A. 只能由土地行政主管部门按非法占用土地予以处罚

B. 只能由城乡规划主管部门按违章建筑予以处罚

C. 根据一事不再罚原则，由当地政府确定其中一种予以处罚

D. 由土地行政主管部门、城乡规划主管部门分别予以处罚

4. 2021 年 6 月，某县发生特大洪水，县防汛指挥部在甲村临时征用村东和村西的两块土地。其间实施的下列哪种行为不符合法律规定？（　　）

A. 灾情发生后，在未办理建设用地审批手续的情况下，向村委会宣布临时征用土地的决定

B. 抗洪期间，在未办理建设用地审批手续的情况下，在两块土地上各搭建一座存放抗洪物资的仓库

C. 灾情结束后，在未办理建设用地审批手续的情况下，拆除村东的仓库，将土地恢复原状后交还给甲村

D. 灾情结束后，在未办理建设用地审批手续的情况下，以未来抗洪需要为由，保留村西的仓库至今

5. 某镇拟编制并实施镇总体规划，根据《城乡规划法》的规定，下列哪一项说法是正确的？（　　）

A. 防灾减灾是镇总体规划的强制性内容之一

B. 在镇总体规划确定的建设用地范围以外，可设立经济开发区

C. 镇政府编制的镇总体规划，报上一级政府审批后，再经镇人大审议

D. 建设单位报批公共垃圾填埋场项目，应向国土部门申请核发选址意见书

6. 某房地产公司开发一幢大楼，实际占用土地的面积超出其依法获得的出让土地使用权面积，实际建筑面积也超出了建设工程规划许可证规定的面积。关于对该公司的处罚，下列哪一选项是正确的？（　　）

A. 只能由土地行政主管部门按非法占用土地予以处罚

B. 只能由城乡规划主管部门按违章建筑予以处罚

C. 根据一事不再罚原则，由当地政府确定其中一种予以处罚

D. 由土地行政主管部门、城乡规划主管部门分别予以处罚

7. 某建设项目进行地质勘查，需要临时使用赵村的集体土地。用地单位就此向李律师咨询。李律师的下列哪一意见是正确的？（　　）

A. 该临时用地应由乡（镇）级以上人民政府批准

B. 用地单位应当与赵村的村民委员会签订临时使用土地合同，并支付临时使用土地补偿费

C. 用地单位可以在地质勘查中修建永久性建筑物，但应当取得赵村同意并支付相应费用

D. 临时使用土地的期限一般不超过 5 年

8. 对于已经办理审批手续但未使用的非农业建设占用耕地的处理，下列表述哪一项是正确的？（　　）

A. 审批后 1 年内不用的，应当按照省、自治区、直辖市的规定缴纳闲置费

B. 审批后 1 年以上未动工建设的，应当由原耕种该幅耕地的集体或个人恢复耕种

C. 审批后连续 2 年未使用的，或者间断使用，累计闲置达 3 年的，由县级以上人民政府无偿收回用地单位的土地使用权

D. 依法由县级以上人民政府无偿收回土地使用权的土地，原为农民集体所有的，应当交由该集体恢复耕种

9. 甲房地产公司与乙国有工业公司签订“合作协议”，在乙公司原有的仓库用地上开发商品房。双方约定，共同成立“玫园置业有限公司”（以下简称“玫园公司”）。甲公司投入开发资金，乙公司负责将该土地上原有的划拨土地使用权转变为出让土地使用权，然后将出让土地使用权作为出资投入玫园公司。玫园公司与丙劳务派遣公司签订协议，由其派遣王某到玫园公司担任保洁员。不久，甲、乙产生纠纷，经营停顿。玫园公司以签订派遣协议时所依据的客观情况发生重大变化为由，将王某退回丙公司，丙公司遂以此为由解除王某的劳动合同。关于该土地使用权由划拨转为出让，下列说法正确的是（　　）。

A. 将划拨土地使用权转为出让土地使用权后再行转让属于土地投机，为法律所禁止

B. 乙公司应当先将划拨土地使用权转让给玫园公司，然后由后者向政府申请办理土地使用权出让合同

C. 该土地使用权由划拨转为出让，应当报有批准权的政府审批，经批准后方可办理土地使用权出让手续

D. 如乙公司取得该地块的出让土地使用权，则只能自己进行开发，不能与他人合作开发

10. 假设甲企业是通过划拨方式取得的国有土地使用权，并在这一土地上建设了一栋办公楼，现将这座大楼抵押给银行，同时出租给乙企业，下列说法正确的是（　　）。

A. 房屋租赁合同无效，甲企业应当先补交土地使用权出让金，已取得的租金予以没收

B. 房屋租赁合同有效，已取得的租金归甲企业，但甲企业应将租金中所含的土地收益上缴国家

C. 划拨取得的土地使用权不能单独设立抵押，土地上有房产的，可以抵押房产，房产所占的土地使用权一同抵押

D. 抵押合同有效，银行拍卖房产时，应从拍卖的价款中缴纳土地使用权出让金的价款

二、多项选择题

1. 某公司取得出让土地使用权后，超过出让合同约定的动工开发日期满 2 年仍未动工，市政府决定收回该土地使用权。该公司认为，当年交付的土地一直未完成征地拆迁，未达到出让合同约定的条件，导致项目迟迟不能动工。为此，该公司提出两项请求，一是撤销收回土地使用权的决定，二是赔偿公司因工程延误所受的损失。对这两项请求，下列哪些判断是正确的？（　　）

A. 第一项请求属于行政争议

B. 第二项请求属于民事争议

C. 第一项请求须先由县级以上政府处理,当事人不服的才可向法院起诉

D. 第二项请求须先由县级以上政府处理,当事人不服的才可向法院起诉

2. 根据《土地管理法》规定,在下列哪些情况下使用集体土地从事建设不需要经过国家征收?

A. 兴办乡镇企业　　B. 村民建设住宅

C. 乡村公共设施建设　　D. 乡村公益事业建设

3. 甲公司以出让方式取得某地块 50 年土地使用权,用于建造写字楼。土地使用权满 3 年时,甲公司将该地块的使用权转让给乙公司,但将该地块上已建成的一幢楼房留作自用。对此,下列哪些选项是正确的?(　　)

A. 如该楼房已取得房屋所有权证,则甲公司可只转让整幅地块的使用权而不转让该楼房

B. 甲公司在土地使用权出让合同中载明的权利、义务应由乙公司整体承受

C. 乙公司若要改变原土地使用权出让合同约定的土地用途,取得原出让方的同意即可

D. 乙公司受让后,可以在其土地使用权的使用年限满 46 年之前申请续期

4. 农户甲外出打工,将自己房屋及宅基地使用权一并转让给同村农户乙,5 年后甲返回该村。关于甲返村后的住宅问题,下列哪些说法是错误的?(　　)

A. 由于甲无一技之长,在外找不到工作,只能返乡务农。政府应再批给甲一处宅基地建房

B. 根据“一户一宅”的原则,甲作为本村村民应拥有自己的住房。政府应再批给甲一处宅基地建房

C. 由于农村土地具有保障功能,宅基地不得买卖,甲乙之间的转让合同无效。乙应返还房屋及宅基地使用权

D. 由于与乙的转让合同未经有关政府批准,转让合同无效。乙应返还房屋及宅基地使用权

5. 甲企业将其厂房及所占划拨土地一并转让给乙企业,乙企业依法签订了出让合同,土地用途为工业用地。5 年后,乙企业将其转让给丙企业,丙企业欲将土地用途改为商业开发。关于该不动产权利的转让,下列哪些说法是正确的?(　　)

A. 甲向乙转让时应报经有批准权的政府审批

B. 乙向丙转让时,应已支付全部土地使用权出让金,并取得国有土地使用权证书

C. 丙受让时改变土地用途,须取得有关国土部门和规划部门的同意

D. 丙取得该土地及房屋时,其土地使用年限应重新计算

6. 某村耕地被政府征收,就征收补偿费用的范围,村民们众说纷纭。根据《土地管理法》的规定,下列哪些费用属于征收补偿费用的范围?

A. 土地补偿费　　B. 安置补助费

C. 地上附着物和青苗的补偿费　　D. 耕地开发费

7. 某市政府在土地管理中的下列哪些行为违反了《土地管理法》的规定?(　　)

A. 甲公司在市郊申请使用一片国有土地修建经营性墓地,市政府批准其以划拨方式取得土地使用权

B. 乙公司投标取得一块商品房开发用地的出让土地使用权,市政府同意其在房屋建成销售后缴纳土地出让金

C. 丙公司以出让方式在本市规划区取得一块工业用地，市国土局在未征得市规划局同意的情况下，将该土地的用途变更为住宅建设用地

D. 丁公司在城市规划区取得一块临时用地，使用已达 6 年，并在该处修建了永久性建筑，市政府未收回土地，还为该建筑发放了房屋产权证

8. 下列关于我国土地使用权法律制度的哪些表述是正确的？（　　）

A. 土地使用权既可以有偿取得，也可以无偿取得

B. 就权利性质而言，土地使用权属于用益物权

C. 国有土地使用权的主体既可以是法人，也可以是个人

D. 农林土地承包经营权的取得不以登记为要件

9. 2020 年 1 月，高某与某房地产开发公司签订了一份预售商品房认购书。预售商品房认购书约定，公司为高某预留所选房号，双方于公司取得商品房预售许可证时正式签订商品房预售合同。预售商品房认购书还约定，认购人于签订预售商品房认购书时缴纳“保证金”1 万元，该款于双方签订商品房预售合同时自动转为合同定金，如认购人接到公司通知后 7 日内不签订商品房预售合同，则该款不予退还。同年 2 月，高某接到公司已经取得商品房预售许可证的通知，立即前往公司签订了商品房预售合同，并当场交纳了首期购房款 80 万元。同年 5 月，高某接到公司通知：商品房房屋预售合同解除。经了解，该套房屋已经被公司以更高价格出售给第三人。双方发生争议。经双方协商，高某同意解除商品房预售合同。但在款项支付问题上，双方发生分歧。高某要求返还 80 万元首期房款本息并双倍返还定金。公司主张只退还 80 万元首期房款和 1 万元“保证金”。对此，下列判断正确的是（　　）。

A. 商品房预售合同无约束力，只能按公司的意见办理退款

B. 商品房预售合同有效，但预售商品房认购书无效，故应按公司的意见办理退款

C. 预售商品房认购书和商品房预售合同均有效，应该支持高某的主张

D. 开发商违约，高某有权请求赔偿损失

10. 在加大房地产市场宏观调控的形势下，某市政府对该市房地产开发的管理现状进行检查，发现以下情况，其中哪些作法是需要纠正的？（　　）

A. 房地产建设用地的供应，在充分利用现有建设用地的同时，放宽占用农用地和开发未利用地的条件

B. 土地使用权出让，符合土地利用总体规划、城市规划或年度建设用地计划之一即可

C. 预售商品房，要求开发商交清全部土地使用权出让金，取得土地使用权证书，并持有建设工程规划许可证等

D. 采取税收减免等方面的优惠措施，鼓励房地产开发企业开发建设商业办公类住宅，方便市民改作居住用途

【参考资料】

[1] 房绍坤，王莉萍. 房地产法典型判例研究[M]. 北京：人民法院出版社，2003.

[2] 袁华之. 房地产法律实务与案例精解[M]. 北京：中国法制出版社，2020.

[3] 王雷. 房地产法学[M]. 北京：中国人民大学出版社，2021.

[4] 李延荣，周珂，于鲁平. 房地产法[M]. 6 版. 北京：中国人民大学出版社，2021.

第三编　宏观调控法

第十四章　宏观调控法的一般原理

【教学目标】

通过学习本章了解宏观调控法的概念、特征、地位和体系结构；理解宏观调控法的理论基础；掌握宏观调控法的基本原则和调整方法。

【教学要点和教学进程】

一、宏观调控法律制度概述

首先阐述宏观调控的含义及特征。让学生认识宏观调控是国家对国民经济总体活动进行调节和控制，理解宏观调控的以经济总量平衡为主要目标、以间接手段为主要的调控方式、必须符合经济规律的要求等方面的特征。

接下来分析宏观调控法的概念和调整对象。宏观调控法，是指调整在宏观调控过程中发生的经济关系的法律规范的总称，简言之，宏观调控法是调整宏观经济关系之法。宏观调控法以宏观调控关系为其调整对象，而宏观调控关系是国家对国民经济总体活动进行调节和控制过程中形成的经济关系。如计划关系、财政关系、价格关系、金融关系等。

然后运用法经济学的理论分析宏观调控法的理论基础。宏观调控法应以国家干预理论以及相关的市场失灵和政府失败理论作为其理论基础，并以此确定宏观调控法调整对象、原则和侧重点。

二、宏观调控法的地位和体系结构

宏观调控法是一个与市场管理法并列的部门经济法，是经济法体系中的重要的部门法，它的完备与否决定了经济法体系的是否健全。

结合学者观点分析宏观调控法的体系结构，宏观调控法的体系主要包括以下四个方面：计划法、产业法；投资法、金融法、财政法、价格法；国有资产管理法和自然资源管理法；对外贸易法。

三、宏观调控法的基本原则和调整方法

学界对宏观调控法的基本原则多有探讨，但观点不同，但趋同认为宏观调控法的基本原则可概括表述如下：计划指导原则、间接调控原则、公开原则、合法性原则。结合具体的经济部门法分析宏观调控法的调整方法，使学生理解具体的宏观调控法的调整方法。

【教学重点和难点】

教学重点：宏观调控的概念和特征；宏观调控法的概念、特征；宏观调控法的地位和体系结构；宏观调控法的理论基础；宏观调控法的基本原则和调整方法。

教学难点:宏观调控法的理论基础;宏观调控法的基本原则。

【教学手段和方法】

讲授法。在讲授过程中注意理论联系实际,通过设问与提问,引导学生思考,从而帮助学生加深理解学习内容,提高理论思维能力。

第一节　宏观调控法概述

一、宏观调控法的定义和调整对象

(一)宏观调控的定义

宏观调控在理论界虽然有着不同表述,但学界趋同的认识是:宏观调控是国家对国民经济总体活动进行调节和控制。国民经济的总体活动即国民经济的供求关系,指社会总供给和社会总需求的关系。

(二)宏观调控的特征

宏观经济调控不同于市场秩序规制,对其特征的理论分析,有利于建立完善科学的宏观调控法律制度。宏观经济调控不仅是经济问题,更是法律与法学问题,在学界趋同认为其特征有:宏观调控以经济总量平衡为主要目标;宏观调控以间接手段为主要的调控方式;宏观调控必须符合经济规律的要求。

(三)宏观调控法的定义及调整对象

宏观调控法,是指调整在宏观调控过程中发生的经济关系的法律规范的总称,简言之,宏观调控法是调整宏观经济关系之法。其表现形式有计划法、产业法、投资法、金融法、财政法、价格法、自然资源管理法等具体的法律制度。宏观调控法是经济法不可或缺的重要组成部分,是现代市场经济法律体系中不可缺少的重要环节。

宏观调控法以宏观调控关系为其调整对象,而宏观调控关系是国家对国民经济总体活动进行调节和控制过程中形成的经济关系。如计划关系、财政关系、价格关系、金融关系等。宏观调控关系不同于经济法调整对象通说中的市场主体规制关系、市场秩序规制关系、社会保障关系,有自身的特殊性,可概括表述如下:

1. 宏观调控关系的主体只能是也必须是国家。国家作为公权力的代表,为实现总供给予总需求的平衡,优化经济结构,保障国民经济持续、快速健康发展,必须对国民经济进行宏观调节和控制。

2. 宏观调控关系是以间接手段调控经济运行而形成的。国家对经济运行的宏观调控采用间接手段,如计划、财政、税收、金融等手段,而并非像市场秩序规制法运用直接规制的方法,明确这一特质,更有利于依法规制宏观调控关系。

3. 宏观调控关系是对国民经济的总量分析,即对总供给予总需求的分析,而非个体、个量分析。总量分析这一方法,不同于个量分析的方法,有利于区分经济法不同调整对象,更有利于理解宏观调控的法理念及法价值。

二、宏观调控法的理论基础

宏观调控法应以国家干预理论以及相关的市场失灵和政府失败理论作为其理论基础,并以此确定宏观调控法调整对象、原则和侧重点。

宏观调控法所依据的国家干预理论的具体内容具有以下特点。首先,该国家干预理论属于宏观经济学的范畴;其次,该国家干预理论具体内容主要表现为以下几类宏观经济政策理论:第一,经济增长理论;第二,稳定物价政策理论;第三,反经济周期政策理论;第四,就业政策理论;第五,资源管理和保护政策理论;第六,国际经济政策理论。

第二节　宏观调控法的地位和体系结构

一、宏观调控法的地位

宏观调控法是一个与市场管理法并列的部门经济法,是经济法体系中的重要的部门法,它的完备与否决定了经济法体系是否健全。

二、宏观调控法的体系结构

宏观调控法的体系主要包括以下几个方面:

1. 计划法、产业法。计划法是宏观调控法的龙头之法,具有前提性和基础性作用,着重调控国民经济的战略目标及政策目标;产业法则主要规制国民经济各部门的宏观调控手段。

2. 金融法、财政法、价格法及投资法。这些法律制度规范了宏观调控法律制度的法律手段及宏观调控目标。

3. 国有资产法及自然资源管理法。这些法律制度重点规制市场经济外部条件的宏观调控目标及其手段措施。

4. 对外贸易法。也是宏观调控法的重要组成,对此学界存在不同认识,主要规制对外贸易,保证国民经济的宏观协调发展。

第三节　宏观调控法的基本原则和调整方法

一、宏观经济调控法的基本原则

由于我国并未有专门的宏观调控法,所以在理论上分析宏观调控法有着特殊的意义,学界对此多有探讨,但观点不同,但趋同认为宏观调控法的基本原则可概括表述如下:

1. 计划指导原则。计划不是资本主义的专利,社会主义市场经济更需要计划。这一理论运用于宏观经济调控中就是计划法,它在宏观调控法之中位阶最高,处于核心地位,之所以如此,是因为计划决定了宏观调控的目标、方向及举措。

2. 间接调控原则。宏观调控法是国家通过市场机制间接规制市场主体的经济运行。间接调控运用的是计划、财政、金融、价格等手段,通过市场机制,调控经济运行,通过间接的利益机制促导国民经济的均衡有效发展。

3. 公开原则。现代市场经济不仅要求公平、公正,更要求经济公开。公开是公正、公平的前提条件。公开原则,要求政府在宏观调控时,应及时公布相关宏观调控的信息,例如汇率、利率、税率等宏观调控政策,应有畅通的经济信息渠道,保证宏观调控的统一性及规范性。

4. 合法性原则。国家对国民经济的宏观调控应符合宏观调控法的规定,其合法性的原则不仅要求宏观调控的主体资格合法,而且要求宏观调控的程序必须合法。

二、宏观调控法的调整方法

(一)政府的宏观调控活动必须依法进行,无论是运用经济手段还是运用必要的行政的手段,都必须严格依照法律规定的调控范围、原则、目标、内容进行。

(二)在法律确定的宏观调控框架内,主要运用经济法手段进行调节。

(三)在法律确定的宏观调控框架内,以必要的行政手段为宏观调控的辅助手段。

【练习题】

一、简答题

1. 结合计划法和产业法原理简述宏观调控法的基本原则。
2. 简述宏观调控法的调整对象。

二、论述题

材料:2018 年 3 月 23 日 0 时 50 分许,美国总统特朗普在白宫正式签署对华贸易备忘录,对从中国进口的 600 亿美元商品加征关税,并限制中国企业对美投资并购。宣布美国对中国航空航天、信息通信技术、机械等产品加收 25% 的关税。其依据是美国《1974 年贸易法》第 301 条,该条款授权美国贸易代表可对他国的“不合理或不公正贸易作法”发起调查,并可在调查结束后建议美国总统实施单边制裁,包括撤销贸易优惠、征收报复性关税等。2018 年 4 月 2 日起,中国根据《中华人民共和国对外贸易法》对原产于美国的 7 类 128 项进口商品中止关税减让义务,在现行适用关税税率基础上加征关税,对水果及制品等 120 项进口商品加征关税税率为 15%,对猪肉及制品等 8 项进口商品加征关税税率为 25%,现行保税、减免税政策不变。4 月 4 日,中国发布对美国的关税反制措施,中国对原产于美国 106 项商品加征关税。

问题:结合所学宏观调控法总论部分原理谈谈你对上述问题的看法。

答题要求:

(1)在分析、比较、评价的基础上,提出观点并运用所学经济法知识阐述理由;

(2)观点明确,逻辑合理,说理充分,表述清晰。

【参考资料】

[1] 吴弘.宏观调控法学:市场与宏观调控法治化[M].北京:北京大学出版社,2018.
[2] 郑翔.宏观调控法[M].北京:北京交通大学出版社,2017.
[3] 董玉明.中国宏观调控法基本问题研究[M].北京:法律出版社,2019.

第十五章　金　融　法

【教学目标】

通过学习本章内容,帮助学生了解金融法的概念和调整对象、金融法的体系、西方主要国家及我国的金融体制和金融立法;把握金融法的本质、特点及功能,理解金融法律关系的概念、特征、构成要素、产生、变更和终止;掌握金融法的基本原则、中国人民银行法、商业银行法的基本内容。

【教学要点和教学进程】

一、金融法的概述

通过对金融和金融关系概念的阐述,帮助学生了解金融的形式及其产生条件,理解金融法的概念及其调整对象,深刻领会金融法的本质、特点及功能。

二、金融法的基本原则

通过对金融法基本原则的含义的阐述,帮助学生理解我国金融法的基本原则,即统一管理金融、实行管理和经营分离、加强和完善国家金融宏观调控职能的原则,以及在稳定币值的基础上促进经济增长的原则、实施分业经营、分业管理等原则。

三、金融法的渊源及体系

通过对金融法的渊源的阐述,帮助学生把握我国金融法的国内渊源和国际渊源。在阐述金融法律关系概念的基础上,帮助学生理解金融法律关系的特征,领会金融法律关系的构成要素,把握金融法律关系的产生、变更和终止,明确金融法的体系及主要内容。

四、中国人民银行法的基本内容

五、商业银行法的基本内容

【教学重点和难点】

教学重点:金融和金融关系;金融法的概念和调整对象;金融法的本质、特点及功能;金融法的基本原则;我国金融法的国内和国际渊源;金融法律关系的概念、特征、构成要素、产生、变更和终止;金融法的体系及主要内容;西方主要国家及我国的金融体制和金融立法;中国人民银行法、商业银行法的基本内容。

教学难点:金融法的本质、特点及功能;金融法的基本原则;金融法律关系的概念、特征、构成要素、产生、变更和终止;金融体制和金融立法。

【教学手段和方法】

社会实证分析方法、比较分析方法、案例分析法、讲授法。在讲授过程中注意结合案例,通过设问与提问,引导学生思考,从而帮助学生加深理解学习内容,提高理论思维能力。

第一节 金融法概述

一、金融和金融关系

(一)金融的概念及其产生条件

1. 金融的概念

金融是货币资金融通的简称,它是以银行等金融机构为中心的各种形式的信用活动及在信用基础上组织起来的货币流通。

2. 金融的形式

(1)直接金融。指投资者通过购买股票、债券等各种证券,将资金直接转移给证券发行人的资金融通行为。典型特征表现为资金在供给方和需求方之间直接流转,而不需要任何中介机构。(2)间接金融。指最终贷款人通过银行、非银行金融机构等中介机构,把资金贷给借款人的资金融通行为。典型特征表现为资金必须通过中介机构才能发生流转。(3)直接金融和间接金融兼有。一般而言,各个国家的金融活动中,兼有直接金融和间接金融,只不过有的国家直接金融占有很大比例;而有的国家一般以间接金融为主。

3. 金融的产生条件

金融的产生条件一般包括以下三个方面:(1)货币从商品交换过程中自发的分离出来,起到一般等价物的特殊商品作用。这是金融产生的前提;(2)多种信用形式的出现;(3)银行等专门金融机构的出现。

(二)金融关系的概念及其特征

1. 金融关系的概念

金融关系是指银行和其他非银行金融机构在从事金融业务活动和金融监督管理活动过程中,同其他金融主体之间发生的与信用活动和货币流通相关联的各种经济关系。

2. 金融关系的特征

金融关系具有如下特征:(1)金融关系是一种经济关系;(2)金融关系是以银行等金融机构为中心的经济关系;(3)金融关系的参与者除银行、非银行金融机构外,还有其他金融主体。

二、金融法的概念及其调整对象

(一)金融法的概念

金融法是由国家制定或认可的,用以确定金融机构的性质、地位和职责权限,并调整在金融活动中形成的金融监督管理关系和金融业务关系的法律规范的总称。

（二）金融法的调整对象

1. 金融监督管理关系是指国家金融监管部门在组织和管理全国的金融事业和对金融市场的监督管理过程中形成的经济监督管理关系。如银行监督管理关系、证券监督管理关系、保险监督管理关系等。

2. 金融业务关系是指银行和其他非银行金融机构在法律、法规允许的范围内从事相应业务活动而与其他金融主体之间发生的平等主体间的经济关系。如金融借款法律关系、保险合同法律关系等。

三、金融法的本质、特点及功能

（一）金融法的本质

金融法的本质是为一定的阶级利益服务，是一个国家的社会各阶层利益再分配、再调节的一种方式。它维护国家利益和社会公共利益，维护金融市场秩序，实现国家对金融活动的调控职能。

（二）金融法的特点

1. 具有实体法和程序法相统一的特点。金融法中既有实体法规定，如商业银行法中关于商业银行的基本规定，也有程序法规定，如信托法中关于信托的设立程序的规定。

2. 具有融合公法和私法属性的特点。金融法中既有公法的规定，如中央银行法中关于中央银行的基本规定，也有关于私法的规定，如商业银行法中关于借款贷款的规定。

3. 具有融合强行性和准则性规范的特点。金融法中既有强制性规定，如商业银行法关于商业银行最低注册资本的规定，也有关于准则性的规定，如证券法中关于违法证券行为的刑事责任准用刑法的规定。

（三）金融法的功能

1. 确认金融机构的法律地位。金融法首先在法律上确认了各类金融机构的法律人格，可以说，如果没有金融法律，就不存在相应的金融机构，每一个金融机构都必须有相应的金融法律规范，只有这样才能从事金融行为。

2. 规范金融市场行为。金融法规范了银行、证券公司、保险公司的各种金融行为，它使得金融主体在金融市场中合法地从事金融行为，实现资金融通的合法有效运转。

3. 完善金融监管和宏观调控体系。金融法明确赋予了金融监管机构监管职责和措施，构建了较为完善的金融监管体系，同时，金融法也赋予了国家利用金融手段实施宏观调控的法律依据，确定了国家的金融调控目标，确立了健全的金融调控体系。

四、金融法的基本原则

1. 分业经营、分业管理原则

金融法应遵循分业经营、分业管理原则，分业经营是指在现有金融市场发展的背景下，银行、证券、保险等金融行业分别由独立或相对独立的金融主体经营;分业管理是指银行业、保险业由银保监会监管,证券业由证监会监管,这是目前金融法应坚持的基本原则。当然,随着金融市场的发展,我国金融市场也存在部分混业经营与合并监管的现象,如有的大型金融集团兼营银行、证券、保险等业务,但这种混业的背后依然是集团下的相对独立经营,银行业与保险业由合并后的银保监会监管,这些新的发展必须与金融市场发展的现状相结合。

2. 保护投资人合法利益原则

金融法应遵循保护投资人合法利益原则,金融市场以信用为基础,投资人基于金融机构的信用开展金融活动,金融立法应坚持信用活动的基本规律,充分保障投资人的合法利益,这样投资人才会进行各种投资行为,进而才能维护金融市场稳定,促进金融市场发展。

3. 防范和化解金融风险原则

防范和化解金融风险应该是金融法永恒的原则,金融市场的风险变幻莫测、瞬息万变,金融法必须要能够预防部分金融风险的发生,设置必要的金融交易规则,及时地实施金融监管和调控。同时,金融风险发生后,金融法也要及时地化解金融风险。只有这样才能实现金融立法目的,践行金融立法价值和使命。

五、金融法的渊源

金融法的渊源指金融法律规范的表现形式。我国金融法的渊源有以下两方面。

1. 国内渊源:宪法、金融法律、金融行政法规、地方性法规、金融行政规章、地方政府规章、金融行业自律性规则。同时,还包括金融监管机构的批复、答复,金融交易的惯常作法等。

2. 国际渊源:包括国际条约、国际惯例等。

六、金融法律关系

(一)概念及特征

1. 概念

由金融法律规范调整的在金融监管活动和金融业务活动过程中形成的具有权利义务内容的社会关系。

2. 特征

金融法律关系具有如下特征:(1)金融法律关系是在金融监管、调控活动和金融业务活动过程中形成的具有权利义务关系;(2)金融法律关系具有纵向金融管理和横向金融协作的双重性,纵向表现为金融监管机构与金融市场主体之间形成的法律关系,横向表现为金融市场主体之间形成的法律关系;(3)金融法律关系具有广泛性、多样性;(4)金融法律关系的确立、变更多采用书面形式。

(二)构成要素

1. 金融法律关系的主体:它是特殊主体,包括各类银行和非银行金融机构、各经济组织、事业单位、社会团体、自然人、国家。

2. 金融法律关系的客体:货币、有价证券、行为。

3. 金融法律关系的内容:金融法律关系主体依法所享有的权利和承担的义务。

(三)金融法律关系的产生、变更和终止

1. 金融法律关系的产生:指由于一定的法律事实的存在或变化,使金融法律关系主体之间形成一定的权利义务关系。

2. 金融法律关系的变更:指由于一定法律事实的出现或变化,使业已存在的金融法律关系的某些要叙发生了改变,从而引起金融法律关系的变更。

3. 金融法律关系的终止:指由于一定法律事实的出现,使金融法律关系主体间的权利义务关系归于消灭。

(四)金融法律关系的保护

1. 保护机构:金融监管机构、仲裁机构、司法机构等。

2. 保护方法:行政保护方法、经济保护方法、司法保护方法。

七、金融法的体系及主要内容

1. 金融法体系的含义

指在金融法的基本原则指导下,调整金融关系不同侧面的金融法律、法规、规章等金融法律规范,分类组合为不同的金融法律制度,共同实现金融法的任务,而形成的相互联结、和谐统一、层次分明的统一整体。

2. 主要内容

包括金融组织法、金融调控法、间接融资法、直接融资法、期货期权与外汇法、金融中介业务法。

从教义学上来看,金融法的体系包括金融法总论和分论,总论包括概念、调整对象、价值、基本原则、渊源、体系、金融监管等基本原理;分论包括银行法、货币法、信托法、证券法、保险法、票据法六个部分,其中后三个法涉及金融法与商法的交叉问题,一般在商法中讲授,前三个法一般是金融法讲授的重点,银行法还包括中央银行法、商业银行法、政策性银行法、非银行金融机构法和银行业监管法。

第二节　中国人民银行法

一、中国人民银行法的制定

1. 制定目的

为了确立中国人民银行的地位、明确其职责;保证国家货币政策的制定和执行;建立和完善中央银行宏观调控体系,维护金融稳定。

2. 立法现状

《中华人民共和国中国人民银行法》(以下简称《中国人民银行法》),1995 年 3 月 18 日第八届全国人民代表大会第三次会议通过,根据 2003 年 12 月 27 日第十届全国人民代表大会常务委员会第六次会议《关于修改〈中华人民共和国中国人民银行法〉的决定》修正。

二、中国人民银行的性质与法律地位

1. 中国人民银行的性质

(1)概念:1948 年 12 月在合并华北银行、北海银行和西北农民银行的基础上于石家庄成立。同一天还发行了货币——人民币,1949 年初,人民银行总行迁至北京。

中国人民银行是指中华人民共和国的中央银行,其全部资本由国家出资,属于国家所有,在国务院领导下制定和实施货币政策,防范和化解金融风险,维护金融稳定的组织机构。

(2)性质:中国人民银行是我国的中央银行,是特殊的国家机关,由国务院领导。

2. 法律地位

中国人民银行指人民银行在国家机构体系中的地位,其法律地位只能是在国务院领导下具有相对独立性的国家金融行政监管机关。第一,对中央银行的行政隶属性:中国人民银行就年度货币供应量、利率、汇率和国务院规定的其他重要事项作出的决定,报国务院批准后执行。第二,依法享有相对独立性:中国人民银行在国务院领导下依法独立执行货币政策,履行职责,开展业务,不受地区政府、各级政府部门、社会团体和个人的干涉。

三、中国人民银行的职能与职责

中国人民银行的职能指人民银行所具有的功能,主要是发行货币和制定货币政策,而监督管理职能已在现有的《人民银行法》中体现较少,而详细内容由银行业监督管理法所取代。职能表现为发行的银行;政府的银行;银行的银行;金融调控;监督管理职能。

中国人民银行的职责包括:发布与履行其职能有关的命令和规章;依法制定和执行货币政策;发行人民币管理人民币流通;监督管理银行间同业拆借市场和银行间债券市场;实施外汇管理监督管理银行间债券市场;监督管理黄金市场;持有管理经营国家外汇储备、黄金储备;经理国库;维护支付、清算系统的正常运行;指导部署金融业反洗钱工作,负责反洗钱的资产监测。

四、中国人民银行的组织机构

1. 概念

是实现人民银行职能、职责的根本保障。主要指领导机构、分支机构、直属机构、内设部门和咨询机构。

2. 具体内容

第一,领导机构。是决策机构和执行机构。中国人民银行设行长 1 人,副行长若干人。中国人民银行实行行长负责制。行长领导中国人民银行的工作,副行长协助行长工作。

第二,分支机构。根据履行职责的需要设立。特点是人民银行的派生机构;对分支机构实行集中统一领导和管理;分支机构根据总行授权维护本辖区的金融稳定;承办业务不具备法人资格。

1998 年下半年撤销人民银行原来按行政区域设在各省、自治区、直辖市的省级分行成立了 9 大区行,自 1999 年 11 月 1 日开始履行职能并在北京、重庆设立了人民银行营业管理部。在不设人民银行分行的省、自治区人民政府所在地城市,设置了 20 个金融监管办事处。

在不设人民银行分行的省会城市及深圳设 21 个中心支行。县支行。中心支行与当地金融监管办事处(现银监会)原来都是分行的派出机构,相互间不是领导与被领导的关系,而现在:总行→区行→支行→县支行,银监会→银监局。

目前,根据中国人民银行的官网来看[①],中国人民银行共在上海、天津、沈阳、南京、济南、武汉、广州、成都、西安设立九大分行,在北京和重庆设立两个营业管理部,在石家庄、太原等城市设立 25 个中心支行。

第三,直属机构。中国人民银行下设机关服务中心、集中采购中心、中国反洗钱监测中心、征信中心、中国外汇交易中心等 16 个直属机构。

第四,内设部门。中国人民银行内设办公厅、条法司、货币政策司、金融市场司、金融稳定局等 25 个内设部门。

第五,咨询机构。中国人民银行的咨询机构是货币政策委员会。中国人民银行货币政策委员会应当在国家宏观调控、货币政策制定和调整中,发挥重要作用。具体职责表现为综合分析国家宏观经济形势;依据宏观经济调控目标,讨论货币政策事项并提出建议。

五、中国人民银行的货币政策

1. 概念

又称金融政策。是指国家为实现其特点的经济目标而利用的各种调节货币供应量或管制信用规模的方针、政策和措施的总称。

2. 货币政策工具

第一,存款准备金。我国所有吸收一般存款的金融机构缴存人民银行一定比例的资金。存款准备金率由人民银行规定调整公布并组织其分支机构具体实施。当旬第 5 日至下旬第 4 日每日营业终了时,各金融机构按统一法人存入的准备金存款余额与上旬末金融机构一般存款余额之比,不得低于 6%。各金融机构应按旬于旬后 5 日内将汇总的全行旬末一般存款余额表,保送人民银行。

第二,基准利率。基准利率是一国利率体系中起主导作用的基础利率,它的水平和变动决定其他各种利率的水平和变化。西方有的国家指再贴现率或再贷款利率,我国应理解为人民银行制定和调整的各种法定利率。1999 年 3 月发布的《人民币利率管理规定》。

第三,再贴现政策。再贴现政策是指中央银行通过调整其对金融机构办理票据再贴现的再贴现率来扩大或缩小金融机构的信贷量,从而促使信用扩张或收缩的政策措施。我国开办此业务始于 1986 年 4 月 16 日,中国人民银行发布《票据再贴现试行办法》适用范围,1994 年 7 月发布了《再贴现办法》,1997 年 3 月发布了《对国有独资商行总行开办再贴现业务的暂行规定》,1997 年 5 月发布了《商业汇票承兑贴现与再贴现管理办法》,对再贴现种类、对象和期限等作出规定。

第四,再贷款政策。再贷款政策是中央银行对商业银行的贷款,资金来源有发行、财政性存款、存款准备金。其特点:控制和调节商行的信贷活动;控制和调节货币供应量和信用总量。适用范围:只能用于解决商行的临时资金不足不得用于放款和证券投资。期限:短期分 4 个档次,最长不得超过 1 年,1999 年 1 月为解决特区内商行的资金头寸不足只能人

① 这里的数据是本书编者于 2022 年 4 月 10 日访问中国人民银行的官网所查到的基本信息,http://www.pbc.gov.cn/rmyh/105226/105442/index.html。

行规定,发放不超过 3 个月的短期再贷款具体分为 3 个月内、20 天内和 7 天内三个档次,并对分行的短期贷款实行“限额控制,授权操作”的管理原则。

第五,公开市场业务。公开市场业务是指人民银行在公开市场上买卖国债和其他政府债券及外汇,以吞吐基础货币从而控制和调节货币供应量的业务活动。具有公开、公平、灵活、主动性等优点。由人民银行总行操作,包括国债、政府债券、外汇,只能是这三种,其他有价证券,如公司债券、股票等不能用来操作。

第六,其他货币政策工具。其他货币政策工具包括特种存款、证券市场信用控制、消费信用控制、不动产信用控制、窗口指导和道义劝告。

六、中国人民银行的业务

1. 特点:业务活动开展不以营利为目的;业务对象特定,主要是商业银行和其他金融机构,不直接对一般企业和个人开展业务。

2. 原则:严格遵守法律、法规,贯彻国家方针和政策;遵循市场经济活动的规则。

3. 内容:(1)法定业务包括货币政策业务和货币发行业务。(2)禁止性业务包括不得向商业银行发放超过一年期的贷款;不得对政府财经透支;不得直接认购国债和其他政府债券;不得向地方政府,各级政府部门提供贷款;不得向外国金融机构以及其单位和个人提供贷款,但国务院、决定的除外;不得向任何单位和个人提供担保。

七、中国人民银行的金融监督管理

1. 概念:具体是指人民银行依法监测金融市场的运行情况,对金融市场实施宏观调控,促进其协调发展,是法律赋予人民银行重要职能和职责。

2. 协调机构:国务院银行保险监督管理委员会(简称中国银保监会)。

3. 主要内容:中国人民银行有权对金融机构以及其他单位和个人的下列行为进行检查监督。(1)执行有关存款准备金管理规定的行为;(2)与中国人民银行特种贷款有关的行为;(3)执行有关人民币管理规定的行为;(4)执行有关银行间同业拆借市场、银行间债券市场管理规定的行为;(5)执行有关外汇管理规定的行为;(6)执行有关黄金管理规定的行为;(7)代理中国人民银行经理国库的行为;(8)执行有关清算管理规定的行为;(9)执行有关反洗钱规定的行为。关于审批金融、监管利率、存款贷款等全部取消。

4. 具体措施:可以建立国务院银行业监督管理机构对银行业金融业机构进行检查监督;国务院银行业监督管理机构应当自收到建议之日起 3 日内予以回答;中国人民银行经国务院批准有权对银行业金融机构进行检查监督;有权要求银行业金融机构报送必要的资产负债表、利润表以及其他财务会计、统计报表和资料;应当和银监会、保监会、证监会等监督管理机构建立监督管理信息共享机制;负责统编一制全国金融统计数据、报表,并按照国家有关规定予以公布;应当建立、健全本系统的稽核、检查制度,加强内部的监督管理。

八、中国人民银行的财务会计

1. 财务预算管理

人民银行的财务预算制度与中央预算也要实行收支预算制度,接受国务院财政部门的预算执行监督。具有相对独立性,表现在:预算一般为国家财政预算拨款,不像一般商业银行和其他金融机构一样,要缴纳税收;有自己的资本和上市利润,并按规定比例提取总准备金后的净利润全部上缴中央财政,亏损也由中央财政弥补;有利于中央银行宏观调控职能的实施。

2. 财务收支与会计业务

中国人民银行的财务收支和会计事务,应当执行法律、行政法规和国家统一的财务、会计制度,接受国务院审计机关和财政部门依法分别进行的审计和监督。中国人民银行应当于每一会计年度结束后的3个月内,编制资产负债表、损益表和相关的财务会计报表,并编制年度报告,按照国家有关规定予以公布。

第三节 商业银行法

一、商业银行的起源及含义

1694年在英国成立了世界上第一家股份制银行——英格兰银行。标志着西方资本主义商业银行的产生,继其之后,欧洲各国先后建立了很多的资本主义银行:而我国1978年专业银行相继恢复;1986年,交通银行、蛇口招商银行等商业银行组建成立;1994年,在金融体制改革的过程中,把国有专业银行改为国有商业银行。

商业银行是指依照《中华人民共和国人民共和国商业法》和《中华人民共和国公司法》设立的吸收公众存款、发放贷款、办理结算等业务的企业法人。

二、商业银行的特征和职能

1. 特征:商业银行是以营利为目的的企业;商业银行是金融企业;商业银行是一种特殊的金融业。

2. 职能:信用中介;信用创造职能;支付中介职能;金融服务职能。

三、商业银行的立法概述

1. 含义

《商业银行法》是调整商业银行的组织及其业务经营的法律规范的总称。

2. 时间与内容

1995年5月10日第八届全国人民代表大会常务委员会第十三次会议通过,根据2003年12月27日第十届全国人民代表大会常务委员会第六次会议《关于修改〈中华人民共和国商业银行法〉的决定》第一次修正,根据2015年8月29日第十二届全国人民代表大会常务委员会第十六次会议《关于修改〈中华人民共和国商业银行法〉的决定》第二次修正。共9章95条。

3. 特征

(1)《商业银行法》是公法:公法上有关商业银行的规定;(2)《商业银行法》是特别法:优于普遍法而言,比如民法是普遍法,金融法就是特别法;(3)商业银行法是国内法:国内有关金融的规定;(4)商业银行法是强行法:国家强制执行的法律。

4. 立法目的

为了保护商业银行负责人和其他客户的合法权益，规范商业银行的行为，提高信贷资产质量，加强教育管理，保障商业银行的稳健运行，维护金融秩序促进市场经济的发展。

5. 适用范围

商业银行法适用于商业银行、城市信用合作社、农村信用合作社和邮政企业办理商行有关业务的机构。外资商业银行、中外合资商业银行、外国商业银行分行适用商业银行法规定，法律、行政法规另有规定的，依照其规定。

四、商业银行的设立、变更、接管与终止

1. 商业银行的设立

设立商业银行，应当经国务院银行业监督管理机构审查批准。未经国务院银行业监督管理机构批准，任何单位和个人不得从事吸收公众存款等商业银行业务，任何单位不得在名称中使用“银行”字样。

设立商业银行，申请人应当向国务院银行业监督管理机构提交下列文件、资料：(1)申请书，申请书应当载明拟设立的商业银行的名称、所在地、注册资本、业务范围等；(2)可行性研究报告；(3)国务院银行业监督管理机构规定提交的其他文件、资料。

设立商业银行的申请经审查符合本法第十四条规定的，申请人应当填写正式申请表，并提交下列文件、资料：(1)章程草案；(2)拟任职的董事、高级管理人员的资格证明；(3)法定验资机构出具的验资证明；(4)股东名册及其出资额、股份；(5)持有注册资本百分之五以上的股东的资信证明和有关资料；(6)经营方针和计划；(7)营业场所、安全防范措施和与业务有关的其他设施的资料；(8)国务院银行业监督管理机构规定的其他文件、资料。

经批准设立的商业银行，由国务院银行业监督管理机构颁发经营许可证，并凭该许可证向工商行政管理部门办理登记，领取营业执照。

设立商业银行分支机构，申请人应当向国务院银行业监督管理机构提交下列文件、资料：(1)申请书，申请书应当载明拟设立的分支机构的名称、营运资金额、业务范围、总行及分支机构所在地等；(2)申请人最近二年的财务会计报告；(3)拟任职的高级管理人员的资格证明；(4)经营方针和计划；(5)营业场所、安全防范措施和与业务有关的其他设施的资料；(6)国务院银行业监督管理机构规定的其他文件、资料。经批准设立的商业银行分支机构，由国务院银行业监督管理机构颁发经营许可证，并凭该许可证向工商行政管理部门办理登记，领取营业执照。

2. 变更

商业银行有下列变更事项之一的，应当经国务院银行业监督管理机构批准：(一)变更名称；(二)变更注册资本；(三)变更总行或者分支行所在地；(四)调整业务范围；(五)变更持有资本总额或者股份总额百分之五以上的股东；(六)修改章程；(七)国务院银行业监督管理机构规定的其他变更事项。更换董事、高级管理人员时，应当报经国务院银行业监督管理机构审查其任职资格。任何单位和个人购买商业银行股份总额百分之五以上的，应当事先经国务院银行业监督管理机构批准。

3. 接管

商业银行已经或者可能发生信用危机，严重影响存款人的利益时，国务院银行业监督管理机构可以对该银行实行接管。接管的目的是对被接管的商业银行采取必要措施，以保

护存款人的利益,恢复商业银行的正常经营能力。被接管的商业银行的债权债务关系不因接管而变化。接管由国务院银行业监督管理机构决定,并组织实施。国务院银行业监督管理机构的接管决定应当载明下列内容:(1)被接管的商业银行名称;(2)接管理由;(3)接管组织;(4)接管期限。接管决定由国务院银行业监督管理机构予以公告。接管自接管决定实施之日起开始。自接管开始之日起,由接管组织行使商业银行的经营管理权力。接管期限届满,国务院银行业监督管理机构可以决定延期,但接管期限最长不得超过二年。

有下列情形之一的,接管终止:(1)接管决定规定的期限届满或者国务院银行业监督管理机构决定的接管延期届满;(2)接管期限届满前,该商业银行已恢复正常经营能力;(3)接管期限届满前,该商业银行被合并或者被依法宣告破产。

4. 终止

商业银行因分立、合并或者出现公司章程规定的解散事由需要解散的,应当向国务院银行业监督管理机构提出申请,并附解散的理由和支付存款的本金和利息等债务清偿计划。经国务院银行业监督管理机构批准后解散。商业银行解散的,应当依法成立清算组,进行清算,按照清偿计划及时偿还存款本金和利息等债务。国务院银行业监督管理机构监督清算过程。

商业银行因吊销经营许可证被撤销的,国务院银行业监督管理机构应当依法及时组织成立清算组,进行清算,按照清偿计划及时偿还存款本金和利息等债务。

商业银行不能支付到期债务,经国务院银行业监督管理机构同意,由人民法院依法宣告其破产。商业银行被宣告破产的,由人民法院组织国务院银行业监督管理机构等有关部门和有关人员成立清算组,进行清算。商业银行破产清算时,在支付清算费用、所欠职工工资和劳动保险费用后,应当优先支付个人储蓄存款的本金和利息。商业银行因解散、被撤销和被宣告破产而终止。

五、商业银行的一般原则、组织体制和组织机构

1. 商业银行的一般原则

商业银行的一般原则是商业银行开展金融业务活动所必须遵循的基本指导思想,是保障商业银行规范、稳健运作的基本作为准则。包括“三性”:第一,效率性原则。从事资产负债等业务的过程中必须盈利。第二,安全性。按期收回资金本息的可借程度,确保资产的安全。第三,流动性。指资产的流动、负债的流动。

还包括“四自”。第一,自主经营。是指商行在符合国家法律法规的情况下,有权根据市场的需要自主地制定经营计划和方针。第二,自担风险。指信用、利率、汇率、流动性等。第三,自负盈亏。第四,自我约束。依法、依商行法的约束。

此外还包括:依法开展业务,不许任何单位和个人的干涉原则;业务往来,遵循平等、自愿、公平和诚实信用的原则;保障存款人合法权益原则;严格贷款的资信担保原则;公开竞争原则。

2. 组织机构

具体是指商业银行的组织形式,包括内容组织机构和分支机构两个分支。组织形式有股份有限公司和有限责任公司。组织机构包括权力机构(决策机构)、执行机构、监督机构。外部组织机构即分支机构,具体是指不具有法人资格,在总行权利范围内开展业务,其民事责任由总行承担下组织。

六、商业银行的业务、财务会计和监督管理

商业银行根据国民经济和社会发展的需要,在国家产业政策指导下开展贷款业务。商业银行贷款,应当对借款人的借款用途、偿还能力、还款方式等情况进行严格审查。商业银行贷款,应当实行审贷分离、分级审批的制度。

商业银行贷款,借款人应当提供担保。商业银行应当对保证人的偿还能力,抵押物、质物的权属和价值以及实现抵押权、质权的可行性进行严格审查。经商业银行审查、评估,确认借款人资信良好,确能偿还贷款的,可以不提供担保。商业银行贷款,应当与借款人订立书面合同。合同应当约定贷款种类、借款用途、金额、利率、还款期限、还款方式、违约责任和双方认为需要约定的其他事项。商业银行应当按照中国人民银行规定的贷款利率的上下限,确定贷款利率。

商业银行不得违反规定提高或者降低利率以及采用其他不正当手段,吸收存款,发放贷款。商业银行贷款,应当遵守下列资产负债比例管理的规定:(1)资本充足率不得低于8%;(2)贷款余额与存款余额的比例不得超过75%;(3)流动性资产余额与流动性负债余额的比例不得低于25%;(4)对同一借款人的贷款余额与商业银行资本余额的比例不得超过10%;⑤国务院银行业监督管理机构对资产负债比例管理的其他规定。

商业银行不得向关系人发放信用贷款;向关系人发放担保贷款的条件不得优于其他借款人同类贷款的条件。所称关系人是指:(1)商业银行的董事、监事、管理人员、信贷业务人员及其近亲属;(2)前项所列人员投资或者担任高级管理职务的公司、企业和其他经济组织。

任何单位和个人不得强令商业银行发放贷款或者提供担保。商业银行有权拒绝任何单位和个人强令要求其发放贷款或者提供担保。借款人应当按期归还贷款的本金和利息。借款人到期不归还担保贷款的,商业银行依法享有要求保证人归还贷款本金和利息或者就该担保物优先受偿的权利。商业银行因行使抵押权、质权而取得的不动产或者股权,应当自取得之日起2年内予以处分。借款人到期不归还信用贷款的,应当按照合同约定承担责任。

商业银行应当按照有关规定,制定本行的业务规则,建立、健全本行的风险管理和内部控制制度。商业银行应当建立、健全本行对存款、贷款、结算、呆账等各项情况的稽核、检查制度。商业银行对分支机构应当进行经常性的稽核和检查监督。国务院银行业监督管理机构有权依照《商业银行法》第三章、第四章、第五章的规定,随时对商业银行的存款、贷款、结算、呆账等情况进行检查监督。检查监督时,检查监督人员应当出示合法的证件。商业银行应当按照国务院银行业监督管理机构的要求,提供财务会计资料、业务合同和有关经营管理方面的其他信息。中国人民银行有权依照《中华人民共和国中国人民银行法》第三十二条、第三十四条的规定对商业银行进行检查监督。商业银行应当依法接受审计机关的审计监督。

【相关法条】

1.《中华人民共和国中国人民银行法》。1995年3月18日第八届全国人民代表大会第三次会议通过,根据2003年12月27日第十届全国人民代表大会常务委员会第六次会议

《关于修改〈中华人民共和国中国人民银行法〉的决定》修正。

2.《中华人民共和国商业银行法》。1995 年 5 月 10 日第八届全国人民代表大会常务委员会第十三次会议通过,根据 2003 年 12 月 27 日第十届全国人民代表大会常务委员会第六次会议《关于修改〈中华人民共和国商业银行法〉的决定》第一次修正,根据 2015 年 8 月 29 日第十二届全国人民代表大会常务委员会第十六次会议《关于修改〈中华人民共和国商业银行法〉的决定》第二次修正。

3.《中华人民共和国信托法》。中华人民共和国第九届全国人民代表大会常务委员会第二十一次会议于 2001 年 4 月 28 日通过,自 2001 年 10 月 1 日起施行。

4.《中华人民共和国人民币管理条例》。2000 年 2 月 3 日中华人民共和国国务院令第 280 号发布,根据 2014 年 7 月 29 日《国务院关于修改部分行政法规的决定》第一次修订,根据 2018 年 3 月 19 日《国务院关于修改和废止部分行政法规的决定》第二次修订。

5.《中华人民共和国外汇管理条例》。1996 年 1 月 29 日中华人民共和国国务院令第 193 号发布,根据 1997 年 1 月 14 日《国务院关于修改〈中华人民共和国外汇管理条例〉的决定》修订,2008 年 8 月 1 日国务院第 20 次常务会议修订通过。

【金融纠纷裁判规则】

1. 将已签字的空白合同交给对方,可以视为对合同内容的无限授权。

【裁判要旨】雷某将留有空白内容的合同交于合同相对方的,应视为对合同内容包括《保证合同》中保证事项的无限授权,合同相对方在空白部分可以填写相应内容。

【案号】最高人民法院〔2018〕最高法民申 3112 号。

【裁判要旨】由于在空白合同上签名将会产生授权对方当事人补记合同空白部分内容的法律后果,在本案借款合同中的保证人签名真实的情况下,不管方某主张的本案借款合同中的借款金额是对方当事人事后补写的主张是否成立,二担保人均应在借款范围内承担保证责任。关于方某主张借贷双方存在骗取保证人担保的问题,因其未提供证据予以证明,对该主张本院不予采信。

【案号】最高人民法院〔2017〕最高法民申 3858 号。

【裁判要旨】岳某在诉讼中并无证据证明涉案合同的内容系事后填写,且即使为事后填写,岳某作为完全民事行为能力人,应当知晓在空白合同上签字及盖章的法律后果,其应自行承担相应的风险。岳某认为并非其真实意思表示,合同应属无效的理由不能成立,本院不予支持。

【案号】最高人民法院〔2017〕最高法民申 744 号。

2. 诉讼时效从人民法院收到原告起诉状之日起中断,即使因原告未缴纳诉讼费而按自动撤诉处理也仍能引起中断效果。

【裁判要旨】根据《最高人民法院关于审理民事案件适用诉讼时效制度若干问题的规定》第十二条规定:“当事人一方向人民法院提交起诉状或者口头起诉的,诉讼时效从提交起诉状或者口头起诉之日起中断。”据此,诉讼时效应从人民法院收到原告递交的起诉状的时间引起中断,即使原告的起诉最终因其未按期缴纳诉讼费而按自动撤诉处理,但仍能引起诉讼时效中断。

【案号】最高人民法院〔2017〕最高法民申 3316 号。

3. 从债权人要求保证人承担保证责任之日起,开始计算保证合同的诉讼时效。

【裁判要旨】本案借款到期日为2014年4月16日,保证人的保证期间为借款期限届满之日起两年,即2014年4月17日至2016年4月16日,因原告已在保证期间内即2015年8月12日向保证人主张权利,根据《最高人民法院关于适用〈中华人民共和国担保法〉若干问题的解释》第三十四条第二款"连带责任保证的债权人在保证期间届满前要求保证人承担保证责任的,从债权人要求保证人承担保证责任之日起,开始计算保证合同的诉讼时效"之规定,从原告向保证人主张权利之日起即2015年8月12日开始计算保证合同的诉讼时效,本院于2015年10月21日作出裁定按原告撤回起诉处理,后原告又于2017年10月12日向本院起诉要求各被告承担责任,保证合同的诉讼时效因原告起诉重新计算,原告于2018年4月5日向本院起诉未超过诉讼时效,故被告王某建等应当对上述债务承担连带清偿责任。

【案例索引】〔2018〕豫0183民初1658号。

4. 银行按正常手续放贷,借款人被认定骗取贷款罪,借款合同有效。

【裁判要旨】虽然借款人为了在银行申请贷款,提供虚假材料,并最终骗取了银行贷款,然而只要银行在与借款人签订借款合同时,是按照银行正常的放贷手续办理,且并无证据证明银行工作人员参与骗取贷款不法行为的,贷款合同有效,并且银行作为被欺诈方享有撤销权。

【案例索引】〔2017〕鲁民终221号。

【裁判要旨】吴某东伙同他人以欺骗手段骗取原告贷款,现并无证据证明原告或其工作人员在贷款过程中存在不法行为,原告仅是受欺诈的对象,其与通盈商贸公司签订的贷款合同,属于可撤销合同而非无效合同。原告至今未行使撤销权,故案涉贷款合同合法有效。担保合同是当事人自愿签订,且不存在违反法律、行政法规强制性规定,亦属合法有效。吴某东提供最高额保证担保,应在保证限额内承担连带清偿责任。因(2016)浙0702刑初××号刑事判决责令吴某东向原告退赔230万元,为免原告获得超过合同约定的经济利益,故吴某东在承担连带清偿责任时,刑事案件已退赔部分,可予扣减。

【案例索引】〔2017〕浙0702民初10857号。

5. 信用社改制形成的承接法人所发生的债权债务承接不属于债权转移的情形。

【裁判要旨】本案的争议焦点如下:1. 原告湘潭某农商行主体是否适格?根据2016年7月中国银监会湖南监管局批复文件,经该局批准原湘潭信用社及其所辖农村信用社(分社)自行终止,债权债务由原告湘潭某农商行及辖内分支机构承接,故两被告与原汾水某信用社签订的抵押担保借款合同一并也由原告承接,该合同中的权利、义务一并对原、被告发生法律效力。被告辩称原汾水某信用社与原告是不同的法人机构,债权转移需要经两被告的同意且通知两被告,因原湘潭某信用社及所辖信用社在原告及其辖内分支机构开业的同时已自行终止,原告实际上是原湘潭某信用社完成内部改制后所形成的承接法人,所发生的债权债务承接并不属于债权转移的情形,因此不适用债权转移的法律规定,故对被告的上述辩论意见本院不予采纳,湘潭某农商行对该案享有原告的诉讼主体资格。

【案例索引】〔2019〕湘0321民初1589号。

【诊所式案例分析】

银行在新型业务中应向储户充分履行风险告知义务——甲某诉乙银行储蓄存款合同纠纷案

【裁判要旨】

对于类似“超级网银”资金归集业务这类有别于一般操作模式且风险较高的新型业务，银行应在缔约、履约等环节，向储户全面、充分地履行风险告知义务，亦应在接受储户询问时提供及时、专业、有效的咨询服务。未履行上述义务导致储户发生损失的，银行应承担相应的赔偿责任；储户对自身账号、密码等重要信息泄露存在过错的，亦应承担部分损失。

【基本案情】

2022 年 7 月，甲某收到陌生案外人短信，对方自称银联客户经理，可为其办理大额信用卡，前提是先要办理一张借记卡并存入一定金额的资金。甲某遂于 7 月 16 日至乙银行处办理了一张借记卡，并申领了交易令牌，约定安全验证方式为手机动态密码验证，同时开通了电子银行套餐及对外转账功能。开户后，甲某陆续将涉案借记卡卡号、网银登录密码和令牌动态密码、手机动态密码、交易密码等告知了案外人。7 月 24 日 15 时 05 分至 15 时 08 分，甲某通过网银跨行汇款的方式分三次向其账户转入资金共 133 731 元。15 时 24 分，甲某拨打乙银行客服电话询问在自己泄露了网银密码又重置密码的情况下，他人能否通过网上银行将账户内的资金转走，乙银行客服人员回复“转不了的”。甲某又至乙银行营业网点向其工作人员咨询，在自己泄露了密码又重置密码的情况下账户是否安全，乙银行工作人员给予肯定答复。

当日 15 时 47 分许，甲某在乙银行工作人员指导下修改了网银登录密码，并在 ATM 机上修改了交易密码。7 月 26 日 8 时 05 分至 8 时 07 分，甲某又通过网银跨行汇款的方式向其账户分三次转入资金共 123 998 元。然而，当日 23 时 52 分、53 分、54 分、55 分，甲某账户连续发生四笔各 5 万元的支出，共计转出 20 万元。甲某当即拨打乙银行客服电话口头挂失并冻结了涉案账户。

后经查明，涉案账户早已于 2022 年 7 月 20 日 17 时 28 分 54 秒及 17 时 34 分 48 秒被案外人通过令牌版网银进行了两次“资金归集被他行扣款、查询签约”的授权操作，两次签约所授权的单笔限额均为 5 万元，日累计金额上限均为 10 万元，签约的收款人分别为他行账户李某和龙某。至此，甲某借记卡中的资金已被归集到他人账户上，即甲某已授权乙银行对他行账户进行支付，即使甲某再修改各类密码也无法阻止资金转出。甲某认为，其名下账户资金在网银密码新设的情况下仍然被案外人盗走，说明乙银行的存款安全制度存在缺陷，故请求法院判令乙银行赔偿甲某 20 万元及相应的利息损失。

【练习题】

一、单项选择题

1. 商业银行在吸收存款的基础上发放贷款，在票据流通和转账结算的基础上，贷款又转化为存款，在此存款不提取的情况下，商业银行增加了资金来源，可再次转为贷款，最后

整个银行体系形成了超过原始存款的派生存款。这体现了商业银行的下列哪一种职能？(　　)

A. 支付中介职能　　B. 金融服务职能

C. 信用创造职能　　D. 金融工具创造职能

2. 根据我国《银行业监督管理法》的规定，在我国境内设立的下列哪一机构不属于银行业监督管理的对象？(　　)

A. 农村信用合作社　　B. 财务公司

C. 信托投资公司　　D. 证券公司

3. 某商业银行通过同业拆借获得一笔资金。关于该拆入资金的用途，下列哪一选项是违法的？(　　)

A. 弥补票据结算的不足　　B. 弥补联行汇差头寸的不足

C. 发放有担保的短期固定资产贷款　　D. 解决临时性周转资金的需要

4. 根据现行银行贷款制度，关于商业银行贷款，下列哪一说法是正确的？(　　)

A. 商业银行与借款人订立贷款合同，可采取口头、书面或其他形式

B. 借款合同到期未偿还，经展期后到期仍未偿还的贷款，为呆账贷款

C. 政府部门强令商业银行向市政建设项目发放贷款的，商业银行有权拒绝

D. 商业银行对关系人提出的贷款申请，无论是信用贷款还是担保贷款，均应予拒绝

5. 甲在 A 银行办理了一张可异地跨行存取款的银行卡，并曾用该银行卡在 A 银行一台自动取款机上取款。甲取款数日后，发现该卡内的全部存款被人在异地 B 银行的自动取款机上取走。后查明：甲在 A 银行取款前一天，某盗卡团伙已在该自动取款机上安装了摄像和读卡装置(一周后被发现)；甲对该卡和密码一直妥善保管，也从未委托他人使用。关于甲的存款损失，下列哪一说法是正确的？(　　)

A. 自行承担部分损失　　B. 有权要求 A 银行赔偿

C. 有权要求 A 银行和 B 银行赔偿　　D. 只能要求复制盗刷银行卡的罪犯赔偿

6. 根据《商业银行法》的规定，商业银行破产清算时的财产分配适用下列哪一种顺序？(　　)

A. 清算费用，所欠职工工资和劳动保险费用，个人储蓄存款的本金和利息

B. 清算费用，个人储蓄存款的本金和利息，所欠职工工资和劳动保险费用

C. 个人储蓄存款的本金和利息，清算费用，所欠职工工资和劳动保险费用

D. 所欠职工工资和劳动保险费用，清算费用，个人储蓄存款的本金和利息

7. 根据《商业银行法》的规定，商业银行不得向关系人发放信用贷款。下列哪一类人属于该规定所指的关系人？(　　)

A. 商业银行的董事、监事、管理人员、信贷业务人员及其近亲属

B. 与商业银行有业务往来的非银行金融机构的董事、监事和高级管理人员

C. 甲商业银行的上级主管部门的负责人及其近亲属

D. 商业银行的客户企业的董事、监事和高级管理人员

8. 根据《商业银行法》规定，商业银行的某些变更事项应当报经国务院银行业监督管理机构批准，否则不发生法律效力。下列哪一事项无须报经国务院银行业监督管理机构批准？(　　)

A. 变更银行注册名称、变更注册资本

B. 变更银行总行或分支机构所在地

C. 缩小银行业务范围并相应修改银行章程

D. 变更持有资本总额或者股份总额百分之四的股东

9. 某省银行业监督管理局依法对某城市商业银行进行现场检查时，发现该行有巨额非法票据承兑，可能引发系统性银行业风险。根据《银行业监督管理法》的规定，应当立即向下列何人报告？（　　）

A. 该省人民政府主管金融工作的负责人　　B. 国务院主管金融工作的负责人

C. 中国人民银行负责人　　D. 国务院银行业监督管理机构负责人

10. 某城市商业银行在合并多家城市信用社的基础上设立，其资产质量差，经营队伍弱，长期以来资本充足率、资产流动性、存贷款比例等指标均不能达到监管标准。某日，该银行行长卷款潜逃。事发后，大量存款户和票据持有人前来提款。该银行现有资金不能应付这些提款请求，又不能由同行获得拆借资金。根据相关法律，下列判断正确的是？（　　）

A. 该银行即将发生信用危机

B. 该银行可以由中国银监会实行接管

C. 该银行可以由中国人民银行实施托管

D. 该银行可以由当地人民政府实施机构重组

二、多项选择题

1. 银行业监督管理机构依法对银行业金融机构进行检查时，经设区的市一级以上银行业监督管理机构负责人批准，可以对与涉嫌违法事项有关的单位和个人采取下列哪些措施？（　　）

A. 询问有关单位或者个人，要求其对有关情况作出说明

B. 查阅、复制有关财务会计、财产权登记等文件与资料

C. 对涉嫌转移或者隐匿违法资金的账户予以冻结

D. 对可能被转移、隐匿、毁损或者伪造的文件与资料予以先行登记保存

2. 与《企业破产法》的规定相比较，《商业银行法》对商业银行破产的规定有哪些特殊之处？（　　）

A. 仅以不能清偿到期债务为破产原因

B. 破产宣告前须经国务院银行业监督管理机构同意

C. 清算组成员须包括国务院银行业监督管理机构的人员

D. 破产清算时应优先支付个人储蓄存款的本息

3. 商业银行出现信用危机严重影响存款人利益时，可由中央银行对其实行接管。下列有关商业银行接管的表述，哪些符合我国现行法律的规定？（　　）

A. 非经接管程序，商业银行不得解散或破产

B. 实行接管后，商业银行的债权债务由接管组织概括承受

C. 接管的期限最长不超过 2 年

D. 自接管之日起，由接管组织行使商业银行的经营管理权力

4. 根据《商业银行法》，关于商业银行的设立和变更，下列哪些说法是正确的？（　　）

A. 国务院银行业监督管理机构可以根据审慎监管的要求，在法定标准的基础上提高商

业银行设立的注册资本最低限额

B. 商业银行的组织形式、组织机构适用《公司法》

C. 商业银行的分立、合并不适用《公司法》

D. 任何单位和个人购买商业银行股份总额5%以上的,应事先经国务院银行业监督管理机构批准

5. 根据《商业银行法》《银行业监督管理法》的相关规定,下列哪些选项是正确的?( )

A. 商业银行的组织形式既可以是有限责任公司,也可以是股份有限公司

B. 商业银行的设立、变更等应经中国人民银行批准

C. 由于商业银行涉及存款人的利益,故商业银行不能通过破产程序而终止

D. 中国银监会负责对所有金融机构的监管

6. 陈某在担任某信托公司总经理期间,该公司未按照金融企业会计制度和公司财务规则严格管理和审核资金使用,违法开展信托业务,造成公司重大损失。对此,陈某负有直接管理责任。关于此事,下列哪些说法是正确的?( )

A. 该公司严重违反审慎经营规则

B. 银监会可责令该公司停业整顿

C. 国家工商总局可吊销该公司的金融许可证

D. 银监会可取消陈某一定期限直至终身的任职资格

7. 某城市商业银行在合并多家城市信用社的基础上设立,其资产质量差,经营队伍弱,长期以来资本充足率、资产流动性、存贷款比例等指标均不能达到监管标准。在作出对该银行的行政处置决定后,负责处置的机构对该银行的人员采取了以下措施,其中符合法律规定的是?( )

A. 对该行全体人员发出通知,要求各自坚守岗位,认真履行职责

B. 该行副行长邱某、薛某持有出境旅行证件却拒不交出。对此,通知出境管理机关阻止其出境

C. 该行董事范某欲抛售其持有的一批股票。对此,申请司法机关禁止其转让股票

D. 该行会计师佘某欲将自己的一处房屋转让给他人。对此,通知房产管理部门停止办理该房屋的过户登记

8. 李大伟是M城市商业银行的董事,其妻张霞为S公司的总经理,其子李小武为L公司的董事长。2009年9月,L公司向M银行的下属分行申请贷款1 000万元。其间,李大伟对分行负责人谢二宝施加压力,令其按低于同类贷款的优惠利息发放此笔贷款。L公司提供了由保证人陈富提供的一张面额为2 000万元的个人储蓄存单作为贷款质押。贷款到期后,L公司无力偿还,双方发生纠纷。根据《商业银行法》的规定现查明,保证人陈富为S公司财务总监,其用于质押的存单是以S公司的资金存储。并查明,L公司取得贷款后,曾向S公司管理层支付50万元报酬。对此,下列判断正确的是

A. S公司公款私存,是我国银行法禁止的行为

B. S公司公款私存,只是一般的财务违纪行为

C. S公司管理层获取的50万元报酬应当由银监会予以收缴

D. S公司管理层获取的50万元报酬应当归S公司所有

9. 下列关于商业银行的说法正确的是(　　)。

A. 设立全国性商业银行的注册资本最低限额为十亿元人民币。设立城市商业银行的注册资本最低限额为一亿元人民币,设立农村商业银行的注册资本最低限额为五千万元人民币

B. 注册资本应当是实缴资本

C. 变更持有资本总额或者股份总额百分之五以上的股东,应当经国务院银行业监督管理机构批准

D. 变更名称,应当经国务院银行业监督管理机构批准

10. 某商业银行决定推出一批新型理财产品,但该业务品种在已获批准的业务范围之外。该银行在报批的同时要求下属各分行开展试销。对此,下列正确的选项是(　　)。

A. 该业务品种应由中国银监会审批

B. 该业务品种应由中国人民银行审批

C. 因该业务品种在批准前即进行试销,有关部门有权对该银行进行处罚

D. 该业务品种在批准前进行的试销交易为效力待定的民事行为

三、简答题

1. 简述数字金融的监管模式。
2. 简述互联网金融的法律适用。
3. 简述中央银行的现代职能。

【参考资料】

[1] 王林清,杨心忠. 金融纠纷裁判思路与裁判规则[M]. 北京:法律出版社,2016.
[2] 朱晓娟. 中国金融法律制度[M]. 北京:中国民主法制出版社,2019.
[3] 陶广峰. 金融法[M]. 北京:中国人民大学出版社,2020.
[4] 吴卫明. 数字金融法律实务与风险防控[M]. 北京:中国法制出版社,2018.

第十六章　税　　法

【教学目标】

通过学习本章了解税收的一般理论、我国现行税种,行为税、财产税和资源税的一般规定;理解税法的概念、特征、构成要素,以及税收征管法的法律适用、税务管理和税款征收;掌握增值税、营业税、消费税、关税法的基本规定,企业所得税和个人所得税法的基本规定;学会运用税法相关原理分析社会实际问题。

【教学要点和教学进程】

一、税收和税法概述

通过阐述税收的含义、特征和职能,帮助学生理解税法的概念和调整对象,把握税收法律关系的概念和特征,结合我国税收法律法规让学生领会税法的构成要素,根据我国税收法律的规定阐述我国的现行税种。

二、流转税法

重点阐述流转税法的基本内容。流转税法部分主要包括增值税法、消费税法和关税法。通过对增值税暂行条例的分析,帮助学生理解增值税的纳税义务人,认识增值税的税率,掌握增值税的计算和征收方法。结合税法的构成要素分析增值税的基本内容。消费税是对税法规定的特定消费品或特定消费行为征收的一种税。结合《中华人民共和国消费税暂行条例》和税法的构成要素分析消费税的基本内容。

关税是在边境、沿海口岸或国家指定的其他水、陆、空国际交往通道的关口,对进出国境边境的货物及物品征收的一种税。关税由进口关税和出口关税构成。结合关税法和税法的构成要素阐述关税的基本内容。

三、所得税法

企业所得税是对中华人民共和国境内的企业(外商投资企业和外国企业除外)就其来源于中国境内、境外的生产经营所得和其他所得征收的一种税。本节重点阐述企业所得税的纳税人、征税对象、税率和应纳税额的计算。

对个人所得税法进行阐述,使学生重点掌握个人所得税的纳税人、征税对象、税率、征纳方法和应纳税额的计算。

四、行为税、财产税和资源税

主要介绍两种行为税,在阐述印花税和车船使用税的含义的基础上,结合税法的构成要素分析印花税和车船使用税的基本内容。

在阐述房产税和契税的含义的基础上,结合税法的构成要素分析房产税和契税的基本内容。在阐述资源税和城镇土地使用税的含义的基础上,结合税法的构成要素分析资源税和城镇土地使用税的基本内容。

五、税收征收管理法

主要介绍税收征收管理法的基本内容,在分析税务管理和税款征收的基础上,阐述违反税法的法律责任。

【教学重点和难点】

教学重点:税收的一般理论;税法的概念、特征和构成要素;我国现行税种;增值税、营业税、消费税、关税法的基本规定;企业所得税和个人所得税法的基本规定;行为税、财产税和资源税的一般规定;税收征管法的法律适用,税务管理和税款征收。

教学难点:税法的概念、特征和构成要素;增值税、营业税、消费税、关税法的基本规定;企业所得税和个人所得税法的基本规定;税收征管法的法律适用。

【教学手段和方法】

讲授法、案例分析法。在讲授过程中注意结合案例,通过设问与提问,引导学生思考,从而帮助学生加深理解学习内容,提高理论思维能力。

第一节　税收和税法概述

一、税收的一般理论

(一)税收的概念与特征

税收是国家为了实现其职能的需要,按照法律规定,以国家政权体现者身份,强制地向纳税人无偿征收货币或实物所形成的特定分配关系。作为财政收入的一种特有的、重要形式,税收有强制性、无偿性和固定性特征。“三性”是税收区别于其他财政收入的形式特征,不同时具备“三性”的财政收入就不称其为税收。

第一,税收的强制性,指税收是以国家政治权力为依托,依法强制征收的,不以纳税人的主观意愿为征税的要件。国家通过制定一系列以强制性法律规范为主的税法,赋予作为其代表的征税机关以征税权而决定的。纳税人必须依照税法的规定,按时足额纳税,和国家制定的其他法律一样,由国家强制力保证执行。税收的强制性是税收作为一种财政范畴的前提条件,也是国家满足社会公共需要的必要保证。

第二,税收的无偿性,指国家向纳税人征税不以支付任何对价为前提。税收将纳税人所有的部分财产转移给国家所有,形成国家财政收入,国家不再把这部分财产直接返还给原纳税人,针对具体纳税人而言,纳税后并未得到任何报酬,征税过程中财产权的转移是单向的,而非双向的,就此意义讲,税收是无偿的。但若从财政活动的整体来考察,税收的无偿性与财政支出的无偿性是并存的,这又体现了无偿性相对性一面。正如马克思所说:“从一个处于私人地位的生产者身上扣除的一切,又会直接或间接地用来为处于社会成员地位的生产者谋福利”的性质，即“取之于民，用之于民”。

第三，税收的固定性，指国家在征税之前，就以法律的形式规定了纳税人、征税对象以及税率等基本课税要素，以便有税务机关和纳税人共同遵守。税收的固定性实质上指征税有一定的标准，而这个标准又具有相对稳定性既是税收区别于其他财政收入的标志，也是国家财政收入可靠的保证。

税收的“三性”，集中体现出税收的权威性，是税收职能得以实现的保证。

（二）税收的基本功能

税收的职能是它作为一种财政分配形式所具有的基本功能和本质属性。主要有三大职能，即财政职能、经济职能、监督职能。

首先，财政职能，即组织财政收入的职能。根据形式标准，通常把财政收入分为税收和其他收入两大类，税收是主体收入，无论何种性质的国家，财政收入的绝大部分都是通过征税筹集起来的，税收是国家筹集财政收入的最主要、最有效的形式，是其他财政收入形式，如规费收入、事业收入、国有资产管理收入、罚没收入等无法取代的，这正是税收的“三性”所决定的。

其次，经济职能，即调节经济运行的职能。税收是国家管理经济不可缺少的经济杠杆。征税必然改变国家、生产单位和个人之间的收入分配比例，对社会经济各个方面产生影响。国家通过设置税种，规定税收的调节领域；通过设计税目，规定各种调节的具体范围；通过设计税率规定各税的调节程度；通过税收的减免和加征，调整调节幅度，以其灵活适应客观经济状况的需要。因而国家通过对税率的调整、税目的增减和规定减免税所产生的影响实现宏观调控，贯彻产业政策，调节各种利益主体之间的经济关系。

最后，监督职能，即经济监督职能。该职能贯穿于税收的财政职能、经济职能之中。通过税务部门的日常征管工作来实现，以督促纳税人遵纪守法，并及时发现问题，提供各种信息，为国家宏观决策提供参考。

（三）税收的分类

税收的分类，即税收制度的分类，是对税收体系中的各种税按其性质和特点进行的归类。分类的意义在于，分类后便于对不同类别的税种，以及其收入、税源、税负、税收管理权限等问题进行分析研究、比较评价，从而为确定合理的税制结构，正确选择主体税种，有效地制定税法提供依据。

现代国家的税制一般都由多个税种组成，各税种既互相区别又密切相关，本着求同存异的原则，依一定的标准将各税种分别归类，是研究和建设税制的重要前提。税收分类的标准和方法有很多。

1. 所得课税、商品课税和财产课税

这是以课税对象的性质为标志进行的分类，是世界各国普遍采用的分类方式，也是各国税制分类中最基本、最重要的方式。是最能反映现代税制结构的分类方法。

按照课税对象的性质可将各税种分为所得课税、商品课税和财产课税三大类。所得课税是指以纳税人的净所得（纯收益或纯收入）为课税对象的税收，一般包括个人所得税、企业所得税等，在西方国家，社会保障税、资本利得税等一般也划入此类。商品课税，包括所有以商品为课税对象的税种，如增值税、营业税、消费税、关税等。财产课税是指以各类动产和不动产为课税对象的税收,如一般财产税、遗产税、赠予税等。必须说明,由于各个国家的税制千差万别,税种设计方式各异,因而同样采用此种分类方法,结果也不完全相同,如我国税种一般分为所得课税、商品课税、资源课税、行为课税和财产课税五大类。

2. 直接税与间接税

把税收划分为直接税和间接税的作法由来已久。早在18世纪,许多学者就把税源稳定可以持久课征的税种称为直接税,而对偶然课征难以稳定的税种称为间接税。后来,又有人将对财产的课征和对所得的课征称为直接税。到了现代社会,直接税和间接税的划分方法随着税收理论的发展而进一步完善,并最终以税负能否转嫁为标准,即凡是税负能够转嫁的税种,归属于间接税,凡是税负不能转嫁的税种,归属于直接税。一般认为,所得税和财产税属于直接税。商品课税属于间接税。税收分类标准的这一变化,将税种分为直接税和间接税这种划分方法,由过去仅是对税制的简单描述上升为一种经济分析理论,对税收理论的发展有重要的促进作用。但也必须指出,这种分类方法也有非科学的一面,主要问题是,税负能否转嫁不仅取决于税收的性质和特点,而且取决于客观的经济条件,有些税种看起来似乎可以转嫁,但在一定经济条件下却未必可以转嫁出去,税负转嫁总是有条件的,仅仅凭借理论预期断定哪些税可以转嫁,哪些税不能转嫁,并依此分别称为直接税或间接税当然是不尽科学的。

3. 从量税与从价税

按照课税标准分类,可将税收划分为从量税和从价税。如前所述,国家征税时必须按一定标准将课税对象予以度量。而度量的方法有两种:一是按课税对象的数量、质量、容量或体积计算;二是按课税对象的价格计算。采用前一种计税方法的税种称为从量税,采用后一种计税方法的税种称为从价税。从量税的税额随课税对象数量的变化而变化,计算简便,但税负水平是固定的,是不尽合理的,因而只有少数税种采用这种计税方法,如我国的资源税、车船使用税等。比较而言,从价税更适应商品经济的要求,同时也有利于贯彻国家税收政策,因而大部分税种都采用这一计税方法。

4. 价内税与价外税

以税收与价格的关系为标准,可将税收分为价内税和价外税。凡由税金构成价格组成部分的,称为价内税;凡由税金作为价格之外附加的、称为价外税;与之相适应,价内税的计税依据称为含税价格,价外税的计税依据称为不含税价格。一般认为,价外税比价内税更容易转嫁,价内税课征的侧重点为厂家或生产者,价外税课征的侧重点是消费者。西方国家的消费税大都采用价外税方式。我国1994年税制改革的增值税,在零售以前各环节采取价外税,在零售环节采取价内税。

5. 中央税与地方税

与前几种分类方法不同,中央税和地方税是按税种的隶属关系划分的。从理论上讲,税收的存在依据是国家的政治权力,因而任何税种都隶属于国家,也就是隶属于中央政府。把税收划分为中央税和地方税,并不意味着中央与地方具有同等的征税权力,而是由国家在政治和经济上实行分级管理体制所决定的。中央税和地方税的划分方法因国家政体和管理体制不同而有所不同。有些国家的地方政府(州、省、县等)拥有税收立法权,可以自行设立税种,这类税种显然就是地方税;而中央政府开征的税种就是中央税。

中央税与地方税的隶属关系是十分明确的。有些国家的税种是由中央政府统一设立的,但根据财政管理上的需要,特别是为了调动地方的积极性,划出一部分税种给地方,其管理和使用权限也相应下放给地方,从而形成另外一种类型的地方税。此外有的国家还设立共享税,这类税收收入由中央和地方按一定比例分成。我国长期实行统一领导、分级管理的预算体制,中央税、地方税的概念早已有之,但由于绝大部分税收收入和立法权集中于中央,地方税有其名而无其实。1994 年税制改革以后,明确了中央税、地方税和共享税,其中中央税有消费税、中央企业所得税、关税等,共享税有增值税、资源税、对证券交易征收的印花税等,方税则是除此以外的其他所有税种。这一改革,无疑是适应我国社会主义市场经济要求的,是我国税制的历史性进步。

根据我国税收法律的规定,我国现行的税收种类有以下几种。

1. 流转税。流转税是指对商品流转额和非商品流转额征收的税,计税依据是商品的价格和服务收费。它包括:(1)增值税;(2)营业税(已取消);(3)消费税;(4)关税;(5)土地增值税。

2. 所得税。所得税是指对所得额或收益税征收的税,计税依据是纳税人的收益额。它包括:(1)个人所得税;(2)企业所得税;(3)外商投资企业所得税;(4)农业税(已取消)。

3. 财产税。财产税是指以纳税人所有的财产或属其支配的财产数量或价值额征收的税,计税依据是财产的价值额或数量。它包括:(1)房产税;(2)契税。

4. 行为税。行为税是指以特定行为为征税对象的税。它包括:(1)印花税;(2)筵席税;(3)屠宰税;(4)车船使用税;(5)城市维护建设税;(6)固定资产投资方向调节税。

5. 资源税。资源税是以各种自然资源及其级差收入为征税对象的税。它包括:(1)资源税;(2)城镇土地使用税;(3)耕地占用税。

现行税法由 16 个税种组成,它们按性质作用分为 5 类。

1. 商品和劳务税类(间接税):包括增值税、消费税、关税 (3 个);

2. 所得税类(直接税):包括企业所得税、个人所得税 (2 个);

3. 财产和行为税类:包括房产税、车船税、印花税、契税(4 个);

4. 资源税类:包括资源税、土地增值税、城镇土地使用税(3 个);

5. 特定目的税类:包括城市维护建设税、车辆购置税、耕地占用税、烟叶税(4 个)。

1、2 项为主体税;3、4、5 项为非主体税。

二、税法概述

(一)税法的概念

税法是调整税收关系的法律法规的总称。税法是国家权力机关及其授权的行政机关制定的调整税收关系的法律规范的总称。税法是国家向一切纳税人征税的法律依据,是纳税人纳税的准绳,也是国家税收政策和税收原则在法律上的具体体现。

税收和税法的关系非常密切。税收是经济领域内的分配环节,而税法则是反映这一经济活动的上层建筑,税收决定税法,没有税收就没有税法;反之,税法规范税收,没有税法,税收便失去了法律依据,税收活动难以正常进行,国家组织财政收入、实现预算也将成为一句空话。

(二)税法的调整对象

税收的对象是在一定范围内国家集中的部分国民收入和积累的社会财富,而税法的调整对象是税收关系,即税法主体是在各种税收活动过程中形成的社会关系的总和,广义的税收关系包括税收征纳关系和其他税收关系。具体来说,税收征纳关系是只代表国家的税收征收管理机关与负有纳税义务的单位和个人相互之间因为征纳税而发生的权利义务关系,包括税收征收管理机关与国有企业、集体企业、私营企业、事业单位、城乡个体工商户、公民个人之间的经济关系。既包括实体法律关系,也包括程序法律关系。狭义的税收关系就是指税收征纳关系。

其他税收关系,是指除税收征纳关系以外的税收关系,主要是指国家权力机关之间和由其授权的行政机关之间,以及二者相互之间在税法的制定及解释权、税种开征与停征决定权、税率调整与税目增减决定权、减免税决定权和税收监督权等方面的权限分工与权责关系,还包括主权国家与其他国家之间发生的税收权益分享关系等一些有涉外税法进行调整的税收关系。其他税收关系在税法的调整对象中居于次要、从属的地位。

(三)税法的基本原则

税法原则,即指对调整税收关系的基本规律的抽象和概括,是贯穿税收立法、执法和守法全过程的具有普遍性指导意义的法律准则。

1. 税收法定主义原则

这是税法的最高原则,一般由以下三项具体原则组成:(1)课税要素法定原则。该原则要求纳税人、征税客体、计税依据、税率、税收优惠等课税要素必须且只能由立法机关在法律中加以规定,即只能由狭义上的法律来规定税收的构成要件,并依此确定主体纳税义务的有无及大小。在税收立法方面,立法机关根据宪法的授权而保留专属自己的立法权力,除非它愿意就一些具体而微的问题授权其他机关立法,任何主体均不得与其分享立法权力。税收法定主义同刑法上的罪刑法定主义的法理是一致的,凡涉及可能不利于国民或加重其负担的规定,均应严格由人民选举出来的立法机关制定,而不应由政府决定。(2)课税要素明确原则。依据税收法定主义的要求,课税要素、征税程序等不仅要由法律作出专门规定,而且还必须尽量明确,以避免出现漏洞和歧义,给权力的恣意滥用留下空间。(3)征税合法原则。征纳税程序必须由法律明确规定,执法机关不能擅自修改课税要素、征税程序,即没有法律依据,税收稽征机关无权开征、停征、减免、退补税收,依法征税既是其职权也是其职责。

2. 税收公平原则

税收公平原则是指国家征税应使各个纳税人的税负与其负担能力相适应,并使纳税人之间的负担水平保持平衡。税收公平包括横向公平和纵向公平两个方面。前者是指经济能力或纳税能力相同的人应当缴纳数额相同的税收,亦即应该以同等的课税标准对待经济条件相同的人;后者是指经济能力或者纳税能力不同的人应当缴纳数额不同的税收,亦即应以不同的课税标准对待经济条件不同的人。

学术界对公平原则的理解存在两种观点:一是受益说。在受益说中,包括有横向公平和纵向公平。横向公平是指凡自政府得到相同利益者应负担相同的税收,纵向公平是指凡自政府所得利益不同者应负担不同的税收。二是负担能力说。认为凡具有相同纳税能力者应负担相同的税收,不同纳税能力者应负担不同的税收。税收负担能力是指各纳税人的经济负担能力,其基础有所得、财产和消费三种。

3. 税收效率原则

所谓税收效率原则是指国家征税要有利于资源的有效配置和经济机制的运行，提高税务行政管理效率。税收效率原则具体包括经济效率和行政效率两个方面的内容。税收效率原则的提出与深化，伴随着经济运行过程中税收地位与作用的加强而逐步为人们所认识。特别是近年来，西方学者在税收公平与效率的权衡上，已由标榜公平转向突出效率。他们所坚持与倡导的税收效率原则，实际上是“帕累托效率”原则在税收问题上的具体应用。改革开放以来，在我国的税收理论建设中，关于税收效率问题的探讨也同样引起各方面的高度重视，并不断趋于深化。

4. 税收社会政策原则

税收社会政策原则是指税法是国家用以推行各种社会政策，主要是经济政策的最重要的基本手段之一，其实质就是税收的经济基本职能的法律原则化。

（四）税法的构成要素

税法的构成即税收法律规范的内部结构，一般而言，任何一部税法都应该包括这些构成要素，它由以下要素构成。

1. 纳税主体。又称纳税义务人，它是税法上规定的直接负有纳税义务的单位和个人。

2. 征税对象。又称征税客体或计税依据，指对什么征税。征税对象是税收制度最基本的要素，也是一种税收区别于另一种税收的主要标志。

3. 税目。是指税法中规定的征税对象的具体项目，是征税对象的具体体现。税目体现了征税对象的广度。

4. 税率。税率是应纳税额与征税对象之间的比例，通常用百分比来表示。税率直接关系到国家征税的数量和纳税人的税收负担，因而它是税收制度的中心环节。税率主要有以下几种形式：(1) 比例税率。(2) 累进税率。包括超额累进和超率累进两种。(3) 定额税率。

5. 纳税环节。纳税环节是税法中规定的纳税人履行纳税义务的环节。它规定征纳税行为在什么阶段发生，以及是单一环节课征还是多环节课征。

6. 纳税地点。纳税地点是指纳税义务人在哪纳税，根据各个税种、纳税对象、纳税环节和有利于对税款的源泉控制而规定的纳税人（包括代征，代扣，代缴义务人）的具体纳税地点。

7. 纳税期限。纳税期限是指纳税人发生纳税义务后向国家缴纳税款的期限。

8. 减税免税。减税免税是根据国家政策对某些纳税人和征税对象给予鼓励和照顾的一种税法优惠。我国税法中的减税、免税规定主要有：(1) 免征额；(2) 起征点；(3) 规定免税和减税项目。

9. 违法责任。违法责任是税务机关对纳税人违反税法的行为采取的处罚性措施。

（五）税收法律关系

1. 税收法律关系的概念和特征。税收法律关系是指国家征税机关与纳税单位、个人依据税法，基于税收法律事实而形成的权利与义务关系。与其他法律关系相比，税收法律关系具有以下几个特点：(1) 国家始终是税收法律关系主体的一方。(2) 税收法律关系的权利和义务是单方面的。(3) 税收法律关系中的财产所有权或者使用权的转移具有单向性。

2. 税收法律关系的构成。任何法律关系都是由主体、客体和内容构成的,税收法律关系也不例外。其构成要素有(1)税收法律关系的主体。(2)税收法律关系的客体。(3)税收法律关系的内容。

第二节　流 转 税 法

流转税是以纳税人的商品流转额和非商品流转额为课税对象的一类税收。其中,商品流转额是指商品交换金额,非商品流转额指各种劳动收入或服务性业务收入金额。在我国现行税制结构中,流转税占第一位,主要税种有增值税、消费税、关税、土地增值税等。

一、增值税法

增值税是以增值额为课税对象的一种税。我国规范增值税的基本法律规范是 1993 年 12 月 13 日国务院发布的《中华人民共和国增值税暂行条例》,2008 年 11 月 5 日国务院第 34 次常务会议修订通过,根据 2016 年 2 月 6 日《国务院关于修改部分行政法规的决定》第一次修订,根据 2017 年 11 月 19 日《国务院关于废止〈中华人民共和国营业税暂行条例〉和修改〈中华人民共和国增值税暂行条例〉的决定》第二次修订。营改增后,把原营业税法的内容并入到增值税法中。

(一)增值税的内涵

增值税是以商品生产流通和劳务服务在各个流转环节的增值额为征税对象的一种税种。以商品销售额和应税劳务营业额为计税依据,运用税收抵扣原则征收的一种流转税。具有以下特征:

1. 征税对象是法定的增值额。增值税是以商品生产和流通中各个环节的新增价值额或商品附加值额为征税对象。所谓增值额,指国家税法规定的,纳税人在我国境内销售货物或者提供加工、修理修配劳务以及进口货物过程中新增加的价值额。是纳税人在一定时期内销售产品或提供劳务所取得的收入,大于购进商品或取得劳务时所支付的金额的差额。由于我国税法规定购进的固定资产的进项税额不得从销项税额中抵扣,故纳税人所创的增值税与理论上应减除已消耗掉的生产资料后的增值额不尽相同。我国税法将不属于新增价值的固定资产列为增值范围,说明增值税基本上属于发展中国家普遍实行的“生产型增值税”。因此,增值税的计税依据是法定的增值额。

2. 税负公平合理,具有中性税属性。增值税按增值征税,不管纳税环节多少,只要商品售价相同,则税负相同。增值税税率档次少,不同货物或劳务的税率基本一致。避免因企业组织形态不同和社会专业化分工不同而导致税负不公。

3. 消除重复征税。只对增值额征税,对流转额中已征部分不再征税。商品从生产、批发到零售,无论生产、流通环节有多少,每一个环节征一道税,但由于价外抵扣原则,以不含增值税税额的价格作为计税依据,就避免了以流转额总额征税而产生的重复征税的现象。

(二)增值税的类型

增值税的一个重要特点是以增值额为计税依据,但各国在增值额的具体计算方面却不尽相同,从而可以把增值税分为生产型增值税、收入型增值税和消费型增值税三种类型。

所谓生产型增值税,就是在计算应纳增值税额时,只允许从当期销项税额中扣除原材料等劳动对象的已纳税款,而不允许扣除固定资产所含税款的增值税。由于从整个社会来说,负担税款的是固定资产和消费资料,即以国民生产总值为计税依据,故称为生产型增值税。所谓收入型增值税,就是在计算应纳增值税额时,只允许在当期销项税额中扣除折旧部分所含税金,这样,从全社会来看,实际上是对国民收入征税,故称之为收入型增值税。所谓消费型增值税,就是在计算应纳增值税额时,对纳税人购入固定资产的已纳税款,允许一次性地从当期销项税额中全部扣除,从而使纳税人用于生产应税产品的全部外购生产资料都不负担税款。这样,从全社会来看,实际上是对国民收入中的消费资料部分征税,故称之为消费型增值税。

在上述三种类型的增值税中,生产型增值税的税基最大,消费型增值税的税基最小。一般说来,发达国家大都实行消费型增值税。我国在 1994 年税制改革以后,实行的是生产型增值税,但因其弊病较多,因此今后的改革方向是将生产型增值税转变为消费型增值税。

(三)增值税法的基本内容

我国现行的增值税制度是经由 1994 年的税改确立下来的。为了建立和完善我国的增值税制度,国务院和有关部委制定了一系列的法规和规章,主要有《中华人民共和国增值税暂行条例》《中华人民共和国增值税暂行条例实施细则》《关于增值税会计处理的规定》《增值税专用发票使用规定》《增值税一般纳税人申请认定办法》等。我国增值税制度主要包括以下几方面内容。

第一,纳税主体。

增值税的纳税主体是在中华人民共和国境内销售货物或者提供加工、修理修配劳务以及进口货物的单位和个人。其中,"单位"包括各种类型的企业、行政事业单位、军事单位、社会团体及其他单位;"个人"是指个体经营者及其他个人,包括中国公民和外国公民等。上述单位和个人的具体范围也适用于其他商品税纳税人,因而在后面对作为纳税主体的"单位"和"个人"不再重复解释。

增值税的纳税工体从税法地位和税款计算的角度可以分为两大类,即一般纳税人和小规模纳税人。

所谓小规模纳税人,是指年销售额在规定标准以下,并且会计核算不健全,不能按规定报送有关税务资料的增值税纳税人。小规模纳税人的年销售额标准为:

1. 从事货物生产或者提供应税劳务的纳税人,以及以从事货物生产或提供应税劳务为主、兼营货物批发或零售的纳税人,年应税销售额在 100 万元以下的;

2. 从事货物批发或零售的纳税人,年应税销售额在 180 万元以下的。

符合上述销售额标准的,经营规模较小,如果会计核算不健全,那么即为小规模纳税人。但是,个人、非企业性单位、不经常发生增值税应税行为的企业,即使年应税销售额超过小规模纳税人的标准,也视同小规模纳税人纳税。

此外,年应税销售额未超过标准的小规模企业(未超过标准的企业和企业性单位),账簿和会计核算健全的,经企业申请,税务部门可以将其认定为一般纳税人。所谓一般纳税人,就是指年应税销售额超过规定的小规模纳税人标准,会计核算健全的企业和企业性单位。

区分一般纳税人和小规模纳税人的重要意义在于,两者的税法地位、计税方法都是不同的。两者的税法地位或称税法上的待遇的差别表现在:一般纳税人可以使用增值税专用发票,并可以用"扣税法"抵扣发票上注明的已纳增值税额。而小规模纳税人则不得使用增值税专用发票,也不能进行税款抵扣。正由于两者在税法地位上存在差异,因而在计税方法上也不同,如小规模纳税人就不能采用"扣税法",这在后面还会提及。

第二,征税范围。

我国增值税的征税范围包括三个方面,即销售货物、提供应税劳务、进口货物。如前所述,现行增值税的征税范围主要侧重于货物的销售。其实货物的进出口、提供应税劳务,也是广义的商品销售。

1. 销售货物

作为增值税征税范围内的销售货物,包括一般的销售货物、视同销售货物和混合销售等几种情况。

所谓一般的销售货物,是指在通常情况下的货物所有权的有偿转让。这里的"货物"是指有形动产,包括电力、热力和气体等。

所谓视同销售货物,是指某些行为虽然不同于有偿转让货物所有权的一般销售,但基于保障财政收入,防止规避税法以及保持经济链条的连续性和课税的连续性等考虑,税法仍将其视同为销售货物的行为,征收增值税。

视同销售货物的行为主要有:(1)将货物交付他人代销,或者销售代销货物;(2)设有两个以上机构并实行统一核算的纳税人,将货物从一个机构移送到其他机构用于销售,但相关机构在同一个县(市)的除外;(3)将自产或委托加工的货物用于非应税项目,或者用于集体福利或个人消费;(4)将自产、委托加工或购买的货物用作投资,或者分配给股东或投资者,或者无偿赠送他人。上述视同销售货物的行为依现行税法均应缴纳增值税。

所谓混合销售行为,是指一项销售行为既涉及货物又涉及非应税劳务的行为。这里的非应税劳务是指不应征收增值税但应征收营业税的劳务。凡从事货物的生产、批发或零售的企业、企业性单位及个体经营者的混合销售行为,视为销售货物,应当征收增值税;而其他单位和个人进行的混合销售行为,均视为销售非应税劳务,不征收增值税。纳税人的销售行为是否属于混合销售行为,由国家税务总局所属征收机关确定。

以上各类销售行为均属于增值税的征税范围,但对下列销售行为不征收增值税:(1)销售不动产和转让无形资产的行为。此类行为应征收营业税,因为销售的不是有形动产,不应征收增值税。(2)融资租赁业务。无论租赁货物的所有权是否转让给承租方,都不征收增值税。(3)因转让著作权而发生的销售电影母片、录像带母带等业务,以及因转让专利和非专利技术的所有权而发生的销售计算机软件的业务,不征收增值税。(4)供应或开采未经加工的天然水(如水库供应农业灌溉用水等),不征收增值税。

2. 提供应税劳务

由于现行增值税制度侧重于对销售货物征税,因此对应税劳务征税仅限于较小范围。目前属于增值税的应税劳务的主要有两大类,即提供加工劳务和提供修理修配劳务。其中。"加工"是指由委托方提供原材料及主要材料,受托方按照委托方的要求制造货物并收取加工费的业务;"修理修配"是指受托对损伤和丧失功能的货物进行修复,使其恢复原状和功能的业务。由于目前征收增值税的应税劳务范围过窄,并带来了许多问题,因此增值税的改革趋势是进一步扩大应税劳务的征收范围。

此外,如果纳税人兼营非应税劳务,则应分别核算货物或应税劳务和非应税劳务的销售额,不分别核算或者不能准确核算的,其非应税劳务应与应税劳务一并征收增值税。在税收征管实践中,纳税人兼营的非应税劳务是否应当一并征收增值税,由国家税务总局所属税务机关确定。

3. 进口货物

如前所述,货物的进出口实质上都是货物销售的形式,只不过其纳税环节、适用税率及作用特殊,因而税法才单独予以列举。

我国现行《增值税暂行条例》只将进口货物纳入征税范围,即进口货物应在报关进口时征收进口环节增值税,而未列举出口货物,这其实不够全面。出口货物从原理上说也应征收增值税,只不过一般均实行零税率。但对于法律有特殊规定的某些限制或禁止出口的货物,同样不适用零税率,而应依税率征税。

第三,税率。

我国增值税的税率分为三档,即基本税率、低税率和零税率。

1. 基本税率为 17%,适用于一般情况(即不适用低税率和零税率的情况)下的销售货物、劳务、有形动产租赁服务或者进口货物。

2. 低税率为 11%,适用于纳税人销售交通运输、邮政、基础电信、建筑、不动产租赁服务、销售不动产、转让土地使用权,以及销售或者进口下列货物:粮食等农产品、食用植物油、食用盐;自来水、暖气、冷气、热水、煤气、石油液化气、天然气、二甲醚、沼气、居民用煤炭制品;图书、报纸、期刊、音像制品、电子出版物;饲料、化肥、农药、农机、农膜;国务院规定的其他货物。

3. 税率为 6%,适用于纳税人销售服务、无形资产,除另有规定外。

4. 零税率即税率为 0,仅适用于法律不限制或不禁止的报关出口的货物,以及输往海关管理的保税工厂、保税仓库和保税区的货物,境内单位和个人跨境销售国务院规定范围内的服务、无形资产。国务院另有规定的某些货物,不适用零税率。

第四,增值税应纳税额的计算。

增值税应纳税额的计算较为复杂,需要分为三种情况:其一是一般纳税人销售货物或提供应税劳务的应纳税额的计算;其二是小规模纳税人销售货物或提供应税劳务的应纳税额的计算;其三是一般纳税人、小规模纳税人进口货物应纳税额的计算。这三种情况所适用的计算公式各不相同,现分别介绍如下:

1. 一般纳税人应纳增值税额的计算

一般纳税人销售货物或提供应税劳务,其应纳增值税额要运用“扣税法”来计算,其计算公式为

$$应纳增值税额=当期销项税额-当期进项税额$$

可见,要确定应纳增值税额,必须先分别确定当期销项税额和当期进项税额。

(1)当期销项税额的确定

当期销项税额是指当期销售货物或提供应税劳务的纳税人,依其销售额和法定税率计算并向购买方收取的增值税税款。其计算公式为

$$当期销项税额=当期销售额\times税率$$

可见,当期销售额的确定是计算整个应纳增值税额的关键。正因为如此,现行《增值税法》在这方面作出了许多具体规定。下面仅对确定当期销售额应注意的几个问题进行

介绍：

首先，销售额是指纳税人向购买方收取的全部价款和价外费用。所谓价外费用是指在价款之外向购买方收取的各种费用，包括手续费、补贴、集资费、基金、返还利润、奖励费、违约金（延期付款利息）、包装费、运输装卸费、代收或代垫款项及其他各种性质的价外收费，但不包括向购买方收取的销项税额以及代收代缴的消费税等。

其次，如果销售收入中包含了销项税额，则应将含税销售额换算成不含税销售额。这是因为增值税是价外税，在计税的销售额中不能含有任何税款，否则就会违背其“中性”特点，构成重复征税。不含税销售额的计算公式为

不含税销售额=含税销售额÷(1+增值税税率)

再次，应征增值税的混合销售行为，其税基为货物与非应税劳务的销售额之和；兼营非应税劳务的，其税基为货物或应税劳务与非应税劳务的销售额的合计。

复次，如果纳税人定价明显偏低又无正当理由，或者有销售行为而无销售额，则应由主管税务机关核定其销售额。这也是税务机关的税额确定权的体现，是税收征纳程序法中的原理在具体税种中的适用。根据现行规定，主管税务机关应按下列顺序核定增值税纳税人的销售额：

①按纳税人当月同类货物的平均销售价格确定；

②按纳税人最近时期同类货物的平均销售价格确定；

③按组成计税价格（简称组价）确定。其公式为

组成计税价格=成本×(1+成本利润率)

若所销售的货物是应征收消费税的货物，则组价应包括消费税在内。其计算公式为

组价=成本×(1+成本利润率)÷(1-消费税税率)

上述公式中的成本为实际生产成本或实际采购成本；而成本利润率则一般规定为10%，若是征收消费税的货物，则应按消费税的有关规定确定。

最后，销售额按人民币计算。纳税人以外汇结算销售额的，应折合成人民币计算。在计税依据所用本位币方面，我国税法要求以人民币为本位币，这也是税法中通行的规则。

(2)当期进项税额的确定

当期进项税额是指纳税人当期购进货物或者应税劳务已缴纳的增值税税额。它主要体现在从销售方取得的增值税专用发票上或海关的完税凭证上。

依据税法规定，准许从销项税额中抵扣进项税额的情况主要包括以下几类：一是从销售方取得的增值税专用发票上注明的增值税税额；二是从海关取得的完税凭证上注明的增值税税额；三是购进免税农产品准予抵扣的进项税额，目前按买价和10%的扣除率计算；四是外购货物所支付的运输费用准予抵扣的进项税额，目前按运费金额和10%的扣除率计算。

但是，下列项目的进项税额不得从销项税额中抵扣：纳税人未按规定取得并保存增值税扣税凭证，或者未按规定在增值税扣税凭证上注明增值税税额及其他有关事项的；购进固定资产所支付的增值税税额；

用于非应税项目或免税项目的购进货物或应税劳务所支付的增值税税额；用于集体福利或个人消费的购进货物或应税劳务所包含的增值税税额；非正常损失的购进货物所包含的增值税税款，以及非正常损失的在产品、产成品所耗用的购进货物或应税劳务所包含的增值税税额。

2. 小规模纳税人销售货物或提供应税劳务，其应纳增值税额的计算不适用“扣税法”，而是适用简易的办法，即用不含税销售额乘以规定的征收率，但不得抵扣任何进项税额。其计算公式为

应纳增值税额=销售额×征收率

上述公式中的征收率为6%。但从1998年7月1日起，商业企业小规模纳税人的增值税征收率由6%调减为4%，并且，凡年应税销售额在180万元以下的小规模商业企业，无论会计核算是否健全，一律不得认定为增值税一般纳税人。

3. 进口货物应纳增值税额的计算

进口货物的纳税人，无论是一般纳税人还是小规模纳税人，均应按照组成计税价格和规定的税率计算应纳税额，不得抵扣进项税额。其计算公式为

应纳增值税税额=组成计税价格×税率

如果进口的货物不征消费税，则上述的组价公式为

组成计税价格=关税完税价格+关税税额

如果进口的货物应征消费税，则上述的组价公式为

组成计税价格=关税完税价格+关税+消费税

第五，税收减免。

根据《增值税暂行条例》规定，下列项目免征增值税：农业生产者销售的自产农业产品；避孕药品和用具；古旧图书（指向社会收购的古书和旧书）；直接用于科学研究、科学试验和教学的进口仪器、设备；外国政府、国际组织无偿援助的进口物资和设备；来料加工、来件装配和补偿贸易所需进口的设备（此项自1996年4月1日起已取消进口免税）；个人销售自己使用过的物品（不包括游艇、汽车、摩托车）；由残疾人组织直接进口供残疾人专用的物品；国务院确定的其他免税项目。

此外，就个人纳税人而言，其销售额未达到规定的起征点的，免征增值税；达到或超过起征点的，则应就其销售金额纳税。现行起征点的规定是：销售货物的起征点为月销售额600~2 000元；提供应税劳务的起征点为月销售额200~800元；按次纳税的起征点为每次（日）销售额50~80元。

各地区具体适用的起征点，由国家税务总局直属分局在上述规定的幅度内根据实际情况确定，并报国家税务总局备案。

第六，纳税义务发生的时间和纳税期限。

纳税义务的发生时间直接影响纳税义务的成立和履行，因而在现行的《增值税暂行条例》《消费税暂行条例》《营业税暂行条例》中均有规定，从而使纳税义务的发生时间成了商品税制度中的重要制度。

增值税纳税义务的发生时间从总体上说可以概括为（1）销售货物或提供应税劳务的，其纳税义务发生的时间为收讫销售款或者取得销售款凭据的当天；（2）进口货物的，其纳税义务的发生时间为报关进口的当天。

在纳税期限方面，增值税的税款计算期分别为1日、3日、5日、10日。15日或者1个月；不能按固定期限纳税的，可以按次纳税。具体期限由主管税务机关根据纳税人应纳税额的大小分别核定。

以上述的1个月为一期纳税的，于期满后10日内申报纳税；以上述15日以内的各类期限为一期纳税的，自期满之日起5日内预缴税款，于次月1日起10日内申报纳税并结清上

月应纳税款。

此外，纳税人进口货物，应当自海关填发税款缴纳凭证的次日起7日内缴纳税款。

第七，纳税地点。

1. 固定业户的纳税地点

固定业户应向其机构所在地主管税务机关申报纳税。总机构和分支机构不在同一县（市）的，应当分别向各自所在地主管税务机关申报纳税；经国家税务总局或其授权的税务机关批准，可以由总机构汇总向总机构所在地主管税务机关申报纳税。

固定业户到外县（市）销售货物的，应当向其机构所在地主管税务机关申请开具外出经营活动税收管理证明，向其机构所在地主管税务机关申报纳税。若未持有上述证明，则应当向销售地主管税务机关申报纳税，否则，由其机构所在地主管税务机关补征税款。

2. 非固定业户的纳税地点

非固定业户销售货物或者应税劳务，应当向销售地主管税务机关申报纳税。非固定业户到外县（市）销售货物或者应税劳务，未向销售地主管税务机关申报纳税的，则由其机构所在地或者居住地主管税务机关补征税款。

3. 进口货物的纳税地点

进口货物应纳的增值税，应当由进口人或其代理人向报关地海关申报缴纳。

（四）增值税专用发票的使用和管理

增值税专用发票的使用和管理状况好坏直接关系到整个增值税制度能否正常、有效运作，关系到增值税原理能否实现。增值税专用发票不仅是纳税人从事经济活动的重要商事凭证，而且也是记载销货方销项税额和购货方进项税额的凭证。在专用发票上注明的税额既是销货方的销项税额，又是购货方的进项税额，是购货方进行税款抵扣的依据和凭证。正由于增值税专用发票非常重要，因而国家税务总局专门制定了《增值税专用发票使用规定》（自1994年1月1日起施行），全国人大常委会也于1995年10月30日专门发布了《关于惩治虚开、伪造和非法出售增值税专用发票犯罪的决定》，最高人民法院2018年8月22日发布了《关于虚开增值税专用发票定罪量刑标准有关问题的通知》。此外，《中华人民共和国税收征收管理法》在1995年修改时，也专门增加了有关增值税专用发票的规定。

1. 专用发票的领购

在专用发票的领购方面，增值税专用发票仅限于增值税的一般纳税人领购使用。小规模纳税人确需使用的，由主管税务机关代为填开。一般纳税人如果会计核算不健全，或不能向税务机关准确提供增值税的税务资料，或者有发票违法行为在限期内仍未改正的，或者销售的货物全部属于免税项目的，则不得领购使用专用发票。

2. 专用发票的开具

一般纳税人从事应纳增值税的活动，必须向购买方开具专用发票。但下列情形不得开具专用发票：（1）向消费者销售应税项目；（2）销售免税项目；（3）销售报关出口的货物、在境外销售应税劳务；（4）将货物用于非应税项目；（5）将货物用于集体福利或个人消费；（6）将货物无偿赠送他人；（7）从事应征收营业税的活动。

此外，向小规模纳税人销售应税项目，可以不开具专用发票。另外，商业零售的烟、酒、食品、服装、化妆品等消费品不得开具专用发票；对生产经营机器、机车、汽车、轮船、锅炉等大型机械、电子设备的工商企业，凡直接销售使用单位的，不再开具专用发票，改用普通发票。

专用发票的开具时间与纳税义务的发生时间是一致的。专用发票的基本联次统一规定为四联,各联次必须按以下规定用途使用:(1)第一联为存根联,由销货方留存备查;(2)第二联为发票联,由购货方作为付款的记账凭证;(3)第三联为税款抵扣联,由购货方作为扣税凭证;(4)第四联为记账联,由销货方作为销售的记账凭证。

3. 对专用发票被盗、丢失的处理

纳税人必须严格按有关规定保管和使用专用发票,对违反规定发生被盗。丢失专用发票的纳税人,应依法处以1万元以下的罚款,并可视具体情况,在最长不超过半年的期限内,中止纳税人领购专用发票的权利。

此外,纳税人丢失专用发票后,必须按规定程序向当地主管税务机关、公安机关报失。各地税务机关要代为收取"挂失登报费",帮助失票人在《中国税务报》上刊登"遗失声明"。

4. 对代开、虚开专用发票行为的处理

代开发票是指为与自己没有发生直接购销关系的他人开具发票的行为;虚开发票是指在没有任何购销事实的前提下,为他人、为自己或让他人为自己或介绍他人开具发票的行为。对于上述两种违法行为,一律按票面所列商品的适用税率全额征补税款,并按偷税行为给予处罚;代开、虚开发票的行为构成犯罪的,应依法给予刑事处分。

现行的《中华人民共和国刑法》在1997年修订以后,专设一节规定"危害税收征管罪",其中,对有关增值税专用发票方面的犯罪有许多具体规定。例如,该法第二百零五条规定,虚开增值税专用发票或者虚开用于骗取出口退税。抵扣税款的其他发票的,处3年以下有期徒刑或者拘役,并处2万元以上20万元以下罚金;虚开的税款数额较大或者有其他严重情节的,处3年以上10年以下有期徒刑,并处5万元以上50万元以下罚金;虚开的税款数额巨大或者有其他特别严重情节的,处10年以上有期徒刑或者无期徒刑,并处5万元以上50万元以下罚金或者没收财产。有上述行为骗取国家税款,数额特别巨大,情节特别严重,给国家利益造成特别重大损失的,处无期徒刑或者死刑,并处没收财产。

二、消费税法

消费税是对税法规定的特定消费品或特定消费行为征收的一种税。《中华人民共和国消费税暂行条例》已经2008年11月5日国务院第34次常务会议修订通过,现将修订后的《中华人民共和国消费税暂行条例》公布,自2009年1月1日起施行。

消费税法的基本内容:

(一)纳税人

在中华人民共和国境内生产、委托加工和进口应税消费品的单位和个人,以及国务院确定的销售本条例规定的消费品的其他单位和个人,为消费税纳税义务人。

(二)征税范围

消费税的征税对象是在我国境内生产、委托加工、进口的特定消费品,其征税范围包括五大类。

（三）税率

消费税的税率有比例税率和定额税率两种形式，以适应不同应税消费品的实际情况。比例税率：45%、30%、25%、15%、10%、8%、5%、3%。纳税人兼营不同税率的应当缴纳消费税的消费品（以下简称应税消费品），应当分别核算不同税率应税消费品的销售额、销售数量；未分别核算销售额、销售数量，或者将不同税率的应税消费品组成成套消费品销售的，从高适用税率。

（四）计征办法

消费税采取从价定率计征和从量定额征收两种办法。

（五）应纳税额的计算

1. 从价定率计算方法

应纳税额=应税消费品的销售额×税率

应税消费品的销售额=含增值税的销售额÷(1+增值税税率或征收率)

举例：某化妆品生产企业为增值税一般纳税人，10月15日向某大型商场销售化妆品一批，开具增值税专用发票，取得不含增值税销售额30万元，增值税额5.1万元。10月20日向某单位销售化妆品一批，开具普通发票，取得含增值税销售额4.68万元。该化妆品生产企业10月应缴纳的消费税税额：

①化妆品适用的消费税税率为30%

②化妆品的应税销售额=30+4.68÷(1+17%)=34万元

③应缴纳的消费税额=34×30%=10.2万元

2. 从量定额计算方法

应纳税额=应税消费品的销售数量×单位税额

举例：某啤酒厂8月销售啤酒400吨，每吨出厂价格2 800吨，8月应纳消费税税额为

①每吨售价在3 000元以下的，适用单位税额为220元

②应纳税额=400×220=88 000元

（六）纳税环节

纳税人生产的应税消费品，于纳税人销售时纳税。纳税人自产自用的应税消费品，用于连续生产应税消费品的，不纳税；用于其他方面的，于移送使用时纳税。

委托加工的应税消费品，除受托方为个人外，由受托方在向委托方交货时代收代缴税款。委托加工的应税消费品，委托方用于连续生产应税消费品的，所纳税款准予按规定抵扣。

进口的应税消费品，于报关进口时纳税。

（七）纳税地点

纳税人销售的应税消费品，以及自产自用的应税消费品，除国务院财政、税务主管部门另有规定外，应当向纳税人机构所在地或者居住地的主管税务机关申报纳税。

委托加工的应税消费品，除受托方为个人外，由受托方向机构所在地或者居住地的主

管税务机关解缴消费税税款。

进口的应税消费品,应当向报关地海关申报纳税。

(八)纳税期限

消费税的纳税期限分别为1日、3日、5日、10日、15日、1个月或者1个季度。纳税人的具体纳税期限,由主管税务机关根据纳税人应纳税额的大小分别核定;不能按照固定期限纳税的,可以按次纳税。

纳税人以1个月或者1个季度为1个纳税期的,自期满之日起15日内申报纳税;以1日、3日、5日、10日或者15日为1个纳税期的,自期满之日起5日内预缴税款,于次月1日起15日内申报纳税并结清上月应纳税款。

第三节 所得税法

所得税又称收益税,是以纳税人的所得额或收益额为课税对象的一类税,属直接税的范畴。在我国,所得税仅次于流转税,在税制结构中为第二位,主要有企业所得税、个人所得税、外商投资企业所得税、农业税等。

一、企业所得税法

1.企业所得税法概述

企业所得税是对中华人民共和国境内的企业(外商投资企业和外国企业除外),就其来源于中国境内、境外的生产经营所得和其他所得征收的一种税。

企业所得税的特点主要有三个:第一,通常以纯所得为征税对象。第二,通常以经过计算得出的应纳税所得额为计税依据。(不是直接意义的会计利润,也不是收入总额)第三,纳税人和实际负担人通常是一致的,因而可以直接调节纳税人的收入。

对企业所得税影响较大的四个因素:(1)纳税人——各国在规定纳税义务人上大致上是相同的。(2)税基——在税基方面,应纳税所得额确定的关键点在于如何准确核算可以扣除的成本和费用,特别是对折旧和损失的处理方式等。因而,各国企业所得税在确定税基上的差异主要表现在不同折旧及损失等处理上。(3)税率——比例税率和累进税率。绝大多数国家使用超额累进税率。(4)税收优惠——各国普遍注重对税收优惠政策的应用,不仅采用直接的减免税,还采用间接的优惠政策。主要方法有税收抵免、税收豁免、加速折旧。各国所得优惠的一个共同的特点是淡化区域优惠,突出行业优惠。

2.纳税义务人与征税对象

(1)纳税义务人

在中华人民共和国境内,企业和其他取得收入的组织(以下统称企业)为企业所得税的纳税人。个人独资企业、合伙企业不是企业所得税的纳税人。

缴纳企业所得税的企业分为居民企业和非居民企业,分别承担不同的纳税责任。企业所得税法采用了"登记注册地标准"和"实际管理机构地标准"两个衡量标准,对居民企业和非居民企业做了明确界定。

居民企业是指依法在中国境内成立,或者依照外国(地区)法律成立但实际管理机构在中国境内的企业。包括除个人独资企业和合伙企业以外的公司、企业、事业单位、社会团体、民办非企业单位、基金会、外国商会、农民专业合作社以及取得收入的其他组织。

非居民企业，是指依照外国(地区)法律成立且实际管理机构不在中国境内，但在中国境内设立机构、场所的，或者在中国境内未设立机构、场所，但有来源于中国境内所得的企业。

(2)征税对象

企业所得税的征税对象从内容上看包括生产经营所得、其他所得和清算所得，从空间范围上看包括来源于中国境内、境外的所得。

第一，居民企业的征税对象——来源于中国境内、境外的所得。

第二，非居民企业的征税对象——来源于境内，以及发生在境外但与境内机构场所有联系的所得。

非居民企业在中国境内未设立机构、场所的，或者虽设立机构、场所，但取得的所得与其所设机构、场所没有实际联系的，应当就其来源于中国境内的所得缴纳企业所得税。

3. 税率

企业所得税的税率为25%。非居民企业取得《企业所得税法》第四条规定的所得，适用税率为20%。

4. 应纳税所得额

企业每一纳税年度的收入总额，减除不征税收入、免税收入、各项扣除以及允许弥补的以前年度亏损后的余额，为应纳税所得额。

企业以货币形式和非货币形式从各种来源取得的收入，为收入总额。包括：销售货物收入；提供劳务收入；转让财产收入；股息、红利等权益性投资收益；利息收入；租金收入；特许权使用费收入；接受捐赠收入；其他收入。收入总额中的下列收入为不征税收入：财政拨款；依法收取并纳入财政管理的行政事业性收费、政府性基金；国务院规定的其他不征税收入。

企业实际发生的与取得收入有关的、合理的支出，包括成本、费用、税金、损失和其他支出，准予在计算应纳税所得额时扣除。企业发生的公益性捐赠支出，在年度利润总额12%以内的部分，准予在计算应纳税所得额时扣除；超过年度利润总额12%的部分，准予结转以后三年内在计算应纳税所得额时扣除。在计算应纳税所得额时，企业按照规定计算的固定资产折旧，准予扣除。但是，下列固定资产不得计算折旧扣除：房屋、建筑物以外未投入使用的固定资产；以经营租赁方式租入的固定资产；以融资租赁方式租出的固定资产；已足额提取折旧仍继续使用的固定资产；与经营活动无关的固定资产；单独估价作为固定资产入账的土地；其他不得计算折旧扣除的固定资产。

5. 应纳税额

企业的应纳税所得额乘以适用税率，减除依照《企业所得税法》关于税收优惠的规定减免和抵免的税额后的余额，为应纳税额。企业取得的下列所得已在境外缴纳的所得税税额，可以从其当期应纳税额中抵免，抵免限额为该项所得依照《企业所得税法》规定计算的应纳税额；超过抵免限额的部分，可以在以后五个年度内，用每年度抵免限额抵免当年应抵税额后的余额进行抵补：居民企业来源于中国境外的应税所得；非居民企业在中国境内设立机构、场所，取得发生在中国境外但与该机构、场所有实际联系的应税所得。

居民企业从其直接或者间接控制的外国企业分得的来源于中国境外的股息、红利等权益性投资收益，外国企业在境外实际缴纳的所得税税额中属于该项所得负担的部分，可以作为该居民企业的可抵免境外所得税税额。

6. 税收优惠

国家对重点扶持和鼓励发展的产业和项目，给予企业所得税优惠。企业的下列收入为免税收入：国债利息收入；符合条件的居民企业之间的股息、红利等权益性投资收益；在中国境内设立机构、场所的非居民企业从居民企业取得与该机构、场所有实际联系的股息、红利等权益性投资收益；符合条件的非营利组织的收入。

企业的下列所得，可以免征、减征企业所得税：从事农、林、牧、渔业项目的所得；从事国家重点扶持的公共基础设施项目投资经营的所得；从事符合条件的环境保护、节能节水项目的所得；符合条件的技术转让所得；本法第三条第三款规定的所得。符合条件的小型微利企业，减按20%的税率征收企业所得税。国家需要重点扶持的高新技术企业，减按15%的税率征收企业所得税。

二、个人所得税法

（一）个人所得税制度概述

1. 个人所得税的概念

个人所得税是以个人所得为征税对象，并且由获取所得的个人缴纳的一种税。

个人所得税是各国开征较为普遍的一种税。尤其是发达国家，因其人均国民生产总值（GNP）较高，个人收入较多，因而个人所得税的收入在整个税收收入中亦占有较高比重，如美国等国家的个人所得税即为收入最多的第一号税种，从而使个人所得税在整个税制中占有相当高的地位。

各国之所以广泛开征个人所得税，主要是考虑到此税的征收是财政收入的重要来源，它能够促进资源的有效配置，从而在一定程度上能更好地发挥税收的自动稳定机能，进一步促进社会公平目标的实现。应该说，经济和社会越发展，个人所得税的有效征收就越重要。

个人所得税是直接税，其税负由获取所得的个人直接承担，因而对国民权利和国民生活影响较大，征税的难度也较大。为此，必须在个人所得税领域加强法制建设，严格依法治税。

2. 我国个人所得税制度的沿革

我国在1950年由政务院颁布的《全国税政实施要则》中，曾设置薪给报酬所得税，但未能开征。1950年曾开征过利息所得税，主要是对个人的存款利息所得、公债和其他证券利息所得以及其他利息所得征收所得税，但此税已于1959年停征。

实行改革开放政策以后，经济增长加快，对外联系频繁，个人收入日渐增多。在这种情况下，全国人大于1980年9月10日通过并颁布了《中华人民共和国个人所得税法》（以下简称《个人所得税法》），并于同年12月经国务院批准，由财政部公布了该法的实施细则，《个人所得税法》作为我国第一部较为完整的个人所得税领域的法律，对于我国个人所得税制的建立和发展具有重要意义。该法当时确定的纳税主体，既包括我国境内工作的外籍人员，也包括我国公民。但由于我国公民收入普遍偏低，因而实际的纳税主体主要是在我国境内工作的外籍人员。

此后，随着国内个体经济的迅速发展，对个体工商户的课税问题又日益突出。为了稳定国家与个体工商户之间的分配关系，调节个体工商户与其他居民的收入差距，国务院于1986年1月颁布了《中华人民共和国个体工商户所得税暂行条例》，并自该年度开始施行；在《中华人民共和国个体工商户所得税暂行条例》颁布后不久，为了适应改革开放以后出现的公民收入水平差距拉大的情况，调节公民的收入水平，国务院又于1986年9月发布了《中华人民共和国个人收入调节税暂行条例》，从1987年1月1日起对个人收入达到应税标准的中国公民征收个人收入调节税；并且，缴纳此税后，不再缴纳个人所得税。

上述在个人所得税领域颁行的税收法律、法规，在调节个人收入水平等诸多方面起到了一定的作用，但三个税种的开征也带来了许多问题。主要是造成了税制和税法的不统一，使不同税种的纳税主体之间的税赋差距加大，在个人所得税、个人收入调节税的课税要素方面存在着一些不科学、不合理之处等等。有鉴于此，为了适应市场经济的发展要求，在个人所得税领域统一税法，公平税负，简化税制，全国人大常委会于1993年10月31日通过了《关于修改〈中华人民共和国个人所得税法〉的决定》，该决定自1994年1月1日起施行。修改后的《个人所得税法》，将上述在个人所得税领域里开征的三个税种统一为个人所得税一个税种，并将《中华人民共和国个体工商户所得税暂行条例》和《中华人民共和国个人收入调节税暂行条例》予以废止，使我国的个人所得税制度较过去大为完善。

（二）个人所得税法的基本内容

1. 纳税主体

我国个人所得税的纳税主体包括两类，即居民纳税人和非居民纳税人。区分这两类纳税主体的标准有两个，一个是住所标准，另一个是时间标准。

（1）居民纳税人

凡在中国境内有住所，或者无住所而在境内居住满1年的个人即为居民纳税人，因而应就其来源于中国境内、境外的所得，依法缴纳个人所得税。

上述的在中国境内有住所的个人，是指因户籍、家庭、经济利益关系而在中国境内习惯性居住的个人。所谓习惯性居住，是判定纳税义务人是居民或非居民的一个法律意义上的标准，不是指实际居住或在某一个特定时期内的居住。如因学习、工作、探亲、旅游等而在中国境外居住的，在其原因消除之后，必须回到中国境内居住的个人，则中国即为该纳税人习惯性居住地。

上述的居住满1年，是指在一个纳税年度中在中国境内居住365日。如果临时离境，即在一个纳税年度中一次离境不超过30日或多次离境累计不超过90日，亦视同在华居住，不扣减天数。此外，在中国境内，是指在中国大陆地区，不包括香港、澳门、台湾地区。

依据上述规定，符合住所标准和时间标准的即为个人所得税的居民纳税人，应该负有无限纳税义务。但1994年1月由国务院发布的《个人所得税法实施条例》有特别规定，即在中国境内无住所，但是居住1年以上5年以下的个人，其来源于中国境外的所得，经主管税务机关批准，可以只就由中国境内公司、企业以及其他经济组织或者个人支付的部分缴纳个人所得税；居住超过5年的个人，从第6年起，应当就其来源于中国境外的全部所得缴纳个人所得税。

（2）非居民纳税人

凡在中国境内无住所又不居住或者无住所而在境内居住不满2年的个人，是非居民纳税人，因而仅就其来源于中国境内的所得，缴纳个人所得税。

对于所得是否属于来源于中国境内,并不以款项的支付地为认定标准,也不以取得者是否居住在中国境内为认定标准,而是以受雇活动的所在地、提供个人劳务的所在地、财产坐落地以及资金、产权的实际运用地等标准来确定。

根据规定,下列所得,不论支付地点是否在中国境内,均为来源于中国境内的所得:因任职、受雇、履约等而在中国境内提供劳务取得的所得;将财产出租给承租人在中国境内使用而取得的所得;转让中国境内的建筑物、土地使用权等财产或者在中国境内转让其他财产取得的所得;许可各种特许权在中国境内使用而取得的所得;从中国境内的公司、企业以及其他经济组织或者个人取得的利息、股息、红利所得。

尽管如此,凡在中国境内无住所,但在一个纳税年度中在中国境内连续或者累计居住不超过 365 日的个人,其来源于中国境内的所得,由境外雇主支付并且不由该雇主在中国境内的机构、场所负担的部分,免予缴纳个人所得税。

2. 征税范围

我国的个人所得税法实行分类所得税制,将属于征税范围的所得分为 11 个税目,这 11 个税目的应税所得分别为:

(1)工资、薪金所得。即个人因任职或受雇而取得的工资、薪金、奖金。年终加薪、劳动分红、津贴、补贴以及与任职或者受雇有关的其他所得。

(2)个体工商户的生产、经营所得。包括个体工商户从事工业、商业、建筑业、服务业,以及其他行业的生产、经营,或者从事办学、医疗、咨询等有偿服务活动取得的所得,以及与生产、经营有关的各项应税所得。

此外,对于个人独资企业和合伙企业的投资者的生产、经营所得,亦征收个人所得税,而不再征收企业所得税。

(3)对企事业单位的承包经营、承租经营所得。即个人承包经营、承租经营,以及转包、转租取得的所得,包括个人按月或者按次取得的工资、薪金性质的所得。

(4)劳务报酬所得包括个人从事设计、装潢、安装、制图、化验、测试、医疗、法律、会计、咨询、讲学、新闻、广播、翻译、审稿、书画、雕刻、影视、录音、录像、演出、表演、广告、展览、技术服务、介绍服务、经纪服务、代办服务以及其他劳务取得的所得。

(5)稿酬所得。即个人因其作品以图书、报刊形式出版、发表而取得的所得。

(6)特许权使用费所得。包括个人提供专利权、商标权、著作权、非专利技术以及其他特许权的使用权取得的所得。其中,提供著作权的使用权取得的所得,不包括稿酬所得。

(7)利息、股息、红利所得。即个人拥有债权、股权而取得的利息、股息、红利所得。

(8)财产租赁所得。包括个人出租建筑物、土地使用权、机器设备、车船以及其他财产取得的所得。

(9)财产转让所得。包括个人转让有价证券、股权、建筑物、土地使用权、机器设备、车船以及其他财产取得的所得。

(10)偶然所得。包括个人得奖、中奖、中彩以及其他偶然性质的所得。

(11)经国务院财政部门确定征税的其他所得。

3. 税率

个人所得税的税率可分为两类,一类是超额累进税率,适用于工薪所得、个体工商户的生产、经营所得,以及对企事业单位的承包、承租经营所得;另一类是比例税率,其基本税率均为 20%,适用于除上述三类所得以外的其他各类所得。

(1)工资、薪金所得,适用九级超额累进税率,税率为5%~45%。

(2)个体工商户的生产、经营所得和对企事业单位的承包经营、承租经营所得,适用五级超额累进税率,税率为5%~35%。

(3)对上述所得以外的其他各类应税所得,适用20%的比例税率。但有以下特殊情况:

第一,稿酬所得,适用20%的比例税率,并按应纳税额减征30%。

第二,劳务报酬所得,适用20%的比例税率,但若一次收入畸高,即一次取得劳务报酬,应税所得额超过20 000元的,可以实行加成征收。其中,应纳税所得额超过20 000元至50 000元的部分,依照税法规定计算应纳税额后再按照应纳税额加征五成,超过50 000元的部分,加征十成。

4. 应纳税额和应税所得额的计算和征收。个人所得税应纳税额以应纳税所得额为计税依据,基本计算公式为

应纳税额=应纳税所得额×适用税率

(1)工资薪金所得

应纳税额=应纳税所得额×适用税率-速算扣除数

=(每月收入额-扣除费用)×适用税率-速算扣除数

附加扣除费用的适用范围包括:①在中国境内的外商投资企业和外国企业中工作取得工资、薪金所得的外籍人员;②应聘在中国境内的企业、事业单位、社会团体、国家机关中工作取得工资、薪金所得的外籍专家;③在中国境内有住所而在中国境外任职或受雇取得工资薪金所得的个人;④财政部规定的其他人员。

(2)个体工商户(包括对企事业单位的承包经营、承租经营所得)的生产经营所得

应纳税额=应纳税所得额×适用税率-速算扣除数

应纳税所得额=全年收入总额-成本-费用-损失

(3)劳务报酬所得

①每次收入不足4 000元的

应纳税额=应纳税所得额×适用税率=(每次收入额-800)×20%

②每次收入超过4 000元的

应纳税额=应纳税所得额×适用税率=每次收入额×(1-20%)×20%

③每次收入的应税所得额超过20 000元的

应纳税额=应纳税所得额×(1-20%)×适用税率-速算扣除数

=每次收入额×(1-20%)×适用税率-速算扣除数

(4)稿酬所得

①每次收入不足4 000元的

应纳税额=应纳税所得额×适用税率×(1-30%)

=(每次收入额-800)×20%×(1-30%)

②每次收入超过4 000元的

应纳税额=应纳税所得额×适用税率×(1-30%)

=每次收入额×(1-20%)×20%×(1-30%)

(5)特许权使用费所得

①每次收入不足4 000元的

应纳税额=应纳税所得额×适用税率=(每次收入额-800)×20%

②每次收入超过 4 000 元的

应纳税额=应纳税所得额×适用税率=每次收入额×(1−20%)×20%

(6)利息、股息、红利所得

应纳税额=应纳税所得额×适用税率=每次收入额×20%

(7)财产租赁所得

应纳税额=应税所得额×适用税率

①每次(月)收入不足 4 000 元的

应纳税所得额=每次(月)收入额−准予扣除项目−修缮费用(800 元为限)−800

②每次(月)收入超过 4 000 元的

应纳税所得额=[每次(月)收入额−准予扣除项目−修缮费用(800 元为限)−800]×(1−20%)

(8)财产转让所得

应纳税额=应纳税所得额×适用税率=(收入总额−财产原值−合理费用)×20%

(9)偶然所得和其他所得

5. 税收减免

(1)下列各项所得,免纳个人所得税:

第一,省级人民政府、国务院部委和中国人民解放军军以上单位,以及外国组织、国际组织颁发的科学、教育、技术、文化、卫生、体育、环境保护等方面的奖金。

第二,国债和国家发行的金融债券利息。包括因持有财政部发行的债券而取得的利息,以及因持有经国务院批准发行的金融债券而取得的利息。

第三,按照国家统一规定发给的补贴、津贴。即按国务院规定发给的政府特殊津贴和国务院规定免纳个人所得税的补贴、津贴。

此外,对于独生子女补贴、托儿补助费、差旅费津贴、误餐补助费,以及不属于工薪性质的补贴、津贴或者不属于纳税人本人工薪所得项目的收入,不征税。

第四,福利费、抚恤金、救济金。这里的福利费是指按规定从企事业单位、国家机关、社会团体提留的福利费或工会经费中支付给个人的生活困难补助费;救济金是指民政部门支付给个人的生活困难补助费。

第五,保险赔款。

第六,军人的转业费、复员费。

第七,按照国家统一规定发给干部、职工的安家费、退职费、退休工资、离休工资、离休生活补助费。

第八,依照我国有关法律规定应予免税的各国驻华使馆、领事馆的外交代表、领事官员和其他人员的所得。

这里的所得,是指依照《中华人民共和国外交特权与豁免条例》和《中华人民共和国领事特权与豁免条例》规定免税的所得。

第九,中国政府参加的国际公约以及签订的协议中规定免税的所得。

第十,经国务院财政部门批准免税的所得。

(2)有下列情形之一的,经批准可以减征个人所得税:残疾、孤老人员和烈属的所得;因严重自然灾害造成重大损失的;其他经国务院财政部门批准减税的。

(3)有下列所得的,暂免个人所得税:外籍个人以非现金形式或实报实销形式取得的住房补贴、伙食补贴、搬迁费、洗衣费;外籍个人按合理标准取得的境内外出差补贴;外籍个人从外商投资企业取得的股息、红利所得;外籍个人取得的探亲费、语言训练费、子女教育费等经当地税务机审批为合理的部分。

6. 税收征管

(1)纳税方式

个人所得税的税款缴纳方式有两种:一种是扣缴义务人代扣代缴,另一种是纳税人自行申报。国家税务总局还专门制定下发了《个人所得税代扣代缴暂行办法》和《个人所得税自行申报纳税暂行办法》,分别自 1995 年的 4 月 1 日和 5 月 1 日起实行。

依据税法规定,个人所得税以获取所得的人为纳税义务人,以支付所得的单位或个人为扣缴义务人。扣缴义务人应依法履行代扣代缴义务,对于纳税人拒绝履行纳税义务的,应及时报告税务机关处理,并暂停支付其应纳税所得。否则,纳税人应缴纳的税款由扣缴义务人负担。此外,在下列情况下,纳税人应自行申报:从两处或两处以上取得工薪所得的;取得应纳税所得,没有扣缴义务人的;分笔取得属于一次劳务报酬所得、稿酬所得、特许权使用费所得、财产租赁所得的;取得应纳税所得,扣缴义务人未按规定扣缴税款的。

(2)纳税期限

除上述由纳税人自行申报的情况以外,均由扣缴义务人代扣代缴。扣缴义务人每月所扣的税款,自行申报纳税人每月应纳的税款,都应当在次月 7 日内缴入国库,并向税务机关报送纳税申报表。

此外,还应注意以下几种情况:

①工薪所得应纳的税款,按月计征,由扣缴义务人或者纳税义务人在次月 7 日内缴入国库。采掘业、远洋运输业、远洋捕捞业等特定行业的工薪所得应纳的税款,可以实行按年计算、分月预缴的方式计征。

②个体工商户的生产、经营所得应纳的税款,按年计算,分月预缴,由纳税义务人在次月 7 日内预缴,年度终了后 3 个月内汇算清缴,多退少补。

③对企事业单位的承包、承租经营所得应纳的税款,按年计算,在年度终了后 30 日内由纳税人缴入国库。若所得是在一年内分次取得,则应在取得每次所得后的 7 日内预缴,年度终了后 3 个月内汇算清缴,多退少补。

④从中国境外取得所得的纳税义务人,应当在年度终了后 30 日内,将应纳的税款缴入国库。

(3)纳税地点

个人所得税的纳税地点是:①实行代扣代缴方式纳税的,纳税地点为扣缴义务人所在地。②实行自行申报方式纳税的,纳税申报地点一般为收入来源地的主管税务机关。纳税人从两处或两处以上取得工薪所得的,可选择并固定在其中一地税务机关申报纳税。从境外取得所得的,应向境内户籍所在地或经常居住地税务机关申报纳税。

第四节 行为税法、财产税法和资源税法

一、行为税法

行为税是对纳税人的特定行为征收的一类税。对特定行为征税，始于1624年的荷兰。如今，世界上不少国家都有对行为征税的税种。我国现行行为税包括印花税、车船税、筵席税（基本停征）等。

（一）印花税

印花税是对经济活动和经济交往中书立、领受印花税暂行条例列举的凭证征收的一种税。由于它是采用在凭证上粘贴印花税票的办法进行征税的，故称为印花税。《中华人民共和国印花税法》（以下简称《印花税法》）已由中华人民共和国第十三届全国人民代表大会常务委员会第二十九次会议于2021年6月10日通过，自2022年7月1日起施行。

《印花税法》的基本内容：

1. 纳税人。凡是在中华人民共和国境内书立、领受印花税条例所列举凭证的单位和个人，都是印花税的纳税义务人。

2. 征税对象。印花税的征税对象是经济活动中最普遍、最大量的名种商事和产权凭证。具体包括（1）合同或具有合同价值的凭证；（2）产权转移书据；（3）营业账簿；（4）权利、许可证照；（5）经财政部确定征税的其他凭证。

3. 税率。印花税的税率分两种：比例税率和定额税率。

4. 计征办法。印花税，适用比例税率的，应纳税额=计税金额×适用税率；适用定额税率的，按件定额贴花五元。

（二）车船税

车船税是指国家对行驶于境内公共道路的车辆和航行于境内河流、湖泊或领海的船舶，依法征收的一种税。《中华人民共和国车船税法》（以下简称《车船税法》），2011年2月25日第十一届全国人民代表大会常务委员会第十九次会议通过，根据2019年4月23日第十三届全国人民代表大会常务委员会第十次会议《关于修改〈中华人民共和国建筑法〉等八部法律的决定》修正。

《车船税法》的基本内容：

1. 纳税人。在中华人民共和国境内属于车船税法所附《车船税税目税额表》规定的车辆、船舶（以下简称车船）的所有人或者管理人为其纳税义务人。

2. 征税范围。车船使用税的征收范围，包括行驶于中国境内公共道路的车辆和航行于中国境内河流、湖泊或领海的船舶两大类。

3. 税率。车船使用税实行定额税率，分别按车船的种类、大小、使用性质规定不同的固定税额。车辆的具体适用税额由省、自治区、直辖市人民政府依照本法所附《车船税税目税额表》规定的税额幅度和国务院的规定确定。船舶的具体适用税额由国务院在《车船税法》所附《车船税税目税额表》规定的税额幅度内确定。

4. 车船税的计算和征收。载货车以外的机动车和非机动车税额=应税车辆数量×适用税额;载货车和机动船应纳税额=净吨位数×适用税额;非机动车船应纳税额=载重吨位数×适用税额。

5. 减免规定。下列车船免征车船税:捕捞、养殖渔船;军队、武装警察部队专用的车船;警用车船;悬挂应急救援专用号牌的国家综合性消防救援车辆和国家综合性消防救援专用船舶;依照法律规定应当予以免税的外国驻华使领馆、国际组织驻华代表机构及其有关人员的车船。

对节约能源、使用新能源的车船可以减征或者免征车船税;对受严重自然灾害影响纳税困难以及有其他特殊原因确需减税、免税的,可以减征或者免征车船税。具体办法由国务院规定,并报全国人民代表大会常务委员会备案。

省、自治区、直辖市人民政府根据当地实际情况,可以对公共交通车船,农村居民拥有并主要在农村地区使用的摩托车、三轮汽车和低速载货汽车定期减征或者免征车船税。

6. 纳税地点。车船税的纳税地点为车船的登记地或者车船税扣缴义务人所在地。依法不需要办理登记的车船,车船税的纳税地点为车船的所有人或者管理人所在地。

7. 纳税时间。车船税纳税义务发生时间为取得车船所有权或者管理权的当月。

二、财产税法

财产税是以纳税人拥有和支配的财产额为征税对象所征收的一类税。财产税是一个历史悠久的税种。现代意义上的财产税始于1892年的荷兰,随后为世界各国所接受。我国开征的财产主要有房产税和契税。

(一)房产税

房产税是对我国境内拥有房产的单位和个人,以其房产评估值为计税依据,向房屋产权人征收的一种财产税。我国规范房产税的基本法律规范是1986年9月15日国务院颁布并经2011年修订后的《中华人民共和国房产税暂行条例》(以下简称《房产税暂时行条例》)。

《房产税暂时行条例》的基本内容:

1. 纳税人。房产税的纳税人包括在我国境内拥有房屋产权的单位和个人。

2. 纳税范围。房产税的征税范围包括城市、县城、建制镇、工矿区和农村的房屋。即凡是在我国境内的房产,除法定免税者外,都属于房产税的征税范围。

3. 税率。我国现行房产税采用的是比例税率,从价计征的税率为1.2%,从租计征的税率为12%。

4. 减免规定。下列房产免征房产税:(1)国家机关、人民团体、军队自用的房产;(2)由国家财政部门拨付事业费的单位自用的房产;(3)宗教寺庙、公园、名胜古迹自用的房产;(4)个人所有非营业性的房产。

(二)契税

契税是在房屋所有权转移登记时向不动产取得人征收的一种财产税。我国规范契税的基本法律规范是《中华人民共和国契税法》(以下简称《契税法》),由中华人民共和国第十三届全国人民代表大会常务委员会第二十一次会议于2020年8月11日通过,自2021年

9月1日起施行。

《契税法》的基本内容：

1. 纳税人。契税的纳税义务人是在我国境内承受土地和房屋权属转移的单位和个人。

2. 征税范围。契税的征税对象包括国有土地使用权出让、土地使用权转让、房屋买卖、房屋赠予、房屋交换等。所称转移土地、房屋权属，是指下列行为：土地使用权出让；土地使用权转让，包括出售、赠予、互换；房屋买卖、赠予、互换。这里的土地使用权转让，不包括土地承包经营权和土地经营权的转移。以作价投资（入股）、偿还债务、划转、奖励等方式转移土地、房屋权属的，应当依照本法规定征收契税。

3. 税率。契税实行3%～5%的幅度税率。省、自治区、直辖市人民政府可以在3%～5%按照本地区的实际情况确定。

4. 契税的计算和征收。契税的应纳税额＝计税依据×适用税率。

契税的计税依据：土地使用权出让、出售，房屋买卖，为土地、房屋权属转移合同确定的成交价格，包括应交付的货币以及实物、其他经济利益对应的价款；土地使用权互换、房屋互换，为所互换的土地使用权、房屋价格的差额；土地使用权赠予、房屋赠予以及其他没有价格的转移土地、房屋权属行为，为税务机关参照土地使用权出售、房屋买卖的市场价格依法核定的价格。纳税人申报的成交价格、互换价格差额明显偏低且无正当理由的，由税务机关依照《中华人民共和国税收征收管理法》的规定核定。

5. 减免规定。有下列情形之一的，免征契税：（1）国家机关、事业单位、社会团体、军事单位承受土地、房屋权属用于办公、教学、医疗、科研、军事设施；（2）非营利性的学校、医疗机构、社会福利机构承受土地、房屋权属用于办公、教学、医疗、科研、养老、救助；（3）承受荒山、荒地、荒滩土地使用权用于农、林、牧、渔业生产；（4）婚姻关系存续期间夫妻之间变更土地、房屋权属；（5）法定继承人通过继承承受土地、房屋权属；（6）依照法律规定应当予以免税的外国驻华使馆、领事馆和国际组织驻华代表机构承受土地、房屋权属。根据国民经济和社会发展的需要，国务院对居民住房需求保障、企业改制重组、灾后重建等情形可以规定免征或者减征契税，报全国人民代表大会常务委员会备案。

省、自治区、直辖市可以决定对下列情形免征或者减征契税：（1）因土地、房屋被县级以上人民政府征收、征用，重新承受土地、房屋权属；（2）因不可抗力灭失住房，重新承受住房权属。这里规定的免征或者减征契税的具体办法，由省、自治区、直辖市人民政府提出，报同级人民代表大会常务委员会决定，并报全国人民代表大会常务委员会和国务院备案。

6. 纳税时间。契税的纳税义务发生时间，为纳税人签订土地、房屋权属转移合同的当日，或者纳税人取得其他具有土地、房屋权属转移合同性质凭证的当日。

7. 纳税环节。纳税人应当在依法办理土地、房屋权属登记手续前申报缴纳契税。纳税人办理纳税事宜后，税务机关应当开具契税完税凭证。纳税人办理土地、房屋权属登记，不动产登记机构应当查验契税完税、减免税凭证或者有关信息。未按照规定缴纳契税的，不动产登记机构不予办理土地、房屋权属登记。

三、资源税

资源税是对在我国境内从事开发矿产资源、盐和开发、使用土地的单位和个人所征收的一种税。我国开征的资源税主要有资源税、城镇土地使用税和耕地占用税。

(一)资源税

资源税是对在中华人民共和国境内开采或者生产应税产品的单位和个人征收的一种税。我国规范资源税的基本法律规范是《中华人民共和国资源税法》(以下简称《资源税法》),由中华人民共和国第十三届全国人民代表大会常务委员会第十二次会议于2019年8月26日通过,自2020年9月1日起施行。

《资源税法》的基本内容:

1. 纳税人。资源税的纳税义务人是指在中华人民共和国领域和中华人民共和国管辖的其他海域开发应税资源的单位和个人。

2. 征税范围。我国目前资源税的征税范围仅限于矿产品和盐,矿产品包括能源矿产、金属矿产、非金属矿产和水气矿产。

中外合作开采陆上、海上石油资源的企业依法缴纳资源税。2011年11月1日前已依法订立中外合作开采陆上、海上石油资源合同的,在该合同有效期内,继续依照国家有关规定缴纳矿区使用费,不缴纳资源税;合同期满后,依法缴纳资源税。

3. 税率。资源税实行从量定额计征,采用差别定额税率。

4. 资源税的计算与征收。资源税的应纳税额=课税数量×单位税额。

5. 减免规定。有下列情形之一的,免征资源税:(1)开采原油以及在油田范围内运输原油过程中用于加热的原油、天然气;(2)煤炭开采企业因安全生产需要抽采的煤成(层)气。

有下列情形之一的,减征资源税:(1)从低丰度油气田开采的原油、天然气,减征20%资源税;(2)高含硫天然气、三次采油和从深水油气田开采的原油、天然气,减征30%资源税;(3)稠油、高凝油减征40%资源税;(4)从衰竭期矿山开采的矿产品,减征30%资源税。根据国民经济和社会发展需要,国务院对有利于促进资源节约集约利用、保护环境等情形可以规定免征或者减征资源税,报全国人民代表大会常务委员会备案。

有下列情形之一的,省、自治区、直辖市可以决定免征或者减征资源税:(1)纳税人在开采或者生产应税产品过程中,因意外事故或者自然灾害等原因遭受重大损失;(2)纳税人开采共伴生矿、低品位矿、尾矿。这里规定的免征或者减征资源税的具体办法,由省、自治区、直辖市人民政府提出,报同级人民代表大会常务委员会决定,并报全国人民代表大会常务委员会和国务院备案。

6. 纳税时间。纳税人销售应税产品,纳税义务发生时间为收讫销售款或者取得索取销售款凭据的当日;自用应税产品的,纳税义务发生时间为移送应税产品的当日。

7. 纳税地点。纳税人应当向应税产品开采地或者生产地的税务机关申报缴纳资源税。

(二)城镇土地使用税

城镇土地使用税是以城镇土地为征税对象,对拥有土地使用权的单位和个人征收的一种税。我国目前规范城镇土地使用税的基本法律规范是1988年9月27日中华人民共和国国务院令第17号发布的《中华人民共和国城镇土地使用税暂行条例》(以下简称《城镇土地使用税暂行条例》),根据2006年12月31日《国务院关于修改〈中华人民共和国城镇土地使用税暂行条例〉的决定》第一次修订,根据2011年1月8日《国务院关于废止和修改部分行政法规的决定》第二次修订,根据2013年12月7日《国务院关于修改部分行政法规的决定》第三次修订,根据2019年3月2日《国务院关于修改部分行政法规的决定》第四次修订。

《城镇土地使用税暂行条例》的基本内容：

1. 纳税人。城镇土地使用税的纳税义务人是指在城市、县城、建制镇、工矿区范围内使用土地的所有单位和个人。这里的单位，包括国有企业、集体企业、私营企业、股份制企业、外商投资企业、外国企业以及其他企业和事业单位、社会团体、国家机关、军队以及其他单位；个人，包括个体工商户以及其他个人。

2. 征税范围。城镇土地使用税的征税范围包括在城市、县城、建制镇和工矿区内的国家和集体所有的土地。

3. 税率。城镇土地使用税采用定额税率，即采用有幅度的差别税额，按大、中、小城市和县城、建制镇、工矿区分别规定每平方米土地使用税年应纳税额。具体标准如下：大城市1.5元至30元；中等城市1.2元至24元；小城市0.9元至18元；县城、建制镇、工矿区0.6元至12元。

4. 城镇土地使用税的计算与征收。城镇土地使用税以纳税人实际占用的土地面积为计税依据，按照规定的适用税额标准计算应纳税额。

5. 减免规定。下列土地可以免征城镇土地使用税：(1)国家机关、人民团体、军队自用的土地；(2)由国家财政部门拨付事业经费的单位自用的土地；(3)宗教寺庙、公园、名胜古迹自用的土地；(4)市政街道、广场、绿化地带等公共用地；(5)直接用于农、林、牧、渔业的生产用地；(6)经批准开山填海整治的土地和改造的废弃土地，从使用的月份起免缴土地使用税5年至10年；(7)由财政部另行规定免税的能源、交通、水利设施用地和其他用地。

6. 纳税期限。土地使用税按年计算、分期缴纳。缴纳期限由省、自治区、直辖市人民政府确定。

7. 纳税地点。土地使用税由土地所在地的税务机关征收。土地管理机关应当向土地所在地的税务机关提供土地使用权属资料。

第五节 税收征收管理法

税收征收管理法是有关税收征收管理法律规范的总称，包括税收征收管理法及税收征收管理的有关法律、法规和规章。

一、税收征收管理法的法律适用

(一)主体适用

我国《中华人民共和国税收征收管理法》适用于以下主体：

1. 税务行政主体——税务机关。

2. 税务行政管理相对人——纳税人、扣缴义务人和其他有关单位。

3. 有关单位和部门。

(二)客体适用

《税收征收管理法》第二条规定，“凡依法由税务机关征收的各种税收的征收管理，均适用本法。”

二、税务管理

(一)税务登记

税务登记是税务机关对纳税人的生产、经营活动进行登记并据此对纳税人实施税务管理的一种法律制度。

(二)账簿、凭证管理

账簿是纳税人、扣缴义务人连续地记录其各种经济业务的账簿或簿籍。记账凭证是财会部门根据原始凭证填制,记载经济业务简要内容,确定会计分录,作为记账依据的会计凭证。是由会计部门根据审核无误的原始凭证或原始凭证汇总表编制,按照登记账簿的要求、确定账户名称、记账方向和金额的一种记录,是登记明细分类账和总分类账的依据。

(三)纳税申报

纳税申报是纳税人按照税法规定的期限和内容,向税务机关提交有关纳税事项书面报告的行为,是纳税人履行纳税义务、界定纳税人法律责任的主要依据,也是税务机关税收管理信息的主要来源和税务管理的重要制度。

三、税款征收

税款征收是税收征收管理工作中的中心环节,是全部税收征管工作的目的和归宿,在整个税收工作中占据着极其重要的地位。税款征收的主要制度有以下几种。

(一)代扣代缴税款制度

代扣代缴是指按照税法规定,负有扣缴税款义务的单位和个人,负责对纳税人应纳的税款进行代扣代缴的一种方式。即由支付人在向纳税人支付款项时,从所支付的款项中依法直接扣收税款代为缴纳。其目的是对零星分散、不易控制的税源实行源泉控制。

法定扣缴的只有个人所得税,以所得人为纳税义务人,以支付单位或个人为扣缴义务人。一般理解是指单位发放的工资薪金所得。其他的都是根据税务部门的实际需要,对零星、难于控管的税源进行委托代扣代缴,如农村个体税收、集贸市场、私房出租等。委托代扣代缴一般事先经过税务部门确认,并签订代征协议后才能实施代征。

(二)税收滞纳金征收制度

税收滞纳金征收制度是指纳税人未按照规定期限缴纳税款的,扣缴义务人未按照规定期限解缴税款的,税务机关除责令限期缴纳外,从滞纳税款之日起,按日加收滞纳税款万分之五的滞纳金。

加收滞纳金的具体操作应按下列程序进行:首先,先有税务机关发出催缴税款通知书,责令限期缴纳或解缴税款,告知纳税人如不按期履行纳税义务,将依法按日加收滞纳税款万分之五的滞纳金。其次,从滞纳之日起加收滞纳金(加收滞纳金的起止时间为法律、行政法规规定或者税务机关依照法律、行政法规的规定确定的税款缴纳期限届满次日起至纳税人、扣缴义务人实际缴纳或者解缴税款之日止)。最后,拒绝缴纳滞纳金的,可以按不履行纳税义务实行强制执行措施,强行划拨或者强制征收。

(三)税收保全制度

税收保全措施是指为了维护正常的税收秩序,预防纳税人逃避税款缴纳义务,以使税收收入得以保全而采取的措施。采取的措施具体有责令限期缴纳税款;责成提供纳税担保;通知冻结等额存款;扣押查封等额财产。

税务机关责令纳税人提供纳税担保,但纳税人不能提供的,经县以上的税务局(分局)局长批准,可以采取下列税收保全措施:第一,书面通知纳税人开户银行或者其他金融机构冻结纳税人金额相当于应纳税款的存款;第二,扣押、查封纳税人的价值相当于应纳税款的商品、货物或者其他财产。

纳税人在规定期限内缴纳税款的,税务机关应当在收到税款或银行转回的税款后 24 小时内解除税收保全措施;限期期满后仍未缴纳税款的,经县以上税务局(分局)局长批准,税务机关可以书面通知纳税人开户银行或其他金融机构从其冻结的存款中扣缴税款,或者依法拍卖或变卖所扣押、查封的商品、货物及其他财产,以拍卖或变卖所得抵缴税款。

税务机关扣押商品、货物或者其他财产时,必须开付收据;查封商品、货物或者其他财产时,必须开付清单。另外,纳税人在期限内已缴纳税款,税务机关未立即解除税收保全措施,使纳税人的合法权益遭受损失的,税务机关应当承担赔偿责任。

(四)税收强制执行制度

税收强制执行措施是指在纳税主体未履行其纳税义务,经由征税机关采取一般的税收征管措施仍然无效的情况下,通过采取强制执行措施,以保障税收征纳秩序和税款入库的措施。税收保全措施是税收强制执行措施的前提,征税机关必须在采取税收保全措施后才可以采取税收强制执行措施。

从事生产经营的纳税人、扣缴义务人未按照规定的期限缴纳或者补缴税款,纳税担保人未按照规定期限缴纳所担保的税款,由税务机关责令限期缴纳;逾期未缴纳的,经县以上税务局(分局)局长批准,税务机关可以采取下列强制执行措施:第一,书面通知其开户银行或者其他金融机构从其存款中扣缴税款;第二,扣押、查封、依法拍卖或者变卖其价值相当于应纳税款的商品、货物或者其他财产,以拍卖或者变卖所得抵缴税款。

税务机关采取强制执行措施时,对纳税人、扣缴义务人、纳税担保人未缴纳的滞纳金同时强制执行。

关于税收保全和强制执行措施还须注意三个问题:一是采取税收保全措施、强制执行措施的权力,不得由法定的税务机关以外的单位和个人行使。二是税务机关采取税收保全措施和强制执行措施必须依照法定权限和法定程序,不得查封、扣押纳税人个人及其所扶养家属维持生活必需的住房和用品。三是税务机关滥用职权违法采取税收保全措施、强制执行措施,或者采取税收保全措施、强制执行措施不当,使纳税人、扣缴义务人或者纳税担保人的合法权益遭受损失的,应当依法承担赔偿责任。

四、违反税收征收管理法的法律责任

法律责任是违法主体因其违法行为所应承担的法律后果。所谓税收法律责任,是指税收法律关系的主体因违反税收法律规范所应承担的法律后果。准确、及时、全面追究税收违法者的法律责任，有利于维护正常的税收分配关系和税收征收管理关系，确保国家的税收收入，预防、打击税收违法犯罪行为，维护纳税人的合法权益。

税收法律责任按其责任形式的不同，可分为税收行政法律责任和税收刑事法律责任。

1. 税收行政法律责任。税收行政法律责任，是指税收法律关系主体违反税收法律规范，尚不构成犯罪的，由税务机关或其提请的有关部门依照行政程序所给予的税收行政制裁。按照处罚的对象不同，税收行政法律责任可分为税收行政处罚和税收行政处分。

税收行政处罚适用于各类纳税人和扣缴义务人，可以是企业、事业等单位，也可以是个体工商户、承包经营户等从事生产经营的个人。税收行政处罚的形式主要是罚款。责令限期改正、责令限期缴纳、吊销税务登记证、收回税务机关发给的票证、吊销营业执照、采取税收保全措施、采取税收强制执行措施、没收违法所得等，其中罚款、责令限期改正、责令限期缴纳是最常用的处罚形式。

税收行政处分适用于直接责任人员，主要是税务人员和其他直接责任人员。按违法程度的不同，税收行政处分的形式分为警告、记过、记大过、降级、降职、留用察看、开除等。

2. 税收刑事法律责任。税收刑事法律责任，是指税收法律关系主体违反税收法律规范，情节严重构成犯罪的，由司法机关对其进行的刑事制裁。根据我国有关税法和《中华人民共和国刑法》规定，税法主体触犯刑律所构成的犯罪主要有偷税罪、抗税罪、行贿罪、虚开增值税发票罪、伪造增值税发票罪、骗取出口退税罪、徇私舞弊罪、玩忽职守罪等。以上犯罪所要承担的刑事法律责任就是刑罚，分为主刑和附加刑。主刑有管制、拘役、有期徒刑、无期徒刑、死刑五种；附加刑有罚金、剥夺政治权利、没收财产三种。

【相关法条】

1.《中华人民共和国个人所得税法》。1980 年 9 月 10 日第五届全国人民代表大会第三次会议通过，根据 1993 年 10 月 31 日第八届全国人民代表大会常务委员会第四次会议《关于修改〈中华人民共和国个人所得税法〉的决定》第一次修正，根据 1999 年 8 月 30 日第九届全国人民代表大会常务委员会第十一次会议《关于修改〈中华人民共和国个人所得税法〉的决定》第二次修正，根据 2005 年 10 月 27 日第十届全国人民代表大会常务委员会第十八次会议《关于修改〈中华人民共和国个人所得税法〉的决定》第三次修正，根据 2007 年 6 月 29 日第十届全国人民代表大会常务委员会第二十八次会议《关于修改〈中华人民共和国个人所得税法〉的决定》第四次修正，根据 2007 年 12 月 29 日第十届全国人民代表大会常务委员会第三十一次会议《关于修改〈中华人民共和国个人所得税法〉的决定》第五次修正，根据 2011 年 6 月 30 日第十一届全国人民代表大会常务委员会第二十一次会议《关于修改〈中华人民共和国个人所得税法〉的决定》第六次修正，根据 2018 年 8 月 31 日第十三届全国人民代表大会常务委员会第五次会议《关于修改〈中华人民共和国个人所得税法〉的决定》第七次修正。

2.《中华人民共和国企业所得税法》。2007 年 3 月 16 日第十届全国人民代表大会第五次会议通过，根据 2017 年 2 月 24 日第十二届全国人民代表大会常务委员会第二十六次会议《关于修改〈中华人民共和国企业所得税法〉的决定》第一次修正，根据 2018 年 12 月 29 日第十三届全国人民代表大会常务委员会第七次会议《关于修改〈中华人民共和国电力法〉

等四部法律的决定》第二次修正。

3.《中华人民共和国印花税法》。《中华人民共和国印花税法》已由中华人民共和国第十三届全国人民代表大会常务委员会第二十九次会议于2021年6月10日通过,现予公布,自2022年7月1日起施行。

4.《中华人民共和国契税法》。《中华人民共和国契税法》已由中华人民共和国第十三届全国人民代表大会常务委员会第二十一次会议于2020年8月11日通过,现予公布,自2021年9月1日起施行。

5.《中华人民共和国城市维护建设税法》。《中华人民共和国城市维护建设税法》已由中华人民共和国第十三届全国人民代表大会常务委员会第二十一次会议于2020年8月11日通过,自2021年9月1日起施行。

6.《中华人民共和国资源税法》。《中华人民共和国资源税法》已由中华人民共和国第十三届全国人民代表大会常务委员会第十二次会议于2019年8月26日通过,自2020年9月1日起施行。

7.《中华人民共和国车船税法》。2011年2月25日第十一届全国人民代表大会常务委员会第十九次会议通过,根据2019年4月23日第十三届全国人民代表大会常务委员会第十次会议《关于修改〈中华人民共和国建筑法〉等八部法律的决定》修正。

8.《中华人民共和国车辆购置税法》。《中华人民共和国车辆购置税法》已由中华人民共和国第十三届全国人民代表大会常务委员会第七次会议于2018年12月29日通过,自2019年7月1日起施行。

9.《中华人民共和国耕地占用税法》。《中华人民共和国耕地占用税法》已由中华人民共和国第十三届全国人民代表大会常务委员会第七次会议于2018年12月29日通过,自2019年9月1日起施行。

10.《中华人民共和国船舶吨税法》。2017年12月27日第十二届全国人民代表大会常务委员会第三十一次会议通过,根据2018年10月26日第十三届全国人民代表大会常务委员会第六次会议《关于修改〈中华人民共和国野生动物保护法〉等十五部法律的决定》修正。

11.《中华人民共和国环境保护税法》。2016年12月25日第十二届全国人民代表大会常务委员会第二十五次会议通过,根据2018年10月26日第十三届全国人民代表大会常务委员会第六次会议《关于修改〈中华人民共和国野生动物保护法〉等十五部法律的决定》修正。

12.《中华人民共和国烟叶税法》。《中华人民共和国烟叶税法》已由中华人民共和国第十二届全国人民代表大会常务委员会第三十一次会议于2017年12月27日通过,现予公布,自2018年7月1日起施行。

13.《中华人民共和国税收征收管理法》。1992年9月4日第七届全国人民代表大会常务委员会第二十七次会议通过,根据1995年2月28日第八届全国人民代表大会常务委员会第十二次会议《关于修改〈中华人民共和国税收征收管理法〉的决定》第一次修正,2001年4月28日第九届全国人民代表大会常务委员会第二十一次会议修订,根据2013年6月29日第十二届全国人民代表大会常务委员会第三次会议《关于修改〈中华人民共和国文物保护法〉等十二部法律的决定》第二次修正,根据2015年4月24日第十二届全国人民代表大会常务委员会第十四次会议《关于修改〈中华人民共和国港口法〉等七部法律的决定》第三次修正。

【税收纠纷裁判规则】

1. 合同双方明确约定非纳税义务人承担税款的效力认定

【基本案情】某种业(集团)有限公司(以下简称某公司)与黑龙江省某农场订立的编号为 zd-0910-a 的合同(以下简称合同)及 zd-0910-a 合同补充协议(以下简称补充协议),某农场委托某公司从新西兰进口奶牛,某公司应帮助某农场优先享受增值税免税待遇,如果某公司未能帮助某农场享受此项待遇,亦应由某公司承担全部进口奶牛税费。

【裁判规则】某农场与某公司签订的合同及补充协议,是双方的真实意思表示,且不违反法律、行政法规的强制性规定,合法有效。《中华人民共和国合同法》中没有关于代理进口货物受托方承担税费无效的强制性规定。另根据《国家税务总局关于印发增值税问题解答(之一)的通知》(国家函发〔1995〕288 号)规定,代理进口货物增值税既可以对委托方征收,也可以对受托方征收。因此双方关于增值税承担问题的约定合法有效,在适用过程中根据"当事人约定优先原则"应优先于法律的任意性规定,即不能单纯按照委托合同一般性规定,简单判断税费承担的主体。

【案件索引】黑龙江省高级人民法院,中地种业(集团)有限公司与黑龙江省鹤山农场合同纠纷案〔2012〕黑商终字第 39 号。

2. 合同双方税款承担约定不明的责任承担

【基本案情】某融创公司(承诺人)与魏某某(被承诺人)签订承诺书,因完成某市"富源路棚户区东二环拆迁安置点项目"融资策划需要,拟与我司签订融资策划服务合同,现公司指定魏某某担任该项目的项目经理,负责与项目方进行融资策划方案的推进与落实。公司承诺,该项目融资策划方案落地,项目方融资成功后,魏某某可在公司总收入中单独享有 350 万元(税后)的个人收益(该收益不得超过总收入的 50%,后续若还有费用,双方另协商确认),届时公司将委托魏某某代表公司收取该融资策划服务合同项下的融资策划服务费,魏某某可直接从收款账户中直接扣得。

【裁判规则】"承诺书"中载明的 350 万元收益符合支付条件,故对于魏某某要求支付某融资策划服务费 350 万元的诉讼请求予以支持。因承诺书中对税费约定不明,且是否支付税费和支付方式尚不确定,对于魏某某要求某融创公司承担税费 70 万元的诉讼请求,不予支持。

【案件索引】贵州省高级人民法院,申请再审人魏玉嵘与被申请人贵阳博弈融创投资策划有限公司合同纠纷案〔2016〕黔民再 7 号。

3. 税费承担方违约造成纳税义务人损失的救济

【基本案情】甲方乙方就某项目转让事宜签订合同书,约定将该项目(含资产及土地使用权)转让给乙方并附关于资产及土地开发、销售的全部合法证件。该项目转让费的应交税金由乙方全额承担。在甲方与乙方的项目转让过程中,由于甲方未缴纳项目转让税,税务部门对其处罚金 1 342 486. 36 元、滞纳金 354 245. 63 元。

【裁判规则】本案诉讼中,甲方主张由于乙方未向其支付该笔税款,其因此受罚,该损失应当由乙方承担。对此,涉案项目一直在甲方名下,甲方是当然的纳税义务人,其应当履行纳税义务后,再向乙方主张,因甲方未按时履行义务,致使受罚,该损失应当由其自行承担。故甲方的此项上诉理由,不能成立。

【案件索引】甘肃省高级人民法院,兰州亨达房地产开发有限公司与兰州亚太房地产开发有限公司项目转让合同纠纷上诉案〔2012〕甘民一终字第107号。

4. 当事人对税务处理决定的行政复议程序及寻求司法救济程序未走完,税务机关不能据此作出行政处罚

【基本案情】2017年1月12日,第二稽查局作出"税务处理决定书",认定冼某新应追缴税款。同日,第二稽查局作出"不予税务行政处罚决定书",认为冼某新的偷税行为在5年内未被发现,故不予以处罚。在"税务处理决定书"的末尾,第二稽查局告知冼某新在60日内享有申请上级税务机关复议的权利,冼某新已就该处理决定书向上级机关申请复议,复议结果未出。

【裁判要旨】《税务处理决定书》是否生效,应以当事人的行政复议程序及寻求司法救济的程序是否走完来进行综合判断。当事人对《税务处理决定书》的行政复议程序及寻求司法救济的程序没走完,税务机关不能据此作出《税务行政处罚决定书》或《不予税务行政处罚决定书》。

【案例索引】冼某新诉某省地方税务局第二稽查局不服税务行政处罚纠纷一案

【裁判规则】"税务处理决定书"因冼某新向第二稽查局的上级机关申请行政复议而尚未发生法律效力,行政处理决定书是否生效,应以当事人的行政复议程序及寻求司法救济的程序是否走完来进行综合判断。第二稽查局依据尚未生效的"税务处理决定书"在"不予税务行政处罚决定书"中认定冼某新存在偷税行为,属于认定事实不清,程序错误。判决撤销该处罚决定书。

【案号】〔2017〕琼0271行初8号。

5. 基于纳税人信赖利益保护,在税务机关对纳税人少缴税款负有监管缺失责任的情况下,税务机关不得向纳税人追缴少缴税款并处以罚款。

【裁判要旨】税务机关已向纳税人出具完税凭证,税务机关对纳税人少缴税款负有监管缺失责任,基于纳税人对税务机关出具的完税凭证的信赖而形成的信赖利益保护,税务机关不得向纳税人追缴因其监管缺失而少缴的税款并对纳税人进行处罚。

【基本案情】2015年11月9日、2015年12月23日甲公司向某市地税局举报乙公司少缴纳土地使用税等事实。地税局第一税务所经测量人员测量原乙公司及现乙公司占用土地面积后,于2015年12月28日作出"责令限期改正通知书",要求乙公司于2015年12月29日前缴纳土地使用税税款282 636元。2015年12月30日地税局第一税务所向银行作出"冻结存款通知书",通知该行冻结乙公司存款291 430元,期限半年。2015年12月31日地税局第一税务所作出"关于某县乙食品有限公司少申报城镇土地使用税涉嫌税收违法的调查报告",建议对乙公司未按时申报并缴纳城镇土地使用税291 430元的税收违法事实,依法加收滞纳金并处1倍的罚款。同日地税局第一税务所作出"税务行政处罚事项告知书",该通知书载明乙公司少申报拒不缴纳城镇土地使用税291 430元,根据"税收征收管理法"第六十三条,处以291 430元罚款。2016年1月4日乙公司向地税局提出听证申请,地税局于2016年1月5日下达"税务行政处罚听证通知书",并于2016年1月6日举行了听证。2016年1月7日地税局作出听证处理意见报告,其中听证意见中记载乙公司少缴纳土地使用税为291 420元,处以罚款203 994元。同日地税局作出了"税务行政处罚决定书"对乙公司处以少缴税款0.7倍罚款。2016年1月17日地税局以乙公司涉嫌逃税一案向本市公安局移送报请立案侦查,公安局于2016年1月20日受理该案。2016年3月8日

乙公司缴纳 2011 年至 2013 年城镇土地使用税 220 860 元、2014 年至 2015 年城镇土地使用税 61 776 元,共计 282 636 元及罚款 197 845. 20 元。后公安局于 2016 年 3 月 10 日作出“不予立案通知书”。乙公司 2015 年 6 月 24 日缴纳 2014 年 1—12 月城镇土地使用税及滞纳金共计 6 868. 88 元。乙公司起诉至法院,请求撤销地税局作出的中地税罚【2016】第 2 号《税务行政处罚决定书》。

【裁判规则】某市地税局作出处罚决定既未与国土部门调查核实确定乙公司真实的土地证以及实际的占地面积,又在进行土地测量时没有乙公司方及土地部门参与,仅通过自己工作人员测量并结合举报人提供的乙公司方占地 8 840. 38 平方米的土地证认定乙公司少申报计税土地面积和少缴纳土地使用税,依此作出处罚决定明显不当。

地税局多年来对乙公司方旧公司一直以占地 660 平方米征收土地使用税,在有人举报后才进行测量并追缴乙公司少缴税款,对此地税局负有监管缺失的责任,因此在追缴时从 2011 年追缴乙公司少缴税款并处以罚款显属错误。

地税局曾向乙公司方征收 2014 年城镇土地使用税及滞纳金,乙公司于 2013 年搬迁至现地址,地税局在追缴乙公司少缴税款时又征收乙公司方新公司占地 2014、2015 年税款,对该 2014 年少缴税,属于重复征收。

地税局提供的“责令限期改正通知书”“听证处理意见报告”“调查报告”等多份文书中记载的少缴税额有 291 420 元、282 636 元、291 430 元等多处不一致情形,且与乙公司缴纳的土地使用税额 282 636 元不一致;故地税局在作出行政行为时认定的事实不清、证据不足。

在程序方面,地税局 2016 年 1 月 5 日“税务行政处罚听证通知书”告知乙公司于 2016 年 1 月 6 日 9 时在该局三楼举行听证,根据《中华人民共和国行政处罚法》第四十二条第一款第(二)项的规定:“行政机关应当在听证的七日前,通知当事人举行听证的时间、地点。”因此地税局告知举行听证时间少于七日,违反了法定程序。此外地税局在乙公司行使听证权利并且举行听证会后,没有遵循《中华人民共和国行政处罚法》第四十三条、第三十八条第二款关于“对情节复杂或重大违法行为或给予较重的行政处罚,行政机关的负责人应当集体讨论决定”的规定,便径行作出行政处罚决定,明显属程序违法,依法应予撤销。

【案号】〔2016〕晋 1102 行初 18 号。

【诊所式案例分析】

某市国家税务局稽查局与某有限公司税务行政管理纠纷案

【基本案情】2015 年 8 月 28 日,某市国税局稽查局作出冻结存款决定书,决定对某公司以前纳税期的税款采取税收保全措施,冻结某公司在银行的存款。

2015 年 9 月 9 日,某市国税局稽查局作出税务处理决定,责令某公司缴纳企业所得税,从滞纳税款之日起按日加收滞纳税款万分之五的滞纳金。

2015 年 10 月 15 日,经市国税局局长审批,某市国税局稽查局于 2015 年 11 月 2 日出具“扣缴税收款项通知书”,向某公司的开户银行送达,从该银行扣缴某公司被冻结账户资金缴入国库。某市国税局稽查局同时出具“解除冻结存款通知书”,解除对某公司存款账户资金的冻结,向该银行送达。同日,某市国税局稽查局向某公司法定代表人送达“税收强制执行决定书”。某公司诉请确认某市国税局稽查局实施的涉案税收强制执行行为违法。原审法院判决：确认某市国税局稽查局2015年11月2日出具的“税收强制执行决定书”违法。某市国税局稽查局不服，向二审法院提起上诉：一、本案强制执行行为是基于对某公司违反相关法规的特殊背景所作出的决定，符合案件执法实际，不存在损害某公司合法权益的情形，本案是诉讼保全查封。二、未履行催告程序及未向某公司送达“解除税收保全措施通知书”，未对某市国税局稽查局的权利义务产生实质影响，两者均不属于判断行政强制执行措施是否合法的内容。一审法院以未送达“解除税收保全措施通知书”违反“税务稽查工作规程”，裁决某市国税局稽查局违反法定程序系适用法律错误。

【裁判要旨】税务机关作出强制执行决定前，应当事先书面催告当事人履行义务；解除税收保全措施时，应当向纳税人送达“解除税收保全措施通知书”。否则，其作出的强制执行决定违法。

【案件索引】某市国家税务局稽查局与某有限公司税务行政管理行政（2016）宁01行终33号

【裁判规则】某市国税局稽查局在作出涉案强制执行决定前，未履行法定的书面催告程序，剥夺了某公司陈述和申辩的权利，在解除涉案税收保全措施时，未向某公司送达“解除税收保全措施通知书”，违反法定程序。确认某市国税局稽查局作出的“税收强制执行决定书”违法。

【练习题】

一、单选题

1. 某有限责任公司因当期货币资金在扣除应付职工工资、社会保险费后，不足以缴纳税款，想申请延期缴纳，则正确的说法是（　　）。

A. 该有限责任公司不可以申请延期缴纳，只有发生不可抗力事件导致的特殊困难才可以申请延期缴纳税款

B. 该有限责任公司可以申请延期缴纳，但必须经省、自治区、直辖市国家税务局、地方税务局批准，且最长不得超过三个月

C. 该有限责任公司可以申请延期缴纳，但必须经县级以上税务局批准，且最长不得超过二个月

D. 该有限责任公司不可以申请延期缴纳，若未按照规定期限缴纳税款的，税务机关除责令限期缴纳外，从滞纳税款之日起，按日加收滞纳税款万分之五的滞纳金

2. 甲公司欠缴税款20万元，并且该公司目前财务状况严重恶化，虽然经税务机关采取强制措施仍无法缴清税款。此时，税务机关得知乙公司长期拖欠甲公司一笔货款，而振华公司一直未向其索要，即将超过诉讼时效，税务机关可以（　　）。

A. 依照有关规定行使代位权

B. 书面通知乙公司开户银行从其存款中扣缴税款

C. 采取强制执行措施扣押、拍卖乙公司产品，并以拍卖所得抵缴税款

D. 通过行政手段要求乙公司偿还货款

3. 2002年12月，某公司应当缴纳税款10万元，因税务机关的责任，只征收了6万元，2005年1月，税务机关要求该公司补缴2002年少缴的4万元税款，并加收滞纳金，该公司

拒绝缴纳,下列说法正确的是(　　)。

A. 某公司应当补缴4万元税款,但不应缴纳滞纳金

B. 某公司应当补缴税款和滞纳金

C. 某公司既不应缴纳4万元税款,也不应缴纳滞纳金

D. 税务机关一旦发现纳税人少缴税款,有权追征,不受追征期限的限制

4. 赵某是某公司的一名工作人员,他的本月收入包括工资2 000元;稿酬3 800元;劳务报酬5 000元;公司债券利息300元,请问他本月应缴纳的个人所得税为(　　)。

A. 1 000元　　B. 1 200元　　C. 1 300元　　D. 1 600元

5. 根据我国《个人所得税法》规定,以下哪些个人财产收入应当缴纳个人所得税?

A. 王某的500元劳务报酬

B. 冯某的200元银行存款利息

C. 黎某的10万元奥运比赛奖金(省政府颁发)

D. 张某的5 000元保险赔偿金

6. 以下关于个人所得税的说法错误的是(　　)。

A. 在中国境内有住所,或者无住所而在境内居住满一年的个人,从中国境内和境外取得的所得,依照《个人所得税法》规定缴纳个人所得税;在中国境内无住所又不居住或者无住所而在境内居住不满一年的个人无须在中国缴纳个人所得税

B. 稿酬所得,适用比例税率,税率为20%,并按应纳税额减征30%

C. 按照国家统一规定发给干部、职工的安家费、退职费、退休工资、离休工资、离休生活补助费免纳个人所得税

D. 残疾、孤老人员和烈属的所得可以减征个人所得税

7. 甲制衣厂与乙布匹厂在2003年5月3日签订买卖货物合同,并以其小汽车作为抵押。后来到了同年6月,由于甲制衣厂经营不善,亏损很大,乙布匹厂要求通过拍卖小汽车偿还债务,这时税务机关说甲制衣厂已有3个月没有缴纳税款,不准乙布匹厂优先受偿。同时,因甲制衣厂行政违法而被罚款,行政机关也要求缴纳罚款。请问下面说法中正确的是?(　　)

A. 税务机关征收税款应后于债权和罚款

B. 乙布匹厂可以就抵押的小汽车变卖后先就税收受偿

C. 行政机关的罚款应优先债权缴纳

D. 税务机关、乙布匹厂的债权和行政罚款按比例同时支付

8. 某企业从事服装销售业务,经工商登记机关取得营业执照。就税收法律关系而言,该个体户实施的行为哪项正确?(　　)

A. 自领取营业执照之日起30日内向税务机关办理税务登记

B. 未设置账簿

C. 向税务机关预缴纳税保证金

D. 从商店购买增值税专用发票

9. 在某超市离纳税期限还有1个月时,税务机关发现其有逃避纳税的行为。于是税务机关责令某超市在15天内,缴纳应缴税款;但在此限期内又发现某超市有明显转移其应纳税收入的迹象,税务机关便责成某超市提供纳税担保。某超市不能提供。在此情况下,税务机关经市税务局局长批准,可以对该纳税人采取下列哪些措施?(　　)

A. 书面通知纳税人开户银行冻结纳税人的金额相当于应纳税款的存款

B. 书面通知该纳税人的开户行扣缴纳税人的金额相当于应纳税款的存款

C. 扣押、查封、拍卖该纳税人的价值相当于应纳税款的商品

D. 扣押、查封该纳税人的价值相当于应纳税款的商品

10. 依据《税收征收管理法》,税收强制执行措施在下列哪些情形下可以采用?( )

A. 从事生产、经营的纳税人拒不进行纳税申报时

B. 从事生产、经营的纳税人未按照规定的期限缴纳税款,经税务机关责令限期缴纳逾期仍不申报时

C. 税务机关对从事生产、经营的纳税人以前纳税期的情况实施税务检查,发现纳税人有逃避纳税义务行为时

D. 当事人对税务机关的处罚决定逾期不申请复议也不向人民法院起诉、又不履行时

二、多选题

1. 下列各项中,属于我国现行税法的有( )。

A. 税收基本法　　B. 企业所得税法

C. 进出口关税条例　　D. 中央与地方共享税条例

2. 根据税收征收管理法和税务登记管理办法的有关规定,下列各项中应当进行税务登记的有( )。

A. 从事生产经营的事业单位

B. 企业在境内其他城市设立的分支机构

C. 不从事生产经营只缴纳车船税的社会团体

D. 有来源于中国境内所得但未在中国境内设立机构、场所的非居民企业

3. 下列各项中,符合税务行政一级复议具体规定的有( )。

A. 对国家税务总局作出的具体行政行为不服的,应向国家税务总局申请复议

B. 对省级地方税务局作出的具体行政行为不服的,可以向省级人民政府申请复议

C. 对受税务机关委托的单位作出的代征税款行为不服的,向委托代征的税务机关申请复议

D. 对国家税务局和地方税务局共同作出的具体行政行为不服的,可以向当地县级以上人民政府申请复议

4. 下列关于软件产品的税务处理中,正确的有( )。

A. 纳税人转让计算机软件著作权取得的收入应征收增值税

B. 纳税人随同软件产品销售一并收取的维护费应征收增值税

C. 软件产品交付使用后,纳税人按期收取的维护费收入应征收营业税

D. 纳税人受托开发软件产品且著作权属于受托方的,其收入应征收增值税

5. 下列各项中,除另有规定外,可以享受增值税出口免税并退税优惠政策的有( )。

A. 来料加工复出品的货物

B. 小规模纳税人委托外贸企业出口的自产货物

C. 企业在国内采购并运往境外作为国外投资的货物

D. 对外承包工程公司运出境外用于对外承包项目的货物

6. 下列各项中,应当征收消费税的有( )。

A. 化妆品厂作为样品赠送给客户的香水
B. 用于产品质量检验耗费的高尔夫球杆
C. 白酒生产企业向百货公司销售的试制药酒
D. 轮胎厂移送非独立核算门市部待销售的汽车轮胎
7. 下列各项中,符合消费税纳税地点规定的有(　　)。
A. 进口应税消费品的,由进口人或其代理人向报关地海关申报纳税
B. 纳税人总机构与分支机构不在同一县的,分支机构应回总机构申报纳税
C. 委托加工应税消费品的,由委托方向受托方所在地主管税务机关申报纳税
D. 纳税人到外县销售自产应税消费品的,应回纳税人核算地或所在地申报纳税
8. 下列各项中,符合资源税纳税义务发生时间规定的有(　　)。
A. 采取分期收款结算方式的为实际收到款项的当天
B. 采取预收货款结算方式的为发出应税产品的当天
C. 自产自用应税产品的为移送使用应税产品的当天
D. 采取其他结算方式的为收讫销售款或取得索取销售款凭据的当天

9. 位于市区的某自营业出口生产企业,2007 年 6 月增值税应纳税额为-280 万元,出口货物的"免抵退"税额为 400 万元;企业将其自行研发的动力节约技术转让给一家科技开发公司,获得转让收入 80 万元。下列各项中,符合税法相关规定的有(　　)。
A. 该企业应缴纳的营业税 4 万元
B. 应退该企业增值税税额为 280 万元
C. 该企业应缴纳的教育费附加为 8.52 万元
D. 该企业应缴纳的城市维护建设税为 8.4 万元
10. 下列未包含在进口货物价格中的项目,应计入关税完税价格的有(　　)。
A. 由买方负担的购货佣金
B. 由买方负担的包装材料和包装劳务费
C. 由买方支付的进口货物在境内的复制权费
D. 由买方负担的与该货物视为一体的容器费用

三、论述题

1. 结合增值税的内容论述税法的构成要素。
2. 论述我国目前是否具备开征遗产税的条件。
3. 论述税收保全措施和税收强制执行措施的区别。

四、案例分析题

1. 经税务机关查处某内资企业 2022 年度将转让无形资产使用权所取得的收入 60 万元存入账外形成小金库未列入全年收入总额。同时还多列置了管理费用 10 万元,该企业 2022 年全年收入总额为 800 万元,准予扣除项目为 310 万元。

问题:(1)计算该企业 2022 年度应纳企业所得税额。

(2)该企业的行为属于什么性质的违法行为,如何处理?

2. 2022 年 1 月,税务机关对某研究所专家张某 2021 年度个人收入进行调查,经检查核

实张某 2021 年 1—12 月个人所得情况如下：

(1)每月取得工资收入 8 500 元,1—12 月共计 102 000 元；

(2)5 月向某地矿局提供一项专有技术,一次取得特许权使用费 50 000 元；

(3)7 月出版一本专著,取得稿酬 12 000 元；

(4)9 月取得省政府颁发的科技发明奖 50 000 元。

在上述各项所得中,除工资收入已由研究所代扣代缴税款以外,张某均未向税务机关申报纳税,有关单位也未履行代扣代缴税款义务。

要求：正确计算张某 2021 年应补缴的个人所得税税款。

【参考资料】

[1] 张守文. 税法原理[M]. 北京：北京大学出版社,1999.

[2] 刘剑文. 税法学[M]. 北京：人民出版社,2002.

[3] 杨萍,魏敬森. 税法学原理[M]. 3 版. 北京：中国政法大学出版社,2021.

[4] 张守文. 财税法学[M]. 7 版. 北京：中国人民大学出版社,2021.

[5] 邢会强. 税法学[M]. 北京：高等教育出版社,2021.

第十七章　价　格　法

【教学目标】

通过学习本章了解价格的一般原理,理解价格法的立法目的、适用范围;掌握我国的价格管理体制、经营者价格行为和政府的定价行为,以及价格总水平的调控和监督检查;学会运用价格法的基本原理分析案例。

【教学要点和教学进程】

一、价格法概述

在阐述价格的含义的基础上,分析价格的范围和形式,为进一步学习价格法打下基础。价格是商品价值的货币表现,是商品生产和商品交换的产物,它反映的是人们进行商品交换的经济关系。我国价格法规定了三种价格形式,分别是市场调节价、政府指导价、政府定价。

在分析价格法的含义的基础上,解释价格法的调整对象。价格法是调整价格关系的法律规范的总称。价格法的调整对象概括地讲就是指与价格的制定、执行和监督有关的各种价格关系。

阐述价格法的任务使学生认识到价格法在市场经济发展中的作用,规范市场主体的价格行为,维护价格秩序。

二、价格法律制度

结合我国现状分析我国的价格管理体制,然后结合案例阐述经营者的价格行为和政府的定价行为。在此基础上,阐述价格总水平的调控,分析价格监督检查的形式、机构及违法举报制度。

在阐述价格听证含义的基础上,分析价格听证的范围、原则、形式和程序。对价格听证制度的分析使学生认识到在我国实施价格听证制度的重要意义。

三、价格法律责任

通过对经营者、政府部门和价格工作人员违法行为的分析,阐述这些违法行为的法律责任。对此,学生应学会分析违反价格法的行为,了解其承担的法律责任,掌握价格欺诈行为、哄抬物价行为的法律责任。

【教学重点和难点】

教学重点:价格的一般原理;价格法的立法目的、适用范围;我国的价格管理体制;经营者价格行为;政府的定价行为;价格总水平的调控和监督检查;违反价格法的法律责任。

教学难点:我国的价格管理体制;经营者价格行为;政府的定价行为;价格总水平的调

控和监督检查。

【教学手段和方法】

讲授法、案例分析法。在讲授过程中注意结合案例，通过设问与提问，引导学生思考，从而帮助学生加深理解学习内容，提高理论思维能力。

第一节 价格法概述

一、价格概述

（一）价格的概念

价格是商品价值的货币表现，是商品生产和商品交换的产物，它反映的是人们进行商品交换的经济关系。

价格的作用是商品交换规律作用的表现，是价格实现自身功能时对市场经济运行所产生的效果，是价格的基本职能的外化。在市场经济中，价格的作用主要表现为：

1. 价格是商品供求关系变化的指示器

价格可以不断地调整企业的生产经营决策，调节资源的配置方向，促进社会总供给和社会总需求的平衡。在市场上，借助于价格，可以直接向企业传递市场供求的信息，各企业根据市场价格信号组织生产经营。与此同时，价格的水平又决定着价值的实现程度，是市场上商品销售状况的重要标志。

2. 价格水平与市场需求量的变化密切相关

一般来说，在消费水平一定的情况下，市场上某种商品的价格越高，消费者对这种商品的需求量就越小；反之，商品价格越低，消费者对它的需求量也就越大。而当市场上这种商品的价格过高时，消费者也就可能作出少买或不买这种商品，或者购买其他商品替代这种商品的决定。因此，价格水平的变动起着改变消费者需求量、需求方向，以及需求结构的作用。

3. 价格是实现国家宏观调控的一个重要手段

价格所显示的供求关系变化的信号系统，为国家宏观调控提供了信息。一般来说，当某种商品的价格变动幅度预示着这种商品有缺口时，国家就可以利用利率、工资、税收等经济杠杆，鼓励和诱导这种商品生产规模的扩大或缩减，从而调节商品的供求平衡。价格还为国家调节和控制那些只靠市场力量无法使供求趋于平衡的商品生产提供了信息，使国家能够较为准确地干预市场经济活动，在一定程度上避免由市场自发调节带来的经济运行的不稳定，或减少经济运行过程的不稳定因素，使市场供求大体趋于平衡。

（二）价格的范围和形式

1. 价格的范围

价格有广义和狭义的区别。狭义的价格是指商品价格和服务价格；广义的价格除此之外还包括生产要素的价格，如劳动力价格——工资，资金的价格——利率，外汇的价格——

汇率,以及保险费率,证券、期货价格。《中华人民共和国价格法》(以下简称《价格法》)第二条明确规定,“本法所称的价格包括商品价格和服务价格”。因此,《价格法》所指的价格是指狭义的商品价格和服务价格。

2. 价格的形式

《价格法》根据不同的定价主体和价格形成的途径,将价格划分为市场调节价、政府指导价和政府定价三种形式。

(1)市场调节价。是指由经营者自主制定,通过市场竞争形成的价格。

(2)政府指导价。政府指导价,是指由政府价格主管部门或者其他和政府定价有关的部门,按照定价权限和范围规定基础价及其浮动幅度,指导经营者制定的价格。政府指导价有三种形式:一种是浮动价格;另一种是最高限价;再一种是最低保护价。

(3)政府定价。是指由政府价格主管部门或其他有关部门,依照定价的权限和范围制定的价格。这种价格形式是从法律上确定了政府直接干预价格的权力,《价格法》规定只有极少数商品和服务采用这种价格形式。

二、价格法概述

(一)价格法的概念

价格法是调整价格关系的法律规范的总称。价格法的调整对象概括地讲就是指与价格的制定、执行和监督有关的各种价格关系。

(二)价格法的任务

1. 规范市场主体的价格行为,维护价格秩序。
2. 创造公平竞争环境,优化价格形成机制。
3. 保护经营者和消费者的正当权益,协调生产和消费的关系。
4. 规范、加强和改善宏观经济调控,稳定市场价格总水平。

第二节　价格法律制度

一、我国的价格管理体制

价格管理体制是指价格管理机构的设置、权限的划分和职能的规定。总的来说,我国的价格管理机构是政府各级物价主管部门和其他有关部门。

二、经营者的价格行为

(一)经营者定价的范围

《价格法》第六条明确规定了实行市场调节价的范围。按照这一条规定,市场调节价的范围是指未列入政府指导价和政府定价范围内并适应在市场竞争中形成的商品和服务价格。具体是指:商品和服务比较丰富,不属于资源稀缺的范围;商品和服务不具有自然垄断性，是可以由多个经营者同时经营的商品和服务品种；商品和服务不属于关系国计民生的特别重要的品种。

（二）经营者定价的基本依据

经营者定价的基本依据，就是经营者确定商品或服务收费所凭借的基本依据，包括生产经营成本和市场供求状况。

1. 生产经营成本。是指与生产经营有关的各项费用，也就是在生产经营过程中所耗费的生产资料价值和必要的劳动价值的货币表现。所以，从生产经营成本的内容来说，包括：（1）生产过程中所发生的物质消耗与劳动消耗；（2）销售费用或流通费用；（3）损失性支出，指商品在运输、保管、销售过程中的损失和消耗；（4）保险费和银行利息等方面的支出。

2. 市场供求状况。是影响价格形成的又一重要因素，尤其是对市场起调节作用的价格，往往是供求关系的变动影响着价格的变动，而价格的变动也影响着供求关系。价格法将市场供求状况作为经营者定价的基本依据，是在法律规范中反映了市场经济的客观要求。所以，依据供求变化而使价格升降，是为法律所允许的价格行为。

（四）经营者的权利和义务

1. 经营者的价格权利

经营者进行价格活动时享有下列权利：（1）自主制定属于市场调节的价格；（2）在政府指导价规定的幅度内制定价格；（3）制定属于政府指导价、政府定价产品范围内的新产品的试销价格，特定产品除外；（4）检举、控告侵犯其依法自主定价权利的行为；（5）经营者有权对政府指导价和政府定价提出意见或建议。

2. 经营者的价格义务

（1）经营者应当努力改进生产经营管理，降低生产经营成本，为消费者提供合格的商品和服务，并在市场竞争中获取合法利润。

（2）经营者应当根据其经营条件建立、健全内部价格管理制度，准确记录与核定商品和服务的生产经营成本，不得弄虚作假。

（3）经营者进行价格活动，应当遵守法律、法规，执行依法制定的政府指导价、政府定价和法定的价格干预措施、紧急措施。

（4）经营者销售、收购商品和提供服务，应当按照政府价格主管部门的规定明码标价，注明商品的品名、产地、规格、等级、计价单位、价格或者服务的项目、收费标准等有关情况。经营者不得在标价之外加价出售商品，不得收取任何未予标明的费用。

（5）经营者在进行经营活动过程中，不得利用价格手段，进行不正当竞争损害国家利益或者其他经营者、消费者的合法权益。《价格法》第十四条规定了经营者不得有下列不正当价格行为：①相互串通、操纵市场价格，损害其他经营者或者消费者的合法权益。②除依法降价处理鲜活商品、季节性商品、积压商品等商品以外，为了排挤竞争对手或者独占市场，以低于成本的价格倾销，扰乱正常的生产经营秩序，损害国家利益或者其他经营者的合法权益。③捏造、散布涨价信息，哄抬价格，推动商品价格过高上涨。④利用虚假的或者使人误解的价格手段，诱骗消费者或者其他经营者与其进行交易。⑤提供相同商品或者服务，对具有同等交易条件的其他经营者实行价格歧视。⑥采取抬高等级或者服务，对具有同等交易条件的其他经营者实行价格歧视。⑦违反法律、法规的规定牟取暴利。⑧法律、行政法规禁止的其他不正当价格行为。

三、政府的定价行为

政府的价格行为包括政府定价行为和政府指导价行为两种。

(一)政府指导价和政府定价的范围

政府指导价和政府定价的范围包括:(1)与国民经济和人民生活关系重大的极少数商品价格;(2)资源稀缺的少数商品价格;(3)自然垄断经营的商品价格;(4)重要的公用事业价格;(5)重要的公益性服务价格。

(二)政府指导价、政府定价的制定

1. 政府指导价、政府定价的制定依据

政府指导价、政府定价的依据包括有关商品或者服务的社会平均成本、市场供求状况、国民经济与社会发展需求和社会承受能力等方面。(1)有关商品或者服务的社会平均成本;(2)市场供求状况;(3)国民经济与社会发展需求;(4)社会承受能力。指社会各方对出现在市场上的价格的承受和接受能力,即市场上的购买者实际的购买能力。

2. 实行合理的差价体系

差价指同一商品由于流通环节、购销地区、季节之间的不同,而形成的不同价格之间的差额。

差价体系是价格体系的一部分,价格法规范范围内的四种差价是:(1)购销差价。指同一商品在同一市场、同一时间内,购进价格和销售价格之间的差额。(2)批零差价。指同一商品在同一市场、同一时间内,批发价格和零售价格之间的差额。(3)地区差价。指同一种商品、同一时间,在不同地区的价格差额。(4)季节差价。指同一商品在同一市场的不同时间的价格差额。

(三)制定政府指导价、政府定价的程序

政府价格主管部门或其他有关部门制定政府指导价、政府定价,应当开展价格成本调查,听取消费者、经营者和有关方面的意见。当政府价格主管部门开展价格成本调查时,有关单位应如实反映情况,提供必要的账簿、文件及其他有关资料。制定关系群众切身利益的公用事业价格、公益性服务价格、自然垄断经营的商品价格等政府指导价、政府定价时,应当建立听证会制度,由政府价格主管部门主持,征求消费者、经营者和有关方面的意见,论证其必性要、可行性。政府指导价、政府定价制定后,由制定价格的部门向消费者、经营者公布。

四、价格总水平调控

《价格法》规定,稳定市场价格总水平是国家重要的宏观经济政策目标。

(一)价格宏观调控的目标和手段

《价格法》指出:“稳定市场价格总水平是国家重要的宏观经济政策目标。国家根据国

民经济发展的需要和社会承受能力,确定市场价格总水平调控目标,列入国民经济和社会发展计划,并综合运用货币、财政、投资、进出口等方面的政策与措施予以实现。”

价格水平又称物价水平,它是价格的动态反映,按其范围不同,可分为单个商品价格水平、分类商品价格水平和价格总水平。价格总水平又称为物价总水平,指一个国家在一定时期内全部商品价格变动的平均和综合,或者说是一个国家一定时期内各种商品价格的综合平均水平。对价格总水平实施调节和控制,防止其剧烈波动,是国家进行宏观经济调控的重要目标,也是价格管理的核心内容。

为实现对价格总水平的有效调控,调控价格总水平应尽量采用经济手段,依法通过货币政策手段合理调节投资需求,通过进出口政策和手段调剂余缺,通过财政政策和措施控制收支。通过各种手段保持国内总供给和总需求的平衡以及重要的结构平衡,就可以达到预期的价格总水平调控目标。考虑到某些重要商品对国民经济和人民生活影响极大,而这些商品的生产和供给又可能出现不稳定状况,《价格法》规定:“政府可以建立重要商品的储备制度,设立价格调节基金,调控价格,稳定市场。”储备制度的功能在于当市场出现重大的供求不平衡时,通过吞吐储备商品,平衡供求。价格调节基金的功能在于当价格出现较大波动时通过调动基金,以平衡价格。通过两项制度的建立,政府就可避免一些重要商品因意外事件、自然灾害、季节变化等特殊因素变化造成的价格短期波动,从而有效地调控价格,稳定市场。

为适应价格调控和管理的需要,政府价格主管部门建立了价格监测制度,对重要商品、服务价格的变动进行监测,从而为正确采取调控措施提供了有利的基础。

(二)政府对价格的干预及紧急措施

调控价格主要用经济手段,但在特殊情况下,也不排斥必要的行政手段的调节。《价格法》规定:政府在粮食等重要农产品的市场购买价格过低时,可以在收购中实行保护价格,并采取相应的经济措施保证其实现;当重要商品和服务价格显著上涨或者有可能显著上涨时,国务院和省、自治区、直辖市人民政府可以对部分价格采取限定差价率或者利润率,规定限价,实行提价申报制度和调价备案制度等干预措施。省、自治区、直辖市人民政府采取前款规定的干预措施,应当报国务院备案。

此外,当市场价格总水平出现异常状态时,国务院可在全国范围内或部分区域内采取临时集中定价权限,部分或全面冻结价格的紧急措施。

以上干预和紧急措施不是永久性的,当引起上述措施的情形消除之后,应及时解除干预措施、紧急措施。

五、价格监督检查

(一)价格监督检查的形式

我国的价格监督主要有以下三种:

1. 政府监督。指政府价格主管部门,依据价格法赋予的职权进行的价格监督行为。

2. 社会监督。指消费者组织、职工价格监督组织、居民委员会、村民委员会等组织以及消费者对价格行为所进行的监督。

3. 舆论监督。指新闻单位对价格活动所进行的监督。

(二)价格监督检查的机构及其职责

价格监督的执法主体是县级以上的各级人民政府的价格主管部门。根据《价格法》,政府价格主管部门进行价格监督检查时,可以行使下列职权:

1. 询问当事人或者有关人员,并要求其提供证明材料和与价格违法行为有关的其他资料。

2. 查询、复制与价格违法行为有关的账簿、单据、凭证、文件及其他资料,核对与价格违法行为有关的银行资料。

3. 检查与价格违法行为有关的财物,必要时可责令当事人暂停相关营业。

4. 在证据可能灭失或者以后难以取得的情况下,可以依法先行登记保存,当事人或者有关人员不得转移、隐匿或者销毁。

此外,在价格监督检查中监督检查者和经营者负有以下职责:

1. 经营者接受政府价格主管部门的监督检查时,应当如实提供价格监督所必需的账簿、单据、凭证、文件及其他有关资料。

2. 政府部门价格工作人员不得将依法取得的资料或者了解的情况用于依法进行价格管理以外的任何其他目的,不得泄露当事人的商业秘密。

(三)社会监督与舆论监督

在实践中,价格违法行为较为隐蔽。为使监督检查工作能充分有效,单靠价格主管部门的工作远远不够,除此之外,还应有其他社会组织进行社会监督和舆论监督。

(四)价格违法行为的举报制度

为使价格监督检查工作具有更大的群众性基础。《价格法》对建立价格违法举报制度作出如下规定:

1. 政府价格主管部门应建立对价格违法行为的举报制度。

2. 任何单位和个人均有权对价格违法活动进行举报。政府价格主管部门应对举报者给予鼓励,并负责为其保密。

(五)价格听证制度

1. 听证制度的确立和发展

听证制度在我国的发展时间并不是很长,最早规定听证的是 1996 年 3 月 17 日八届全国人大四次会议通过的《中华人民共和国行政处罚法》。这部法律第一次以法律形式确立了我国行政处罚中的听证程序,是对行政程序的完善和行政法发展的突破。该法规定:“行政机关作出责令停产停业、吊销许可证或者执照、较大数额罚款等行政处罚决定之前,应当告知当事人有要求举行听证的权利;当事人要求听证的,行政机关应当组织听证。”行政处罚法使听证制开始在我国正式确立,但其适用范围十分有限,仅限于行政法领域,且仅限于行政法的行政处罚领域,甚至仅限于行政法的行政处罚领域中的吊销企业证照、责令停产停业、较大数额罚款中这一小部分。

《价格法》第二十三条规定:“制定关系群众切身利益的公用事业价格、公益性服务价格、自然垄断经营的商品价格等政府指导价、政府定价时,应当建立听证会制度,由政府价格主管部门主持，征求消费者、经营者和有关方面的意见，论证其必要性、可行性。”《中华人民共和国立法法》规定：在起草法律、行政法规时，可采取听证会的形式。2018 年 12 月 10 日国家发展和改革委员会发布了《政府制定价格听证办法》对有关问题进一步予以明确。

2. 价格听证制度的核心要义

(1) 价格听证的含义

价格听证是指制定实行政府指导价或政府定价的重要商品或服务价格前，由政府价格主管部门组织社会有关方面，对制定价格的必要性、可行性进行论证的活动。

(2) 价格听证的意义

促进经济民主，促进价格决策的科学化，防止垄断行业的不正当定价行为，保护消费者利益。

3. 价格听证的范围

《价格法》第二十三条规定，《政府价格决策听证暂行办法》第三条规定，两种情形：(1) 中央和地方定价目录中关系群众切身利益的公用事业价格、公益性服务价格和自然垄断经营的商品价格；(2) 制定听证目录以外的关系群众切身利益的其他商品和服务价格，政府价格主管部门认为有必要的，也可以实行听证。

4. 价格听证的内容

《价格法》规定主要为所要制定的政府指导价与政府定价的必要性、可行性，具体包括政府指导价与政府定价是否合理，是否切合实际，是否符合国家利益和广大人民群众的利益等内容。

5. 价格听证的形式：听证会。听证会的参加者包括经营者代表、消费者代表、政府有关部门代表，以及相关的经济、技术、法律等方面的专家。

6. 价格听证的程序：由政府价格主管部门组织召集社会有关方面召开听证会。听证会代表在听证会上对定价方案和有关评审机构的评审依据及意见进行论证；7 天后，政府价格主管部门整理出听证纪要，送请听证会代表审核签字。当有 51%的听证会代表不同意定价方案或者对定价方案有较大分歧、难以确定时，价格决策部门将协调有关部门调整定价方案，或由政府价格主管部门再次组织听证。

第三节 价格法律责任

一、经营者的法律责任

经营者的法律责任主要有罚款、责令改正、没收违法所得、吊销营业执照等。

二、政府及其部门的法律责任

政府及其他部门的法律责任包括责令改正、通报批评、行政处分等。

三、价格工作人员的法律责任

价格工作人员在价格执法过程中泄露国家秘密、商业秘密，以及滥用职权、徇私舞弊、玩忽职守、索贿受贿，构成犯罪的，依法追究刑事责任；尚不构成犯罪的，依法给予行政处分。

【相关法条】

1.《中华人民共和国价格法》。《价格法》已由中华人民共和国第八届全国人民代表大会常务委员会第二十九次会议于1997年12月29日通过,自1998年5月1日起施行。

2.《政府制定价格听证办法》。经国家发展和改革委员会主任办公会审议通过,2018年12月10日发布,自2019年1月10日起施行。

【价格纠纷裁判规则】

【基本案情】某公司的经营范围是物业管理、房屋租赁、停车场经营等。陈某浩是某盛华庭住宅小区(下称:某盛华庭)的业主。某盛房地产公司为案涉楼盘某盛华庭的开发商。2016年4月27日,陈某浩与某盛房地产公司签订楼房认购协议书,向某盛房地产公司购买位于某盛华庭×栋×梯×号房,建筑面积114.31平方米,房产证面积是阳台折半计算,并约定某盛华庭物业管理费、住宅按购房面积暂定每月每平方米1.3元收费,以后收费标准按政府部门审定(包括电梯、点灯等),高压水泵电费每户套房每月由小区物业管理公司分摊收取电费10元。2016年10月7日,双方签订"商品房买卖合同",约定陈某浩向某盛房地产公司购买位于某盛华庭(第一期)第×栋×梯×号房,建筑面积108.52平方米。2017年3月30日,陈某浩取得房屋产权证书:粤(2017)海丰县不动产权第0××2号,为陈某浩单独所有,房屋建筑面积108.52平方米。2018年7月12日双方签订某物业管理协议,某物业公司自2018年1月9日接手某盛华庭物业管理服务,并按合同约定向各业主收取物业管理费和水费。陈某浩于2019年1月起至2021年8月的物业管理费和2019年1月起至2020年5月的水费没有缴纳,2021年8月22日某物业公司向陈某浩发出缴费通知,陈某浩仍未缴纳物业管理费和水费。某物业公司因向陈某浩催收物业管理费和水费未果。

【裁判规则】关于陈某浩应付的物业费数额。依据《价格法》第十二条"经营者进行价格活动,应当遵守法律、法规,执行依法制定的政府指导价、政府定价和法定的价格干预措施、紧急措施"的规定,和2019年5月16日该县发展和改革局作出批复,"物业服务收费在业主委员会成立之前实行政府指导价。物业服务收费(按法定产权面积)按照每月每平方米1.3元收费,不得上浮,下浮不限。已包含住宅小区物业服务区域内道路、设备设施和二次供水服务用电"。虽然《物业管理协议》中有关于加收高压泵耗电费10元的约定,但该约定超过了该县发展和改革局关于某盛华庭住宅小区物业服务收费的指导价标准,亦违反了《价格法》第十二条的规定,故某物业公司起诉提出在每月物业费中加收10元高压泵耗电费的主张,本院不予支持。一审法院认定陈某浩应支付每月10元的高压泵耗电费有误,本院予以纠正。据此,陈某浩每月应缴纳的物业费为1.3元/平方米×108.52平方米=141.08元,某物业公司诉求2019年1月至2021年8月共计32个月的物业费应为141.08元/月×32个月=4 514.56元。

【案号】广东省汕尾市中级人民法院〔2022〕粤15民终107号。

2. 周某元、湖南某信息科技有限公司等合同纠纷

【基本案情】2017年5月,周某元因购买某世纪公园×栋×单元×号房屋,在富基营销

中心向湖南某信息科技有限公司和湖南某置业有限公司支付服务费 8 000 元，湖南某信息科技有限公司和湖南某置业有限公司承诺 8 000 元抵扣 30 000 优惠，但是湖南某信息科技有限公司和湖南某置业有限公司并未向周某元提供任何服务，也未给予周某元任何价格优惠。湖南某信息科技有限公司和湖南某置业有限公司通过收取服务费的形式，恶意违背政府对房地产价格的备案制度，已经严重侵害了周某元的合法权益，周某元曾多次要求湖南某信息科技有限公司和湖南某置业有限公司返还服务费，但均无果。

【裁判规则】湖南某信息科技有限公司和湖南某置业有限公司对于案涉房屋的备案价应为明知，但在销售时却以与备案价相同的价格进行销售，可知湖南某信息科技有限公司和湖南某置业有限公司并无为周某元提供所谓优惠活动的主观意思表示，且湖南某信息科技有限公司和湖南某置业有限公司收取周某元服务费的行为，违反了《中华人民共和国价格法》第十三条有关销售商品应当明码标价和不得在标价之外加价出售商品的强制性规定，亦违反了上述国家和地方政府及政府相关部门对房地产市场调控政策的规定，该行为违反了社会公共利益，应被认定为无效民事行为，原、被告双方因收取案涉服务费形成的服务合同应为无效合同。

【案号】湖南省长沙市望城区人民法院〔2021〕湘 0112 民初 10346 号。

3. 方某派、某品牌农林科技有限公司网络购物合同纠纷

【基本案情】方某派于 2016 年 4 月 21 日在某品牌的网络旗舰店购买了 91 瓶该品牌“秦岭天然野生核桃油 200 mL×1 瓶冷榨食用核桃油”，交易详情标注的价格 198 元，促销价 109 元，付款 9 889 元。涉案商品于 2015 年 6 月 20 日在同一销售平台售价为 84 元。涉案商品产品标识上 QS 的分类为 0201 的普通食品，在产品外包装正面印有婴幼儿戴博士帽的图形并配有“聪明宝宝”字样，并在产品说明中有“是孕妇、婴幼儿、学生等人群的天然健康食用油。”方某派认为涉案商品标注 198 元，限时特惠 109 元的标价方式和优惠 89 元的促销价格手段依法构成欺诈，应当依《中华人民共和国消费者权益保护法》第五十五条承担退一赔三民事责任。

【裁判规则】《中华人民共和国价格法》第十四条第一款第（四）项规定，“经营者不得有下列不正当价格行为……（四）利用虚假的或者使人误解的价格手段，诱骗消费者或者其他经营者与其进行交易”国家发展改革委颁布的《禁止价格欺诈行为的规定》第七条规定：“经营者收购、销售商品和提供有偿服务，采取下列价格手段之一的，属于价格欺诈行为：（一）虚构原价，虚构降价原因，虚假优惠折价，谎称降价或者将要提价，诱骗他人购买的……”国家发展改革委《关于〈禁止价格欺诈行为的规定〉有关条款解释的通知》（发改价监〔2015〕1382 号）第二条规定：“《规定》第七条第（一）项所称‘虚构原价’，是指经营者在促销活动中，标示的原价属于虚假、捏造，并不存在或者从未有过交易记录……前款所称‘原价’是指经营者在本次促销活动前七日内在本交易场所成交，有交易票据的最低交易价格；如果前七日内没有交易，以本次促销活动前最后一次交易价格作为原价”。本案中，涉案商品销售页面中标注了价格为 198 元，优惠价为 109 元，但该公司未能提交证据证明 198 元的价格为涉案商品在促销活动前七日内在同一交易场所成交的最低交易价格，或该此促销活动前最后一次交易价格。根据上述规定，该公司的涉案销售行为已构成价格欺诈。

【案号】广东省深圳市中级人民法院〔2018〕粤 03 民终 1769 号。

【诊所式案例分析】

【基本案情】2017 年 4 月 1 日,肖某林和李某华因购买某世纪公园×栋×号房屋,在某营销中心向某房地产经纪有限公司和某置业有限公司支付服务费 8 000 元,长沙某房地产经纪有限公司和某置业有限公司承诺 8 000 元抵扣 30 000 元优惠,但长沙某房地产经纪有限公司和某置业有限公司并未向肖某林和李某华提供任何服务,也未给予肖某林和李某华任何价格优惠。法院查明,2017 年 4 月 1 日,长沙某房地产经纪有限公司向肖某林和李某华收取了 8 000 元服务费,出具了服务费收据。2017 年 5 月 10 日,肖某林和李某华李爱华与置业有限公司签订了长沙市望城区商品房买卖合同,合同约定肖某林和李某华李爱华购买置业有限公司开发的某世纪公园项目×栋×号房屋,房屋单价为 6 661. 82 元/平方米,总价为 942 447 元,肖某林和李某华根据购房合同约定支付了全部购房款。另查明,该栋房屋销售时采取了交 8 000 抵 30 000 元的优惠活动。庭审中,某置业有限公司陈述案涉房屋备案价格与合同成交价格一致。肖某林和李某华认为,某房地产经纪有限公司和某置业有限公司通过收取服务费的形式,恶意违背政府对房地产价格的备案制度,严重损害了肖某林和李某华的合法权益,遂向法院提起诉讼。

【裁判规则】《中华人民共和国价格法》第十三条第一款“经营者销售、收购商品和提供服务,应当按照政府价格主管部门的规定明码标价,注明商品的品名、产地、规格、等级、计价单位、价格或者服务的项目、收费标准等有关情况。”;第十三条第二款“经营者不得在标价之外加价出售商品,不得收取任何未予标明的费用”。2017 年 4 月 1 日,中华人民共和国住房和城乡建设部、中华人民共和国国土资源部联合下发《住房城乡建设部国土资源部关于加强近期住房及用地供应管理和调控有关工作的通知》(建房〔2017〕80 号)“二、科学把握住房建设和上市节奏……(五)加强商品住房项目预售管理。住房供求矛盾突出、房价上涨压力大的城市,对具备预售条件拖延上市、变相捂盘的项目,要严肃查处。落实房地产成交价格申报制度,严格执行明码标价、一房一价制度。加强商品住房项目预售价格管理,督促房地产企业合理定价。”。2017 年 3 月 20 日,长沙市发展和改革委员会、长沙市住房和城乡建设委员会联合下发《关于进一步规范我市商品房销售价格行为的通知》(长发改价控〔2017〕96 号):“房地产开发企业在取得预售许可后 10 日内须一次性公开全部销售房源对外销售,并在公开销售后 24 小时之前,按照‘一套一标’的方式明码标价,标示价格需与监制价格保持一致,且成交价格不得高于标示价格。房地产开发企业在销售前应完善经营场所的房屋销售信息公示栏及长沙市商品房预售系统有关房屋价格信息。”本案中,肖某林和李某华李爱华与被告某置业有限公司就案涉某世纪公园项目×栋×号房屋的买卖合同成交价格与该房屋在住建部门的备案价格一致,肖某林和李某华并没有享受到额外的交 8 000 元抵 30 000 元的优惠活动,且庭审查明该 8 000 元不包括在房款里,收款方尚同家有公司亦没有提供其有权收取该服务费的其他合法依据,故肖某林和李某华主张的案涉服务费 8 000 元应当予以返还。被告抗辩肖某林和李某华已实际享受交 8 000 元抵 30 000 元的优惠,但依据成交价格与一房一价备案价一致的情况可知,被告所谓的折扣前的价格,其高出备案价的部分属于在备案的房屋价格基础上收取额外费用的行为,违反了《中华人民共和国价格法》第十三条有关销售商品应当明码标价和不得在标价之外加价出售商品的强制性规定,亦违反了上述国家和地方政府及政府相关部门对房地产市场调控政策的规定,该定价行为违反了社会公共利益,应被认定为无效民事行为,故该定价不能作为折扣前的基础房屋价格。

【案号】湖南省长沙市望城区人民法院〔2021〕湘0112民初9696号。

【练习题】

一、简答题

1. 价格法与反不正当竞争法的关系是怎样的?
2. 我国价格听证制度不完善的地方有哪些?
3. 我国对价格总水平的调控手段和方法是怎样的?
4. 简述特殊商品专卖制度。

二、论述题

请结合实践论述我国的价格听证制度。

三、案例分析题

2021年11月,张某到水果市场买水果,看见某水果摊的西瓜旁插着个硬纸板,上面写着"一元三斤",于是上前询问价钱,老板赵某说"上面不是写得清清楚楚吗?一元三斤。"张某遂要了10斤。付账时赵某非要13元。张某问:"不是三斤卖一块钱吗?"赵某气急败坏地说:"你没看见?一块三—— 一斤,十斤十三块,少一分也不行!"张某此时要求退货,赵某坚决不同意,并要打人。张某无奈,只得付了13元。张某走出水果摊马上向工商所举报了此事,工商所遂派人前来查处。

请回答:

(1)根据《价格法》的规定,赵某在定价时应当遵循哪些原则?

(2)赵某的行为属于什么行为?是否违反《价格法》的规定?为什么?

(3)工商所对赵某的行为应该采取什么措施?张某可以采取哪些方法维护自己的权利?

【参考资料】

[1] 田燕苗.价格法解析[M].北京:科学普及出版社,1998.
[2] 尹少成.价格听证制度研究:行政法与经济法学的双重视角[M].北京:中国政法大学出版社,2017.
[3] 李亚,李富成.价格听证指南[M].北京:中国经济出版社,2010.
[4] 唐要家.价格合谋的反垄断政策研究[M].北京:中国社会科学出版社,2011.

第十八章　对外贸易法

【教学目标】

通过学习本章了解对外贸易的概念、分类及其作用；理解我国对外贸易法的基本原则，货物进出口和技术进出口管理；掌握国际服务贸易的基本准则、对外贸易秩序和对外贸易救济措施。

【教学要点和教学进程】

一、对外贸易法概述

通过对对外贸易的概念和分类的阐述，帮助学生了解对外贸易在经济发展中的作用，进而分析对外贸易法的含义，帮助学生来了解我国对外贸易法的立法现状。

我国对外贸易法的原则主要有实行统一的对外贸易制度；依法维护公平的、自由的外贸秩序的原则；鼓励发展对外贸易，发挥地方积极性，保障对外贸易经营者的经营自主权的原则；平等互利的原则。学生应重点理解这些原则的具体内涵。

二、对外贸易法律关系

首先在阐述对外贸易法律关系的概念的基础上，分析对外贸易法律关系主体的含义，使学生了解对外贸易经营者的权利和义务。然后介绍我国的对外贸易管理机构及其职能，使学生了解对外贸易的管理部门。

三、货物进出口与技术进出口管理

首先简单介绍我国限制或禁止进出口的货物、技术，进而阐述进出口货物许可制度和进出口配额制度。使学生了解哪些货物或技术被闲置或禁止进出口，同时要掌握我国的进口货物许可制度和进出口配额制度。

四、国际服务贸易

通过对国际服务贸易含义的阐述，帮助学生理解我国对外贸易法对国际服务贸易的基本规定，同时明确服务贸易总协定的基本内容。

五、对外贸易秩序

通过对外贸易经营者的活动准则的分析，帮助学生理解维护对外贸易秩序的重要意义。

六、对外贸易调查和救济

在阐述对外贸易调查含义和内容的基础上，帮助学生了解对外贸易调查的启动和裁决，理解对外贸易调查当事人的权利和义务，进而掌握对外贸易的救济措施，包括反倾销、反补贴、保障措施和其他救济措施，学生应理解这四种措施的具体内涵和法律适用。

【教学重点和难点】

教学重点：对外贸易的概念、分类及其作用；我国对外贸易法的概念和基本原则；对外贸易法律关系及其主体的概念；我国的对外贸易管理机构及其职能；对外贸易经营者的权利和义务；国家限制或禁止进出口的货物、技术；进出口货物许可证制度；我国的进出口配额制度；国际服务贸易的规则；对外贸易法对国际服务贸易的规定；对外贸易经营者的经营活动资格；反倾销和反补贴制度。

教学难点：我国对外贸易法基本原则；对外贸易经营者的权利和义务；进出口货物许可证制度；我国的进出口配额制度；国际服务贸易的规则；对外贸易法对国际服务贸易的规定；反倾销和反补贴制度。

【教学手段和方法】

讲授法、案例分析法。在讲授过程中注意结合案例，通过设问与提问，引导学生思考，从而帮助学生加深理解学习内容，提高理论思维能力。

第一节　对外贸易法概述

一、对外贸易和对外贸易法的概念

（一）对外贸易的概念和分类

1. 对外贸易的概念

对外贸易是指一个国家或者地区与其他国家或者地区之间所进行的商品与服务的交换活动。《中华人民共和国对外贸易法》（以下简称《对外贸易法》）所指的对外贸易包括货物进出口、技术进出口和国际服务贸易。

2. 对外贸易的作用

对外贸易不仅把商品生产发展很高的国家互相联系起来，而且通过对外贸易使生产发展水平低的国家和地区也加入交换领域中来，使作为一般等价物的货币深入各国家的经济生活中，使这些国家和民族的劳动产品日益具有商品和交换价值的性质，价值规律逐渐支配了他们的生产。随着各国的商品流通发展成为普遍的、全世界的商品流通，作为世界货币的黄金和白银的职能增长了。黄金和白银除去具有货币一般购买手段之外，还被用来作为国际支付、国际结算与国际信用的手段。随着黄金、白银变成世界货币，产生了形成商品世界价格的可能性。世界价格的形成,表示价值规律的作用扩大到世界市场,为各国商品的生产和交换条件进行比较建立了基础,促进了世界生产和贸易的发展。

通过对外贸易,参与国际分工,节约社会劳动,不但使各国的资源得到最充分的利用,而且还可以保证社会再生产顺利进行,加速社会扩大再生产的实现。具体而言,对外贸易具有以下四个方面的作用:第一,发展对外贸易,可以互通有无,调剂余缺,调节资源的优化配置。第二,发展对外贸易,可以节约社会劳动,取得较好的经济效益。第三,发展对外贸易,可以吸收和引进当代世界先进的科学技术成果,增强本国的经济实力。第四,发展的对外贸易,接受国际市场的竞争压力和挑战,可以促进国内企业不断更新技术,提高劳动生产率和产品的国际化水平。

(二)对外贸易法的概念

对外贸易法是指在调整对外贸易活动中形成的对外贸易管理关系和对外贸易合作关系的法律规范的总称。

二、对外贸易法的立法目的

为了扩大对外开放,发展对外贸易,维护对外贸易秩序,保护对外贸易经营者的合法权益,促进社会主义市场经济的健康发展。

三、对外贸易法的基本原则

1. 实行统一的对外贸易制度,依法维护公平的、自由的外贸秩序的原则;
2. 鼓励发展对外贸易,发挥地方积极性,保障对外贸易经营者的经营自主权的原则;
3. 平等互利的原则;
4. 对等原则和最惠国、国民待遇原则。

第二节 对外贸易法律关系

一、对外贸易法律关系的概念

对外贸易法律关系是根据《对外贸易法》的规定所发生的权利和义务关系。

二、对外贸易法律关系的主体

对外贸易法律关系主体是指依法参加对外贸易管理和合作活动,享有对外贸易权利,承担对外贸易的当事人。

国务院对外贸易主管部门依照本法主管全国对外贸易工作,目前对外贸易管理机构是商务部。

从事货物进出口或者技术进出口的对外贸易经营者,应当向国务院对外贸易主管部门或者其委托的机构办理备案登记;但是,法律、行政法规和国务院对外贸易主管部门规定不需要备案登记的除外。备案登记的具体办法由国务院对外贸易主管部门规定。

三、对外贸易经营者的权利和义务

1. 对外贸易经营者的法律地位

对外贸易经营者，是指依法办理工商登记或者其他执业手续，依照本法和其他有关法律、行政法规的规定从事对外贸易经营活动的法人、其他组织或者个人。

2. 对外贸易经营者的权利和义务

(1)经部委认证的大型工业企业，自营进出口权实行登记备案制。

(2)依法登记注册、资本属于私人所有或私人资本控股的生产性企业或科研机构，符合条件经申请并经审批可以获得自营进出口权。

第三节　货物进出口与技术进出口管理

一、国家限制或禁止进出口的货物、技术

国家基于下列原因，可以限制或者禁止有关货物、技术的进口或者出口：(一)为维护国家安全、社会公共利益或者公共道德，需要限制或者禁止进口或者出口的；(二)为保护人的健康或者安全，保护动物、植物的生命或者健康，保护环境，需要限制或者禁止进口或者出口的；(三)为实施与黄金或者白银进出口有关的措施，需要限制或者禁止进口或者出口的；(四)国内供应短缺或者为有效保护可能用竭的自然资源，需要限制或者禁止出口的；(五)输往国家或者地区的市场容量有限，需要限制出口的；(六)出口经营秩序出现严重混乱，需要限制出口的；(七)为建立或者加快建立国内特定产业，需要限制进口的；(八)对任何形式的农业、牧业、渔业产品有必要限制进口的；(九)为保障国家国际金融地位和国际收支平衡，需要限制进口的；(十)依照法律、行政法规的规定，其他需要限制或者禁止进口或者出口的；(十一)根据我国缔结或者参加的国际条约、协定的规定，其他需要限制或者禁止进口或者出口的。

二、进出口货物许可制度

1. 进出口许可证管理

进出口许可证管理是指由商务部或由商务部会同国务院其他有关部门，依法制定并调整进出口许可证管理目录，以签发进出口许可证的方式对进出口许可管理目录中的商业实行的行政许可管理。其隶属于国家限制进出口管理范围，可分为进口许可证和出口许可证。

2. 进口货物许可制度

进口许可证制度是指一国为加强对外贸易管制，规定某些商品的进口需由进口商向进口国有关当局提出申请，经过审查批准获得许可证后方可进口的一种制度。

进口许可证制度是国际贸易中的数量限制措施，作为一种非关税措施，是各国管制贸易特别是进口贸易的常用作法。1947 年关贸总协定第十一条在“数量限制的一般取消”的标题下，规定各缔约方不得以进出口许可证来限制或禁止产品的进出口。这一措辞表明：关贸总协定并不是绝对禁止和取消进口许可证(事实上也不可能)，只是要求不能将进口许

可证作为限制或禁止国际贸易的行政手段。关贸总协定第十一条和其他有关条文规定的种种例外充分证明了这一点。可见,国家的进口许可证手续具有两重性:一方面它的合理、适当使用对于维持一国的对外贸易秩序和经济发展具有积极的意义,如为国家贸易统计和国际收支平衡等目的而规定的许可证手续;另一方面它的滥用又会阻碍国际贸易正常流向,构成一种非关税壁垒。

3. 出口货物许可制度

国家对限制出口的货物实行出口许可证管理。商务部是全国出口许可证的归口管理部门,负责制定出口许可证管理办法及规章制度,监督、检查出口许可证管理办法的执行情况,处罚违规行为。商务部会同海关总署制定、调整和发布年度《出口许可证管理货物目录》。

出口许可证包括出口配额许可证和出口许可证。凡实行出口配额许可证管理和出口许可证管理的货物,对外贸易经营者应当在出口前按规定向指定的发证机构申领出口许可证,海关 凭出口许可证接受申报和验放。2005 年实行出口许可证管理的 47 种货物,分别实行出口配额许可证、出口配额招标和出口许可证管理。

三、进出口配额制度

1. 配额的概念和种类

配额的概念和种类:配额是指对一种商品每年能够进口的数量所施加的限制。配额有广义和狭义之分。从广义上说,配额是对有限资源的一种管理和分配,是对供需不等或者各方不同利益的平衡。例如,当某地旅游或者移民需求过旺时,采取配额制度可以缓解这种压力;当某种产品供不应求时,实行配额制可以调节不平衡;等等。其结果会形成不公平竞争。狭义的配额是指在国际贸易范畴内的定义,即一国(地区)为了保护本国产业不因进口产品过量而受损害,或者为了防止本国(地区)产品过度出口而主动或者被动地控制产品进出口数量或者价格。配额根据不同的标准可以划分为不同的种类,包括但不限于绝对配额与相对配额,关税配额与非关税配额,主动配额与被动配额等。

2. 我国的进出口配额管理

(1)进口商品管理制度

根据《对外贸易法》的规定,国家对限制进口的商品实行配额或者许可证管理。在一般贸易的进口中,对实行配额、许可证管理的商品,进口企业需凭政府主管部门签发的配额证明到指定的发证机构申领进口许可证。

(2)出口商品管理制度

①国家实行配额许可证管理的出口商品范围。对关系国计民生的大宗资源性出口商品以及在我国出口中占有重要地位的大宗过境出口商品,实行计划配额管理,品种为 38 种。

②出口许可证管理。在我国计划配额、主动配额和一般许可管理的出口商品都实行出口许可证管理。出口许可证管理商品的品种共 114 种。

③出口商品经营管理。计划配额商品中的 16 种特别重要的出口商品,由国家组织统一联合经营。

④实行出口配额招标。目前实行出口商品配额招标或有偿招标与有偿使用相结合的商品达 33 种,实行无偿招标的机电产品有 3 种。

第四节　国际服务贸易

一、国际服务贸易概述

(一) 国际服务贸易的内涵

国际服务贸易狭义的概念是指传统的为国际货物贸易服务的运输、保险、金融以及旅游等无形贸易。而广义的概念还包括现代发展起来的、除了与货物贸易有关的服务以外的新的贸易活动,如承包劳务、卫星传送和传播等。具体来说,国际服务贸易(International service trade)是指服务提供者从一国境内通过商业现场或自然人现场向消费者提供服务,并获取外汇收入的过程。狭义的国际服务贸易指发生在国家之间的服务输入和输出活动。广义的包括有形的劳动力的输出输入和无形的提供者与使用者在没有实体接触的情况下的交易活动。

(二) 国际服务贸易的内容

国际服务贸易的内容包括(1)国际运输;(2)国际旅游;(3)跨国银行、国际融资公司及其他金融服务;(4)国际保险和再保险;(5)国际信息处理和传递、电脑及资料服务;(6)国际咨询服务;(7)建筑和工程承包等劳务输出;(8)国际电讯服务;(9)广告、设计、会计管理等项目服务;(10)国际租赁;(11)维修与保养、技术指导等售后服务;(12)国际视听服务;(13)教育、卫生、文化艺术的国际交流服务;(14)商业批发与零售服务;(15)其他官方国际服务等。

国际服务贸易可分为国际追加服务和国际核心服务两大类。国际追加服务指随附商品实体出口而提供的追加劳务。国际核心服务是为消费者单独购买,能为消费者提供核心效用的服务。

二、服务贸易的国际准则

《服务贸易总协定》是关贸总协定乌拉圭回合谈判达成的第一套有关国际服务贸易的具有法律效力的多边协定。于 1995 年 1 月正式生效。其宗旨是在透明度和逐步自由化的条件下扩大服务贸易,并促进各成员的经济增长和发展中国家服务业的发展。包括序言和 6 个部分共 29 个条款、8 个附录、8 项部长会议决定。首次为国际服务贸易提供了一套初步的总体规则框架,是国际服务贸易迈向自由化的重要里程碑,该协议同时将原则性与灵活性有机结合起来,并给予发展中国家适当照顾,有利于各国在服务贸易方面的合作和交流。

1.《服务贸易总协定》的适用范围

适用于各成员采取的影响服务贸易的各项政策措施,包括中央政府、地区或地方政府及其授权行使权力的非政府机构所采取的政策措施。

2.《服务贸易总协定》的基本原则

(1) 自由化原则

从世界贸易组织协定生效之日起不迟于 5 年内,所有成员方应就旨在使服务贸易自由化逐步达到较高水平问题进行连续的多轮谈判,并在以后定期举行。这些谈判应引向为减少或取消对服务贸易的各项措施在有效进入市场方面的不利影响;自由化的进程,应取决于各成员方相应的国家政策目标以及各成员方包括它的整体和个别服务部门的发展水平,对各个发展中国家成员方在少开放一些部门、放宽较少类型的交易和逐步扩大市场准入等方面,应根据它们的发展情况给予适当的灵活性,并当其有可能向外国服务提供者给予市场准入时,把重点放在这种准入条件方面;通过每一回合的双边或多边谈判,应使服务贸易逐步自由化的进程有所推进。

(2)最惠国待遇

最惠国待遇是指世界贸易组织每一成员方,对于任何其他成员的服务和服务提供者,应立即和无条件地给予不低于其给予任何其他各成员方同类的服务和服务提供者的待遇。其实质是保证市场竞争机会均等。

(3)国民待遇原则

国民待遇原则是指平等对待外国人和本国国民,即在外国产品进入本国市场之后给予进口产品和国内产品以平等待遇。同样的原则也应适用于外国和本国的服务以及外国和本国的商标、版权和专利。这意味着只要不对外国的服务与服务提供者造成歧视,就符合国民待遇原则。

(4)透明度原则

透明度原则是指条款规定,除紧急情况外,每一成员方应迅速、最迟应在措施生效之时,公布所有普遍适用的有关或影响本协定运用的措施。一成员方签署的有关或影响服务贸易的国际协定也应予以公布;并规定应至少一年一度地对本国新法规或现存法规的修改作出说明介绍,并要求各成员建立一个或多个咨询点,以便尽快回答其他成员的询问。

(5)发展中国家更多地参与原则

发展中国家更多的参与原则是指为使发展中国家能在世界服务贸易中更多地参与,在市场准入方面,发展中国家可以有一定的灵活性。在商业性技术的获得以及市场信息资料的获得等方面,发展中国家还可以从发达国家那里获得一定的帮助。这一原则对发展中国家具有积极意义。发展中国家可利用这一条款原则要求发达国家更多地开放市场,特别是发展中国家占优势的劳动密集型产业,同时发展中国家可以合法的使用一些增强其服务能力的措施,如要求外国的服务提供者转让技术、协助管理等。

(6)市场准入原则

市场准入原则是指一国允许外国的货物、劳务与资本参与国内市场的程度,是国家通过实施各种法律和规章制度对本国市场向外开放程度的一种宏观控制。此原则允许缔约方根据发展水平,在一定的期限内,逐步开放市场,最终实现贸易自由化。市场准入是一个渐进的过程。其目的是向外国商人提供一个有益于鼓励贸易、投资和创造就业的商业环境。市场准入原则要求缔约国开放本国市场。WTO 一系列协定或协议都要求成员分阶段逐步实行贸易自由化,以此扩大市场准入水平,促进市场的合理竞争和适度保护。

3.《服务贸易总协定》的例外规定

(1)一般例外

只要这类措施的实施不在情况相同的国家间构成武断的,或不公正的歧视,或构成对服务贸易的变相限制,则本协定的规定不得解释为阻止任何成员采用或实施以下措施。

①为保护公共道德或维护公共秩序而必需的;②为保护人类、动物或植物的生命或健

康而必需的;③为确保服从与本协定规定不相抵触的包括与下述有关的法律和法规所必需的:防止欺诈和欺骗作法的或处理服务合同违约情事的;保护与个人资料的处理和散播有关的个人隐私以及保护个人记录和账户秘密的;安全问题; ④与第十七条不一致的,只要待遇差别是为了保证对其他成员只有当社会的某一根本利益受到真正和足以严重的威胁时才能援引该公共秩序例外。对其他成员的服务或服务提供者平等和有效地课征或收取直接税。⑤与第二条不一致的,只要这种待遇差别是源于避免双重征税协议或该成员受其约束的任何其他避免双重征税的国际协议或安排的规定。

(2)安全例外

本协定不得解释为:①要求任何成员提供其认为公开后会违背其基本安全利益的任何资料; ②阻止任何成员为保护其基本安全利益而有必要采取的行动:(a)直接或间接地为建立军事设施而提供服务;(b)有关裂变或聚变材料或提炼这些材料的原料;(c)在战时或国际关系中其他紧急情况期间采取的行动;③阻止任何成员为履行联合国宪章下的维护国际和平与安全的义务而采取的行动。

根据规定所采取的措施及其终止,应尽可能充分地通知服务贸易理事会。

4.《服务贸易总协定》的附件协议

包括七个方面的附件:关于第 2 条豁免的附件、关于空运服务的附件、关于金融服务的附件、关于金融服务的第二附件、关于海运服务谈判的附件、关于电信服务的附件和关于基础电信谈判的附件。

三、对外贸易法对国际服务贸易的规定

1. 国际服务贸易的基本原则

我国《对外贸易法》对在国际服务贸易中应当坚持的基本原则作出了明确的规定。

(1)公平自由原则。《对外贸易法》第四条指出:“国家实行统一的对外贸易制度,鼓励和发展对外贸易,维护公平、自由的对外贸易秩序。”该法在我国有关对外经济贸易法律中首次确认要维持“自由的”对外贸易秩序,肯定了自由贸易原则的合法地位,充分反映了多边贸易体制对服务贸易自由化繁荣要求。

(2)平等互利原则。《对外贸易法》第五条规定,中国根据平等互利的原则促进和发展同其他国家和地区的贸易关系。这与《服务贸易总协定》所倡导的“在互利的基础上促进所有参加方的利益,并保障权利和义务的全面平衡”是一致的。

(3)最惠国待遇和国民待遇原则。《对外贸易法》第六条规定,在对外贸易方面,中国根据所缔结或参加的国际条约、协定,给予其他缔约方、参加方或者根据互惠、对等原则给予对方最惠国待遇、国民待遇。由此可见,我国是将最惠国待遇和国民待遇作为对外贸易的一般原则的,但该原则的适用必须有两个前提之一,即中国与有关国家之间存在有这方面的条约,或者与有关国家之间存在互惠、对等关系。与此相对应,该法进一步具体规定,在国际服务贸易方面,中国根据所缔结或参加的国际条约、协定中所作出的承诺。给予其他缔约方、参加方市场准入和国民待遇。该规定充分体现了《对外贸易法》与《服务贸易总协定》相关规定的接轨,表明了我国将会按照其所参加的《服务贸易总协定》或其他国际条约的规定,适用最惠国待遇和国民待遇。

(4)市场准入原则。《对外贸易法》第二十四条将我国在有关国际条约中的承诺,作为给予市场准入的依据,指出:“中华人民共和国在国际服务贸易方面根据所缔结或者参加的

国际条约、协定中所作出的承诺,给予其他缔约方、参加方市场准入和国民待遇。”

(5)例外原则。《对外贸易法》第二十五条、二十六条在实行最惠国待遇、国民待遇和市场准入原则的同时,也对这些原则作出了例外性规定。这些例外包括限制性例外和禁止性例外两种。限制性规定,是指在中国可以因该法所列的五种原因中的任何一种原因而对国际服务贸易作出限制。这五种原因是:①为维护国家安全和社会公共利益;②为保护生态环境;③为建立或者加快国内建立特定服务业;④为保障国家外汇收支平衡;⑤法律、行政法规规定的其他限制。

2. 国家限制或禁止的国际服务贸易

国家可以基于下列原则限制国际服务贸易:(1)为维护国家安全或者社会公共利益;(2)为保护生态环境;(3)为建立或者加快建立国内特定的服务行业;(4)为保障国家外汇收支平衡;(5)法律、行政法规规定的其他限制。

国家禁止下列情形的国际服务贸易:(1)危害国家安全或者社会公共利益的;(2)违反中华人民共和国承担的国际义务的;(3)法律、行政法规规定禁止的。

第五节 对外贸易秩序

一、维护对外贸易秩序的意义

1. 维护国家宏观经济利益,促进对外贸易的健康发展;
2. 合理调节进出口贸易,避免对外贸易损失;
3. 适应国际发展贸易关系的需要,维护国际经济贸易新秩序。

二、对外贸易经营者的活动准则

1. 在对外贸易经营活动中,不得违反有关反垄断的法律、行政法规的规定实施垄断行为。

2. 在对外贸易经营活动中实施垄断行为,危害市场公平竞争的,依照有关反垄断的法律、行政法规的规定处理。有前款违法行为,并危害对外贸易秩序的,国务院对外贸易主管部门可以采取必要的措施消除危害。

3. 在对外贸易经营活动中,不得实施以不正当的低价销售商品、串通投标、发布虚假广告、进行商业贿赂等不正当竞争行为。在对外贸易经营活动中实施不正当竞争行为的,依照有关反不正当竞争的法律、行政法规的规定处理。有前述违法行为,并危害对外贸易秩序的,国务院对外贸易主管部门可以采取禁止该经营者有关货物、技术进出口等措施消除危害。

4. 在对外贸易活动中,不得有下列行为:(一)伪造、变造进出口货物原产地标记,伪造、变造或者买卖进出口货物原产地证书、进出口许可证、进出口配额证明或者其他进出口证明文件;(二)骗取出口退税;(三)走私;(四)逃避法律、行政法规规定的认证、检验、检疫;(五)违反法律、行政法规规定的其他行为。

第六节　对外贸易调查和救济

一、对外贸易的调查

(一)对外贸易调查的含义和内容

为了维护对外贸易秩序,国务院对外贸易主管部门可以自行或者会同国务院其他有关部门,依照法律、行政法规的规定对下列事项进行调查:货物进出口、技术进出口、国际服务贸易对国内产业及其竞争力的影响;有关国家或者地区的贸易壁垒;为确定是否应当依法采取反倾销、反补贴或者保障措施等对外贸易救济措施,需要调查的事项;规避对外贸易救济措施的行为;对外贸易中有关国家安全利益的事项;为执行本法第七条、第二十九条第二款、第三十条、第三十一条、第三十二条第三款、第三十三条第三款的规定,需要调查的事项;其他影响对外贸易秩序,需要调查的事项。

(二)对外贸易调查的启动和裁决

启动对外贸易调查,由国务院对外贸易主管部门发布公告。调查可以采取书面问卷、召开听证会、实地调查、委托调查等方式进行。国务院对外贸易主管部门根据调查结果,提出调查报告或者作出处理裁定,并发布公告。

(三)对外贸易调查当事人的权利和义务

有关单位和个人应当对对外贸易调查给予配合、协助。国务院对外贸易主管部门和国务院其他有关部门及其工作人员进行对外贸易调查,对知悉的国家秘密和商业秘密负有保密义务。

二、对外贸易的救济

(一)反倾销制度

1. 倾销的概念和种类

(1)倾销的概念

倾销是指产品以低于正常价值的方式进口,对已建立的国内产业造成实质损害或者产生实质损害威胁,或者对建立国内产业造成实质阻碍的行为。

(2)倾销的种类

按照倾销持续时间的长短,可将倾销分为突发性倾销、间歇性倾销、持续性倾销。

2. 我国的反倾销法律制度

其他国家或者地区的产品以低于正常价值的倾销方式进入我国市场,对已建立的国内产业造成实质损害或者产生实质损害威胁,或者对建立国内产业造成实质阻碍的,国家可以采取反倾销措施,消除或者减轻这种损害或者损害的威胁或者阻碍。

3. 反倾销法的适用

(1)倾销的法律认定标准

第一,原产国标准,即按照相同或类似产品在正常交易过程中出口国国内销售的可比价格确定。

第二,第三国标准,即按照相同或类似产品在正常交易过程中出口国向第三国出口的最高可比价格确定。

第三,按照同类产品在原产国的生产成本加上合理的销售费用、管理费用、一般费用和利润确定。

(2)反倾销调查

反倾销调查(Anti-dumping investigation)是指进口国依法对造成进口国产业损害的倾销行为采取征收反倾销税等的调查,是以反倾销法为依据、立足于进口国产业及其生产者的利益,维护正常国际贸易秩序和国内市场公平。

即由申请人向主管机关(对外贸易经济合作部)提出书面反倾销申请。这里的申请人是指进口产品的相同或者类似产品的国内生产者或者有关组织。申请人产量不低于全国总产量的25%,条件是没有反对者,如有反对者,另外必须有其产量大于反对者产量的生产者表示支持。这是《中华人民共和国反倾销和反补贴条例》以下简称《反倾销和反补贴条例》和WTO关于申请人的规定。

我国《反倾销和反补贴条例》还规定,在特殊情况下,反倾销的主管机关对外贸易经济主管部门如有充分证据认为存在倾销和损害以及二者之间有因果关系的,经国家经济贸易委员会后,可以自行立案调查。但这种情况在实践中很少出现。

申请人经过收集资料,能基本得出国外产品在中国境内可能以低于其在出口国本国正常价值时,就可委托律师作出反倾销的书面申请书,提交对外贸易经济合作部,请求立案。委托律师来完成这项工作,是因为申请书的制作需要较高的法律技术和经济技术要求。大致来说,申请书主要包括证明倾销和损害两个部分,这两个部分不是截然分开的,他们在逻辑上相互关联,在行文上紧密衔接。

1. 确定相似产品

申请人需要列明进口产品的名称、种类、在关税税则中的序号以及国内相同或者类似产品的名称和种类,并且对产品性能、特征、工艺过程、用途进行描述,初步证明国内提出申请产业的产品与被控产品为相同或相似产品。

2. 定倾销和计算倾销幅度

申请人统计出倾销产品的出口价格、出口数量,并获取和推算其在出口国国内的销价及正常价值,计算倾销幅度。倾销幅度一般不低于2%,才构成立案的标准。若连倾销都不构成,即便损害再大,申诉也无法成立。即法律上规定出口价格低于正常价值为倾销。申请人了解到的出口价格及原产地、出口国国内的销价还需做一些费用的扣除,以使这两个价格可在出厂价环节上相比较,其差额变为倾销额。

3. 证明损害

损害情况的阐述,重点应放在提起反倾销申诉的前一年时间段中,并用前三年的数据作为参照。关于如何才能体现申请人因倾销所受到的损害,实践中通常使用以下几个经济指标:

(1)生产能力。列举这项指标在于指出在国内需求日渐增长的情况下,国内申请厂家生产能力的客观水平，有的甚至有增产扩建的计划或正在进行，且国内装置同国外的生产装置水平差别不大。这些说明都为后面关于产量、销量、开工率等指标的情况打下铺垫，意在证明在产能一定的情况下，产量、销量却不断下降，开工不足，生产装置大量闲置，国内申请人处境艰难。国内许多产业都存在这种情况。

(2)产量。

(3)销量。这两项指标意在证明在生产能力一定或增长的情况下它们却在下降或增长不大，倾销对国内产业的产销具有压制作用。

(4)进口产品及国内相似产品所占市场份额及变化情况。市场份额是指企业的销量除以表观消费量所得的比例。表观消费量等于国内企业内销量加进口总量(其中转口贸易数量很小，可忽略不计)。国外产品市场份额逐渐增大，国内相似产品市场份额日益缩小，说明倾销产品正日益侵占国内产业市场。

(5)利润额。该项数值应为纯利润，即毛利扣除管理费用、财务费用和销售费用后的净值。这是表征企业盈亏与否的最有利的证据。

(6)利润率。该指标表明企业盈利能力。有时在国内产品因成本提高而价格有所上涨时，利润率却在下降，说明此种情况下企业盈利能力在下降。

(7)价格。价格是很表观地体现一个企业销售情况的尺度，常为加权值，以便更全面、贴切地反映一段时间内产品的销售水平。国内产品价格受倾销产品压制不能达到合理水平，证明倾销对国内产品价格具有压制作用。

(8)此外，还有开工率、库存、职工人数、工资水平等指标，列举这些指标以求全面反映申请人的损害情况。

(9)排除其他可能导致申请人如此境况的原因。比如：管理不善、出口增加等等，用排除法来论证倾销和损害之间的因果关系。我国的两反条例与 WTO 及许多其他国家的法律规定基本相同，并不要求申请人一定要证明倾销是损害的唯一原因，只要存在因果关系即可。

(3)反倾销措施

反倾销措施包括临时措施、价格承诺和征收反倾销税。

第一，临时措施。

《关于执行 1994 年关贸总协定第六条的协议》(以下简称《反倾销协议》)第 7 条规定，在符合下列条件时，调查当局可以采取临时反倾销措施：(1)已开始调查，已予以公告，并已经予有利害关系的当事人提供资料和提出意见的充分机会；(2)已作出倾销存在和对国内相关产业造成损害的肯定性初步裁定；(3)调查当局认定采取临时措施对防止在调查期间继续发生损害是必需的。

临时措施的种类包括：(1)征收临时反倾销税；(2)采用担保方式，支付现金或保证金。临时反倾销税和保证金的数额不得高于初步裁定确定的倾销幅度。

临时措施应从开始调查之日起的 60 天后方可采取，其实施的期限一般不能超过 4 个月；如果有关贸易的大部分出口商提出要求，由调查当局决定，该期限可延长至 6 个月。如果调查过程中调查当局正在审查征收低于倾销幅度的税额是否能消除损害时，则上述期间可分别为 6 个月和 9 个月。此外，采取临时反倾销措施应遵守征收固定反倾销税的其他规定。

第二,价格承诺。

根据《反倾销协议》第 8 条的规定,价格承诺是指进口国调查当局与出口商或出口国政府就提高倾销产品价格或停止以倾销价格向进口国出口以便消除损害影响而达成的一种协议。其中,以提高倾销产品价格形式作出的价格承诺,其价格提高不得超过经初步裁定已确认的倾销幅度。作出价格承诺的前提是已经作出了倾销存在和由倾销造成国内相关产业的损害的肯定性初步裁定。在初步裁定作出之前,或作出的裁定是否定的情况下,调查当局不能寻求或接受价格承诺。

达成价格承诺的要求可以是调查当局提出的,也可以是受调查的出口商提出的,但无论是谁首先提出的,对方都没有必须接受的义务。在出口商提出价格承诺的要求时,如果调查当局认为接受价格承诺在实际上是行不通的,如存在出口商的数目过高等情况,则可以不接受价格承诺。在调查当局提出价格承诺的要求时,出口商也没有义务必须接受,并且其拒绝接受的行为不应影响对案件的最终裁决结果。价格承诺一旦作出,其效果是导致反倾销调查的暂时中止,进口国反倾销当局应立即停止调查程序。

在承诺执行期间,调查当局可要求出口商定期提供其执行承诺的有关信息资料。如果发现违反承诺的情况出现,调查当局可终止承诺协议的执行,并立即重新启动反倾销调查程序,调查当局可根据现有的证据资料立即采取临时反倾销措施,并且这时采取的临时措施可以追溯至采取措施前 90 天输入的产品,但这一追溯不适用于在违反承诺之前就已经进口的产品。

第三,反倾销税。

反倾销税是最主要的是一种反倾销措施,它是在反倾销调查当局在最终裁定中作出肯定性的倾销和损害存在的结论时所征收的税项。征收反倾销税应遵循以下原则:(1)征收额度应低于或等于倾销幅度。如果以较少的征税就能足以消除对国内产业造成的损害,最好征税额小于倾销幅度。(2)多退少不补。如果最终确定的反倾销税额高于临时反倾销税,则差额部分不能要求出口商补交;反之,如果最终确定的反倾销税额低于临时反倾销税,则出口商多交的部分税款应当退还,并且退款应在作出决定后 90 天内进行。(3)非歧视原则。反倾销税的征收应一视同仁,其税率不能因国别不同而有差异,除非依照《反倾销协议》存在可以忽略不计的情况或存在倾销幅度的差异。

反倾销税应自征税之日起 5 年内结束,但如果在 5 年期限到来之前的一段合理时间内提出了复审要求。则在作出复审结果之前,反倾销税应继续征收。如果复审结果表明损害已不存在或不存在重新发生损害的可能,则反倾销税的征收应当停止;如果复审结果表明损害依然存在,或者停止征收反倾销税将导致倾销和损害继续发生或重新发生,则原有的反倾销税可以继续维持下去。一般情况下,反倾销税的征收效力发生于最终裁定作出之后。但在特殊情况下,调查当局也可以对临时措施适用之前 90 天进入进口国消费领域的产品追溯征收反倾销税。

根据《反倾销协议》第 10 条的规定,追溯征收反倾销税的条件包括:(1)倾销产品有对国内产业造成损害的倾销历史,或者倾销产品的进口商知道或应当知道产品的出口商在倾销产品,并且倾销将对国内产业造成损害;(2)倾销产品在短期内大量进口,并且已对国内产业造成损害。

（二）反补贴制度

1. 补贴的概念和分类

（1）补贴的概念

补贴是指出口国政府或其他任何公共机构提供的，并为接受者带来利益的财政资助以及任何形式的收入或价格支持行为。

（2）补贴的分类

根据补贴的形式，可以分为现金补贴和非现金补贴。根据补贴的对象，可分为一般补贴和出口贴补。

2. 我国的反补贴法律制度

进口的产品直接或者间接地接受出口国家或者地区给予的任何形式的专向性补贴，对已建立的国内产业造成实质损害或者产生实质损害威胁，或者对建立国内产业造成实质阻碍的，国家可以采取反补贴措施，消除或者减轻这种损害或者损害的威胁或者阻碍。

3. 反补贴法的适用

（1）补贴的法律认定标准

补贴，是指一成员方政府或任何公共机构向某些企业提供的财政捐助以及对价格或收入的支持，以直接或间接增加从其领土输出某种产品或减少向其领土内输入某种产品，或者对其他成员方利益形成损害的政府性措施。

其特征如下：（1）补贴是一种政府行为。此处的政府行为是广义概念，不仅包括中央和地方政府的补贴行为，而且还包括政府干预的私人机构的补贴行为。（2）补贴是一种财政行为。即政府公共账户存在开支。（3）补贴必须授予被补贴方某种利益。一般认为这种利益是受补贴方从某项政府补贴计划中取得了某些它在市场中不能取得的价值。（4）补贴应具有专向性。专向性补贴是指政府有选择或有差别地向某些企业提供的补贴。

关于补贴的认定标准，首先，依照《反补贴条例》进行调查、采取反补贴措施的补贴，必须具有专向性。其次，必须造成损害，损害是指补贴对已经建立的国内产业造成实质损害或者产生实质损害威胁，或者对建立国内产业造成实质阻碍。最后，补贴与损害之间存在因果关系。

（2）反补贴调查

反补贴调查是采取贸易制裁的主要手段，反补贴调查的主体是政府。我国制定了专门的反补贴产业损害调查规定。反补贴调查发起的基础，对某项进口产品进行正式的反补贴调查，应基于受到有关补贴措施不利影响的进口成员方国内产业或其代表所提交的书面请求而正式发起。

反补贴调查申请书的内容包括补贴与数量；损害状况；补贴进口与受损害的因果联系。应充分证明某种已大量进口的产品享有某种补贴和对申诉产业造成的损害。反补贴调查书面请求应包括以下内容：申诉者的身份及代表的产业，产品的数量与价值；受补贴产品状况，如出口国家或出口地、出口厂商、进口商名单；补贴的数量和性质；补贴进口产品对国内工业的损害，如补贴进口量的演变，它们对国内相同产品价格的影响，对国内工业的冲击影响等。

当局在对申请书的证据的准确性和充分性予以审核后，如果确认，可开始进行调查；如发现证据不足，应尽快拒绝调查申请和终止调查。调查不能妨碍海关程序，调查应自发起日的一年内，最长不能多于18个月内结束。

反补贴调查的目的是确认相同产品的产业是否因补贴受到损害。损害的依据有二：一是受补贴产品的进口量及补贴产品对国内相同产品的价格影响；二是受补贴产品进口对国内同类产品的生产者的后续冲击。在衡量受补贴产品的进口量时，要考虑按绝对量或与在进口成员方的生产或消费相比，一直有重大的增长；在受补贴进口产品对价格的影响方面，要考虑与国产同类产品相比，它是否有重大的削价，或大幅度地压低价格或阻止价格提高。测定受补贴产品对进口成员方国内产业的影响应综合考虑下述因素。这些因素计有生产、销售、市场份额、利润、生产率、投资收益、资本利用率的现实和潜在的下降；影响国内价格的要素；对资金流动、库存、就业、工业、增长。集资和投资能力的现实和潜在的副作用；在农业中，是否由此增加了政府支持计划的负担。

在作出存在实质性损害威胁的认定时，调查当局应特别考虑下述因素，它们包括补贴的性质或受控补贴对贸易的影响；受补贴产品进口国国内市场的高增长率表明进口的巨大增长；出口商有足够自由处置能力的巨大增长表明受补贴产品对进口成员方市场出口的巨大增长；受补贴商品进口后的价格对国内价格的重大压低或抑制作用，将使进口需求提高；受调查的国产品的库存状况。受补贴的进口产品造成的损害和实质性损害威胁被认定后，可作出采取反补贴措施的申请。

（3）反补贴措施

第一，临时措施。是为顺利进行继续调查而采取的预防性措施，也是进口国调查机关决定是否最终征收反补贴税的前序性非正式措施。调查机关采取临时性措施，表明其对补贴的存在和补贴进口产品给国内产业造成的损害已经有了初步肯定性的结论，但采取临时措施并不表明一定要采取最终的反补贴措施。

第二，承诺。承诺主体包括产品的原产国政府或出口国政府，自愿承诺的情形一旦出现，则可以中止或终止调查，而不采取临时措施或征收反补贴税。反补贴调查中承诺的形式不仅限于价格上的承诺，还包括补贴的取消或限制等情况。

第三，反补贴税征收。是指调查机关在仲裁时最终确定征收反补贴税。如果反补贴调查最终裁定存在补贴和产业损害，调查机关便可决定对受补贴进口产品征收反补贴税，反补贴税不得超过经确认而存在的补贴额。反补贴税的执行期限只能以抵消补贴所造成的损害所必需的时间为准，执行期限不得长于5年。如调查机关通过调查确认有“充分理由”，可适当延长期限。

（三）保障措施

因进口产品数量大量增加，对生产同类产品或者与其直接竞争的产品的国内产业造成严重损害或者严重损害威胁的，国家可以采取必要的保障措施，消除或者减轻这种损害或者损害的威胁，并可以对该产业提供必要的支持。

（四）其他救济措施

因其他国家或者地区的服务提供者向我国提供的服务增加，对提供同类服务或者与其直接竞争的服务的国内产业造成损害或者产生损害威胁的，国家可以采取必要的救济措施，消除或者减轻这种损害或者损害的威胁。

因第三国限制进口而导致某种产品进入我国市场的数量大量增加，对已建立的国内产业造成损害或者产生损害威胁,或者对建立国内产业造成阻碍的,国家可以采取必要的救济措施,限制该产品进口。

与中华人民共和国缔结或者共同参加经济贸易条约、协定的国家或者地区,违反条约、协定的规定,使中华人民共和国根据该条约、协定享有的利益丧失或者受损,或者阻碍条约、协定目标实现的,中华人民共和国政府有权要求有关国家或者地区政府采取适当的补救措施,并可以根据有关条约、协定中止或者中止履行相关义务。

【相关法条】

1.《中华人民共和国对外贸易法》,1994 年 5 月 12 日第八届全国人民代表大会常务委员会第七次会议通过,2004 年 4 月 6 日第十届全国人民代表大会常务委员会第八次会议修订,根据 2016 年 11 月 7 日第十二届全国人民代表大会常务委员会第二十四次会议《关于修改〈中华人民共和国对外贸易法〉等十二部法律的决定》修正。

2.《中华人民共和国反倾销条例》,2001 年 11 月 26 日中华人民共和国国务院令第 328 号公布,根据 2004 年 3 月 31 日《国务院关于修改〈中华人民共和国反倾销条例〉的决定》修订,以国务院令第 401 号发布。

3.《中华人民共和国反补贴条例》,2001 年 11 月 26 日中华人民共和国国务院令第 329 号公布,根据 2004 年 3 月 31 日《国务院关于修改〈中华人民共和国反补贴条例〉的决定》修订。

【对外贸易纠纷裁判规则】

1.“外贸跨境电商”第一案——深圳市某皮具制品有限公司诉某(中国)网络技术有限公司(以下简称某公司)合同纠纷案

【裁判要旨】双方应按照合同约定履行各自的合同义务。本案是某公司以涉嫌侵权为由对某皮具公司作出处罚而产生的争议,应受某公司和某皮具公司之间的合同约束。合同约定:如某皮具公司被第三人投诉,称其有生产或销售假冒伪劣产品或其他侵犯任何第三人的知识产权或其他合法权利产品的行为,且未能在某公司要求的合理期内提供证据,或虽在上述期限内提供了证据,但未能充分证明其主张的,某公司有权立即提前解除合同并就此在某公司国际站和(或)其他媒介进行公示,同时某公司无须向某皮具公司退还未履行部分的合同费用,且无须承担任何违约责任。现某公司未能举证证明某皮具公司存在被第三人投诉侵犯第三人知识产权的行为,应承担举证不利的后果。故对某皮具公司要求某公司恢复店铺链接的诉请,予以支持。

【案号】浙江省杭州市中级人民法院〔2017〕浙 01 民终 7472 号。

2. 国际货物买卖合同法律适用问题

【裁判规则】国际货物买卖合同当事人营业地均为《联合国国际货物销售合同公约》缔约国的,优先适用该公约,公约中没有规定的,适用当事人选择的法律——德国某公司与中化某国分公司国际货物买卖合同纠纷案

【裁判要旨】国际货物买卖合同当事人营业地所在国均为《联合国国际货物销售合同公约》缔约国,当事人在合同中约定适用缔约国法律,且未明确排除公约的适用,案件审理

应首先适用公约。对于审理案件中涉及的问题公约中没有规定的，例如合同效力问题、所有权转移问题，应当适用当事人选择的法律。

【案号】最高人民法院〔2013〕民四终字第 35 号。

3. 某咨询部与陈某、某国际经济技术合作有限公司居间合同纠纷

【基本案情】2018 年 1 月 17 日，陈某（乙方）与周某芳（甲方）签订合同一份，约定甲方负责办理乙方的出国机票和相关手续；乙方每月工资 7 000 元；工作时间必须服从甲方安排；等等。某咨询部在合同上加盖了印章。2018 年 2 月 19 日，陈某（乙方、劳动者）与咨询部（甲方、用人单位）签订出国劳务合同一份，约定合同期限自 2018 年 2 月 19 日至 2021 年 2 月 19 日；乙方从事超市管理，工作地点×国；双方约定的其他事项详见补充协议；等等。同日，陈某（乙方）与某咨询部（甲方）签订补充协议一份。2018 年 1 月 8 日，陈某交付给某咨询部 22 000 元，某咨询部出具的收据载明：×国费用。同年 1 月 17 日，陈某交付给某咨询部 10 000 元，某咨询部出具的收据上载明：替雇主代收机票钱。陈某在周某芳在×国开设的超市工作 3 个月后，因与周某芳产生矛盾于 2018 年 6 月 15 日回国。

【裁判规则】《中华人民共和国对外贸易法》第十条规定，从事国际服务贸易，应当遵守本法和其他有关法律、行政法规的规定。从事对外劳务合作的单位，应当具备相应的资质。具体办法由国务院规定。《对外劳务合作管理条例》第五条规定，从事对外劳务合作，应当按照省、自治区、直辖市人民政府的规定，经省级或者设区的市级人民政府商务主管部门批准，取得对外劳务合作经营资格。其第六条规定了申请对外劳务合作经营资格应具备的条件。第七条规定，未依法取得对外劳务合作经营资格证书并办理登记，不得从事对外劳务合作。《国务院对确需保留的行政审批项目设定行政许可的决定》将对外劳务合作经营资格核准授予商务部行使。本案中，某咨询部属于个体工商户，并非依法设立的企业法人，其不可能取得对外劳务合作经营资格证书。而某国际经济技术合作有限公司对其授权范围也仅限于代理招工信息的发布和工人出国前的登记工作，即使某国际经济技术合作有限公司授予其向境外派遣劳务人员代理权亦属违法。因此，某咨询部没有相应资质或资格的情况下，以自己名义与陈某签订出国劳务合同并通过办理旅游签证为陈某出国劳务提供中介的行为违反了国家对外劳务合作特许经营的规定。根据《中华人民共和国合同法》第五十二条第五款、《最高人民法院关于适用〈中华人民共和国合同法〉》若干问题的解释（一）中第十条的规定，应当认定某咨询部与陈某所签订的出国劳务合同及补充协议无效。

【案号】江苏省泰州市中级人民法院〔2019〕苏 12 民终 1904 号。

4. 温州市某鞋业有限公司与浙江某进出口有限公司买卖合同纠纷

【基本案情】2019 年至 2020 年 1 月，HOT 公司向温州市某鞋业有限公司采购各种款式的鞋，温州市某鞋业有限公司与 HOT 公司就订单号、货号、尺码、颜色、数量、价款、付款方式、包装信息、完货时间、验货、出口港等货物有关信息通过邮件交流确认。香港 HOT 公司通过邮件陆续向温州市某鞋业有限公司下达订单若干票，并要求工厂遵守 HOT 公司购买条件，产品需符合欧盟检测标准。温州市某鞋业有限公司完成订单项下货物生产后，由 HOT 公司宁波代表处对货物进行检验并出具验货报告，而后由浙江某进出口有限公司负责配船、订舱、报关出口等，货物入库凭证上记载浙江某进出口有限公司为货代单位。上述期间所涉订单项下货物均已出货。出货后，浙江某进出口有限公司向温州市某鞋业有限公司发出开票通知，载明涉案货物已由浙江某进出口有限公司代理出口，要求温州市某鞋业有限公司将合同正本与发票一起寄给浙江某进出口有限公司。双方以此种方式一直正常交易，

持续十余年,浙江某进出口有限公司很少拖欠货款。但自 2019 年 12 月开始,温州市某鞋业有限公司共计向浙江某进出口有限公司交付鞋子 82 968 双,累计货款总值 2 106 086.58 元,然后浙江某进出口有限公司收货后仅支付了 150 000 元货款,尚欠 1 956 086.58 元至今未付。温州市某鞋业有限公司多次催讨,浙江某进出口有限公司一直拒绝支付温州市某鞋业有限公司货款,给温州市某鞋业有限公司造成了重大损失,故请求判令浙江某进出口有限公司支付温州市某鞋业有限公司货款及逾期利息损失。

【裁判规则】关于浙江某进出口有限公司与 HOT 公司是否具有共同经营的特征,浙江某进出口有限公司是否应对涉案货款承担还款责任。首先,温州市某鞋业有限公司未举证证明浙江某进出口有限公司与 HOT 公司之间存在共同经营行为或 HOT 公司之行为代表了浙江某进出口有限公司。其次,浙江某进出口有限公司系 HOT 公司的委托出口代理商,浙江某进出口有限公司接受增值税专用发票及根据 HOT 公司指示付款,并非基于买卖合同关系,而是出口贸易中存在的不规范惯例。根据合同相对性原则,不能就此不规范行为认定浙江某进出口有限公司与 HOT 公司存在共同经营。浙江某进出口有限公司作为 HOT 公司的出口代理商,为 HOT 公司的受托人,相应的权利和义务应由委托人即 HOT 公司承担;并且作为出口代理商如承担买方相同的义务,即有违权利、义务对等原则,也不符合我国对外贸易基本政策。故对于温州市某鞋业有限公司主张浙江某进出口有限公司与 HOT 公司系共同经营而要求浙江某进出口有限公司支付剩余货款的请求,无法律依据和事实依据,本院不予支持。

【案号】浙江省宁波市鄞州区人民法院〔2020〕浙 0212 民初 5721 号。

【诊所式案例分析】

【基本案情】2012 年 4 月,被告以 3~4 个月内能为原告办理赴韩国从事厨师为由,前后共收取原告押金 23 000 元,但到期后,被告没有将原告办理出国,且拒不返还已收取的 23 000 元押金。另经原告查证,被告并没有办理出国劳务的资质,原被告之间的合同应属无效。故起诉请求判令被告返还原告赴韩国劳务押金 23 000 元,并自起诉之日即 2013 年 9 月 27 日按银行同期贷款利率支付利息。

【裁判规则】对外劳务合作,是指组织劳务人员赴其他国家或者地区为国外的企业或者机构工作的经营性活动。为规范对外劳务合作市场经营秩序,维护外派劳务人员合法权益,国家对对外劳务合作实行统一管理。根据《对外贸易法》规定,从事对外劳务合作的单位,应当具备相应的资质或者资格。《对外劳务合作管理条例》第五条规定,从事对外劳务合作,应当按照省、自治区、直辖市人民政府的规定,经省级或者设区的市级人民政府商务主管部门批准,取得对外劳务合作经营资格。在领取《中华人民共和国对外劳务合作经营资格证书》后,方可开展对外劳务合作经营活动;申请对外劳务合作经营资格的企业必须具备严格的条件,不同于普通的中介企业。本案中,被告未取得《中华人民共和国对外劳务合作经营资格证书》,其经营范围亦不包括中介服务、外派劳务信息咨询等,其与原告签订的协议应为无效合同。无效的合同自始没有法律约束力。合同无效后,因该合同取得的财产,应当予以返还,故原告要求被告返还已交纳的劳务中介费(押金)23 000 元,理由正当,本院予以支持。

【案号】威海经济技术开发区人民法院〔2013〕威经技区商初字第 307 号。

【练习题】

一、单选题

1. 根据我国《反补贴条例》,采取反补贴措施的补贴应是下列选项中的哪一种？(　　)

A. 出口补贴　　B. 国内补贴　　C. 出口国专向补贴　　D. 出口国普遍补贴

2. 对原产地国家或地区与中国有关税互惠协议的进口货物约定的,应按下列选项中哪一种税率征税？(　　)

A. 按普通税率征税　　B. 按优惠税率征税

C. 按普惠制税率征税　　D. 按特惠税率征税

3. 假设有下列情形:中国甲厂、乙厂和丙厂代表中国丙烯酸酯产业向主管部门提出了对原产于A国、B国和C国的丙烯酸酯进行反倾销调查的申请,经审查终局裁定确定倾销成立并对国内产业造成了损害,决定征收反倾销税。在此情形下,反倾销税的纳税人应是下列选项中的哪一个？(　　)

A. 丙烯酸酯的出口人　　B. 丙烯酸酯的进口经营者

C. 丙烯酸酯的中国消费者　　D. 丙烯酸酯在A、B、C三国的生产者

4. 根据我国保障措施制度,下列选项中何种损害是保障措施意义上的严重损害？(　　)

A. 对销售同类产品的经销商的损害

B. 对销售同类产品或直接竞争产品的经销商的损害

C. 对生产同类产品或直接竞争产品的生产商的损害

D. 对生产同类产品或直接竞争产品的工人的损害

5. 依我国2004年修订的《中华人民共和国对外贸易法》的规定,基于保障国家国际金融地位和国际收支平衡的原因,国家可以对货物贸易采取下列哪一项措施？(　　)

A. 禁止进口　　B. 禁止出口　　C. 限制进口　　D. 限制出口

6. 下列哪一项措施不是我国有关反倾销法律规定的反倾销措施？(　　)

A. 临时反倾销措施　　B. 价格承诺　　C. 反倾销税　　D. 进口配额

7. 根据《中华人民共和国反补贴条例》规定,下列有关补贴认定的说法中正确的是(　　)。

A. 补贴不必具有专向性　　B. 补贴必须由政府直接提供

C. 接受者必须获得利益　　D. 必须采取支付货币的形式

8. 根据中国法律,如果中国商务部终局裁定确定某种进口产品倾销成立并由此对国内产业造成损害的,可以征收反倾销税。下列关于反倾销税的哪种说法是正确的？(　　)

A. 反倾销税只对终局裁定公告之日后进口的产品适用

B. 反倾销税税额不得超过终局裁定的倾销幅度

C. 反倾销税和价格承诺可以同时采取

D. 反倾销税的纳税人应该是倾销产品的出口商

二、多选题

1. 依据我国 2004 年修订的《中华人民共和国对外贸易法》的规定，关于货物的进出口管理，下列选项哪些是不正确的？（　　）

A. 对自由进出口的货物无须办理任何手续

B. 全部自由进出口的货物均应实行进出口自动许可

C. 实行自动许可的进出口货物，国务院对外贸易主管部门有权决定是否许可

D. 自动许可的进出口货物未办理自动许可手续的，海关不予放行

2. 实施反倾销税的条件之一是倾销进口与国内产业损害间存在因果关系。关于这一条件的下列表述何者为正确？（　　）

A. 倾销进口是国内产业损害的唯一原因

B. 倾销进口必须是造成国内产业损害的一个原因

C. 其他因素造成的国内产业损害不得归因于倾销进口

D. 没有倾销进口，就没有国内产业损害

3. 下列关于 2004 年修订的《中华人民共和国对外贸易法》的表述，哪些是正确的？（　　）

A. 对外贸易经营者应为被授予外贸经营权的法人及其他组织

B. 该法只适用于货物进出口

C. 该法不适用于香港、澳门地区

D. 该法规定了对进口货物侵犯知识产权的制裁措施

二、简答题

1. 简述我国对外贸易的救济措施。

2. 简述对外贸易法的基本原则。

3. 什么是进口货物许可制度和进出口配额制度？我国有哪些货物或技术需要实施这些制度？

4. 服务与贸易总协定的基本内容有哪些？

5. 什么是对外贸易调查？怎样启动对外贸易调查？

6. 什么是反倾销和反补贴？如何适用《反倾销条例》和《反补贴条例》来规范这两种行为？

【参考资料】

[1] 崔桂台. 中国对外贸易法律制度研究[M]. 北京：中国民主法制出版社，2020.
[2] 刘靖华. 对外贸易壁垒调查的行政法研究[M]. 合肥：合肥工业大学出版社，2013.
[3] 沈四宝，王秉乾. 中国对外贸易法[M]. 北京：法律出版社，2006.
[4] 石广生. 世界贸易组织基本知识[M]. 北京：人民出版社，2001.
[5] 赵学清. 国际反倾销法理论与实务[M]. 重庆：重庆大学出版社，1995.

后　　记

本书获宿迁学院人才引进科研启动基金资助(项目批准号:校 2022XRC081),且为作者承担的 2023 年宿迁学院第十批教学改革研究重点项目暨 2023 年江苏省高等教育教改研究课题立项支持项目“校地联合、协同创新:地方性应用型本科高校产教融合型人才培养模式创新与实践研究”;2022 年度宿迁学院高等教育研究课题“新文科背景下应用型高校法学类专业人才培养质量提升研究”(课题编号:2022GJYB05)和河北省教育厅 2019—2020 年度河北省高等教育教学改革研究与实践项目《基于诊所式教学的〈经济法〉课程教学改革与创新研究》(项目编号:2019GJJG545)的最终研究成果。主编从教十八年来给法学专业本科生讲授经济法学及相关方向课程,本书是主编多年来从事经济法学课程教学的结晶,是主编探究地方应用型高校人才培养模式和质量提升的研究成果之一。

本书得以完成,也与本人 2018 年承担的唐山师范学院校级教育教学改革立项《基于诊所式教学法的〈劳动法学〉课程教学改革研究》(课题编号:2018001010)和 2014 年承担的唐山师范学院校级继续教育教育教学改革立项《以学历为导向的法学专业成人高等教育转型发展研究》(课题编号:JJ2014008)密不可分,书中涉及的典型案例分析、法院裁判规则均体现了在经济法学课程教学中融入案例教学法和诊所式教学法,与以往单独编写经济法专业知识的教材有所不同。

本书是作者毕生以来作为主编的第一部教材,在本书写作完毕之际,作者要感谢长期以来关心支持我的家人、同事和朋友们,如果没有他们的支持与鼓励,就不可能有主编今天的这么一点点成就。同时,感谢东北师范大学政法学院的胡悦教授,是他将主编领入经济法教学和研究这条道路,是他的点拨让作者对经济法产生浓厚的兴趣。

项贤国

2023 年春天于江苏宿迁